U0006666

史記今註（五）

中華文化復興運動推行委員會（國家文化總會）
國立編譯館中華叢書編審委員會 主編

馬持盈 註

臺灣商務印書館

目次 【第五冊】

卷六十七 仲尼弟子列傳第七

孔子曰：「受業身通者七十有七人㊀。」皆異能之士也。德行：顏淵，閔子騫，冉伯牛，仲弓。政事：冉有，季路。言語：宰我，子貢。文學：子游，子夏。師也辟㊁，參也魯㊂，柴也愚㊃，由也喭㊄，回也屢空㊅。賜不受命而貨殖焉，億則屢中㊆。

【註】㊀受教育而身通六藝者。　㊁師：子張。辟即「僻」，偏僻。　㊂參：曾子。魯：遲鈍。　㊃柴：姓高，字子羔。　㊄由：子路。喭：粗率。　㊅顏回常常窮乏。　㊆子貢不接受命運的安排而經營貨殖，不過，他的推斷常常幸中（準確）。

孔子之所嚴事：於周則老子；於衛，蘧伯玉；於齊，晏平仲；於楚，老萊子；於鄭，子產；於魯，孟公綽。數稱臧文仲、柳下惠、銅鞮伯華㊀、介山子然，孔子皆後之，不並世㊁。

【註】㊀銅鞮：在山西省沁縣西南，晉大夫羊舌赤之邑，故稱赤曰銅鞮伯華。　㊁言孔子生身後於臧文仲、柳下惠、銅鞮伯華、介山子然諸人，不與之同時代。

顏回者，魯人也，字子淵。少孔子三十歲〔一〕。

顏淵問仁，孔子曰：「克己復禮〔二〕，天下歸仁焉〔三〕。」

孔子曰：「賢哉回也！一簞食〔四〕，一瓢飲，在陋巷，人不堪其憂，回也不改其樂。」「回也如愚〔五〕，退而省其私〔五〕，亦足以發〔六〕，回也不愚。」「用之則行，捨之則藏，唯我與爾有是夫！」

回年二十九，髮盡白，蚤死。孔子哭之慟，曰：「自吾有回，門人益親。」魯哀公問：「弟子孰為好學？」孔子對曰：「有顏回者好學，不遷怒，不貳過。不幸短命死矣，今也則亡。」

【註】　〔一〕少：小也。　〔二〕克己：戰勝自我的一切私欲。復禮：歸依於合理的生活規範。　〔三〕天下的仁，自然就會結集於你的身上了。　〔四〕簞：盛飯之竹器。食：讀「飼」，飯。　〔五〕退後而觀察其私下研讀。　〔六〕對於真理（道），也有發明。

閔損字子騫。少孔子十五歲。

孔子曰：「孝哉閔子騫！人不閒於其父母昆弟之言〔一〕。」不仕大夫，不食汙君之祿〔二〕。「如有復我者〔三〕，必在汶上矣〔四〕。」

【註】 ㈠人們對於他的父母兄弟所稱道他的話，都毫無異議。 ㈢不作大夫的官，不食汙君的祿。 ㈢復我：再來請我。 ㈣汝上，汝水之上，指齊國而言。

伯牛有惡疾，孔子往問之，自牖執其手，曰：「命也夫！斯人也而有斯疾，命也夫㈠！」

冉耕字伯牛。孔子以為有德行。

【註】 ㈠孔子在無可如何之時，也常常提到「命運」。

仲弓父，賤人㈤。孔子曰：「犂牛之子騂且角，雖欲勿用，山川其舍諸㈥？」

孔子以仲弓為有德行，曰：「雍也可使南面㈣。」

仲弓問政，孔子曰：「出門如見大賓，使民如承大祭㈠。在邦無怨㈢，在家無怨㈢。」

冉雍字仲弓。

【註】 ㈠使用人民如同舉辦大祭祀一樣。言不可以輕易勞役人民。 ㈢邦：諸侯之邦。 ㈢家：大夫之家。 ㈣南面：主持政治。 ㈤賤人：低級職業之人。 ㈥犂牛：雜色之牛。 無怨：不可以結怨於人。

騂：音（ㄒㄧㄥ），純赤的顏色。角：體態周正。山川：指山川之神而言。此形容其父雖無才，而其

子則可大用。不可以其父輕視其子。

冉求字子有，少孔子二十九歲。為季氏宰。

季康子問孔子曰：「冉求仁乎？」曰：「千室之邑，百乘之

家，求也可使治其賦㊀。仁則吾不知也。」復問：「子路仁乎？」

孔子對曰：「如求。」

求問曰：「聞斯行諸？」子曰：「行之。」子路問：「聞斯行

諸？」子曰：「有父兄在，如之何其聞斯行之！」子華怪之，「敢

問問同而答異？」孔子曰：「求也退㊁，故進之。由也兼人㊂，故

退之。」

【註】　㊀賦：兵役之事。古時以田賦出兵，故謂兵為賦。　㊁退：保守性大。　㊂兼人：冒險性大，

進取性大，有兼人之勇。孔子對於保守性大者，則教之以有聞即行；對於冒險性大者，則教之以稟於

父母，可見聖人教人是因其個性而教之。因才施教，因事施教，因時施教，因地施教，不泥滯於呆板

之公式也。

仲由字子路，卞人也〔一〕。少孔子九歲。

子路性鄙，好勇力，志伉直〔二〕，冠雄雞，佩豭豚〔三〕，陵暴孔子〔四〕。

孔子設禮稍誘子路，子路後儒服委質〔五〕，因門人請為弟子〔六〕。

子路問政，孔子曰：「先之，勞之〔七〕。」請益〔八〕。曰：「無倦〔九〕。」

子路問：「君子尚勇乎？」孔子曰：「義之為上〔一○〕。君子好勇而無義則亂，小人好勇而無義則盜。」

子路有聞，未之能行，唯恐有聞〔一一〕。

孔子曰：「片言可以折獄者，其由也與〔一二〕！」「由也好勇過我，無所取材〔一三〕。」「若由也，不得其死然。」「衣敝緼袍與衣狐貉者立而不恥者，其由也與〔一四〕！」「由也升堂矣，未入於室也〔一五〕。」

季康子問：「仲由仁乎？」孔子曰：「千乘之國可使治其賦，不知其仁。」

子路喜從游，遇長沮、桀溺、荷蓧丈人。

子路為季氏宰，季孫問曰：「子路可謂大臣與？」孔子曰：「可謂具臣矣〔一六〕。」

子路為蒲大夫〔七〕，辭孔子。孔子曰：「蒲多壯士，又難治。然吾語汝：恭以敬，可以執勇〔八〕；寬以正，可以比眾〔九〕；恭正以靜，可以報上。」

初，衛靈公有寵姬曰南子。靈公太子蕢聵得過南子，懼誅出奔。及靈公卒而夫人欲立公子郢。郢不肯，曰：「亡人太子之子輒在。」於是衛立輒為君，是為出公。出公立十二年，其父蕢聵居外，不得入。子路為衛大夫孔悝之邑宰。蕢聵乃與孔悝作亂，謀入孔悝家，遂與其徒襲攻出公。出公奔魯，而蕢聵入立，是為莊公。方孔悝作亂，子路在外，聞之而馳往。遇子羔出衛城門，謂子路曰：「出公去矣，而門已閉，子可還矣，毋空受其禍〔三〕。」子路曰：「食其食者不避其難〔三〕。」子羔卒去。有使者入城，城門開，子路隨而入。造蕢聵〔三〕，蕢聵與孔悝登臺。子路曰：「君焉用孔悝？請得而殺之。」蕢聵弗聽。於是子路欲燔臺，蕢聵懼，乃下石乞、壺黶攻子路，擊斷子路之纓。子路曰：「君子死而冠不免〔三〕。」遂結纓而死。

孔子聞衞亂，曰：「嗟乎，由死矣！」已而果死。故孔子曰：「自吾得由，惡言不聞於耳⑮。」是時子貢為魯使於齊。

【註】　○卞：在山東泗水縣東南。　○伉直：剛強而直率。　○佩帶以豭豚之皮為飾的劍。　○陵暴：欺侮施暴。　○委質：同「委贄」，弟子初次拜見老師之禮物。　○因：請託門人之介紹。　○先之：以身作則，工作在他人之先。勞之：以同情之心，撫慰人民。　○請益：請示還有其他的條件沒有。　○照著這兩個條件，不斷的努力就夠了。　○義：合理。　○子路只要一聽說什麼事情應該作，就趕快去作。在這一件事情未作完之前，惟恐怕再聽說有什麼應該作的事情，沒有時間去作。　○簡單的片言片語，就能夠判定獄案者，就是子路啊！（這句話的意思，並不是說子路能力強，只是描寫他性子急，辦事好乾脆俐落。）　○子路過於勇，而不能裁之以義理。（材：通「裁」。）　○穿著破爛的袍子，和那些穿著狐皮大衣的人，並肩而立，氣貌堂堂，毫無自卑之感者，只有子路了。　○不要輕看子路啊，他的修養已經升入於庭堂了，只差一點點未入於內室罷了（一入於室，就成為爐火純青，完圓人格了。）　○具臣：備數之臣。　○蒲：地名，在河北省長垣縣西南。　○執：控制。　○比：團結，集結。　○空：徒徒。　○造：往。　○黶：音（ㄧㄢˇ）。免：脫去。　○因為子路有勇，誰要敢對孔子有惡言，子路就要揍人，所以自從孔門有了子路以後，就沒有人敢對孔子出惡言了。

宰予字子我。利口辯辭。既受業，問：「三年之喪不已久乎㈠？君子三年不為禮，禮必壞；三年不為樂，樂必崩。舊穀既沒，新穀既升，鑽燧改火，期可已矣㈡。」子曰：「於汝安乎？」曰：「安。」「汝安則為之。君子居喪，食旨不甘，聞樂不樂，故弗為也。」宰我出，子曰：「予之不仁也！子生三年然後免於父母之懷㈢。夫三年之喪，天下之通義也㈣。」

宰予晝寢。子曰：「朽木不可雕也，糞土之牆不可圬也㈤。」

宰我問五帝之德，子曰：「予非其人也㈥。」

宰我為臨菑天夫㈦，與田常作亂，以夷其族，孔子恥之。

【註】　㈠已，太，甚，過於。　㈡期：一年。　㈢免：脫離。　㈣自天子以至於庶人，皆須守三年之喪的禮。　㈤圬：墁也，塗飾也。　㈥你不是宜於問五帝之德的人。　㈦臨菑：齊都。

端沐㈠賜，衞人，字子貢。少孔子三十一歲。

子貢利口巧辭，孔子常黜其辯㈡。問曰：「汝與回也孰愈㈢？」對曰：「賜也何敢望回！回也聞一以知十，賜也聞一以知二。」

子貢既已受業，問曰：「賜何人也？」孔子曰：「汝器也〔四〕。」曰：「何器也？」曰：「瑚璉也〔五〕。」

陳子禽問子貢曰：「仲尼焉學？」子貢曰：「文武之道未墜於地〔六〕，在人，賢者識其大者，不賢者識其小者，莫不有文武之道。夫子焉不學，而亦何常師之有！」又問曰：「孔子適是國必聞其政。求之與？抑與之與〔七〕？」子貢曰：「夫子溫良恭儉讓以得之〔八〕。夫子之求之也，其諸異乎人之求之也。」

子貢問曰：「富而無驕，貧而無諂，何如？」孔子曰：「可也；不如貧而樂道，富而好禮〔九〕。」

田常欲作亂於齊，憚高、國、鮑、晏〔一〇〕，故移其兵欲以伐魯。孔子聞之，謂門弟子曰：「夫魯，墳墓所處，父母之國，國危如此，二三子何為莫出〔一一〕？」子路請出，孔子止之。子張、子石請行，孔子弗許。子貢請行，孔子許之〔一二〕。

遂行，至齊，說田常曰：「君之伐魯過矣。夫魯，難伐之國，其城薄以卑，其地狹以泄，其君愚而不仁，大臣偽而無用，其

士民又惡甲兵之事，此不可與戰。君不如伐吳。夫吳，城高以厚，地廣以深，甲堅以新，士選以飽，重器精兵盡在其中，又使明大夫守之，此易伐也。人之所易；子之所易，人之所難：而以教常，何也？」子貢曰：「臣聞之，憂在內者攻彊，憂在外者攻弱。今君憂在內。吾聞君三封而三不成者，大臣有不聽者也⊜。今君破魯以廣齊，戰勝以驕主，破國以尊臣，而君之功不與焉，則交日疏於主。是君上驕主心，下恣群臣，求以成大事，難矣。夫上驕則恣，臣驕則爭，是君上與主有郤，下與大臣交爭也。如此，則君之立於齊危矣。故曰不如伐吳。伐吳不勝，民人外死，大臣內空，是君上無彊臣之敵，下無民人之過，孤主制齊者唯君也。」田常曰：「善。雖然，吾兵業已加魯矣，去而之吳，大臣疑我，柰何？」子貢曰：「君按兵無伐，臣請往使吳王，令之救魯而伐齊，君因以兵迎之。」田常許之，使子貢南見吳王。

說曰：「臣聞之，王者不絕世，霸者無彊敵，千鈞之重加銖

兩而移。今以萬乘之齊而私（四）千乘之魯，與吳爭彊，竊為王危之。且夫救魯，顯名也；伐齊，大利也。以撫泗上諸侯，誅暴齊以服彊晉，利莫大焉。名存亡魯，實困彊齊（五），智者不疑也。」

吳王曰：「善。雖然，吾嘗與越戰，棲之會稽。越王苦身養士，有報我心。子待我伐越而聽子。」子貢曰：「越之勁不過魯，吳之彊不過齊，王置齊而伐越，則齊已平魯矣。且王方以存亡繼絕為名，夫伐小越而畏彊齊，非勇也。夫勇者不避難，仁者不窮約（六），智者不失時，王者不絕世，以立其義。今存越示諸侯以仁，救魯伐齊，威加晉國，諸侯必相率而朝吳，霸業成矣。且王必惡越（七），臣請東見越王，令出兵以從，此實空越，名從諸侯以伐也（八）。」吳王大說，乃使子貢之越。

越王除道郊迎（九），身御至舍（一〇）而問曰：「此蠻夷之國，大夫何以儼然辱而臨之（一一）？」子貢曰：「今者吾說吳王以救魯伐齊，其志欲之而畏越，曰『待我伐越乃可』。如此，破越必矣。且夫無報人之志而令人疑之，拙也；有報人之志，使人知之，殆也；

事未發而先聞，危也。」句踐頓首再拜曰：「孤嘗不料力，乃與吳戰，困於會稽，痛入於骨髓，日夜焦脣乾舌，徒欲與吳王接踵而死⑤，孤之願也。」遂問子貢。子貢曰：「吳王為人猛暴，群臣不堪⑥；國家敝以數戰⑧，士卒弗忍；百姓怨上，大臣內變，子胥以諫死，太宰嚭用事，順君之過以安其私⑧：是殘國之治也⑥。今王誠發士卒佐之以徼其志⑦，重寶以說其心，卑辭以尊其禮，其伐齊必也。彼戰不勝，王之福矣。戰勝，必以兵臨晉，臣請北見晉君，令共攻之，弱吳必矣。其銳兵盡於齊，重甲困於晉，而王制其敝，此滅吳必矣。」越王大說，許諾。送子貢金百鎰，劍一，良矛二。子貢不受，遂行。

報吳王曰：「臣敬以大王之言告越王，越王大恐，曰：『孤不幸，少失先人，內不自量，抵罪於吳⑧，軍敗身辱，棲于會稽，國為虛莽⑨，賴大王之賜，使得奉俎豆而修祭祀，死不敢忘，何謀之敢慮！』」後五日，越使大夫種頓首言於吳王曰：

「東海役臣孤句踐使者臣種，敢修下吏問於左右。今竊聞大王將興大義，誅彊救弱，困暴齊而撫周室，請悉起境內士卒三千人，孤請自被堅執銳，以先受矢石⑶。因越賤臣種奉先人藏器，甲二十領，鈇屈盧之矛，步光之劍⑶，以賀軍吏。」吳王大說，以告子貢曰：「越王欲身從寡人伐齊，可乎？」子貢曰：「不可。夫空人之國，悉人之眾，又從其君，不義。君受其幣，許其師，而辭其君。」吳王許諾，乃謝越王。於是吳王乃遂發九郡兵伐齊。

子貢因去之晉，謂晉君曰：「臣聞之，慮不先定不可以應卒⑶，兵不先辨⑶不可以勝敵。今夫齊與吳將戰，彼戰而不勝，越亂之必矣；與齊戰而勝，必以其兵臨晉。」晉君大恐，曰：「為之柰何？」子貢曰：「修兵休卒以待之。」晉君許諾。

子貢去而之魯。吳王果與齊人戰於艾陵⑶，大破齊師，獲七將軍之兵而不歸，果以兵臨晉，與晉人相遇黃池⑶之上。吳晉爭彊。晉人擊之，大敗吳師。越王聞之，涉江襲吳，去城七里而

軍。吳王聞之，去晉而歸，與越戰於五湖〔二六〕。三戰不勝，城門不守，越遂圍王宮，殺夫差而戮其相。破吳三年，東向而霸。故子貢一出，存魯，亂齊，破吳，彊晉而霸越。子貢一使，使勢相破〔二七〕，十年之中，五國各有變。

子貢好廢舉〔二八〕，與時轉貨貲〔二九〕。喜揚人之美，不能匿人之過。常相魯衛，家累千金，卒終于齊。

【註】　㈠端沐：即端木。　㈡黜：挫折，壓制。　㈢誰勝過誰。　㈣器：器材。　㈤瑚璉：宗廟祭祀時盛黍稷之貴重的器具，夏曰瑚，殷曰璉。　㈥墜：失落。在人：文武之道，還記憶在人們的心裏之中。　㈦是孔子向別人去求教的嗎？或是別人自動的告訴給他聽呢？　㈧就孔子「溫良恭儉讓以得之」的故事，可見聖人對事是如何的虛心！　㈨富而無驕，已經不錯，但不如富而好禮。貧而無諂，已經難能，但不如貧而樂道。　㈩高、國、鮑、晏，齊國政治上有勢力之四大家族。　㈠「父母之國」，國危如此，二三子何為莫出」，由此可見孔子之愛國觀念之重且勇。　㈢為了救國，子路、子張、子石等都報奮勇要作國際活動，孔子皆不許其出，單單允許子貢出國活動。孔子真是深切認識了只有子貢的才智，纔可以達成任務。　㈢三次被封而三次都被大臣反對，以致失敗。　㈣私：佔為私有。　㈤名義上是保存了將亡之魯，實際上是困苦了強大之齊。　㈥不虧欠信約。　㈦厭惡越國。　㈧實際上是空虛越國，名

義上是隨從諸侯以伐齊。 ㈤ 清掃道路。 ㈥ 親自駕著車到子貢所住的官舍。 ㈢ 拚命一鬥，同歸於盡。 ㈢ 不堪：受不住他的虐待。 ㈣ 被屢次的戰爭所疲敝。 ㈤ 順迎君上的錯誤穩固其私利。嚭：音（ㄆㄧˇ）。 ㈥ 是苟延殘喘即將滅亡的國家之政治表現。 ㈦ 以投合（徼）其志願。 ㈥ 因抵抗而得罪於吳。 ㈨ 國家變為荒草野地。 ㈢ 衝鋒冒險。 ㈢ 鈇：此字在此句中無用，想係衍文。屈盧：矛名。步光：劍名。 ㈢ 慮不先定，不可以應付猝然（卒）的變化。 ㈤ 辨：同「辦」，準備齊全。軍隊不先準備，不足以戰勝敵人。 ㈣ 艾陵：在山東泰安縣。黃池：在河南封丘縣西南。五湖：太湖也。 ㈦ 使國際勢力互相破壞。 ㈢ 子貢好貨殖，作賣買（賣出，曰廢。買進，曰舉）。爭取時機以轉貨逐利，增加財富。

言偃，吳人，字子游。少孔子四十五歲。

子游既已受業，為武城宰㈠。孔子過，聞弦歌之聲。孔子莞爾而笑㈢曰：「割雞焉用牛刀㈢？」子游曰：「昔者偃聞諸夫子曰，君子學道則愛人，小人學道則易使。」孔子曰：「二三子，偃之言是也。前言戲之耳。」孔子以為子游習於文學。

【註】 ㈠ 武城：今山東武城縣。 ㈢ 莞爾：小笑的樣子。 ㈢ 「割雞焉用牛刀」：形容治小邑，何須用大道。

卜商字子夏㈠。少孔子四十四歲。

子夏問：「『巧笑倩兮㈡，美目盼兮㈢，素以為絢兮㈣』，何謂也？」子曰：「繪事後素㈤。」曰：「禮後乎㈥？」孔子曰：「商始可與言詩已矣㈦。」

子貢問：「師與商孰賢？」子曰：「師也過，商也不及。」「然則師愈與？」曰：「過猶不及㈧。」

子謂子夏曰：「汝為君子儒，無為小人儒㈨。」

孔子既沒，子夏居西河㈩教授，為魏文侯師。其子死，哭之失明。

【註】　㈠子夏：河南溫縣人。　㈡倩：音欠（ㄑㄧㄢˋ），美麗的樣子。　㈢盼：音判（ㄆㄢˋ），眼睛黑白分明的樣子。　㈣絢：音炫（ㄒㄩㄢˋ），彩色耀人眼目的樣子。　㈤凡畫繪先塗上各種顏色，然後以素色分佈其間，以成其文。比喻美女雖有天生麗質，亦須禮以成之。　㈥子夏聞孔子之言而有所悟，就說：「那麼，就是禮在其後嗎？」　㈦孔子以子夏能發明其意，就說：「像子夏者，才可以和他談詩了。」　㈧孔子以為子張與子夏都不得其中道。　㈨你要作一個光明正大的讀書人，不要作那害人利己的讀書人。　㈩西河：即今陝西舊同州府地，在黃河之西。宋儒洪邁云：「孔子弟子惟子夏獨有書，

雖傳記雜言未可盡信，然要與他人不同矣。於易則有傳，於詩則有序，而毛詩之學，一云子夏授高行

子，四傳而至小毛公。一云子夏傳曾申，五傳而至大毛公。於禮則有儀禮喪服一篇，馬融、王肅諸儒

為之訓說。於春秋所謂『不能贊一辭』，蓋亦嘗從事於此矣。」後漢徐防上書曰：「詩書禮樂，定自

孔子，發明章句，始於子夏」，可見子夏在發揚聖道工作上之重要性。

顓孫師，陳人，字子張㊀。少孔子四十八歲。

子張問干祿㊁，孔子曰：「多聞闕疑，慎言其餘，則寡尤㊂；

多見闕殆，慎行其餘，則寡悔㊃。言寡尤，行寡悔，祿在其中矣。」

他日從在陳蔡間，困，問行。孔子曰：「言忠信，行篤敬，

雖蠻貊之國行也；言不忠信，行不篤敬，雖州里行乎哉！立則

見其參於前也㊄，在輿則見其倚於衡㊅，夫然後行㊆。」子張書

諸紳㊇。

子張問：「士何如斯可謂之達矣㊈？」孔子曰：「何哉，爾所

謂達者？」子張對曰：「在國必聞，在家必聞。」孔子曰：「是

聞也，非達也。夫達者，質直而好義㊉，察言而觀色㊋，慮以下

人㊌，在國及家必達。夫聞也者，色取仁而行違㊍，居之不疑㊎，

在國及家必聞。」

【註】㈠子張：陽城人，當時屬陳郡。㈡干求祿位。㈢多聞而慎言，自信為合於真理者，則言之，有疑義而不敢自信者，則闕而不言。這樣子，就可以很少錯失了。㈣多見而慎行，自信為合於真理者則行之，有疑義（殆，亦疑也）而不敢自信者，則闕而不行，這樣子，就可以很少後悔了。㈤站立的時候，好像是有什麼可敬之人與可敬之事，參於面前。㈥在車上的時候，好像是有什麼可敬之人與可敬之事，倚於軛前。這就是無一事一時一地之不敬。㈦然後可以通行內外遠近而無阻。㈧紳：大帶。㈨達：顯達，有名聲。㈩真正的有聲望的人，應當是樸實直正而有正義感。⑪觀察他人的言論與表情。⑫思慮深刻，謙恭虛心，降己而尊人。⑬表面好像很仁慈，而其實際行為完全相反。⑭習慣於詐言騙語而行之不疑，好像是家常便飯似的。

曾參，南武城人㈠，字子輿。少孔子四十六歲。孔子以為能通孝道㈡，故授之業。作孝經。死於魯。

【註】㈠武城：在山東費縣西南，所謂南武城是也。㈡曾子是一位孝子，他曾說：「我作小官的時候，俸祿雖少，但內心欣欣而喜，因其可以養親也。以後當了尊官，俸祿甚多，但猶北向而泣者，悲不得見吾親也。」

澹臺滅明，武城人，字子羽。少孔子三十九歲。狀貌甚惡㈠。欲事孔子，孔子以為材薄。既已受業，退而修行，行不由徑㈡，非公事不見卿大夫。

南游至江，從弟子三百人，設取予去就㈢，名施乎諸侯㈣。孔子聞之，曰：「吾以言取人，失之宰予㈤；以貌取人，失之子羽。」

【註】㈠惡：醜陋，其貌不揚。㈡徑：小路。㈢設：大，完善，言其取、予、去、就，都很光明正大，完善無缺。㈣施：傳播。㈤宰予能言而不能行。

宓不齊字子賤。少孔子三十歲。

孔子謂「子賤君子哉！魯無君子，斯焉取斯㈠？」

子賤為單父宰㈡，反命於孔子㈢，曰：「此國有賢不齊者五人㈣，教不齊所以治者。」孔子曰：「惜哉不齊所治者小，所治者大則庶幾矣。」

【註】㈠如果說魯國沒有君子，怎麼樣能找到這樣的人呢？㈡單父：在山東單縣。㈢反命：回去報告。㈣此國有賢於不齊者，五人。

原憲字子思。

子思問恥。孔子曰：「國有道，穀。國無道，穀，恥也⊖。」

子思曰：「克伐怨欲不行焉⊜，可以為仁乎？」孔子曰：「可以為難矣，仁則吾弗知也。」

孔子卒，原憲遂亡在草澤中⊜。子貢相衛，而結駟連騎，排藜藿入窮閻⊜，過謝原憲。憲攝敝衣冠見子貢。子貢恥之，曰：「夫子豈病乎？」原憲曰：「吾聞之，無財者謂之貧，學道而不能行者謂之病。若憲，貧也，非病也。」子貢慙，不懌而去⊜，終身恥其言之過也。

公冶長，齊人，字子長。

【註】　⊖穀：古時待遇公務人員，以穀物為報酬，穀即代表薪俸之意。國有道，作官而拿薪俸是可以的。如果國無道，你再去作官拿薪俸，那便是可恥的了。⊜克：好勝。伐：自誇。怨：忌恨。欲：貪心於酒、色、財、氣、榮華富貴，都算是欲。⊜隱藏在草澤之中，表示不願追求塵世之樂。⊜以藜藿之草物，編為門。⊜懌：音（ㄧˋ），樂、喜。

孔子曰：「長可妻也，雖在累紲之中㈠，非其罪也。」以其子妻之㈡。

【註】

㈠累紲：繩索所以拘繫罪人，在累紲之中，表示在牢獄之中。㈡子：女兒。

南宮括字子容。

問孔子曰：「羿善射，奡盪舟㈠，俱不得其死然；禹稷躬稼而有天下？」孔子弗答。容出，孔子曰：「君子哉若人！上德哉若人㈡！」「國有道，不廢；國無道，免於刑戮㈢。」三復「白珪之玷㈣」，以其兄之子妻之。

【註】

㈠羿：有窮國之君，篡夏帝位，其徒寒浞殺之，娶其妻而生奡，奡力大，能在陸地上行舟。羿，音義（一）。奡，音傲（ㄠ）。㈡這樣的人真是君子啊！這樣的人真是尊重德行啊！（上，同「尚」）。㈢國有道，不被廢棄，而見用於朝；國無道，慎言遜行，而不被刑殺。㈣《詩》云：「白珪之玷，尚可磨也；斯言之玷，不可為也。」就是說，白珪有了污點，還可以磨去；但是，如果說話有了錯失，那就無法更正了。這是教人慎言之意。南容每次讀到這首詩，便三番兩次的在那裡仔細玩味其中的啟示，可見他是在慎言上很注重。

公皙哀字季次。

孔子曰：「天下無行，多為家臣，仕於都；唯季次未嘗仕⊖。」

【註】 ⊖ 天下的知識分子不講究德行，多半為大夫們的家臣，仕於都邑。惟有季次，志節高尚，不曾屈身為官，低首事人。

曾蒧字皙⊖。

侍孔子，孔子曰：「言爾志⊜。」蒧曰：「春服既成，冠者五六人，童子六七人，浴乎沂，風乎無雩，詠而歸⊜。」孔子喟爾歎曰：「吾與蒧也⊗！」

【註】 ⊖ 蒧：音點（ㄅㄧㄢˇ），即「曾點」。曾參之父。 ⊜ 談談你的志願。 ⊜ 蒧說：「春間三月的時候，大家都換上了很輕鬆的單衣，我想找到五六個成年的人，帶著六七個天真無邪的兒童，到那沂水之上洗洗澡，在那舞雩之下吹吹風，然後歌歌唱唱的盡興而歸。」 ⊗ 孔子聽了他這種構想，不由得欣然嘆賞的說：「我很贊成你的意見！」

顏無繇字路。路者，顏回父，父子嘗各異時事孔子。

顏回死，顏路貧，請孔子車以葬。孔子曰：「材不材，亦各言其子也。鯉也死〇，有棺而無椁，吾不徒行以為之椁，以吾從大夫之後，不可以徒行。」

【註】

〇　鯉：孔子之子，字伯魚。

商瞿，魯人，字子木。少孔子二十九歲。

孔子傳易於瞿，瞿傳楚人駻臂子弘〇，弘傳江東人矯子庸疵，疵傳燕人周子家豎，豎傳淳于人光子乘羽〇，羽傳齊人田子莊何，何傳東武人王子中同，同傳菑川人楊何。何元朔中以治易為漢中大夫。

【註】

〇　駻：音汗（ㄏㄢˋ）。子弘：作子弓，子夏之門人。　〇　淳于：古國名，在山東安邱縣。

高柴字子羔。少孔子三十歲。

子羔長不盈五尺，受業孔子，孔子以為愚。

子路使子羔為費郈宰〇，孔子曰：「賊夫人之子〇！」子路曰：

「有民人焉，有社稷焉，何必讀書然後為學㈢！」孔子曰：「是故惡夫佞者㈣。」

【註】㈠費：讀「必」（ㄅㄧˋ）。郈：音後（ㄏㄡˋ）。在山東東平縣。費，郈兩字，在此句不能並用，必有一字係衍文。㈡賊：害也，言子羔不學無術，為政必有害於人。㈢子路說：「有人民與社稷的實際工作可學習，何必讀書，才算是學習？」㈣佞者：巧言奪理的人。

漆彫開字子開。

孔子使開仕，對曰：「吾斯之未能信㈠。」孔子說㈡。

【註】㈠我對於出仕治事，還不敢自信，即自覺還沒有把握之意。㈡說：同「悅」。

公伯繚字子周。

周繚子路於季孫㈠，子服景伯以告孔子，曰：「夫子固有惑志繚也㈡，吾力猶能肆諸市朝㈢。」孔子曰：「道之將行，命也；道之將廢，命也。公伯繚其如命何！」

【註】㈠繚：音素（ㄙㄨˋ），讒毀。言子周在季孫面前說子路的壞話。㈡如果季孫（夫子）聽子周

的話而疑惑子路。　㈢市朝：眾人聚集之場所。言我有力量還能把他殺了陳列於稠人廣眾之場所。

司馬耕字子牛。

牛多言而躁。問仁於孔子，孔子曰：「仁者其言也訒㈠。」

曰：「其言也訒，斯可謂之仁乎？」子曰：「為之難，言之得無訒乎㈡！」

問君子，子曰：「君子不憂不懼㈢。」曰：「不憂不懼，斯可謂之君子乎？」子曰：「內省不疚，夫何憂何懼㈣！」

【註】㈠訒：音刃（ㄖㄣˋ），難也，不輕易發言。㈡作到「仁」字是很難的，那麼，怎可以輕易發言呢！（可見孔子教人，處處是要言行一致。）㈢不憂心於衣食溫飽，不懼怕於武力權勢。㈣只要問心不愧，憂什麼？怕什麼？

樊須字子遲。少孔子三十六歲。

樊遲請學稼，孔子曰：「吾不如老農。」請學圃，曰：「吾不如老圃。」樊遲出，孔子曰：「小人哉樊須也！上好禮，則民莫敢不敬；上好義，則民莫敢不服；上好信，則民莫敢不用

情㊀。夫如是，則四方之民襁負其子而至矣，焉用稼㊁！」

樊遲問仁，子曰：「愛人。」問智，曰：「知人。」

【註】㊀這一段話，是啟示為政者要以身作則，為政不在多言，在於實際的事實表現。如果為政者能以身作則，則政治風氣良好，政風良好而社會風氣自必隨之而良好。所以孔子發為「上好禮，則民莫敢不敬；上好義，則民莫敢不服；上好信，則民莫敢不用情」之教。此意與孔子在另些地方所講的「政者，正也」，「子率以正，孰敢不正」之言，完全一貫。㊁襁負：襁音強（ㄑㄧㄤ），背負嬰兒的包袱。言民眾將背負其子女而來歸。

有若少孔子四十三歲。有若曰：「禮之用，和為貴，先王之道斯為美。小大由之，有所不行；知和而和，不以禮節之，亦不可行也㊀。」「信近於義，言可復也㊁；恭近於禮，遠恥辱也㊂；因不失其親，亦可宗也㊃。」

孔子既沒，弟子思慕，有若狀似孔子，弟子相與共立為師，師之如夫子時也。他日，弟子進問曰：「昔夫子當行，使弟子持雨具，已而果雨。弟子問曰：『夫子何以知之？』夫子曰：

『詩不云乎？「月離于畢，俾滂沱矣（四）。」昨暮月不宿畢乎？」

他日，月宿畢，竟不雨。商瞿年長無子，其母為取室（五）。孔子使

之齊，瞿母請之。孔子曰：『無憂，瞿年四十後當有五丈夫子（六）。』

已而果然。敢問夫子何以知此？」有若默然無以應。弟子起曰：

「有子避之，此非子之座也！」

【註】㈠一切行為都要以「禮」作適中的控制，即所謂「以禮節之」。如果沒有適中的控制，則「和」的過度，即成為不分是非的「和事佬」，或「以順為正」的妾婦之道。㈡守信用而近於義理，每一句話都可以復案。㈢互相依存（因）而不失和睦，也是可尊敬的。㈣離：同「罹」，陷入也。㈤取室：娶太太。㈥五丈夫子：五個男孩子。

公西赤字子華。少孔子四十二歲。

子華使於齊，冉有為其母請粟（一）。孔子曰：「與之釜（二）。」請益，曰：「與之庾（三）。」冉子與之粟五秉（四）。孔子曰：「赤之適齊也，乘肥馬，衣輕裘。吾聞君子周急不繼富（五）。」

【註】　○冉有替公子華之母請粟。　○釜：容器，盛六斗四升。　○庾：容器，盛十六斗。　四秉：十

六斛為一秉，五秉合計為八十斛。　五周濟特別窮苦之人，不必替那些富人擔心。（可以雪中送炭，

不必錦上添花。）

巫馬施字子旗。少孔子三十歲。

陳司敗○問孔子曰：「魯昭公知禮乎？」孔子曰：「知禮。」

退而揖巫馬旗曰：「吾聞君子不黨○，君子亦黨乎？魯君娶吳女

為夫人，命之為孟子。孟子姓姬，諱稱同姓，故謂之孟子。魯

君而知禮，孰不知禮○！」施以告孔子，孔子曰：「丘也幸，苟

有過，人必知之四。臣不可言君親之惡，為諱者，禮也。」

【註】　○司敗：官名，陳國之大夫。　○孔安國曰：「相助匿非，曰黨」，偏祖自己的一羣，曰：

「黨同伐異」。　○禮亦「同姓不婚」，今魯君結同姓之女為婚，故被陳國大夫譏之為不知禮。　四孔

子以有人知其過為幸，可見聖人度量之大。

梁鱣字叔魚。少孔子二十九歲。

顏幸字子柳。少孔子四十六歲。

冉孺字子魯，少孔子五十歲。

曹邺字子循。少孔子五十歲。

伯虔字子析，少孔子五十歲。

公孫龍字子石。少孔子五十三歲。

自子石已右三十五人，顯有年名及受業聞見於書傳。其四十
有二人，無年及不見書傳者紀于左：

丹季字子產。

公祖句茲字子之。

秦祖字子南。

漆雕哆字子斂。

顏高字子驕。

漆雕徒父。

壤駟赤字子徒。

商澤。

石作蜀字子明。

任不齊字選。

公良孺字子正。

后處字子里。

秦丹字開。

公夏首字乘。

奚容箴字子皙。

公肩定字子中。

顏祖字襄。

鄡單字子家。

句井疆。

罕父黑字子索。

秦商字子丕。

申黨字周。

顏之僕字叔。

榮旂字子祈。

縣成字子祺。

左人郢字行。

燕伋字思。

鄭國字子徒。

秦非字子之。

施之常字子恒。

顏噲字子聲。

步叔乘字子車。

原亢籍。

樂欬字子聲。

廉絜字庸。

叔仲會字子期。

顏何字冉。

狄黑字皙。

邦巽字子斂。

孔忠。

公西輿如字子上。

公西葴字子上。

太史公曰：學者多稱七十子之徒，譽者或過其實，毀者或損其真，鈞之未覩厥容貌，則論言弟子籍，出孔氏古文近是。余以弟子名姓文字悉取論語弟子問幷次為篇〇，疑者闕焉。

【註】 〇鈞：同「均」，大家都是沒有看到七十子之徒的真相貌，而談論他們的事跡，恭維的人，言過其實；毀謗的人，損失其真，這都是不合情理的。比較起來，以《論語》所記者，為可根據。

卷六十八 商君列傳第八

商君者，衞之諸庶孽公子也（一），名鞅，姓公孫氏，其祖本姬姓也。鞅少好刑名之學，事魏相公叔座為中庶子（二）。公叔座知其賢，未及進。會座病，魏惠王親往問病，曰：「公叔病有如不可諱，將奈社稷何？」公叔曰：「座之中庶子公孫鞅，年雖少，有奇才，願王舉國而聽之（三）。」王嘿然。王且去，座屏人言曰：「王即不聽用鞅（四），必殺之，無令出境。」王許諾而去。公孫座召鞅謝曰：「今者王問可以為相者，我言若（五），王色不許我。我方先君後臣，因謂王即弗用鞅，當殺之。王許我。汝可疾去矣，且見禽（六）。」鞅曰：「彼王不能用君之言任臣，又安能用君之言殺臣乎？」卒不去。惠王既去，而謂左右曰：「公叔病甚，悲乎，欲令寡人以國聽公孫鞅也，豈不悖哉！」

【註】 （一）秦封鞅於商地，故曰商君。王念孫曰：「諸庶孽公子」之「公」字，為後人所加。 （二）姓公孫，名座。中庶子：官名，舍人之稍貴者。 （三）把國事交給他而聽其治理。 （四）即：如果。 （五）若：你。 （六）你

可速去，即刻就要被擒了。

公叔既死，公孫鞅聞秦孝公下令國中求賢者，將修繆公之業，東復侵地，迺遂西入秦，因孝公寵臣景監以求見孝公。孝公既見衞鞅，語事良久（一），孝公時時睡，弗聽。罷而孝公怒景監曰：「子之客妄人耳，安足用邪（二）！」景監以讓衞鞅（三）。衞鞅曰：「吾說公以帝道，其志不開悟矣。」後五日，復求見鞅。鞅復見孝公，益愈，然而未中旨（四）。罷而孝公復讓景監，景監亦讓鞅。鞅曰：「吾說公以王道而未入也。請復見鞅。」鞅復見孝公，孝公善之而未用也。罷而去。孝公謂景監曰：「汝客善，可與語矣。」鞅曰：「吾說公以霸道，其意欲用之矣。誠復見我，我知之矣。」衞鞅復見孝公。公與語，不自知跀之前於席也（五）。語數日不厭。景監曰：「子何以中吾君？吾君之驩甚也（六）。」鞅曰：「吾說君以帝王之道比三代（七），而君曰：『久遠，吾不能待。且賢君者，各及其身顯名天下，安能邑邑待數十百年以成帝王乎（八）？』故吾以彊國之術說君，君大說（九）之耳。然亦難以比

德於殷周矣。」

【註】 ㈠良久：甚久。 ㈡你的客是一個胡說八道的人啊，怎麼可以用呢？ ㈢讓：責備。 ㈣比上一次談話的印象稍微好了一點，然而並沒有完全合乎秦王的心意。 ㈤秦孝公聽商鞅的講話，越聽越發生興趣，不自覺的越坐離商鞅越近。 ㈥驩：即「歡」。 ㈦我建議秦君以帝王之道比美於三代之君。 ㈧邑邑：即「悒悒」，「鬱鬱」。悶悶不樂的。 ㈨說：即「悅」。

孝公既用衛鞅，鞅欲變法，恐天下議己㈠。衛鞅曰：「疑行無名㈡，疑事無功㈢。且夫有高人之行者，固見非於世㈣；有獨知之慮者，必見敖於民㈤。愚者闇於成事㈥，知者見於未萌㈦。民不可與慮始而可與樂成㈧。論至德者不和於俗㈨，成大功者不謀於眾㈩。是以聖人苟可以彊國，不法其故㈠㈠；苟可以利民，不循其禮㈠㈡。」孝公曰：「善。」甘龍曰：「不然。聖人不易民而教，知者不變法而治。因民而教，不勞而成功；緣法而治者，吏習而民安之。」衛鞅曰：「龍之所言，世俗之言也。常人安於故俗，學者溺於所聞㈠㈢。以此兩者居官守法可也㈠㈣，非所與論

於法之外也〔五〕。三代不同禮而王，五伯不同法而霸。智者作法，愚者制焉〔六〕；賢者更禮，不肖者拘焉〔七〕。」杜摯曰：「利不百，不變法〔八〕，功不十，不易器〔九〕。法古無過，循禮無邪。」衛鞅曰：「治世不一道，便國不法古。故湯武不循古而王，夏殷不易禮而亡。反古者不可非〔二〕，而循禮者不足多〔二〕。」孝公曰：「善。」以衛鞅為左庶長〔三〕，卒定變法之令。

【註】

〔一〕「鞅欲變法」之「鞅」字，係一多餘之字，本文應為「孝公既用衛鞅，欲變法」，此言孝公之欲變法，而恐天下議己」，於是衛鞅勸他要毫無疑慮的斷然變法。

〔二〕懷疑不定的行為，不能成名。

〔三〕懷疑不定的事情，不能成功。

〔四〕有高人的行為者，原本就要被世俗所譏議。

〔五〕有獨到的智慮者，必然就要被凡人所傲慢。

〔六〕愚昧的人不知道如何做事。

〔七〕聰明的人能預看未發生之事。

〔八〕一般人民不能夠在事業開始之初和他們討論，只可以在事業成功之後，和他們在一塊快樂的享受。

〔九〕談論至德者，不附和於世俗。

〔一○〕成就大功者，不計謀於庶眾。

〔一一〕聖人只要可以強國，就不效法過去。

〔一二〕只要可以利民，就不遵循虛文。

〔一三〕學者沉溺於他們所聽到的舊聞，而不能創立新的見解。

〔一四〕這些常人與學者，叫他們居官守法，辦些「等因奉此」的事情，還可以。

〔一五〕至於破除現狀，開拓新的局面，這兩種人根本談不到。

〔一六〕聰明的人創作法律，愚拙的人被法律所控制。

〔一七〕賢能的人更改禮儀，不肖的人

被禮儀所拘束。　⑥沒有百分之百的利益，就不變法。　⑦沒有十分之十的功效，就不更器。　⑩反乎古道者不可以非議。　⑧遵循舊禮者，不值得稱贊。　⑨左庶長：秦官名，眾列之長。

令民為什伍⑴，而相牧司連坐⑵。不告姦者腰斬，告姦者與斬敵首同賞，匿姦者與降敵同罰。民有二男以上不分異者，倍其賦⑶。有軍功者，各以率受上爵；為私鬥者，各以輕重被刑大小。僇力本業⑷；耕織致粟帛多者復其身。事末利及怠而貧者，舉以為收孥⑸。宗室非有軍功論，不得為屬籍⑹。明尊卑爵秩等級⑺，各以差次名田宅，臣妾衣服以家次⑻有功者顯榮⑼無功者雖富無所芬華⑽。

【註】　⑴五家為「伍」，十家為「什」，伍為鄰，什為保。　⑵互相糾舉監視。司同「伺」，偵察、監視。一家犯法，十家連坐。　⑶強迫分異，目的在於增加人口。　⑷僇力：努力。　⑸從事工商業者，沒入為奴隸。因工商業者生活流動，不如農民之固定住居，有戰爭，非保衞其家鄉不可。　⑹宗室沒有作戰功勞，則取消其宗室的屬籍，即取消其貴族之特權。　⑺明白規定尊卑的爵號俸秩，各有差別的次序。　⑻明白規定田宅、臣妾、衣服的等級，各以其家之爵秩為次序。　⑼有軍功者，予以光榮的表揚。　⑽沒有軍功者，雖富有，亦不能得到光榮的表揚。

令既具，未布，恐民之不信，已乃立三丈之木於國都市南門，募民有能徙置北門者予十金。民怪之，莫敢徙。復曰「能徙者予五十金」。有一人徙之，輒予五十金，以明不欺⑴。卒下令。

【註】

⑴商鞅立木示信，作為變法之準備條件。

令行於民朞年，秦民之國都言初令之不便者以千數⑴。於是太子犯法。衛鞅曰：「法之不行，自上犯之。」將法太子。太子，君嗣也，不可施刑，刑其傅公子虔，黥其師公孫賈。明日，秦人皆趨令⑵。行之十年，秦民大說⑶，道不拾遺，山無盜賊，家給人足。民勇於公戰，怯於私鬥，鄉邑大治。秦民初言令不便者有來言令便者，衛鞅曰「此皆亂化之民也」，盡遷之於邊城。其後民莫敢議令。

【註】

⑴秦民往京都訴說初令之不便者以千數。⑵奉行法令如奔跑一樣。⑶說：同「悅」。

於是以鞅為大良造⑴。將兵圍魏安邑，降之。居三年，作為築

冀闕㈡宮庭於咸陽，秦自雍徙都之㈢。而令民父子兄弟同室內息者為禁。而集小（都）鄉邑聚為縣，置令、丞，凡三十一縣。為田開阡陌封疆㈣，而賦稅平。平斗桶權衡丈尺。行之四年，公子虔復犯約，劓之。居五年，秦人富彊，天子致胙㈤於孝公，諸侯畢賀。

【註】　㈠大良造：即大上造，秦之第十六爵名。　㈡冀闕：同「魏闕」，巍然高大之闕，佈告教令，當記於此門闕。冀：記也。　㈢秦自雍（陝西鳳翔）徙都於咸陽。　㈣阡陌：田間小路，以區界田畝者，商鞅令開墾之以增加土地生產面積。　㈤致胙：致送祭物。

其明年，齊敗魏兵於馬陵㈠，虜其太子申，殺將軍龐涓。其明年，衞鞅說孝公曰：「秦之與魏，譬若人之有腹心疾，非魏幷秦，秦即幷魏。何者？魏居嶺阨之西㈡，都安邑，與秦界河而獨擅山東之利。利則西侵秦，病則東收地。今以君之賢聖，國賴以盛。而魏往年大破於齊，諸侯畔之㈢，可因此時伐魏。魏不支秦，必東徙。東徙，秦據河山之固，東鄉以制諸侯㈣，此帝王之

業也。」孝公以為然，使衞鞅將而伐魏。魏使公子卬將而擊之。

軍既相距㈤，衞鞅遺魏將公子卬書曰：「吾始與公子驩㈥，今俱

為兩國將，不忍相攻，可與公子面相見，盟，樂飲而罷兵，以

安秦魏。」魏公子卬以為然。會盟已，飲，而衞鞅伏甲士而襲

虜魏公子卬，因攻其軍，盡破之以歸秦。魏惠王兵數破於齊秦，

國內空，日以削，恐，乃使使割河西之地獻於秦以和。而魏遂

去安邑，徙都大梁。梁惠王曰：「寡人恨不用公叔座之言也。」

衞鞅既破魏還，秦封之於商㈦十五邑，號為商君。

【註】　㈠馬陵：在河北大名縣。　㈡嶺陀之西：即指中條山一帶之關陀嶺險。　㈢畔：同「叛」。　㈣鄉：

即「向」。　㈤距：對抗的陣勢擺開。　㈥驩：即「歡」。　㈦商：商洛縣，在商州東八十九里，本商

邑，周之商國。

商君相秦十年，宗室貴戚多怨望者。趙良見商君。商君曰：

「鞅之得見也，從孟蘭皋㈠，今鞅請得交，可乎？」趙良曰：

「僕弗敢願也。孔丘有言曰：『推賢而戴者進㈡，聚不肖而王者

退〔三〕。」僕不肖，故不敢受命。僕聞之曰貪

位，非其名而有之曰貪名也。

故不敢聞命。」商君曰：「子不說吾治秦與〔四〕？

聽之謂聰〔五〕，內視之謂明〔六〕，自勝之謂彊〔七〕。虞舜有言曰：『自

卑也尚矣〔八〕。」君不若道虞舜之道〔九〕，無為問僕矣〔0〕。」商君曰：

「始秦戎翟之教〔二〕，父子無別，同室而居。今我更制其教，而為

其男女之別，大築冀闕，營如魯衛矣。子觀我治秦也，孰與五

羖大夫賢〔三〕？」趙良曰：「千羊之皮，不如一狐之腋，千人之諾

諾，不如一士之諤諤〔三〕。武王諤諤以昌〔四〕，殷紂墨墨以亡〔五〕。君

若不非武王乎，則僕請終日正言而無誅，可乎？」商君曰：「語

有之矣，貌言華也〔六〕，至言實也〔七〕，苦言藥也〔八〕，甘言疾也〔九〕。夫

子果肯終日正言，鞅之藥也。鞅將事子，子又何辭焉！」趙良

曰：「夫五羖大夫，荊之鄙人也〔0〕。聞秦繆公之賢而願望見，行

而無資，自粥於秦客〔三〕，被褐食牛〔三〕。期年，繆公知之，舉之牛

口之下，而加之百姓之上，秦國莫敢望焉。相秦六七年，而東

伐鄭，三置晉國之君〔三〕，一救荊國之禍〔三〕。發教封內〔三〕，而巴人致貢；施德諸侯，而八戎來服〔六〕。由余聞之，款關請見〔七〕。五羖大夫之相秦也，勞不坐乘，暑不張蓋，行於國中，不從車乘，不操干戈，功名藏於府庫，德行施於後世。五羖大夫死，秦國男女流涕，童子不歌謠，舂者不相杵〔六〕。此五羖大夫之德也。今君之見秦王也，因嬖人景監以為主，非所以為名也。相秦不以百姓為事，而大築冀闕，非所以為功也。刑黥太子之師傅，殘傷民以駿刑〔元〕，是積怨畜禍也。教之化民也深於命〔三〕，民之效上也捷於令〔三〕。今君又左建外易〔三〕，非所以為教也。君又南面而稱寡人，日繩秦之貴公子〔三〕。詩曰：『相鼠有體，人而無禮，何不遄死。』以詩觀之，非所以為壽也。公子虔杜門不出，已八年矣〔三〕，君又殺祝懽而黥公孫賈。詩曰：『得人者興，失人者崩。』此數事者，非所以得人也。君之出也，後車十數，從車載甲，多力而駢脅者為驂乘〔三〕，持矛而操闟戟者〔六〕旁車而趨。此一物不具，君固不出〔七〕。書曰：『恃德者昌，恃力者亡。』

君之危若朝露，尚將欲延年益壽乎？則何不歸十五都（三六），灌園於鄙（三九），勸秦王顯巖穴之士，養老存孤，敬父兄，序有功，尊有德，可以少安。君尚將貪商於之富，寵秦國之教，畜百姓之怨，秦王一旦捐賓客而不立朝（四○），秦國之所以收君者（四一），豈其微哉（四二）？亡可翹足而待。」商君弗從。

【註】 ㈠姓孟，名蘭皋。鞅自言前因蘭皋之紹介得與趙良相見。 ㈡推薦賢能而擁戴之，這種推賢的人，可以與之相交（進）。 ㈢結合一些不肖之人而自居為王，這種自王的人，不可以與之相交（退，避而不交。） ㈣說：通「悅」。 ㈤自己反身以聽自己內心的批評，就叫作「聰」。 ㈥自己反身以聽自己內心的檢討，就叫作「明」。 ㈦自己能戰勝自己的一切私心成見敗德惰性，就叫作「強」。 ㈧謙虛自卑的人，纔是真正高尚的人。 ㈨道：同「導」，遵從，宣揚。 ㈩用不著問我了。 ㈠ㄧ戎翟：即「戎狄」。 ㈠ㄧㄧ五羖大夫：指百里奚而言。百里奚自賣以五羖羊之皮，為人養牛，秦穆公舉以為相，秦人謂之五羖大夫。羖：音古，黑色羊也。 ㈠ㄧㄧㄧ一千個唯唯諾諾之人，不如一個直言極諫之士。 ㈠ㄧ四武王因為有直言極諫之士，所以能昌盛。 ㈠ㄧ五紂王的臣下都是些墨墨（同「默默」）無言，苟且偷生的人，所以就亡國。 ㈠ㄧ六貌言：不是出於內心的話，而是表面應酬的話。貌言好比是一朵好看的花子（華）而不能結實。 ㈠ㄧ七出於內心深處的至言，纔能結

（這三句話，很少有人能講得如此深刻透澈的。）

出有用的果實。　（六）苦口之言，纔是治病的藥石（良藥苦口利於病，忠言逆耳利於行）。　（九）甜言蜜語

乃是加重疾病的毒藥。　（三）百里奚南陽人，屬於楚，楚即荊州。　（三）粥即「鬻」，賣身也。　（三）被褐：

穿著賤人的衣服。食：通「飼」，為人養牛。　（三）置：立也，立晉惠公，懷公，文公。　（三）救了宋國免

於楚國侵滅之禍。　（三）發政令（教）於封疆之內。　（三）秦穆公用由余之計，拓地千里，遂霸西戎。　（三）款

關：叩關而來。　（三）相杵：舂者相互歌唱以助杵，如引重物者之呼邪許也。彼此呼應歌唱可以減少勞

作之苦。　（三）駿刑：即「峻刑，嚴刑峻法也。」　（三）以教育的方法感化人民，其效力深於命令。　（三）人

民之效法主上，其動作速於命令。（導之以德，齊之以禮，有恥且格；導之以政，齊之以刑，民免而

無恥）。　（三）左：邪道，旁門左道。外：外於真理，違背真理。易：變更，變法。言其所建立者是邪

道，而其所變之法又違背真理。　（三）繩：束縛，整制。　（三）杜門：閉門。　（三）駢脅：言其人身體健壯，

肌肉豐滿，看不見肋骨之條痕。　（三）闑戟：古兵器。闑，音夕（ㄒㄧ、）。　（三）固：必然。　（三）商鞅封於

商於之地十五邑，故曰十五都。　（三）鄙：田野。　（四）即言如果秦王一旦死了。　（四）收：捕。　（四）豈肯輕

微，即言必重重加罪。

後五月而秦孝公卒，太子立。公子虔之徒告商君欲反，發吏

捕商君。商君亡至關下，欲舍客舍。客人不知其是商君也，曰：

「商君之法，舍人無驗者坐之（一）。」商君喟然歎曰：「嗟乎，為

法之敝一至此哉(二)！」去之魏。魏人怨其欺公子卬而破魏師，弗受。商君欲之他國。魏人曰：「商君，秦之賊。秦彊而賊入魏，弗歸，不可。」遂內秦(三)。商君既復入秦，走商邑，與其徒屬發邑兵北出擊鄭。秦發兵攻商君，殺之於鄭黽池(四)。秦惠王車裂商君以徇，曰：「莫如商鞅反者(五)！」遂滅商君之家。

【註】(一)留住客人，而客人無戶籍或其他證明身分之文件者，要治之以罪。(二)一，竟然。竟然到了這種地步啊！(三)內：即「納」，獻於秦國。(四)黽池：在河南澠池縣。(五)不要再像商君那樣反叛的人。

太史公曰：商君，其天資刻薄人也(一)。跡其欲干孝公以帝王術(二)，挾持浮說，非其質矣(三)。且所因由嬖臣，及得用，刑公子虔，欺魏將卬，不師趙良之言，亦足發明商君之少恩矣。余嘗讀商君開塞耕戰書(四)，與其人行事相類。卒受惡名於秦，有以也夫！

【註】(一)天資：天性，天生之本質。(二)跡：研索，研究，研判。(三)浮說：遊虛飄忽之言語。(四)〈開塞篇謂〉：「道塞久矣，今欲開之，必刑允而賞一，刑用於將過，則大邪不生；賞施於告姦，則細過不失。大邪不生，細過不失，則國治矣」。由此可見商鞅是堅決主張嚴

刑峻法的，尤其獎勵告訐，不告姦者與降敵同罰，告姦者與殺敵同賞。因此，好事生非之人，常挾故以傾陷安分自守之人，而秦之風俗，日以敗壞，至於父子相夷，而商鞅亦不能自脫，暴秦終於短命。〈耕戰書〉則主張開阡陌以增農殖，重賞賜以勵戰士。劉歆《新序》謂：「衞鞅內刻刀鋸之刑，外深鈇鉞之誅，步過六尺者有罰，棄灰於道者被刑，一日臨渭而論囚七百餘人，渭水盡赤，號哭之聲，動於天地，畜怨積仇，比於丘山；所逃莫之隱，所歸莫之容，身死車裂，滅族無姓，其去霸王之佐亦遠矣。」

卷六十九　蘇秦列傳第九

蘇秦者，東周雒陽人也。東事師於齊，而習之於鬼谷先生㊀。出游數歲，大困而歸。兄弟嫂妹妻妾竊皆笑之，曰：「周人之俗，治產業，力工商，逐什二以為務㊁。今子釋本而事口舌，困，不亦宜乎！」蘇秦聞之而慙，自傷，乃閉室不出，出其書徧觀㊂之。曰：「夫士業已屈首受書㊃，而不能以取尊榮，雖多亦奚以為！」於是得周書陰符㊄，伏而讀之。期年，以出揣摩㊅，曰：「此可以說當世之君矣。」求說周顯王。顯王左右素習知蘇秦，皆少之㊆。弗信。

【註】㊀鬼谷：地名，在河南登封縣東南，六國時，鬼谷先生所居之地。㊁周人的風俗，治產業、努力工商經營，追求十分之二的利益以為生活。由此可見當時洛陽一帶的民生經濟與社會風俗。㊂徧觀：全部的研讀。㊃業已：已經。屈首低頭而受書於師。㊄《陰符》：經名，列代史志皆以《周書陰符》入兵家，《黃帝陰符》入道家。《黃帝陰符》有太公、范蠡、鬼谷子、張良、諸葛亮、李荃、六家注，經文三百八十四字，計一卷，蓋道家之書，非所謂陰符兵法，《太公陰符》也。其書之真偽不

可考。朱子謂其時有精語，非深於道者不能作。因為之考定其文，作考異一卷。○揣摩：遊說其對象，揣摩其對象之心理而加以操縱利用，使之為自己的見解所左右而跟著走。○少：輕視，嗤笑。

乃西至秦。秦孝公卒。說惠王曰：「秦四塞之國，被山帶渭(一)，東有關河(二)，西有漢中，南有巴蜀，北有代馬(三)，此天府也(四)。以秦士民之眾，兵法之教，可以吞天下，稱帝而治。」秦王曰：「毛羽未成(五)，不可以高蜚(五)；文理未明，不可以幷兼(六)。」方誅商鞅，疾辯士(七)，弗用。

【註】（一）以南山為被，以渭河為帶。　（二）東有函谷關，東南有荊紫關、武關。河：黃河。　（三）代郡、馬邑。在河北懷安縣北。　（四）天府：天造之府，上天特別安排之地區，非人力所能建造之地區。其地區是天然的物產豐富，形勢險固，既享溫飽，又得安全。　（五）蜚：即「飛」字。　（六）文教與義理還沒有昌明，不可以幷兼天下。（這是秦惠王針鋒相對的反對蘇秦之言，蘇秦以為兵法之教可以吞天下。秦王以為文理未明不可以幷天下。）　（七）疾，同「嫉」，厭惡。

乃東之趙(一)。趙肅侯令其弟成為相，號奉陽君。奉陽君弗說之(二)。去游燕，歲餘而後得見。說燕文侯曰：「燕東有朝鮮、遼東，

北有林胡、樓煩（三），西有雲中、九原（四），南有嘑沱、易水（五），地方二千餘里，帶甲數十萬，車六百乘，騎六千匹，粟支數年。南有碣石、鴈門之饒（六），北有棗栗之利，民雖不佃作而足於棗栗矣。此所謂天府者也。

【註】（一）之：往也。（二）說：即「悅」。（三）林胡：胡國名，在舊時朔州嵐州以北。樓煩：古國名，在山西舊保德州寧武府及岢嵐縣等地。此兩胡國，當時屬於燕。（四）雲中：今自山西之懷仁、左雲、右玉以北，綏遠綏遠道各縣，蒙古鄂爾多斯左翼、喀爾喀右翼、四子部落各旗，皆其地。九原：今蒙古烏喇特、茂明安二旗之地，郡治故城在烏喇特旗東南境。漢朔方之東北，雲中之西，套北黃河東流處，即今綏遠五原縣也。（五）嘑沱：源出山西繁峙縣東大戲山，西南流經代縣、崞縣、忻縣、定襄、折東至五台縣。又東南經孟縣，入河北境。經平山、靈壽、正定，至藁城縣。折東北流經無極、深澤、安平、深縣、饒陽、獻縣、合滏陽河，為子牙河。又東北經河間、大城、靜海縣獨流鎮。又東北注於沽河。易水：源出河北省易縣西，東流至定興縣西南，合於拒馬河，即古武水。（六）碣石：在河北省昌黎縣一帶之地。海中之貨，自此入河。鴈門：在山西代縣，居於燕之西南，沙漠之貨，自此內流。故曰南有碣石、鴈門之饒。

「夫安樂無事，不見覆軍殺將，無過燕者。大王知其所以然乎？夫燕之所以不犯寇被甲兵者，以趙之為蔽其南也。秦趙五戰，秦再勝而趙三勝。秦趙相斃，而王以全燕制其後，此燕之所以不犯寇也。且夫秦之攻燕也，踰雲中、九原、過代、上谷，彌地數千里，雖得燕城，秦計固不能守也。秦之不能害燕亦明矣。今趙之攻燕也，發號出令，不至十日而數十萬之軍軍於東垣矣㊀。渡嘑沱，涉易水，不至四五日而距國都矣。故曰秦之攻燕也，戰於千里之外；趙之攻燕也，戰於百里之內。夫不憂百里之患而重千里之外，計無過於此者。是故願大王與趙從親，天下為一，則燕國必無患矣。」

【註】

㊀東垣：河北省正定縣。

文侯曰：「子言則可，然吾國小，西迫彊趙㊀，南近齊㊁，齊、趙彊國也。子必欲合從以安燕，寡人請以國從。」

【註】

㊀七國時，貝、冀、深、趙，四州，屬於趙，即燕之西界。　㊁河北博、滄、德三州，屬於

齊，與燕相接，隔黃河。

於是資蘇秦車馬金帛以至趙。而奉陽君已死，即因說趙肅侯曰：「天下卿相人臣及布衣之士，皆高賢君之行義，皆願奉教陳忠於前之日久矣。雖然，奉陽君妒而君不任事，是以賓客游士莫敢自盡於前者。今奉陽君捐館舍〇，君乃今復與士民相親也，臣故敢進其愚慮。

【註】　〇捐館舍：死也。

「竊為君計者，莫若安民無事，且無庸有事於民也〇。安民之本，在於擇交，擇交而得則民安，擇交而不得則民終身不安。請言外患：齊秦為兩敵而民不得安，倚秦攻齊而民不得安，倚齊攻秦而民不得安。故夫謀人之主，伐人之國，常苦出辭斷絕人之交也〇。願君慎勿出於口。請別白黑所以異，陰陽而已矣。君誠能聽臣，燕必致旃裘狗馬之地，齊必致魚鹽之海，楚必致橘柚之園，韓、魏、中山皆可使致湯沐之奉〇，而貴戚父兄皆可

以受封侯。夫割地包利，五伯之所以覆軍禽將而求也⑷；封侯貴戚，湯武之所以放弑而爭也。今君高拱而兩有之，此臣之所以為君願也。

【註】　㈠並且用不著麻煩人民。　㈡常常害怕話說出來斷絕了和人家的交情。　㈢送致湯沐之地、表示敬意，即言貢獻土地。本來是天子賜諸侯以湯沐之邑，使之藉邑之收入以為參加祭神時住宿及其他需用之費。此處則只言其貢獻土地之意，不是以上賜下也。　胏：音（ㄓㄢ）。　㈣禽：即「擒」字。

「今大王與秦㈠，則秦必弱韓、魏；與齊，則齊必弱楚、魏。魏弱則割河外㈡，韓弱則效宜陽㈢，宜陽效則上郡絕㈣，河外割則道不通，楚弱則無援。此三策者，不可不孰計也。

【註】　㈠與秦相聯合。　㈡河外：魏地之在黃河以南者。　㈢韓弱，則貢獻宜陽之地以與秦。（宜陽在洛陽之西，為韓之大郡）。　㈣上郡，在陝西膚施縣等地，與宜陽絕遠，恐係錯誤，如以上郡為上黨，則距宜陽隔一黃河，相離較近，尚可通。

「夫秦下軹道㈠，則南陽危㈡；劫韓包周㈢，則趙氏自操兵㈣據

衛取卷㈤，則齊必入朝秦。秦欲已得乎山東㈥，則必舉兵而嚮趙矣㈦。秦甲渡河踰漳，據番吾，則兵必戰於邯鄲之下矣㈧。此臣之所為君患也。

【註】㈠軹道：在河南濟源縣。㈡南陽：在河南沁陽縣。㈢脅迫了韓國，包圍了周室。（周在洛陽）。㈣則趙國感受威脅，自然要訓練軍隊，拿起武器（兵）以準備對抗。㈤如果秦國佔據了衛地（河南汲縣一帶之地），奪取了卷城（在河南原武縣），則齊國必然入朝於秦。㈥秦國的欲望如果已經在山東（華山以東各國之地，不限於齊國一國之山東省）各國得到了滿足。㈦那麼，秦國必然舉起兵力而指向趙國了。㈧秦國的甲兵，渡了黃河，越了漳水（在河南臨漳縣境內之地），佔據了番吾（河北平山縣，大概在邯鄲縣以南之地，但有謂在邯鄲縣以北之地），則戰爭必發生於邯鄲之下（趙都）。

「當今之時，山東之建國莫彊於趙。趙地方二千餘里，帶甲數十萬，車千乘，騎萬匹，粟支數年。西有常山㈠，南有河漳㈡，東有清河㈢，北有燕國。燕固弱國，不足畏也。秦之所害於天下者莫如趙，然而秦不敢舉兵伐趙者，何也？畏韓、魏之議其後

也。然則韓、魏，趙之南蔽也。秦之攻韓、魏也，無有名山大川之限，稍蠶食之，傅國都而止㊃。韓、魏不能支秦㊄，必入臣於秦。秦無韓、魏之規，則禍必中於趙矣㊅。此臣之所為君患也。

【註】　㊀常山：亦曰恒山，在河北省曲陽縣西北，亘舊保定府西境及山西舊大同府東境。　㊁南有黃河、漳水。　㊂清河：在河北省清河縣。　㊃傅：附也，逼近。　㊄支：抵抗。　㊅禍必打中在趙國的身上。

「臣聞堯無三夫之分，舜無咫尺之地，以有天下；禹無百人之聚，以王諸侯；湯武之士不過三千，車不過三百乘，卒不過三萬，立為天子：誠得其道也。是故明主外料其敵之彊弱，內度其士卒賢不肖。不待兩軍相當而勝敗存亡之機固已形於胸中矣，豈揜於眾人之言而以冥冥決事哉㊀！

「臣竊以天下之地圖案之，諸侯之地五倍於秦，料度諸侯之卒十倍於秦，六國為一，并力西鄉而攻秦㊁，秦必破矣。今西面而事之，見臣於秦。夫破人之與破於人也㊂，臣人之與臣於人也㊃，

豈可同日而論哉⑤。

【註】

⊖　捄：蒙蔽。冥冥：昏昧不明。　⊜鄉：通「向」。　⊜打破敵人與被敵人所打破。　四使他人為臣與為他人之臣。　⑤兩者是絕對不同的。

「夫衡人者⊖，皆欲割諸侯之地以予秦。秦成，則高臺榭，美宮室，聽竽瑟之音，前有樓闕軒轅⊜，後有長姣美人，國被秦患而不與其憂。是故夫衡人日夜務以秦權恐愒諸侯⊜以求割地，故願大王孰計之也四。

【註】

⊖　六國之時，游說之士，分為兩派，主張六國合力以抗秦者，謂之「合縱」，蘇秦是也。主張六國連合以事秦者，謂之「連橫」，張儀是也。衡人：主張連衡以事秦之人。　⊜軒轅：有謂館臺樓閣一類之建築物，有謂車輿之物，有謂樂器之物。　⊜連橫的游說之士，日夜以秦國之強權，恐嚇各國諸侯。愒：音赫（ㄏㄜˋ）。　四孰：即「熟」字。

「臣聞明主絕疑去讒，屏流言之迹，塞朋黨之門，故尊主廣地彊兵之計臣得陳忠於前矣。故竊為大王計，莫如一⊖韓、魏、

齊、楚、燕、趙以從親，以畔秦。今天下之將相會於洹水之上⑵，通質⑶刌白馬而盟。要約曰：『秦攻楚，齊、魏各出銳師以佐之，韓絕其糧道⑷，趙涉河漳，燕守常山之北。秦攻韓魏，則楚絕其後⑸，齊出銳師而佐之，趙涉河漳，燕守雲中。秦攻齊，則楚絕其後，韓守城皋⑹，魏塞其道⑺趙涉河漳、博關⑻，燕出銳師以佐之。秦攻燕，則趙守常山，楚軍武關，齊涉勃海，韓、魏皆出銳師以佐之。秦攻趙，則韓軍宜陽，楚軍武關，魏軍河外，齊涉清河，燕出銳師以佐之。諸侯有不如約者，以五國之兵共伐之。』六國從親以賓秦⑼，則秦甲必不敢出於函谷以害山東矣。如此，則霸王之業成矣。」

【註】　　㈠　一：統一，齊一；團結一致，合力抗秦。　㈡洹水：亦曰安陽河，源出山西黎城縣、伏流至河南林縣隆慮山復出東流，又伏流至安陽縣西善應山復出，逕安陽至內黃，入於衞水。　㈢通質：交換派遣人質以保信約。即彼此以親人為抵押品而確保團結之信誓。　㈣河南西南部之要地，如宜陽，如南陽，皆可以斷絕秦之糧道。　㈤楚兵出武關，攻秦兵之後，可以解韓魏之急。　㈥城皋：在河南氾水縣。　㈦魏塞其河內之道。　㈧博關：在山東博州（山東聊平縣）。　㈨合縱親善以排斥（擯）秦國。

（賓，即擯。）

趙王曰：「寡人年少，立國日淺，未嘗得聞社稷之長計也。今上客有意存天下，安諸侯，寡人敬以國從。」乃飾車百乘，黃金千溢⊖，白璧百雙，錦繡千純⊜，以約諸侯。

【註】　⊖二十兩金子為一溢。　⊜純：匹端名，布泉一端，曰純。

是時周天子致文武之胙於秦惠王⊖。惠王使犀首攻魏，禽將龍賈⊜，取魏之雕陰⊜，且欲東兵⊕。蘇秦恐秦兵之至趙也，乃激怒張儀，入之于秦。

【註】　⊖餽賜祭肉。　⊜禽：即「擒」。　⊜雕陰：在今陝西鄜縣之北。　⊕東兵：舉兵而向東。

於是說韓宣王⊖曰：「韓北有鞏、成皋⊜之固，西有宜陽、商阪之塞⊜，東有宛、穰、洧水⊕，南有陘山⊕，地方九百餘里，帶甲數十萬，天下之彊弓勁弩皆從韓出。谿子⊗、少府時力、距來者⊕，皆射六百步之外。韓卒超足而射⊗，百發不暇止，遠者括

蔽洞胸（九），近者鏑弇心（一○）。韓卒之劍戟，皆出於冥山（二）、棠谿（三）、墨陽（三）、合賻（四）、鄧師（五）、宛馮（六）、龍淵、太阿（七），皆陸斷牛馬，水截鵠鴈，當敵則斬堅甲鐵幕（六），革抉吸芮（五）無不畢具。以韓卒之勇，被堅甲，蹠勁弩（一○）帶利劍，一人當百，不足言也。夫以韓之勁與大王之賢，乃西面事秦，交臂而服（三），羞社稷而為天下笑，無大於此者矣。是故願大王孰計之。

【註】（一）宣王：昭侯之子。（二）鞏：河南鞏縣。成皋：河南汜水縣。（三）商阪：陝西商縣。（四）宛：河南、南陽縣。穰；河南鄧縣東南。洧水：源於河南登封縣東陽城山，東流至新鄭縣，會溱水為雙泊河，入於賈魯河。（五）陘山：在河南密縣。（六）谿子：南方蠻夷之名，出柘弩及竹弩，皆勁弩，因其地出善弩，故以其地名代表善弩。（七）少府所造之時力、距來，皆良弩之名。這些弩都能射達六百步之外。（八）超足：齊足也，欲放弩，皆坐舉足蹹弩，兩手引撥機，然後發之。（九）括蔽：括，同「銛」，鋒利而可以穿破敵人蔽體之物。洞胸：洞，穿透其胸膛。（一○）鏑：矢鋒也。弇：同「掩」。襲擊也。言矢鋒之利可以襲擊敵人之心。（二）冥山：山名，在河南信陽縣東南。一名石城山，又名固城山。（三）棠谿：地名在河南西平縣。又利劍名。（三）墨陽：利劍名。（四）合賻：利劍名。（五）鄧師：利劍名。河南鄧縣出鉅鐵，有善鑄劍之師，因以名其所鑄之利劍云。（六）宛馮：滎陽有馮池，宛人於馮池鑄劍。故

號宛馮。又利劍名。

⑦龍淵：利劍名。太阿：利劍名。《吳越春秋》曰：「楚王召風胡子而告之曰：寡人聞吳有干將，越有歐冶，寡人欲因子請此二人作劍，可乎？風胡子曰：可。乃往見二人作劍，一曰龍淵；一曰太阿。」⑧鐵幕：以鐵所製之臂衣。幕者：護臂之衣也。⑨革抉，以革為射抉。抉：者；射韝也。射韝以革為之，射者著於左臂。韝者：臂衣也。吠芮：吠，音伐（ㄈㄚ），楯也。芮：音瑞（ㄖㄨㄟ），繫楯後之帶也。⑩�：交手、拱手。

大王事秦，秦必求宜陽、成皋。今茲效之①，明年又復求割地②。與則無地以給之③，不與則弃前功而受後禍④。且大王之地有盡，而秦之求無已⑤，以有盡之地而逆無已之求，此所謂市怨結禍者也⑥，不戰而地已削矣⑦。臣聞鄙諺曰：『寧為雞口，無為牛後⑧。』今西面交臂而臣事秦，何異於牛後乎？夫以大王之賢，挾彊韓之兵，而有牛後之名，臣竊為大王羞之。」

【註】　①今年把宜陽、成皋奉獻（效）於秦。　②明年他又要求割地。　③如果不斷地給他，以後就沒有地可給。　④如果不給他，那麼，以前的功就算完全取消，而以後的大禍就受不了了。　⑤大王的土地是有限度的，而秦國的貪心是沒有限度的。　⑥以有限度的土地而應付（逆）無限的貪心，這就叫做「買怨而結禍」。　⑦這樣下去，用不著打仗而國土已經完了。　⑧俗話說：「寧為雞口，勿為牛

後」，（言雞口雖小，猶處於可以進食的高貴部位。而牛後（肛門）雖大，不過是處於出糞的骯髒部位而已）。

於是韓王勃然作色㈠，攘臂瞋目㈡，按劍仰天太息㈢曰：「寡人雖不肖，必不能事秦，今主君詔以趙王之教，敬奉社稷以從。」

【註】㈠忿然變了顏色。㈡攘臂：奮然而起。瞋目：瞋，音琛（ㄔㄣ），怒目而視的樣子。㈢太息：即「歎息」。

又說魏襄王㈠曰：「大王之地，南有鴻溝㈡，陳、汝南、許、鄢、昆陽、召陵、舞陽、新都、新郪㈢，東有淮、潁、煑棗、無胥㈣、西有長城之界，北有河外、卷、衍、酸棗㈤，地方千里，地名雖小，然而田舍廬廡之數，曾無所芻牧㈥。人民之眾，車馬之多，日夜行不絕，輶輶殷殷㈦，若有三軍之眾。臣竊量大王之國不下楚。然衡人怵王㈧交彊虎狼之秦以侵天下，卒有秦患，不顧其禍㈨。夫挾彊秦之勢以內刦其主，罪無過此者。魏，天下之彊國也；王，天下之賢王也。今乃有意西面而事秦，稱東藩，

築帝宮〇，受冠帶〇，祠春秋〇，臣竊為大王恥之。

【註】　〇魏襄王乃惠王之子。　〇鴻溝：在河南滎陽縣。　〇郾：河南郾城縣。昆陽：河南葉縣。召陵：在河南郾城縣東。新都：河南新野縣。新郪：在河南汝南。　〇煑棗：地名，在山東荷澤縣西南。酸棗：無胥：不詳。　〇河外：黃河以南之地。卷：河南原武縣。衍：地名，大約在河南鄭縣之北。酸棗：河南延津縣。　〇言人口稠密，土地用於住宅，而無空地作芻牧之用。　〇轔轔：車聲轟轟之狀。輢，音轟（ㄏㄨㄥ），車聲盛大也。殷殷：車聲頻繁也。　〇衡人：以連衡事秦為主張之人。怵：恐嚇。　〇最後受到秦國的禍患，也不管那麼多了。　〇為秦國建築帝宮。　〇接受了秦國所賜的冠帶。　〇每年春秋貢物於秦以助祭祀。

臣聞越王句踐戰敝卒三千人〇，禽〇夫差於干遂〇；武王卒三千人，革車三百乘，制紂於牧野〇，豈其士卒眾哉，誠能奮其威也。今竊聞大王之卒，武士二十萬〇，蒼頭二十萬〇，奮擊二十萬〇，廝徒十萬〇，車六百乘，騎五千匹。此其過越王句踐、武王遠矣，今乃聽於羣臣之說而欲臣事秦。夫事秦必割地以效實〇，故兵未用而國已虧矣。凡羣臣之言事秦者，皆姦人，非忠臣也。

夫為人臣，割其主之地以求外交，偷取一時之功而不顧其後，破公家而成私門，外挾彊秦之勢以內刼其主，以求割地，願大王孰察之。

【註】㈠以疲敝之卒三千人與吳國作戰。㈡禽：即「擒」。㈢干遂：地名，在蘇州吳縣西北四十餘里萬安山西南一里地太湖。夫差敗於姑蘇，被擒於干遂，相距四十餘里。㈣牧野：在河南淇縣南。㈤魏國武卒之力量甚強，據《漢書‧刑法志》所載謂：「魏氏武卒衣三屬之甲，操十二石之弩，負矢五十，置戈其上，冠冑帶劍，贏三日之糧，日中而趨百里。中試則復其戶，利其田宅。」可見戰國之時，各國爭強，武力整備，極為重視，而武卒之待遇亦極優越，免除其家之賦稅勞役，賜之以上等甲宅。㈥蒼頭：以青色之巾裹頭，表示與眾不同。㈦奮擊：衝鋒陷陣之先鋒隊。㈧廝徒：在軍中作雜役者，如養馬、炊事等。㈨效實：效：貢獻。實：實物、財貨。

「周書曰：『緜緜不絕，蔓蔓奈何㈠？豪氂不伐，將用斧柯㈡。』前慮不定，後有大患，將奈之何？大王誠能聽臣，六國從親㈢，專心幷力壹意，則必無彊秦之患。故敝邑趙王使臣效愚計，奉明約，在大王之詔詔之。」

【註】

㊀細微的時候不把它根絕，蔓延長大的時候，還有什麼辦法呢？㊁剛剛萌芽，小如毫毛的時候，不把它除掉，到了長大的時候，費大力氣。非動用斧柯不可了。㊂從親：合縱而親善。

魏王曰：「寡人不肖，未嘗得聞明教。今主君以趙王之詔詔之，敬以國從。」

因東說齊宣王曰：「齊南有泰山，東有琅邪，西有清河㊀，北有勃海，此所謂四塞之國也。齊地方二千餘里，帶甲數十萬，粟如丘山。三軍之良，五家之兵㊁，進如鋒矢㊂，戰如雷霆㊃，解如風雨㊄，即有軍役㊅，未嘗倍泰山㊆，絕清河㊇，涉勃海也。臨菑之中七萬戶㊈，臣竊度之，不下戶三男子，三七二十一萬，不待發於遠縣，而臨菑之卒固已二十一萬矣。臨菑甚富而實，其民無不吹竽鼓瑟，彈琴擊筑㊉，鬥雞走狗，六博㊋，蹋鞠㊌者。臨菑之塗，車轂擊，人肩摩，連衽成帷，舉袂成幕，揮汗成雨，家殷人足，志高氣揚。夫以大王之賢與齊之彊，天下莫能當。今乃西面而事秦，臣竊為大王羞之。

【註】

㊀清河：即濟水。濟水通得清水之名，以水道清深也。㊁五家之兵，管仲之制也。《國語·

《齊語》云：「五家為軌，故五人為伍，軌長帥之；十軌為里，故五十人為小戎，里有司帥之；四里為連，故二百人為卒，連長帥之；十連為鄉，故二千人為旅，鄉良人帥之；五鄉一帥，故萬人為一軍，五鄉之帥帥之。三軍故有中軍之鼓，有國子之鼓，有高氏之鼓。」此曰三軍，曰五家，皆管仲之制。雖呂氏滅，田氏代，遺法猶存也。 ⑶鋒矢：鋒利的箭。《戰國策》鋒矢作「錐矢」，言其應聲而至，軍隊進行，與聲同速。 ⑷戰如雷霆：比喻其戰鬥威力之強大。 ⑸解如風雨：比喻其掃蕩動作之迅速。 ⑹即：如果。 ⑺倍：翻越。 ⑻絕：橫渡，曰絕。 ⑼臨菑：齊之國都，當時可出壯丁二十一萬，則其全部人口總計，當在四十萬以上。可稱為大都會了。 ⑽筑：音竹（ㄓㄨˊ），古樂器，今已失傳。其形如琴，十三弦，項細肩圓。其擊法，以左手扼之，右手以竹尺擊之。隨調應律。 ⑾六博：古遊戲之事。博，箸也，行六碁，故云。 ⑿蹹鞠：習武之戲也。即今之踢球。亦作「蹴鞠」。

「且夫韓、魏之所以重畏秦者⑴，為與秦接境壤界也。兵出而相當，不出十日而戰勝存亡之機決矣。韓、魏戰而勝秦，則兵半折，四境不守；戰而不勝，則國已危亡隨其後。是故韓、魏之所以重與秦戰，而輕為之臣也⑵。今秦之攻齊則不然。倍韓、魏之地⑶，過衛陽晉之道⑷，徑乎亢父之險⑸，車不得方軌⑹，騎不得比行，百人守險，千人不敢過也。秦雖欲深入，則狼顧⑺，

恐韓、魏之議其後也。是故�疑虛猲⑧，驕矜而不敢進，則秦之不能害齊亦明矣。

【註】 ⑴重畏：害怕而又害怕，加倍的害怕。 ⑵難於對秦國作戰，而易於對秦國稱臣。 ⑶倍：超越。 ⑷陽晉：在山東鄆城縣。 ⑸亢父：在山東濟寧縣南。 ⑹兩車並行，曰方軌。兩物相並，曰「方」。 ⑺狼顧：狼性多疑怯，故行時常回顧。 ⑧虛猲：即虛喝，虛作恐怖他人之辭以為威脅，其實不敢動。

「夫不深料秦之無柰齊何，而欲西面而事之，是羣臣之計過也。今無臣事秦之名而有彊國之實，臣是故願大王少留意計之。」齊王曰：「寡人不敏，僻遠守海，窮道東境之國也，未嘗得聞餘教。今足下以趙王詔詔之，敬以國從。」

乃西南說楚威王曰：「楚，天下之彊國也；王，天下之賢王也。西有黔中、巫郡⑴，東有夏州、海陽⑵，南有洞庭、蒼梧⑶，北有陘塞、郇陽⑷，地方五千餘里，帶甲百萬，車千乘，騎萬匹，粟支十年，此霸王之資也。夫以楚之彊與王之賢，天下莫

能當也。今乃欲西面而事秦，則諸侯莫不西面而朝於章臺之下矣⑤。

【註】　⑴黔中⋯⋯舊時之湖南辰道及武陵道皆是，故城在今湖南沅陵縣西。巫郡⋯⋯四川巫山縣。　⑵夏州⋯⋯在湖北夏口縣北。海陽⋯⋯不詳，想在楚之東境。決非山東之海陽。　⑶洞庭⋯⋯在湖南岳陽縣西南。蒼梧⋯⋯湖南零陵縣及廣西全縣等地。　⑷陘塞⋯⋯陘山之要塞，陘山在河南新鄭縣西南。羣山綿亘，達於鄧襄，為南北隘道。《山海經》所謂「少陘之山」是也。郇陽⋯⋯當在汝南潁川之界，不知其名，但決非晉之郇陽。　⑸章臺⋯⋯在咸陽。

「秦之所害莫如楚，楚彊則秦弱，秦彊則楚弱，其勢不兩立，故為大王計，莫如從親以孤秦。大王不從（親），秦必起兩軍，一軍出武關，一軍下黔中，則鄢郢動矣⑴。

「臣聞治之其未亂也，為之其未有也。患至而后憂之，則無及已。故願大王蚤孰計之。

「大王誠能聽臣，臣請令山東之國奉四時之獻，以承大王之明詔，委社稷，奉宗廟，練士厲兵，在大王之所用之。大王誠

能用臣之愚計，則韓、魏、齊、燕、趙、衞之妙音美人必充後
宮，燕、代橐駝良馬必實外廄。故從合則楚王，衡成則秦帝。
今釋霸王之業，而有事人之名，臣竊為大王不取也。

「夫秦，虎狼之國也，有吞天下之心，秦，天下之仇讎也。
衡人㈡皆欲割諸侯之地以事秦，此所謂養仇而奉讎者也。夫為人
臣，割其主之地以外交彊虎狼之秦，以侵天下，卒有秦患，不
顧其禍。夫外挾彊秦之威以內刦其主，以求割地，大逆不忠，
無過此者，故從親則諸侯割地以事楚，衡合則楚割地以事秦，
此兩策者相去遠矣，二者大王何居焉㈢？故敝邑趙王使臣效愚
計，奉明約，在大王詔之。」

楚王曰：「寡人之國，西與秦接境，秦有舉巴蜀幷漢中之心。
秦，虎狼之國，不可親也。而韓、魏迫於秦患，不可與深謀，
與深謀恐反人以入於秦㈣，故謀未發而國已危矣。寡人自料以楚
當秦，不見勝也；內與羣臣謀，不足恃也。寡人臥不安席，食
不甘味，心搖搖然如懸旌而無所終薄㈤。今主君欲一天下，收諸

侯，存危國，寡人謹奉社稷以從。」

於是六國從合而并力焉。蘇秦為從約長，并相六國（六）。

【註】 （一）鄢：在湖北宜城縣境。郢：湖北江陵縣。 （二）衡人：主張連橫以事秦之人。 （三）何所選擇？

何以自處？站在那一邊？ （四）恐怕反對之人以我之謀，密告於秦國。 （五）心中搖蕩不定好像是在空中懸

掛的旗子一樣沒有歸依沒有附託。薄：；附著。 （六）同時為六國之相。

北報趙王，乃行過雒陽，車騎輜重，諸侯各發使送之甚眾，

疑於王者（一）。周顯王聞之恐懼，除道，使人郊勞（二）。蘇秦之昆弟

妻嫂側目不敢仰視，俯伏侍取食。蘇秦笑謂其嫂曰：「何前倨

而後恭也？」嫂委她蒲服（三），以面掩地而謝曰：「見季子位高金

多也。」蘇秦喟然歎曰：「此一人之身，富貴則親戚畏懼之，

貧賤則輕易之，況眾人乎！且使我有雒陽負郭田二頃（四），吾豈能

佩六國相印乎！」於是散千金以賜宗族朋友。初，蘇秦之燕，

貸人百錢為資，及得富貴，以百金償之。徧報諸所嘗見德者。

其從者有一人獨未得報，乃前自言。蘇秦曰：「我非忘子。子

之與我至燕，再三欲去我易水之上，方是時，我困，故望子深⑤，是以後子，子今亦得矣⑥。」

【註】　㈠疑：錯字，應為「擬」字，相比也。　㈡郊勞：派人到郊外去迎接以表示慰問之意。　㈢委虵：讀「委移」，委曲而行，不敢直立，如蛇之行進。言其畏懼之意。　㈣負郭田：近城郊之田地。　㈤望：怨望，怨恨。　㈥你現在也可得金矣。

蘇秦既約六國從親，歸趙，趙肅侯封為武安君，乃投從約書於秦㈠。秦兵不敢闚函谷關十五年。

其後秦使犀首欺齊、魏，與共伐趙，欲敗從約。齊、魏伐趙，趙王讓蘇秦。蘇秦恐，請使燕，必報齊，蘇秦去趙而從約皆解㈡。

【註】　㈠致書於秦，言六國聯合抗秦之約書，以警告秦國。　㈡大聯合之盟約解散。

秦惠王以其女為燕太子婦。是歲，文侯卒，太子立，是為燕易王。易王初立，齊宣王因燕喪伐燕，取十城。易王謂蘇秦曰：「往日先生至燕，而先王資先生見趙，遂約六國從，今齊先伐

趙，次至燕，以先生之故為天下笑，先生能為燕得侵地乎？」

蘇秦大慙，曰：「請為王取之。」

蘇秦見齊王，再拜，俯而慶，仰而弔。齊王曰：「是何慶弔相隨之速也？」蘇秦曰：「臣聞飢人所以飢而不食烏喙者㊀，為其愈充腹而與餓死同患也㊁。今燕雖弱小，即秦王之少壻也。大王利其十城而長與彊秦為仇。今使弱燕為鴈行㊂而彊秦敝其後㊃，以招天下之精兵，是食烏喙之類也。」齊王愀然變色曰：「然則柰何？」蘇秦曰：「臣聞古之善制事者，轉禍為福，因敗為功。大王誠能聽臣計，即歸燕之十城。燕無故而得十城，必喜；秦王知以己之故而歸燕之十城，亦必喜。此所謂弃仇讎而得石交者也㊄。夫燕、秦俱事齊，則大王號令天下，莫敢不聽。是王以虛辭附秦，以十城取天下。此霸王之業也。」王曰：「善。」

於是乃歸燕之十城。

【註】　㊀烏喙：毒藥名。《廣雅》云：「蘇奧，毒附子也。」一歲為烏喙，三歲為附子，四歲為烏頭，五歲為天雄。」　㊁愈：同「偸」，暫時。　㊂雁行：相次而行，如雁之有行列似的。　㊃敝：同

「蔽」，屏障。 ㊄ 石交：金石之交，言其友誼之堅固不移。

人有毀蘇秦者曰：「左右賣國反覆之臣也，將作亂。」蘇恐得罪歸，而燕王不復官也。蘇秦見燕王曰：「臣，東周之鄙人也，無有分寸之功，而王親拜之於廟而禮之於廷。今臣為王卻齊之兵而得十城，宜以益親。今來而王不官臣者，人必有以不信傷臣於王者。臣之不信，王之福也。臣聞忠信者，所以自為也；進取者，所以為人也。且臣之說齊王，曾非欺之也。臣弃老母於東周，固去自為而行進取也。今有孝如曾參，廉如伯夷，信如尾生。得此三人者以事大王，何若？」王曰：「足矣。」蘇秦曰：「孝如曾參，義不離其親一宿於外，王又安能使之步行千里而事弱燕之危王哉？廉如伯夷，義不為孤竹君之嗣，不肯為武王臣，不受封侯而餓死首陽山下。有廉如此，王又安能使之步行千里而行進取於齊哉？信如尾生，與女子期於梁下，女子不來，水至不去，抱柱而死。有信如此，王又安能使之步行千里卻齊之彊兵哉？臣所謂以忠信得罪於上者也。」

燕王曰：「若不忠信耳(一)，豈有以忠信而得罪者乎？」蘇秦曰：「不然。臣聞客有遠為吏而其妻私於人者(二)，其夫將來(三)，其私者憂之，妻曰『勿憂，吾已作藥酒待之矣』。居三日，其夫果至，妻使妾舉藥酒進之。妾欲言酒之有藥，則恐其逐主母也；欲勿言乎，則恐其殺主父也。於是乎詳僵而弃酒(四)。主父大怒，笞之五十。故妾一僵而覆酒，上存主父，下存主母，然而不免於笞，惡在乎忠信之無罪也？夫臣之過，不幸而類是乎！」燕王曰：「先生復就故官。」益厚遇之。

【註】(一)若：汝，你。(二)私：私通。(三)來：回家。(四)詳：佯也。偽裝。

蘇秦恐誅，乃說燕王曰：「臣居燕不能使燕重，而在齊則燕必重。」燕王曰：「唯先生之所為。」於是蘇秦詳(一)為得罪於燕而亡走齊，齊宣王以為客卿。

易王母，文侯夫人也，與蘇秦私通。燕王知之，而事之加厚。

【註】(一)詳：即「佯」，偽裝。

齊宣王卒，湣王即位，說湣王厚葬以明孝，高宮室大苑囿以明得意，欲破敝齊而為燕[一]。燕易王卒，燕噲立為王。其後齊大夫多與蘇秦爭寵者，而使人刺蘇秦，不死，殊而走[二]。齊王使人求賊，不得。蘇秦且死[三]，乃謂齊王曰：「臣即死，車裂臣以徇於市，曰『蘇秦為燕作亂於齊』，如此則臣之賊必得矣。」於是如其言，而殺蘇秦者果自出，齊王因而誅之。燕聞之曰：「甚矣，齊之為蘇生報仇也！」

【註】

一　使齊國陷於疲敝虛耗而有利於燕國。

二　不曾立刻死，但已陷於必死的絕境。走：刺客逃走。

三　且：將也。

蘇秦既死，其事大泄。齊後聞之，乃恨怒燕。燕甚恐。蘇秦之弟曰代，代弟蘇厲，見兄遂[一]，亦皆學。及蘇秦死，代乃求見燕王，欲襲故事。曰：「臣，東周之鄙人也。竊聞大王義甚高，鄙人不敏，釋鉏耨而干大王，至於邯鄲，所見者絀於所聞於東周[二]，臣竊負其志[三]。及至燕廷，觀王之羣臣下吏，王，天下之

明王也。」燕王曰：「子所謂明王者何如也？」對曰：「臣聞
明王務聞其過，不欲聞其善，臣請謁王之過⒋。夫齊、趙者，燕
之仇讎也；楚、魏者，燕之援國也。今王奉仇讎以伐援國，非
所以利燕也。王自慮之，此則計過，無以聞者⒌，非忠臣也。」
王曰：「夫齊者固寡人之讎，所欲伐也，直患國敝力不足也⒍。子
能以燕伐齊，則寡人舉國委子。」對曰：「凡天下戰國七，燕
處弱焉。獨戰則不能，有所附則無不重。南附楚，楚重；西附
秦，秦重；中附韓、魏，韓、魏重。且苟所附之國重，此必使
王重矣。今夫齊，長主⒎，而自用也。南攻楚五年，畜聚竭；西
困秦三年，士卒罷敝；此與燕人戰，覆三軍，得二將。然而以
其餘兵南面舉五千乘之大宋⒏，而包十二諸侯⒐。此其君欲得，
其民力竭，惡足取乎！且臣聞之，數戰則民勞⒑，久師則兵敝
矣。」燕王曰：「吾聞齊有清濟、濁河，可以為固，長城、鉅
防⒒，足以為塞，誠有之乎？」對曰：「天時不與，雖有清濟、
濁河，惡足以為固！民力罷敝，雖有長城、鉅防，惡足以為塞！

且異日濟西不師〔三〕，所以備燕也；河北不師〔三〕，所以備趙也。今濟西河北盡已役矣〔四〕，封內敝矣。夫驕君必好利，而亡國之臣必貪於財。王誠能無羞從子母弟以為質〔五〕，寶珠玉帛以事左右，彼將有德燕而輕亡宋〔六〕，則齊可亡已。」燕王曰：「吾終以子受命於天矣。」燕乃使一子質於齊。而蘇厲因燕質子而求見齊王。齊王怨蘇秦，欲囚蘇厲。燕質子為謝〔七〕，已遂委質為齊臣〔六〕。

【註】〔一〕遂：得志。〔二〕不如我在東周所聽說的燕國之好。〔三〕私下以為與自己的期望大不相合。〔四〕謁：告也。〔五〕不以王計之錯誤而告於王。〔六〕直：但也。但患國家疲敝而力量不足。〔七〕長主：言齊王乃年長之主。〔八〕舉：戰而克之。〔九〕包：囊括而有之。〔一〇〕數戰：屢次作戰。〔一一〕長城：齊國境內亦有長城是很大的防禦工事。〔一二〕濟西：指山東聊城高唐等地而言。師：動員。言濟西的軍隊不動員。〔一三〕河北：山東在黃河以北之地。指滄州、博州等地而言。言河北的軍隊不動員。〔一四〕役：動員，加入戰鬥。〔一五〕不以兒子或母弟作人質於齊國為羞。〔一六〕齊將有好感於燕國而以滅亡宋國為容易。〔一七〕燕國的質子替蘇厲請求諒解。〔一六〕既而遂委身為齊國之臣。

燕相子之與蘇代婚，而欲得燕權，乃使蘇代侍質子於齊。齊

使代報燕，燕王噲問曰：「齊王其霸乎？」曰：「不能」。曰：「何也」曰：「不信其臣。」於是燕王專任子之，已而讓位，燕大亂。齊伐燕，殺王噲、子之。燕立昭王，而蘇代、蘇厲遂不敢入燕，皆終歸齊，齊善待之。

蘇代過魏，魏為燕執代。齊使人謂魏王曰：「齊請以宋地封涇陽君㊀，秦必不受。秦非不利有齊而得宋地也，不信齊王與蘇子也。今齊魏不和如此其甚，則齊不欺秦。秦信齊，齊秦合，涇陽君有宋地，非魏之利也。故王不如東蘇子㊁，秦必疑齊而不信蘇子矣。齊秦不合，天下無變，伐齊之形成矣。」於是出蘇代。代之宋，宋善待之。

【註】㊀涇陽君：秦王之弟，名悝。㊁把蘇子送到東方。

齊伐宋，宋急，蘇代乃遺燕昭王書曰：夫列在萬乘而寄質於齊㊀，名卑而權輕；奉萬乘助齊伐宋，民勞而實費；夫破宋，殘楚淮北，肥大齊，讎彊而國害㊁，此三者皆國之大敗也。然且王

行之者㈢，將以取信於齊也。齊加不信於王，而忌燕愈甚，是王之計過矣。夫以宋加之淮北，強萬乘之國也，而齊幷之，是益一齊也㈣，北夷方七百里㈤，加之以魯、衛，彊萬乘之國也，而齊幷之，是益二齊也。夫一齊之彊，燕猶狼顧而不能支㈥，今以三齊臨燕，其禍必大矣。

【註】　㈠列名於萬乘之國而寄押其質子於齊國。　㈡破滅宋國，殘破楚國淮北之地，使齊國肥大。仇敵強大而本國受害。　㈢然而，王猶行之者（且，猶也）。　㈣宋地與淮北之地加起來，比萬乘之國還要大，而被齊國併吞了，這等於又添加了一個齊國。　㈤北夷：王念孫曰：「北夷，當作九夷，燕策作北夷，亦後人依史改之。秦策云：『楚包九夷，方千里』。魏策云：『楚破南陽九夷』。李斯上始皇書云：『包九夷，制鄢郢』是九夷之地，南與楚接。故又云：齊併九夷也。《秦策》言：『楚包九夷方千里』，此言『九夷方七百里』，七百里即在千里之中，故言『楚包九夷』也。《淮南・齊俗篇》云：「越王句踐霸天下，泗上十二諸侯，皆率九夷以朝。」是九夷之地，東與十二諸侯接，而魯為十二諸侯之一，故此言『齊併九夷與魯衛也』。上文言齊舉宋而包十二諸侯。〈田完世家〉言齊南割楚之淮北，泗上諸侯鄒魯之君，皆稱臣。此言齊併宋與淮北，又言併九夷與魯衛。以上諸文，彼此可以互證，是今本之北夷，乃九夷之誤，而不得以山戎北狄當之也。」　㈥燕國好像怯疑後顧的狼似

的而不能抵抗。

雖然，智者舉事，因禍為福，轉敗為功。齊紫，敗素也，而賈十倍㊀；越王句踐棲於會稽，復殘彊吳而霸天下㊁，此皆因禍為福。轉敗為功者也㊂。

【註】㊀齊國所喜好的紫色之帛，本來是敗朽的素帛，但是染成了紫色之後，反而價貴十倍。㊁越王句踐失敗之後，棲身於會稽，但是經過了臥薪嘗膽之後，終於摧殘了強大的吳國而稱霸於天下。㊂這都是因禍為福，轉敗為勝的例證。

今王若欲因禍為福，轉敗為功，則莫若挑霸齊而尊之㊀，使使盟於周室，焚秦符，曰「其大上計，破秦；其次，必長賓之㊁。」秦挾賓以待破，秦王必患之㊂。秦五世伐諸侯，今為齊下㊃，秦王之志苟得窮齊，不憚以國為功㊄。然則王何不使辯士以此言說秦王曰：「燕、趙破宋肥齊，尊之為之下者，燕、趙非利之也㊅。然則王何不使可信者接收燕、趙，令涇陽君、高陵君先於燕、趙？秦有變，因以為

燕、趙不利而勢為之者，以不信秦王也㊆。

質，則燕、趙信秦（八）。秦為西帝，燕為北帝，趙為中帝，立三帝以令於天下。韓、魏不聽則秦伐之，齊不聽則燕、趙伐之，天下孰敢不聽（九）？天下服聽，因驅韓、魏以伐齊，曰『必反宋地，歸楚淮北』（十）。反宋地，歸楚淮北，燕、趙之所利也；並立三帝，燕、趙之所願也。夫實得所利，尊得所願，燕、趙弃齊如脫躧矣（十一）。今不收燕、趙，齊霸必成。諸侯贊齊而王不從，是國伐也；諸侯贊齊而王從之，是名卑也（十二）。今收燕、趙，國安而名尊；不收燕、趙，國危而名卑。夫去尊安而取危卑，智者不為也（十三）。」秦王聞若說，必若刺心然（十四）。則王何不使辯士以此若言說秦？秦必取，齊必伐矣（十五）。

夫取秦，厚交也；伐齊，正利也。尊厚交，務正利，聖王之事也（十六）。

【註】

㈠ 現在大王如果想著因禍為福，轉敗而為功，再沒有比誘逗（挑）著齊國稱霸而高捧（尊）齊國這個方法更好的了。 ㈡ 要誘逗齊國，教齊國派使臣到周天子那裏去盟誓，再叫齊國焚燬了與秦國有邦交來往的符節。並且誘逗齊國說：「最大最高上的計策，是要消滅秦國；其次的計策，是要長

期的排斥（擯）秦國。」（這是蘇代站在宋國燕國的立場，要挑撥齊國與秦國相鬥爭，叫燕國派代表到齊國去，誘逗齊國自驕自大，刼迫周天子而盟，要承認他為霸主，使秦國對於齊國之氣勢陵人，越加痛憤，而激起非對齊國作戰不可的決心。）③秦國如果被各國所長期排斥，必有坐而待斃之虞，這是秦王所苦惱的。④秦國五世繼續討伐諸侯，現在竟然居於齊國之下風，這是他絕對不甘心的。⑤秦王的決心是只要能困斃齊國，就不惜傾全國之力以完成功業。⑥到了齊秦之衝突已經尖銳化的階段，大王就要派遣能說善道的代表，到秦國去告訴秦王說：「燕、趙之所以尊事齊國而甘心服從者，並不是對於燕、趙有什麼利益。⑦燕、趙既然沒有什麼利益，而其勢又不得不走這一條路者，乃是因為不敢相信秦國。⑧既然如此，大王（秦王）為什麼不派遣可信的人到燕、趙去拉攏（接收）關係呢？可以派遣涇陽君、高陵君（二人皆秦王母弟）分別先到燕、趙，如果秦國有什麼變心，他兩個就是人質（抵押品），這樣一來，則燕、趙自然信託秦國了。⑨再對秦王建議，以秦國為西帝，以燕國為北帝，以趙國為中帝，建立三個帝國，以號令於天下，如果韓、魏不聽，則秦國可以就近討伐；如果齊國不聽，則燕、趙可以就近討伐，天下還有那一個敢不聽話呢？⑩天下既然服從而聽命，就可以指使韓、魏以討伐齊國，強迫齊國一定要使牠歸還所侵奪宋國的土地，以及他所侵奪楚國淮北之地。⑪歸還宋國與楚國淮北之土地，是燕、趙兩國之實際利益；建立三個帝國，是燕、趙的內心希望。⑫得到了實際的利益，完成了內心的希望，那麼，燕、趙兩國之離棄齊國，簡直是如同扔掉了一雙草鞋〔脫躧，脫棄草鞋。躧，音（ㄒㄧˇ）。〕那樣的容易了。⑬秦國現在如果不拉攏燕、趙，那麼，齊國的霸業，

一定就會成功的。到了各國諸侯都贊助齊國，而大王不服從，那就是自取被討伐之禍；如果各國諸侯都贊助齊國，而大王也跟著服從，那就是自己降低了聲名。捨棄了可以安定，而聲名就可以提高；如果不拉攏燕、趙，那麼，國家就要危險，而聲名就要降低。捨棄了尊貴安定而採取低賤危險的路線，聰明的人，絕對不會這樣去做。」㈣現在如果拉攏燕、趙，那麼，國家就敢相信秦國必然會採納，而齊國就必然被討伐了。㈤秦王一聽到大王（燕王）的代表這一番分析之後，一定會發生一種好像是利箭穿心似的陣痛，而接受你的意見。㈥那麼，大王（燕王）為什麼不派遣能說善道的辯士，以這種道理去勸說秦國呢？如果以這種道理去勸說秦國，我正當的利益，注重優厚的外交，從事正當的利益，乃是聖王的事業。

燕昭王善其書，曰：「先人嘗有德蘇氏，子之之亂而蘇氏去燕。燕欲報仇於齊，非蘇氏莫可。」乃召蘇代，復善待之，與謀伐齊。竟破齊，湣王出走。

久之，秦召燕王，燕王欲往，蘇代約燕王曰：「楚得枳㈠而國亡，齊得宋而國亡，齊、楚不得以有枳、宋而事秦者，何也？則有功者，秦之深讎也。秦取天下，非行義也，暴也。秦之行暴，正告天下㈡。

【註】　㈠枳：四川涪陵縣。　㈡秦王以暴力政治，公開的警告於天下。

「告楚曰：『蜀地之甲，乘船浮於汶㈠，乘夏水㈡而下江，五日而至郢。漢中之甲，乘船出於巴㈢，乘夏水而下漢，四日而至五渚㈣，寡人積甲宛東下隨㈤，智者不及謀，勇士不及怒，寡人如射隼矣㈥，王乃欲待天下之攻函谷，不亦遠乎！』楚王為是故，十七年事秦。

【註】　㈠汶：即岷江。　㈡夏天的時候，水盛漲，故行船乘夏水。　㈢巴：巴嶺，山名，亦曰大巴山，在陝西西鄉縣西南，支峰綿亙數百里。旁臨漢江，東接三峽，山南即古之巴國，地理學家稱漢水，揚子江之間諸山為巴嶺山脈。或云：巴，水名，與漢水近。　㈣五渚：據《戰國策》所云：「秦與荊人戰，大破荊，襲郢，取洞庭、五渚」，則五渚當在洞庭附近。或謂五渚者，五處洲渚也。　㈤宛：河南南陽。隨：湖北隨縣。　㈥隼：音準（ㄓㄨㄣˇ），與鷹同屬猛禽類而較小的鳥。

秦正告韓曰：『我起乎少曲㈠，一日而斷大行㈡。我起乎宜陽㈢而觸平陽㈣，二日而莫不盡繇㈤，我離兩周而觸鄭，五日而國舉㈥。』韓氏以為然，故事秦。

【註】　(一) 少曲：在河南孟縣。　(二) 大行：即太行山，羊腸阪道，北過韓之上黨。　(三) 宜陽：在河南洛

陽之西。　(四) 平陽：山西臨汾縣。　(五) 繇：同「搖」，動蕩也。　(六) 離：歷也，經過二周而東擊韓之首

都新鄭，則五日之內可以把韓國拿到手。

秦正告魏曰：『我舉安邑(一)，塞女戟(二)，韓氏太原卷(三)。我下軹道、

南陽，封冀(三)，包兩周(四)。乘夏水，浮輕舟，彊弩在前，銛(五)戈在

後，決滎口，魏無大梁(六)；決白馬之口，魏無外黃、濟陽(七)；決宿

胥之口(八)，魏無虛、頓丘(九)陸攻則擊河內，水攻則滅大梁。』魏氏

以為然，故事秦。

【註】　(一) 女戟：地名，不詳，大概在太行山之西。　(二) 卷：同「捲」，退縮。言秦舉安邑，塞女戟，

則韓氏與太原都要捲縮，而魏國難望韓趙之助。　(三) 軹道：在河南濟源縣。南陽：河南黃河以北修武

縣一帶之地，亦曰南陽。此一南陽不是河南黃河以南之南陽十三縣也。封：封陵。冀：冀邑。此二地

皆在魏境。　(四) 兩周：在洛陽。　(五) 銛：音談（ㄊㄢ），鋒利的。　(六) 決開了滎澤之口，則洪水可以湮沒

大梁（開封）。　(七) 決開了白馬津之口，則洪水可以湮沒外黃、濟陽。白馬津：在河南滑縣之北，舊為

黃河分流之處。外黃：在河南考城縣東。濟陽：在河南蘭封縣東。　(八) 宿胥口：地名，在河南濬縣之

西，周定王時，黃河曾決口於此。　(九) 虛：即殷墟，在河南安陽縣一帶之地。頓丘：在河北清豐縣。

秦欲攻安邑，恐齊救之，則以宋委於齊㊀。曰『宋王無道，為
木人以象寡人，射其面。寡人地絕兵遠，不能攻也。王苟能破
宋有之，寡人如自得之。』已得安邑㊁，塞女戟，因以破宋為齊
罪。

【註】　㊀委：交付。㊁已：即「既」，之後。

秦欲攻韓，恐天下救之，則以齊委於天下。曰：『齊王四與
寡人約，四欺寡人，必率天下以攻寡人者三。有齊無秦，有秦
無齊，必伐之，必亡之。』已得宜陽、少曲，致藺、（離）石㊀，
因以破齊為天下罪。

秦欲攻魏重楚㊁，則以南陽委於楚。曰：『寡人固與韓且絕
矣。殘均陵，塞酈阨，苟利於楚㊂，寡人如自有之。』魏弃與國
而合於秦，因以塞酈阨為楚罪。

【註】　㊀致：獲致，得到。藺石：不詳。㊁重：尊重。㊂固：原本。楚國殘破了均陵，堵塞了酈
阨。均陵：在湖北隨縣西南五十里。酈阨：在河南羅山縣境。

兵困於林中⑴，重燕、趙⑵以膠東委於燕，以濟西委於趙⑶。已得講於魏⑷，至公子延⑸，因犀首屬行⑹而攻趙。

【註】⑴林中…在河南新鄭縣東。⑵秦被困於魏之林中，恐燕趙來攻，故表示尊重燕趙。⑶誘惑燕國攻膠東，趙國攻濟西。⑷既而，與魏國講和。⑸就以公子延為質於魏，故…即「質」，人質。⑹利用魏將公孫衍率領大軍浩浩蕩蕩而攻趙。因…利用也。犀首…魏將公孫衍也。屬行…大軍連續不斷的行進。屬，讀「主」(ㄓㄨˇ)。

兵傷於譙石⑴，而遇敗於陽馬⑵，而重魏，則以葉、蔡委於魏⑶。已得講於趙，則劫魏，〔魏〕不為割。困則使太后弟穰侯為和，贏則兼欺舅與母⑷。

【註】⑴譙石…地名，不詳，有謂係「離石」之說。⑵陽馬…地名，不詳，有謂係「馬陵」之誤。⑶葉…河南葉縣。蔡…河南上蔡縣。⑷贏…即「贏」，勝利。舅指穰侯魏冉。母…太后。

適燕者曰『以膠東』，適趙者曰『以濟西』，適魏者曰『以葉、蔡』，適楚者曰『以塞酈阢』，適齊者曰『以宋』⑴。此必

令言如循環⑵，用兵如刺蜚⑶，母不能制，舅不能約⑷。

【註】⑴適：通「謫」，責，加之以罪名而責之，責燕國的罪名，是他侵略齊之膠東。責趙國的罪名，是他侵略齊之濟西。責魏國的罪名，是他侵略楚之葉蔡。責楚國的罪名，是他堵塞鄳阨。責齊國的罪名，是他滅亡宋國。但如就「適」字之本義來用，適者，往也，派往燕國的使者，以膠東委之於燕。派往趙國的使者，以濟西委之於趙。派往齊國的使者，以宋國委之於齊。派往魏國的使者，以葉蔡委之於魏。派往楚國的使者，以鄳阨委之於楚。則此種解釋亦極為通順。⑵言其辭令，周轉圓通，無可攻詰，如循環然，環環相扣，以甲攻乙，使之互相攻而互相斃。⑶蜚：即「飛」，飛鳥飛蟲之類，言其用兵奮迅，如攻殺飛鳥一樣。鳥之飛行，已為迅速，而猶能攻殺之，則其用兵之迅速可以想見。⑷母不能控制，舅不能約束，雖至親之人，亦不能使其遵守信約，則其對於他人，更是撕信約如撕廢紙了。

龍賈之戰⑴，岸門之戰⑵，封陵之戰⑶，高商⑷之戰，趙莊之戰⑸，秦之所殺三晉之民數百萬，今其生者皆死秦之孤也。西河之外⑹，上雒之地⑺，三川晉國之禍⑻，三晉之半⑼，秦禍如此其大也。而燕、趙之秦者⑽，皆以爭事秦說其主，此臣之所大患也。」

【註】㈠龍賈：周顯王三十九年事。㈡岸門：在山西河津縣。周赧王元年事。㈢封陵：周赧王十二年事。㈣高商：不詳。㈤趙莊：人名，趙將。周顯王四十一年，趙莊與秦戰敗，被殺於河西。㈥西河之外：指舊時之同州華州等地而言。㈦上雒之地：指舊時商州之地而言。㈧三川：指周都洛州一帶之地而言。㈨韓、趙、魏之地，被秦國亡去有半數，其禍極大。㈩之：往也。言到秦國去過的燕趙遊說之士。

燕昭王不行，蘇代復重於燕。

燕使約諸侯從親如蘇秦時，或從或不，而天下由此宗蘇氏之從約㈠。代、厲皆以壽死，名顯諸侯。

【註】㈠宗：歸向。奉信。

太史公曰：蘇秦兄弟三人皆游說諸侯以顯名，其術長於權變㈠。而蘇秦被反間以死，天下共笑之，諱學其術㈡。然世言蘇秦多異，異時事有類之者皆附之蘇秦。夫蘇秦起閭閻，連六國從親，此其智有過人者。吾故列其行事，次其時序，毋令獨蒙惡聲焉㈢。

【註】㈠權變：把握機要，通權達變。㈡忌諱研究其術略。㈢惡聲：惡劣的名聲。

卷七十　張儀列傳第十

張儀者，魏人也。始嘗與蘇秦俱事鬼谷先生學術，蘇秦自以不及張儀。

張儀已學而游說㊀諸侯。嘗從楚相飲，已而楚相亡璧㊁，門下意張儀㊂，曰：「儀貧無行，必此盜相君之璧。」共執張儀，掠答數百，不服，醳㊃之。其妻曰：「嘻！子毋讀書游說㊄，安得此辱乎？」張儀謂其妻曰：「視吾舌尚在不？」其妻笑曰：「舌在也。」儀曰：「足矣㊅。」

【註】㊀說：讀「稅」。㊁失掉了玉璧。㊂意：懷疑。㊃醳：古「釋」字，釋放。㊄毋：不。㊅只要有舌在，就夠了。

蘇秦已說趙王而得相約從親㊀，然恐秦之攻諸侯，敗約後負，念莫可使用於秦者㊁，乃使人微感張儀曰㊂：「子始與蘇秦善，今秦已當路，子何不往游，以求通子之願？」張儀於是之趙，

上謁求見蘇秦。蘇秦乃誡門下人不為通，又使不得去者數日。
已而見之(四)，坐之堂下，賜僕妾之食。因而數讓之(五)曰：「以子
之材能，乃自令困辱至此。吾寧不能言而富貴子，子不足收
也。」謝去之。張儀之來也，自以為故人，求益，反見辱，怒，
念諸侯莫可事，獨秦能苦趙，乃遂入秦。

讓：責備。

【註】〇約從：即「約縱」，與「連橫」相對。主張南北結合以抗秦者，為「約縱」。主張東西聯
合以事秦者，為「連橫」。　〇念：考慮。　〇感：刺激，懲惡。　〇已而：即「既而」，之後。　〇數

蘇秦已而告其舍人曰：「張儀，天下賢士，吾殆弗如也。今
吾幸先用，而能用秦柄者，獨張儀可耳。然貧，無因以進(一)，吾
恐其樂小利而不遂，故召辱之，以激其意。子為我陰奉之(二)。」乃
言趙王，發金幣車馬，使人微隨張儀，與同宿舍，稍稍近就之，
奉以車馬金錢，所欲用，為取給，而弗告。張儀遂得以見秦惠
王。惠王以為客卿(三)，與謀伐諸侯。

蘇秦之舍人乃辭去，張儀曰：「賴子得顯，方且報德，何故去也？」舍人曰：「臣非知君，知君乃蘇君。蘇君憂秦伐趙敗從約，以為非君莫能得秦柄，故感怒君，使臣陰奉給君資，盡蘇君之計謀。今君已用，請歸報。」張儀曰：「嗟乎，此在吾術中而不悟㈣，吾不及蘇君明矣！吾又新用，安能謀趙乎？為吾謝蘇君，蘇君之時，儀何敢言。且蘇君在，儀寧渠能乎㈤！」張儀既相秦，為文檄㈥告楚相曰：「始吾從若飲㈦，我不盜而璧，若笞我，若善守汝國，我顧且盜而城㈧！」

【註】
㈠ 沒有憑藉可以進身。
㈡ 暗地照顧他。
㈢ 客卿：非本國之人而為本國之卿。
㈣ 在我所學的術略之中而我不覺悟。
㈤ 渠：他，第三身之人稱。言我怎能有他的本領大？又有將渠字解為「詎」字的，詎，豈也，言有他在，我怎能這樣作？
㈥ 檄：音息（ㄒㄧˊ），文書，長二尺。
㈦ 若：汝，你。
㈧ 而：同「爾」，汝，你。言我並沒有偷你的玉璧，你打我！我現在警告你，我要偷你的國家。

苴蜀相攻擊㈠，各來告急於秦。秦惠王欲發兵以伐蜀，以為道險狹難至㈢而韓又來侵秦，秦惠王欲先伐韓，後伐蜀，恐不利，

欲先伐蜀，恐韓襲秦之敝，猶豫未能決。司馬錯欲伐蜀，張儀曰：「不如伐韓」。王曰：「請聞其說。」

【註】㈠苴：即「巴」。譙周曰：「益州讀『天苴』為『包黎』之『包』，音與『巴』相近，以為今之巴郡。」《華陽國志》云：「昔蜀王封其弟於漢中，號曰苴侯，因命之邑，曰葭萌。苴侯與巴王為好，巴與蜀為仇，故蜀王怒，伐苴，苴奔巴，求救於秦，秦遣張儀從子午道伐蜀，蜀王自葭萌禦之，敗績，走至武陽，為秦軍所害，秦遂滅蜀，因取苴與巴焉。」《括地志》云：「苴侯都葭萌今利州益昌縣五十里葭萌故城是。蜀侯都益州巴子城，在合州石鏡縣南五里，故墊江縣也。巴子都江州，在都之北，又峽州界也。」㈡狹：即「陿」，窄險也。

儀曰：「親魏善楚，下兵三川㈠，塞什谷之口㈢，當屯留之道㈢，魏絕南陽㈣，楚臨南鄭㈤，秦攻新城㈥、宜陽，以臨二周之郊，誅周王之罪，侵楚、魏之地。周自知不能救，九鼎寶器必出。據九鼎，案圖籍㈦，挾天子以令於天下，天下莫敢不聽，此王業也。今夫蜀，西僻之國而戎翟之倫也㈧，敝兵勞眾不足以成名，

得其地不足以為利。臣聞爭名者於朝，爭利者於市。今三川、周室，天下之朝市也，而王不爭焉，顧爭於戎翟，去王業遠矣(九)。」

【註】
(一)東周時以黃河、伊水、洛水為三川。 (二)什谷：一作尋谷，在河南鞏縣，登封一帶之地。 (三)屯留：在山西屯留縣，按即太行羊腸阪道也。 (四)南陽：乃黃河以北河南懷慶府之南陽，可以截斷韓國上黨之路。 (五)南鄭：想係鄭南之誤，在新鄭縣附近之地。 (六)新城：河南新安縣城。 (七)圖籍：土地、人口之登記簿。 (八)戎翟：即「戎狄」。倫：種類。 (九)去：距離。

司馬錯曰：「不然，臣聞之，欲富國者務廣其地，欲彊兵者務富其民，欲王者務博其德，三資者備而王隨之矣(一)，今王地小民貧，故臣願先從事於易。夫蜀，西僻之國也，而戎翟之長也，有桀紂之亂。以秦攻之，譬如使豺狼逐群羊。得其地足以廣國，取其財足以富民繕兵，不傷眾而彼已服焉。拔一國而天下不以為暴，利盡西海(三)而天下不以為貪，是我一舉而名實附也(三)，而又有禁暴止亂之名。今攻韓，劫天子，惡名也，而未必利也，又有不義之名，而攻天下所不欲，危矣。臣請謁其故(四)：周，天

下之宗室也；齊、韓之與國也。周自知失九鼎，韓自知亡三川，將二國幷力合謀，以因乎齊、趙而求解乎楚、魏，以鼎與楚，以地與魏，王弗能止也。此臣之所謂危也。不如伐蜀完⑤。」

【註】　○資：憑藉條件。　○西海：想係「四海」之誤。言得蜀之利，等於盡有四海之利。極言其得利之大也。　○名與實皆歸之。　○謁：論說也。　○以伐蜀為完善之計。

惠王曰：「善，寡人請聽子。」卒起兵伐蜀，十月，取之，遂定蜀○，貶蜀王更號為侯，而使陳莊相蜀。蜀既屬秦，秦以益彊，富厚，輕諸侯。

【註】　○按《六國年表》謂，秦惠王二十二年伐蜀。而《秦本紀》謂：伐蜀乃惠王後九年事。

秦惠王十年，使公子華與張儀圍蒲陽○，降之。儀因言秦復與魏，而使公子繇質於魏。儀因說魏王曰：「秦王之遇魏甚厚，魏不可以無禮。」魏因入上郡○、少梁○，謝秦惠王。惠王乃以張儀為相，更名少梁曰夏陽。

【註】　㊀蒲陽：即蒲阪，在山西永濟縣。　㊁上郡：舊陝西榆林道及內蒙古鄂爾多斯左翼地，治膚

施，在陝西綏德縣。　㊂少梁：即秦之夏陽，在陝西韓城縣南。

儀相秦四歲，立惠王為王，居一歲，為秦將，取陝。築上郡塞。

其後二年，使與齊、楚之相會齧桑㊀。東還而免相，相魏以為

秦，欲令魏先事秦而諸侯效之。魏王不肯聽儀。秦王怒，伐取

魏之曲沃、平周㊁，復陰厚張儀益甚。張儀慙，無以歸報。留魏

四歲而魏襄王卒，哀王立。張儀復說哀王，哀王不聽。於是張

儀陰令秦伐魏。魏與秦戰，敗。

明年，齊又來敗魏於觀津㊂。秦復欲攻魏，先敗韓申差軍，斬

首八萬，諸侯震恐。而張儀復說魏王曰：「魏地方不至千里，

卒不過三十萬，地四平，諸侯四通輻湊，無名山大川之限。從

鄭至梁二百餘里，車馳人走，不待力而至㊃。梁南與楚境，西與

韓境，北與趙境，東與齊境，卒戍四方，守亭鄣者不下十萬㊄。

梁之地勢，固戰場也。梁南與楚而不與齊，則齊攻其東；東與

齊而不與趙，則趙攻其北；不合於韓，則韓攻其西；不親於楚，

則楚攻其南：此所謂四分五裂之道也。

【註】　㈠醮桑：地名，大概在河南安徽之間的亳縣附近。醮：音臬（ㄋㄧㄝˋ）。㈡曲沃：魏地，在河南陝縣曲沃鎮。平周：山西介休縣。㈢觀津：當作「觀澤」，在河南濮縣。㈣不須費力，即可以到。㈤因大梁四面平原，無天險可守，故築亭障以戍衞。

「且夫諸侯之為從者，將以安社稷尊主彊兵顯名也。今從者一天下，約為昆弟，刑白馬以盟洹水之上㈠以相堅也。而親昆弟同父母，尚有爭錢財，而欲恃詐偽反覆蘇秦之餘謀，其不可成亦明矣。

【註】　㈠洹水：源出河南林縣隆慮山，經安陽至內黃，入衞水。

「大王不事秦，秦下兵攻河外㈠，據卷、衍〔燕〕、酸棗㈡，劫衞取陽晉㈢則趙不南，趙不南而梁不北㈣，梁不北則從道絕㈤，從道絕則大王之國，欲毋危不可得也。秦折韓而攻梁，韓怯於秦，秦韓為一，梁之亡可立而須也㈥。此臣之所為大王患也。

【註】

㊀河南之地在黃河以北者為河內，在黃河以南者為河外。㊁卷⋯在河南原武縣。衍⋯在河南鄭縣之北。酸棗⋯在河南延津縣。㊂衛⋯河南汲縣淇縣一帶之地。陽晉⋯在山東鄆城縣。㊃隔絕了趙、魏的聯絡線。㊄從道⋯即「縱道」，南北大聯合之交通線。㊅須⋯等待。

「為大王計，莫如事秦，事秦則楚、韓必不敢動；無楚、韓之患，則大王高枕而臥，國必無憂矣。

「且夫秦之所欲弱者莫如楚，而能弱楚者莫如梁。楚雖有富大之名而實空虛；其卒雖多，然而輕走易北㊀，不能堅戰。悉梁之兵南面而伐楚，勝之必矣。割楚而益梁，虧楚而適秦，嫁禍安國，此善事也。大王不聽臣，秦下甲士而東伐，雖欲事秦，不可得矣。

「且夫從人㊁多奮辭而少可信㊂，說一諸侯而成封侯，是故天下之游談士莫不日夜搤腕㊃瞋目切齒㊄以言從之便，以說人主。人主賢其辯而牽其說㊅，豈得無眩哉㊆。

【註】

㊀北⋯敗北。㊁從人⋯主張合縱以反秦之人。㊂奮辭⋯激昂慷慨的說話而缺少可信的價值。㊃搤腕⋯緊握拳頭。搤⋯音厄（ㄜ）。㊄怒目咬牙。㊅被其言論所牽掣。㊆怎麼樣能不昏迷呢？

「臣聞之，積羽沈舟（一），羣輕折軸（二），眾口鑠金（三），積毀銷骨（四），故願大王審定計議，且賜骸骨辟魏（五）。」哀王於是乃倍從約而因儀請成於秦（六）。秦攻魏，取曲沃。明年，魏復事秦。

【註】（一）羽毛雖是至輕之物，但是積累的多了，也可以把船壓沈。（二）很輕的東西，結成大堆，也可以把車軸弄斷。（三）眾多的謬論可以變亂是非，搖動人心，好像至堅的金子亦會被其所溶化似的。（四）經常的毀謗攻擊，可以把一個很清白正直的人逼得無以自存，好像連他的骨頭也要被消毀似的。（五）辟：同「避」，離開魏國。（六）請成：講和。

秦欲伐齊，齊楚從親，於是張儀往相楚（一），楚懷王聞張儀來，虛上舍而自館之（二）。曰：「此僻陋之國，子何以教之？」儀說楚王曰：「大王誠能聽臣（三），閉關絕約於齊，臣請獻商於之地六百里（四），使秦女得為大王箕帚之妾（五），秦楚娶婦嫁女，長為兄弟之國。此北弱齊而西益秦也，計無便此者。」楚王大說而許之（六）。羣臣皆賀，陳軫獨弔之。楚王怒曰：「寡人不興師發兵得六百

里地，羣臣皆賀，子獨弔，何也？」陳軫對曰：「不然，以臣觀之，商於之地不可得而齊秦合，齊秦合則患必至矣。」楚王曰：「有說乎？」陳軫對曰：「夫秦之所以重楚者，以其有齊也。今閉關絕約於齊，則楚孤。秦奚貪夫孤國，而與之商於之地六百里？張儀至秦，必負王⑦，是北絕齊交，西生患於秦也，而兩國之兵必俱至。善為王計者，不若陰合而陽絕於齊⑧，使人隨張儀。苟與吾地，絕齊未晚也；不與吾地，陰合謀計也。」楚王曰：「願陳子閉口毋復言，以待寡人得地。」乃以相印授張儀，厚賂之。於是遂閉關絕約於齊，使一將軍隨張儀。

【註】　㊀相：視也，察觀楚國的態度。　㊁楚王以上等官舍親自款待張儀。　㊂誠：如果。　㊃商於之地：兩地名，在河南陝西邊區，即河南淅川縣以西之地。　㊄箕帚之妾：謙辭，即言以秦王之女為楚王服灑掃之役。　㊅說：悅。　㊆負：背約。　㊇暗地結合而表面絕交。

張儀至秦，詳失綏墮車㊀，不朝三月。楚王聞之，曰：「儀以寡人絕齊未甚邪？」乃使勇士至宋，借宋之符，北罵齊王㊁。齊

王大怒，折節而下秦〔三〕。秦齊之交合，張儀乃朝，謂楚使者曰：「臣有奉邑六里，願以獻大王左右。」楚使者曰：「臣受令於王，以商於之地六百里，不聞六里。」還報楚王，楚王大怒，發兵而攻秦。陳軫曰：「軫可發口言乎？攻之不如割地反以賂秦，與之幷兵而攻齊，是我出地於秦，取償於齊也，王國尚可存。」楚王不聽，卒發兵而使將軍屈匄擊秦〔四〕。秦齊共攻楚，斬首八萬，殺屈匄，遂取丹陽〔五〕、漢中之地〔六〕。楚又復益發兵而襲秦，至藍田〔七〕，大戰，楚大敗，於是楚割兩城以與秦平。

【註】　〔一〕詳：即「佯」，偽裝。綏：絲繩，車旁之飾物，用以挽之而上車。　〔三〕挑撥齊國與宋國之關係，使齊國忙於對付宋國。　〔三〕折節：低首屈身。　〔四〕匄：音蓋（ㄍㄞ）。　〔五〕丹陽：河南內鄉縣。　〔六〕漢中之地：自陝西之沔縣至湖北之竹山一帶之地。　〔七〕藍田：在陝西長安東南八十里。可見楚軍深入秦境。

秦要楚〔一〕欲得黔中地〔二〕，欲以武關外易之〔三〕。楚王曰：「不願易地，願得張儀而獻黔中地。」秦王欲遣之，口弗忍言。張儀乃請行。惠王曰：「彼楚王怒子之負以商於之地，是且甘心於

子。」張儀曰：「秦彊楚弱，臣善靳尚，尚得事楚夫人鄭袖，袖所言皆從。且臣奉王之節使楚，楚何敢加誅？假令誅臣而為秦得黔中之地，臣之上願。」遂使楚。楚懷王至則囚張儀，將殺之。靳尚謂鄭袖曰：「子亦知子之賤於王乎？」鄭袖曰：「何也？」靳尚曰：「秦王甚愛張儀而不欲出之⑱，今將以上庸六縣⑲賂楚，以美人聘楚，以宮中善歌謳者為勝。楚王重地尊秦，秦女必貴而夫人斥矣。不若為言而出之。」於是鄭袖日夜言懷王曰：「人臣各為其主用。今地未入秦，秦使張儀來，至重王。王未有禮而殺張儀，秦必大怒攻楚。妾請子母俱遷江南，毋為秦所魚肉也。」懷王後悔，赦張儀，厚禮之如故。

【註】　㊀要：讀「腰」，求也。　㊁黔中：湖南沅陵縣西。　㊂武關：在河南陝西邊界之處，即商於之地。　㊃「不」字想係「必」字之說，言秦王必欲出張儀也。　㊄上庸：在湖北竹山縣東南。

張儀既出，未去，聞蘇秦死㊀，乃說楚王曰：「秦地半天下，兵敵四國，被險帶河，四塞以為固。虎賁之士百餘萬㊁，車千

乘，騎萬匹，積粟如丘山。法令既明，士卒安難樂死，主明以嚴，將智以武，雖無出甲，席捲常山之險，必折天下之脊⊜，天下有後服者先亡。且夫為從者，無以異於驅羣羊而攻猛虎，虎之與羊不格明矣⊛。今王不與猛虎而與羣羊，臣竊以為大王之計過也。

【註】 ㊀ 此時，蘇秦之死已十年，張儀何至於十年之後而始聞之。《史記》記事之年月，有時與事實不合。 ㊁ 虎賁：勇戰之兵士。 ㊂ 常山在天下之北，有若人之背脊。 ㊃ 不格：不敵，無力抵抗。

「凡天下彊國，非秦而楚，非楚而秦，兩國交爭，其勢不兩立。大王不與秦，秦下甲據宜陽，韓之上地不通。下河東，取成皋，韓必入臣，梁則從風而動。秦攻楚之西，韓、梁攻其北，社稷安得毋危？

「且夫從者聚羣弱而攻至彊㊀，不料敵而輕戰，國貧而數舉兵，危亡之術也。臣聞之，兵不如者勿與挑戰，粟不如者勿與持久。夫從人㊁飾辯虛辭，高主之節㊂，言其利不言其害，卒有

秦禍（四），無及為已（五）。是故願大王之孰計之（六）。

【註】（一）從者：主張合縱以抗秦之人。（二）從人：同「從者」。（三）高抬主人的力量與名聲。（四）卒，同「猝」，猛然之間。（五）就來不及了。（六）孰：同「熟」。

「秦西有巴蜀，大船積粟，起於汶山（一），浮江已下，至楚三千餘里。舫船載卒（二），一舫載五十人與三月之食，下水而浮，一日行三百餘里，里數雖多，然而不費牛馬之力，不至十日而距扞關（三）。扞關驚，則從境以東盡城守矣（四），黔中、巫郡非王之有（五）。秦舉甲出武關，南面而伐，則北地絕（六）。秦兵之攻楚也，危難在三月之內，而楚待諸侯之救，在半歲之外，此其勢不相及也。夫待弱國之救，忘彊秦之禍，此臣所以為大王患也。

【註】（一）汶山：即岷山，在四川茂縣西。（二）舫船：兩船相併之船。（三）扞關：在湖北長陽縣西。（四）《戰國策》：「境」字下有「陵」字，則為竟陵、湖北天門縣。但「境以東」亦可解，即楚之東境由於秦兵之壓境而動員守城。（五）黔中：湖南沅陵縣一帶之地，包括永順、常德各地。巫郡：四川巫山縣一帶之地，包括巴東恩施各地。（六）北地：楚國北部之地，包括河南信陽以北之地。

「大王嘗與吳人戰，五戰而三勝，陳卒盡矣；偏守新城⊖，存民苦矣⊖。臣聞功大者易危，而民敝者怨上。夫守易危之功而逆彊秦之心，臣竊為大王危之。

【註】

⊖新城：在河南商邱縣以南之地，大概為吳楚鄰界之地。 ⊖幸未戰死而生存之人民。

「且夫秦之所以不出兵函谷十五年以攻齊、趙者，陰謀有合天下之心。楚嘗與秦構難，戰於漢中⊖，楚人不勝，列侯執珪死者七十餘人⊖，遂亡漢中。楚王大怒，興兵襲秦，戰於藍田。此所謂兩虎相搏者也。夫秦楚相敝而韓魏以全制其後，計無危於此者矣。願大王孰計之。

【註】

⊖漢中：其地在秦之南山之南，楚之西北，漢水之北。 ⊖列侯及其執珪官階之人，死者七十餘人。

「秦下甲攻衛陽晉⊖，必大關天下之匈⊖。大王悉起兵以攻宋，不至數月而宋可舉，舉宋而東指，則泗上十二諸侯⊜盡王之

有也。

【註】　一 陽晉：山東鄆城縣。　二 以常山為天下之脊，則衛及陽晉當天下之胸。其地係秦、晉、齊、楚之交通要道，如以秦兵攻據陽晉，等於封鎖了天下之胸，他國皆不敢亂動了。　三 邊近泗水之側，當戰國之時有有十二諸侯，如宋、魯、邾、呂之類是也。

「凡天下而以信約從親相堅者蘇秦一，封武安君，相燕，即陰與燕王謀伐破齊而分其地；乃詳有罪出走入齊二，齊王因受而相之；居二年而覺，齊王大怒，車裂蘇秦於市。夫以一詐偽之蘇秦，而欲經營天下三，混一諸侯，其不可成亦明矣。

【註】　一 約從：以合縱相親為約會。　二 詳：即「佯」。　三 經營：設計建造。

「今秦與楚接境壤界，固形親之國也一。大王誠能聽臣，臣請使秦太子入質於楚，楚太子入質於秦，請以秦女為大王箕帚之妾，效萬室之都二以為湯沐之邑，長為昆弟之國，終身無相攻伐。臣以為計無便於此者。」

於是楚王已得張儀而重出黔中地與秦㈢，欲許之。屈原曰：「前大王見欺於張儀，張儀至，臣以為大王烹之㈢；今縱弗忍殺之，又聽其邪說，不可。」懷王曰：「許儀而得黔中，美利也。後而倍之，不可。」故卒許張儀，與秦親。

【註】㈠ 形勢上必須要親善的國家。 ㈡效：呈獻。 ㈢重：難也，惜吝不忍棄也。即難於割愛黔中之地以與秦。

張儀去楚，因遂之韓，說韓王曰：「韓地險惡山居，五穀所生，非菽而麥，民之食大抵（飯）菽〔飯〕藿羹。一歲不收，民不饜糟穅㈠。地不過九百里，無二歲之食。料大王之卒，悉之不過三十萬，而廝徒負養㈢在其中矣。除守徼亭鄣塞，見卒㈢不過二十萬而已矣。秦帶甲百餘萬，車千乘，騎萬匹，虎賁之士跿跔科頭㈣貫頤奮戟者㈤至不可勝計。秦馬之良，戎兵之眾，探前趹後㈥蹄閒三尋騰者㈦，不可勝數。山東之士被甲蒙冑以會戰，秦人捐甲徒裼㈧以趨敵，左挈人頭，右挾生虜。夫秦卒與山東之

卒，猶孟賁之與怯夫；以重力相壓，猶烏獲之與嬰兒。夫戰孟
賁、烏獲之士以攻不服之弱國，無異垂千鈞之重於鳥卵之上，
必無幸矣(九)。

【註】(一)雖吃糟糠亦不能吃飽。(二)廝徒：雜役之人。負：擔運之人。養：炊事及養馬之人。(三)見：
即「現」。(四)跿跔：跳躍也。又可作「徒距」解，即光著足趾而踴踊作戰。言其勇敢也。跿：音徒
(ㄊㄨ)。跔，音居(ㄐㄩ)足趾也。科頭：頭上不著盔鍪。亦可作「裸頭」解，言頭上不著東西。
且「徒距」與「裸頭」正相對。又比解跳躍為「科頭」者更具體。(五)貫頤：以兩手捧面，不顧生死
而直入敵陣，言其勇也。又解為「貫」者，彎也。「頤」者，弓也，言引滿弓而射敵也。奮戟：奮怒
執戟而戰。彎弓之解似比兩手捧面而勇進為妥，且彎弓與奮戟正相對。(六)探前：馬足探向前，言其
盡力向前。趹後：後足抉地，形容馬之走勢疾速。趹，音抉(ㄐㄩㄝ)，挖地。(七)七尺曰尋，言馬
之一騰可達三尋之遠。(八)山東之兵，必須被著甲，蒙著胄而後會戰；秦國的兵，赤著腳，袒著胸，
即敢作戰。由此「徒裼」一辭，即可知前處之「跿跔」必為「徒距」也。解「跿跔」為跳躍，乃曲解
也。(九)垂下千鈞之重，壓於鳥卵之上，必然粉碎無餘。

「夫羣臣諸侯不料地之寡，而聽從人(一)之甘言好辭，比周以相

二三六

飾也⑵，皆奮曰『聽吾計可以彊霸天下』。夫不顧社稷之長利而聽須臾之說，詿誤人主，無過此者。

「大王不事秦，秦下甲據宜陽，斷韓之上地⑶，東取成皋、滎陽，則鴻臺之宮、桑林之苑非王之有也。夫塞成皋，絕上地，則王之國分矣。先事秦則安，不事秦則危。夫造禍而求其福報，計淺而怨深，逆秦而順楚，雖欲毋亡，不可得也。

「故為大王計，莫如為秦。秦之所欲莫如弱楚，而能弱楚者莫如韓。非以韓能彊於楚也，其地勢然也。今王西面而事秦以攻楚，秦王必喜。夫攻楚以利其地，轉禍而說⑷秦，計無便於此者。」

韓王聽儀計。張儀歸報，秦惠王封儀五邑，號曰武信君。使張儀東說齊湣王曰：「天下彊國無過齊者，大臣父兄殷眾富樂。然而為大王計者，皆為一時之說，不顧百世之利。從人說大王者，必曰『齊西有彊趙，南有韓與梁。齊，負海之國也⑸，地廣民眾，兵彊士勇，雖有百秦，將無奈齊何』。大王賢其說而不

計其實。夫從人朋黨比周，莫不以從㈥為可。臣聞之，齊與魯三戰而魯三勝，國以危亡隨其後，雖有戰勝之名，而有亡國之實。是何也？齊大而魯小也。今秦之與齊也，猶齊之與魯也。秦趙戰於河漳之上，再戰而趙再勝秦；戰於番吾㈦之下，再戰又勝秦。四戰之後，趙之亡卒數十萬，邯鄲僅存，雖有戰勝之名而國已破矣，是何也？秦彊而趙弱。

【註】㈠從人：主張合縱以拒秦之人。　㈡比周：同惡相親。　㈢上地：地勢高上之地，即河南西部之地，如宜陽等地，皆高山險嶺，向東進兵，如居高臨下，此在作戰地形上為有利之條件。　㈣說：即「悅」。　㈤負海：以海為背，以海為靠山。　㈥從：即合縱。　㈦番吾：在河北平山縣東。

「今秦楚嫁女娶婦，為昆弟之國。韓獻宜陽；梁效㈠河外㈡；趙入朝澠池㈢，割河間㈣以事秦。大王不事秦，秦驅韓梁攻齊之南地，悉趙兵渡清河，指博關㈤，臨菑、即墨非王之有也。國一日見攻，雖欲事秦，不可得也。是故願大王孰計之也。」

【註】㈠效：呈獻。　㈡河外：黃河以南的河南之地。　㈢澠池：河南澠池縣。　㈣河間：河北河間

縣。

⑤博關：在山東博山縣一帶之地。距離臨淄、即墨甚近。

齊王曰：「齊僻陋，隱居東海之上，未嘗聞社稷之長利也。」

乃許張儀。

張儀去，西說趙王曰：「敝邑秦王使使臣效⑴愚計於大王。大王收率天下以賓秦⑵，秦兵不敢出函谷關十五年。大王之威行於山東，敝邑恐懼懾伏，繕甲厲兵，飾車騎，習馳射，力田積粟，守四封之內，愁居懾處⑶，不敢動搖，唯大王有意督過之也⑷。

「今以大王之力，舉巴蜀，幷漢中，包兩周，遷九鼎，守白馬之津。秦雖僻遠，然而心忿含怒之日久矣。今秦有敝甲凋兵，軍於澠池⑸，願渡河踰漳⑹，據番吾⑺，會邯鄲之下，願以甲子合戰，以正殷紂之事，敬使使臣先聞左右。

「凡大王之所信為從者恃蘇秦。蘇秦熒惑諸侯，以是為非，以非為是，欲反齊國，而自令車裂於市。夫天下之不可一亦明矣。今楚與秦為昆弟之國，而韓梁稱為東藩之臣，齊獻魚鹽之地。此斷趙之右臂也。夫斷右臂而與人鬪，失其黨而孤居，求

欲毋危，豈可得乎？

「今秦發三將軍：其一軍塞午道㈧，告齊使興師渡清河，軍於邯鄲之東；一軍軍成皋，驅韓梁軍於河外；一軍軍於澠池。約四國為一以攻趙，趙（服）【破】，必四分其地。是故不敢匿意隱情，先以聞於左右。臣竊為大王計，莫如與秦王遇於澠池，面相見而口相結，請案兵㈨無攻。願大王之定計。」

【註】㈠效：貢獻。㈡賓：即「擯」，排斥。㈢懾處：處於恐怖之中。㈣督過：督察而糾正其過失。㈤澠池：在河南洛陽以西百餘里之地。㈥渡黃河，過漳水。㈦番吾：河北平山縣。㈧午道：此地大概在趙之東，齊之西。鄭玄曰：「一縱一橫為午」，即交通縱橫之十字口也。㈨案兵：同「按兵」，即止兵不使動也。

趙王曰：「先王之時，奉陽君專權擅勢，蔽欺先王，獨擅綰事㈠，寡人居屬師傅㈡，不與國謀計。先王弃羣臣，寡人年幼，奉祀之日新㈢，心固竊疑焉，以為一從不事秦㈣，非國之長利也。乃且願變心易慮，割地謝前過以事秦。方將約車趨行㈤，適

聞使者之明詔㈥。」趙王許張儀，張儀乃去。

【註】㈠紿：管理。言奉陽君獨自專權管理國事。㈡居於宮中受師傅的教導。㈢繼承君位還沒有多久。㈣一味的合縱以抗秦。㈤正在準備車輛往秦國去。㈥恰好你來了給我以高明的指教。

北之燕，說燕昭王曰：「大王之所親莫如趙。昔趙襄子嘗以其姊為代王妻，欲并代，約與代王遇於句注之塞㈠。乃令工人作為金斗㈡，長其尾㈢令可以擊人。與代王飲，陰告廚人曰：『即酒酣樂㈣，進熱啜㈤，反斗以擊之㈥。』於是酒酣樂，進熱啜，廚人進斟㈦，因反斗以擊代王，殺之，王腦塗地㈧。其姊聞之，因摩笄以自刺㈨，故至今有摩笄之山㈩。代王之亡，天下莫不聞。

【註】㈠句注：山名，在代州。㈡金斗：斗，盛酒之器，其形如斗，以銅製之。㈢尾：斗器之柄也，其形如刀。㈣即：如也。如果喝酒喝到熱鬧昏醉的時候。㈤端上熱的湯羹。啜，音綽（ㄔㄨㄛˋ），嘗味也。㈥倒斗柄以擊殺之。㈦廚人上前加羹。㈧於是廚人倒斗柄以擊代王，把代王的腦子都打出來，流得滿地。㈨笄：頭上的銀簪，婦人的首飾，磨之甚銳利，可以自殺。㈩摩笄山在河北涿鹿縣西北。

「夫趙王之很戾無親㈠，大王之所明見，且以趙王為可親乎？趙興兵攻燕，再圍燕都而劫大王，大王割十城以謝。今趙王已入朝澠池，效河閒以事秦。今大王不事秦，秦下甲雲中、九原㈡；驅趙而攻燕，則易水、長城㈢非大王之有也。

「且今時趙之於秦猶郡縣也，不敢妄舉師以攻伐。今王事秦，秦王必喜，趙不敢妄動，是西有彊秦之援，而南無齊趙之患，是故願大王孰計之。」

燕王曰：「寡人蠻夷僻處，雖大男子裁㈣如嬰兒，言不足以采正計。今上客幸教之，請西面而事秦，獻恒山之尾五城㈤。」燕王聽儀。儀歸報，未至咸陽而秦惠王卒，武王立。武王自為太子時不說張儀㈥，及即位，羣臣多讒張儀曰：「無信，左右賣國以取容。秦必復用之，恐為天下笑。」諸侯聞張儀有郤武王㈦，皆畔衡，復合從㈧。

【註】　㈠很戾：殘忍暴戾。　㈡雲中：郡名，今自山西之懷仁、左雲、右玉以北綏遠道各縣，蒙古鄂爾多斯左翼，喀爾喀右翼，四子部落各旗，皆其地。九原：在今綏遠五原縣一帶之地。　㈢易水：源自河北易

縣。其自定興西南合拒馬河者，曰中易，今之白溝河，即武水。在定興西為沙河入於中易者，曰北易，即濡水。巡徐水歷安新為甌河者，曰南易。㈣裁：即「纔」剛剛像一個無知無識的嬰兒一樣。㈤獻納恒山的尾部五個城邑。在易縣附近。㈥說：即「悅」。㈦郤：同「隙」，怨恨。㈧背叛連橫事秦之謀。而恢復以前合縱以抗秦的局勢。

秦武王元年，羣臣日夜惡張儀未已㈠，而齊讓又至㈡。張儀懼誅，乃因謂秦武王曰：「儀有愚計，願效之。」王曰：「奈何？」對曰：「為秦社稷計者，東方有大變，然後王可以多割得地也。今聞齊王甚憎儀，儀之所在，必興師伐之。故儀願乞其不肖之身之梁，齊必興師而伐梁。梁齊之兵連於城下而不能相去，王以其閒伐韓，入三川，出兵函谷而毋伐，以臨周，祭器必出。挾天子，按圖籍，此王業也。」秦王以為然，乃具革車三十乘，入儀之梁㈢。齊果興師伐之。梁哀王恐。張儀曰：「王勿患也，請令罷齊兵。」乃使其舍人馮喜之楚，借使之齊㈣，謂齊王曰：「王甚憎張儀；雖然，亦厚矣王之託儀於秦也㈤！」齊王曰：「寡人憎儀，儀之所在，必興師伐之，何以託儀？」對曰：「為秦社稷計者，東方有大變，然後王可以多割得地也。今聞齊王甚憎儀，儀之所在，必興師伐之。故儀願乞其不肖之身之梁，齊必興師而伐梁。

齊王曰：「寡人憎儀，儀之所在，必興師伐之，何以託儀？」

對曰：「是乃王之託儀也⑸。夫儀之出也，固與秦王約曰：『為王計者，東方有大變，然後王可以多割得地，今齊王甚憎儀，儀之所在，必興師伐之。故儀願乞其不肖之身之梁，齊必興師伐之。齊梁之兵連於城下而不能相去，王以其閒伐韓，入三川，出兵函谷而無伐，以臨周，祭器必出，挾天子，案圖籍，此王業也。』秦王以為然，故具革車三十乘而入之梁也。今儀入梁，王果伐之，是王內罷國而外伐與國⑹，廣鄰敵以內自臨⑺，而信儀於秦王也。此臣之所謂『託儀』也。」齊王曰：「善。」乃使解兵⑻。

【註】　㈠羣臣日夜說張儀的壞話，排擠張儀。　㈡齊王又派遣使臣責備秦國之用張儀。　㈢送張儀入於梁國。　㈣借楚人以為使。　㈤即謂王之託儀於秦也亦厚矣。　㈥與國：有良好邦交的國家，指梁國。　㈦增大敵人的勢力而內部自相火併。　㈧解除伐梁之兵。

張儀相魏一歲，卒㈠於魏也。

【註】　㈠《史記》年表謂張儀死於梁安僖王十年，而紀年則云儀死於梁安僖王九年五月。

陳軫者，游說之士。與張儀俱事秦惠王，皆貴重，爭寵。張儀惡陳軫於秦王曰〔一〕：「軫重幣輕使秦楚之間，將為國交也，今楚不加善於秦而善軫者，軫自為厚而為王薄也。且軫欲去秦而之楚，王胡不聽乎〔二〕？」王謂陳軫曰：「吾聞子欲去秦之楚，有之乎？」軫曰：「然。」王曰：「儀之言果信矣。」軫曰：「非獨儀知之也，行道之士盡知之矣。昔子胥忠於其君而天下爭以為臣，曾參孝於其親而天下願以為子。故賣僕妾不出閭巷而售者，良僕妾也；出婦嫁於鄉曲者，良婦也。今軫不忠其君，楚亦何以軫為忠乎？忠且見弃，軫不之楚何歸乎？」王以其言為然，遂善待之。

居秦期年，秦惠王終相張儀，而陳軫奔楚。楚未之重也，而使陳軫使於秦。過梁，欲見犀首。犀首謝弗見。軫曰：「吾為事來〔三〕，公不見軫，軫將行，不得待異日〔四〕。」犀首見之。陳軫曰：「公何好飲也？」曰：「無事也〔五〕。」曰：「吾請令公厭事可乎〔六〕？」曰：「柰何？」曰：「田需〔七〕約諸侯從親，楚王

疑之，未信也。公謂於王曰：「臣與燕、趙之王有故，數使人來，曰『無事何不相見』，願謁行於王⑻。」王雖許公，公請無多車，以車三十乘，可陳之於庭⑼，明言之燕、趙。」燕、趙聞之，馳車告其王，使人迎犀首。楚王聞之大怒，曰：「田需與寡人約，而犀首之燕、趙，是欺我也。」怒而不聽其事。齊聞犀首之北，使人以事委焉。犀首遂行，三國相事皆斷於犀首。

轸遂至秦。

【註】㈠張儀在秦王面前說陳轸的壞話。㈡胡不：何不也，言王可不聽任陳轸離秦而赴楚呢？㈢我為你之事而來。㈣我要走了，不能等到明天。㈤閒者無事，借酒以消磨時間。㈥我可不可以使你每天忙於多事呢？厭，同「饜」，飽也，言為多事所飽也。㈦田需：魏相。㈧我想替王到燕、趙走一趙。㈨以三十輛車擺在門前，明白宣佈說是要到燕、趙去。

韓魏相攻，期年不解。秦惠王欲救之，問於左右。左右或曰救之便，或曰勿救便，惠王未能為之決。陳轸適至秦，惠王曰：「子去寡人之楚，亦思寡人不？」陳軫對曰：「王聞夫越人莊

鴂乎？」王曰：「不聞。」曰：「越人莊舄仕楚執珪，有頃而

病。楚王曰：『舄故越之鄙細人也，今仕楚執珪，貴富矣，亦

思越不？』中謝對曰：『凡人之思故，在其病也。彼思越則越

聲，不思越則楚聲。』使人往聽之，猶尚越聲也。今臣雖弃逐

之楚，豈能無秦聲哉！」惠王曰：「善。今韓魏相攻，期年不

解，或謂寡人救之便，或曰勿救便，寡人不能決，願子為子主

計○之餘，為寡人計之。」陳軫對曰：「亦嘗有以夫卞莊子刺虎

聞於王者乎？莊子欲刺虎，館豎子止之，曰：『兩虎方且食牛，

食甘必爭，爭則必鬭，鬭則大者傷，小者死，從傷而刺之，一

舉必有雙虎之名。』卞莊子以為然，立須之○。有頃，兩虎果

鬭，大者傷，小者死。莊子從傷者而刺之，一舉果有雙虎之功。

今韓魏相攻，期年不解，是必大國傷，小國亡，從傷而伐之，

一舉必有兩實。此猶莊子刺虎之類也。臣主與王何異也。」惠

王曰：「善。」卒弗救。大國果傷，小國亡，秦興兵而伐，大

剋之。此陳軫之計也。

【註】　㈠子主：謂楚王。　㈡須：等待。

犀首者，魏之陰晉人也㈠，名衍，姓公孫氏，與張儀不善。
張儀為秦之魏，魏王相張儀。犀首弗利，故令人謂韓公叔曰：
「張儀已合秦魏矣，其言曰『魏攻南陽，秦攻三川』。魏王所
以貴張子者，欲得韓地也。且韓之南陽已舉矣，子何不少委焉
以為衍功㈡，則秦魏之交可錯矣㈢。然則魏必圖秦而弃儀，收韓
而相衍。」公叔以為便，因委之犀首以為功，果相魏。張儀去。

【註】　㈠犀首：魏官名，如虎牙將軍。孟子所謂公孫衍是也。因稱其官而代表其人。　㈡少委：稍稍
以事委託衍辦。　㈢錯：通「措」，停止。

義渠君朝於魏㈠，犀首聞張儀復相秦，害之。犀首乃謂義渠君
曰：「道遠不得復過㈡，請謁事情㈢。」曰：「中國無事㈣，秦
得燒掇焚杅君之國㈤；有事，秦將輕使重幣事君之國。」其後五
國伐秦。會陳軫謂秦王曰：「義渠君者，蠻夷之賢君也，不如
賂之以撫其志。」秦王曰：「善。」乃以文繡千純㈥，婦女百人

遺義渠君。義渠君致⑺羣臣而謀曰：「此公孫衍所謂邪？」乃起兵襲秦，大敗秦人李伯之下⑻。

【註】

㈠義渠：諸戎之國，為秦所滅，今甘肅舊慶陽府及涇州之地。故城在甘肅寧縣西北。㈡言義渠道遠，今日以後，不復得更過相見。㈢謂欲以秦之緩急情況相告也。㈣中國：指關東六國而言。無事：不進攻秦國。㈤焚燒而侵略。掇，音奪（ㄅㄨㄛ），抄掠。杅，音于（ㄩ），割也。㈥純：凡絲縣布帛等物，一段為一純。純，音屯。㈦致：召集。㈧李伯：地名。不詳其所在。

張儀已卒之後，犀首入相秦。嘗佩五國之相印，為約長。

太史公曰：三晉多權變之士，夫言從衡彊秦者大抵皆三晉之人也㈠。夫張儀之行事甚於蘇秦，然世惡蘇秦者，以其先死，而儀振暴其短以扶其說㈡，成其衡道㈢。要之，此兩人真傾危之士哉㈣！

【註】

㈠或言縱，或言橫，皆韓、趙、魏之人。㈡振：揭發。暴：即「曝」暴露。謂張儀揭發曝露蘇秦之短，以圓成其自己的主張。㈢完成其連橫事秦的道理。㈣心術不正，傾邪而險惡。

卷七十一 樗里子甘茂列傳第十一

樗里子者〔一〕，名疾，秦惠王之弟也，與惠王異母。母，韓女也。樗里子滑稽多智〔二〕，秦人號曰「智囊」〔三〕。

秦惠王八年，爵樗里子右更〔四〕，使將而伐曲沃〔五〕，盡出其人，取其城，地入秦。秦惠王二十五年，使樗里子為將伐趙，虜趙將軍莊豹，拔藺〔六〕。明年，助魏章攻楚，敗楚將屈丐，取漢中地。秦封樗里子，號為嚴君〔七〕。

【註】 〔一〕因其居於渭南陰鄉之樗里，故號曰「樗里子」。 〔二〕滑稽：詼諧幽默。 〔三〕智囊：聰明的袋子，言其滿肚子盡是聰明智計，永遠無窮盡也。 〔四〕右更：秦之第十四等爵名也。 〔五〕曲沃：在今河南陝縣曲沃鎮。 〔六〕藺：山西離石縣。 〔七〕嚴君：爵邑之號，當是封於嚴道，在蜀郡。

秦惠王卒，太子武王立，逐張儀、魏章，而以樗里子、甘茂為左右丞相。秦使甘茂攻韓，拔宜陽。使樗里子以車百乘入周。周以卒迎之，意甚敬。楚王怒，讓周，以其重秦客。游騰為周

說楚王曰：「知伯之伐仇猶○，遺之廣車，因隨之以兵，仇猶遂亡。何則？無備故也。齊桓公伐蔡，號曰誅楚，其實襲蔡。今秦，虎狼之國，使樗里子以車百乘入周，周以仇猶、蔡觀焉，故使長戟居前，彊弩在後，名曰衞疾，而實囚之。且夫周豈能無憂其社稷哉？恐一旦亡國以憂大王。」楚王乃悅。

【註】

○仇猶：夷狄之國。智伯欲伐仇猶，道險阻不通，乃鑄大鐘遺之，載以廣車，仇猶大悅修治道路以納之。智伯之軍疾進，十九日而滅仇猶。

秦武王卒，昭王立，樗里子又益尊重。

昭王元年，樗里子將伐蒲○。蒲守恐，請胡衍○。胡衍為蒲謂樗里子曰：「公之攻蒲，為秦乎？為魏乎？為魏則善矣，為秦則不為賴矣○。夫衞之所以為衞者，以蒲也○。今伐蒲入於魏，魏必彊。魏彊之日，西河之外必危矣○。且秦王將觀公之事，害秦而利魏，王必罪公。」樗里子曰：「奈何？」胡衍

曰：「公釋蒲勿攻，臣試為公言之，亦以德衞君○。」樗里子曰：「善。」胡衍入蒲，謂其守曰：「樗里子知蒲之病矣，其言曰『吾必拔蒲』。衍能令釋蒲勿攻。」蒲守恐，因再拜曰：「願以請○。」因效金三百斤焉，曰：「秦兵苟退，請必言子於衞君，使子為吏○。」故胡衍受金於蒲以自貴於衞。於是遂解蒲而去。還擊皮氏，皮氏未降，又去。

昭王七年，樗里子卒，葬于渭南章臺之東。曰：「後百歲，是當有天子之宮夾我墓○。」樗里子疾室在於昭王廟西渭南陰鄉樗里，故俗謂之樗里子。至漢興，長樂宮在其東，未央宮在其西，武庫正直其墓。秦諺曰：「力則任鄙，智則樗里。」

甘茂者，下蔡人也○。事下蔡史舉先生，學百家之術○。因張儀、樗里子而求見秦惠王○。

曰：「公釋蒲⑧勿攻，臣試為公入言之，以德衛君⑨。」樗里子曰：「善。」胡衍入蒲，謂其守曰：「樗里子知蒲之病矣⑩，其言曰必拔蒲。衍能令釋蒲勿攻。」蒲守恐，因再拜曰：「願以請。」因效金三百斤，曰：「秦兵苟退，請必言子於衛君，使子為南面。」故胡衍受金於蒲以自貴於衛。於是遂解蒲而去。還擊皮氏⑤，皮氏未降，又去。

【註】
⊖ 蒲：衛邑，在河北長垣縣。
⊜ 胡衍：人姓名。
⊕ 賴：有利益。
⊗ 衛國之所以能存在而成為衛國者，因為有蒲邑的屏障。
⊞ 現在伐蒲邑，等於逼著它向魏國靠攏（入於魏），衛國受挫，也必跟著順從魏國。
⊘ 西河之外，謂同、華等州。秦惠王八年，魏納黃河以南之地。後二年，魏納上郡於秦，而河西濱洛之地失。
⊙ 無力收復。
⊗ 釋：舍棄。
⊚ 以示德於衛君。
⊘ 知道蒲地的弱點，所以決心取蒲。
⊜ 皮氏：在山西河津縣西。

昭王七年，樗里子卒，葬于渭南章臺之東⊖。曰：「後百歲，是當有天子之宮夾我墓。」樗里子疾室在於昭王廟西渭南陰鄉樗里，故俗謂之樗里子，至漢興，長樂宮在其東，未央宮在其

西，武庫正直其墓□。秦人諺曰：「力則任鄙，智則樗里。」

【註】□章臺：在陝西咸陽縣。□直：即「值」，當也。按樗里子生前即知其所葬之地。百歲後，當有天子之宮夾其墓墳之兩旁。大似後世所謂風水先生之言。中國人對於死人之葬地，非常重視，以為葬地風水好者，後世必出大富大貴之人，反之必大凶大禍。《史記》有日者傳，《漢書·藝文志》有〈堪輿金匱〉十四卷、〈宮宅地形〉二十卷，《論衡》有〈圖宅術〉。可見堪輿風水之學，中國人歷代均有研究。當今日科學時代，咸嗤之為迷信，但相信科學之人，於其死時，其後人必為之相風水而葬，可謂令人發噱之甚矣。

甘茂者，下蔡人也□，事下蔡史舉先生，學百家之術。因張儀、樗里子而求見秦惠王。王見而說之□，使將，而佐魏章略定漢中地。

【註】□下蔡：地名，春秋時代為楚之州來邑。故城在今安徽鳳臺縣北三十里，今為下蔡鎮。□說：即「悅」。

惠王卒，武王立。張儀、魏章去，東之魏。蜀侯煇、相壯反□，

秦使甘茂定蜀。還，而以甘茂為左丞相，以樗里子為右丞相。

【註】㊀據〈張儀傳〉謂：惠王之時，伐取蜀，貶蜀王為侯，以陳莊為蜀相。

秦武王三年，謂甘茂曰：「寡人欲容車通三川㊀，以窺周室，而寡人死不朽矣。」甘茂曰：「請之魏，約以伐韓，而令向壽㊁輔行。」甘茂至，謂向壽曰：「子歸，言之於王曰『魏聽臣矣，然願王勿伐』。事成，盡以為子功。」向壽歸，以告王，王迎甘茂於息壤㊂。甘茂至，王問其故。對曰：「宜陽㊃，大縣也，上黨、南陽積之久矣㊄。名曰縣，其實郡也。今王倍數險㊅，行千里攻之，難。昔曾參之處費㊆，魯人有與曾參同姓名者殺人，人告其母曰『曾參殺人』，其母織自若也。頃之，一人又告之曰『曾參殺人』，其母尚織自若也。頃又一人告之曰『曾參殺人』，其母投杼下機㊇，踰牆而走。夫以曾參之賢與其母信之也，三人疑之，其母懼焉，今臣之賢不若曾參，王之信臣又不如曾參之母信曾參也，疑臣者非特三人，臣恐大王之投杼也。

始張儀西并巴蜀之地，北開西河之外，南取上庸，天下不以多張子而以賢先王。魏文侯令樂羊將而攻中山，三年而拔之。樂羊返而論功，文侯示之謗書一篋。樂羊再拜稽首曰：『此非臣之功也，主君之力也。』今臣，羈旅之臣也⑨。樗里子、公孫奭⑩二人者挾韓而議之，王必聽之，是王欺魏王而臣受公仲侈之怨也。」王曰：「寡人不聽也，請與子盟⑪。」卒使丞相甘茂將兵伐宜陽。五月而不拔，樗里子、公孫奭果爭之。武王召甘茂，欲罷兵。甘茂曰：「息壤在彼⑫。」王曰：「有之。」因大悉起兵⑬，使甘茂擊之。斬首六萬，遂拔宜陽。韓襄王使公仲侈入謝，與秦平⑭。

【註】 ㊀容車：開廣車路，使之可以進軍方便。 ㊁向壽：宣太后外族，與甘茂不友善，故甘茂請其為副使以同行，免得在宮中阻撓其計劃。 ㊂息壤：秦地，但不知其所在。 ㊃宜陽：在河南洛陽之西七十里。 ㊄韓國把上黨、南陽（河南黃河以北之南陽，今沁陽一帶之地）的資源儲備於宜陽之日，久矣。 ㊅倍：超越、翻越、越過。 ㊆費：讀「蜜」。 ㊇投杼：扔掉織布之工具。杼：音註（ㄓㄨˋ）。 ㊈羈旅之臣：不是本國土生土長之臣，而是旅客一般的臣。 ㊉公孫奭：公孫衍也。 ㊊秦武王與甘茂盟於息壤。 ㊋在息

壞盟誓之言，還在那裡。意謂請武王尊重明誓之言。　〔三〕大規模的全部出兵。　〔四〕平：講和。

武王竟至周，而卒於周。其弟立，為昭王。王母宣太后，楚女也。楚懷王怨前秦敗楚於丹陽而韓不救，乃以兵圍韓雍氏〔一〕。韓使公仲侈告急於秦。秦昭王新立，太后楚人，不肯救。公仲因甘茂，茂為韓言於秦昭王曰：「公仲方有得秦救，故敢扞楚也〔二〕。今雍氏圍，秦師不下殽〔三〕，公仲且仰首而不朝，公叔且以國南合於楚。楚、韓為一，魏氏不敢不聽，然則伐秦之形成矣。不識坐而待伐孰與伐人之利？」秦王曰「善。」乃下師於殽以救韓。楚兵去。

【註】　〔一〕雍氏：故城在洛陽東北二十里。　〔二〕扞：抵抗。　〔三〕殽：在河南洛寧縣。

秦使向壽平宜陽〔一〕，而使樗里子、甘茂伐魏皮氏。向壽者，宣太后外族也，而與昭王少相長，故任用。向壽如楚〔二〕，楚聞秦之貴向壽，而厚事向壽。向壽為秦守宜陽，將以伐韓。韓公仲使蘇代謂向壽曰：「禽困覆車〔三〕。公破韓，辱公仲，公仲收國復事

秦，自以為必可以封。今公與楚解口地（四），封小令尹以杜陽（五）。秦楚合，復攻韓，韓必亡。公仲且躬率其私徒以關於秦（六）。願公孰慮之也。」對曰：「吾合秦楚非以當韓也，子為壽謁之公仲（七），曰秦韓之交可合也。」蘇代對曰：「願有謁於公。人曰貴其所以貴者貴（八）。王之愛習公也，不如公孫奭（九）；其智能公也，不如甘茂（一〇）。今二人者皆不得親於秦事，而公獨與王主斷於國者何？彼有以失之也（一一）。公孫奭黨於韓，而甘茂黨於魏（一二），故王不信也。今秦楚爭彊而公黨於楚，是與公孫奭、甘茂同道也，公何以異之（一三）？人皆言楚之善變也（一四），而公必亡之（一五），是自為責也（一六）。公不如與王謀其變也，善韓以備楚（一七），如此則無患矣。韓氏必先以國從公孫奭而後委國於甘茂。韓，公之讎也。今公言善韓以備楚，是外舉不僻讎也。」對曰：「然，吾甚欲韓合。」對曰：「甘茂許公仲以武遂，反宜陽之民（一八），今公徒收之，甚難。」向壽曰：「然則奈何？武遂終不可得也？」對曰：「公奚不以秦為韓求潁川於楚（一九）？此韓之寄地也。公求而得之，

是令行於楚而以其地德韓也〇。公求而不得〇，是韓楚之怨不解而交走秦也〇。秦楚爭彊，而公徐過楚以收韓〇，此利於秦。」向壽曰：「奈何？」對曰：「此善事也。甘茂欲以魏取齊，公孫奭欲以韓取齊。今公取宜陽以為功，收楚韓以安之，而誅齊魏之罪，是以公孫奭、甘茂無事也〇。」

【註】 〇秦使向壽平定宜陽。 〇如楚：即入楚，往楚也。 〇禽困：禽，即「擒」，擒敵於其窮困之時。 〇覆車：敗其車馬。另一種解釋，謂困極之禽鳥，猶可以覆車，與困獸猶鬥之語氣相似。此兩解皆通。 〇解口：地名。秦地之近於韓者。 〇杜陽：地名，在陝西麟遊縣西北。 〇且：將也。私徒：私人的徒眾，私人的武力。關：塞也，堵塞，抵抗。 〇請你代表我告訴公仲重的條件者，纔能保持其貴重。 〇秦王對於你的愛習之深，不如公孫奭之深。 〇貴重其所以被人貴之估價，不如甘茂之大。 〇他們失掉了所以被王尊貴的條件。 〇公孫奭因親韓而失其貴，甘茂因親魏而失其貴。 〇現在你又親楚，這就是你與公孫奭、甘茂走上了同一的路線，你與他們有什麼分別呢？ 〇人們都說楚人善變不可信。 〇而你卻以為楚人絕對不會變。（亡，即「無」字，不也。） 〇這就是你自己為自己找麻煩。（責：擔保，包袱）。 〇韓國本來是你的讎人，現在你建議友善韓國以防備楚國，這證明你忠於國家，外舉不避忌讎人，僻：即「避」也。 〇武遂：韓地，在山西臨汾縣

二三四八

西南。遣反宜陽之民。（可見秦拔宜陽時虜掠了許多人民離開本土，現在又遣反了。）㈨你何不以秦國的名義替韓國請求楚國歸還韓國前時所有的潁川之地，那就是你威令行於楚國而得到韓國的失地，那就是你威令行於楚國而恩德及於韓國。㈩你如果替韓國請求而楚國不還潁川之地。㈠㈠那就使得楚韓兩國的仇恨永遠解不開，而他們彼此爭著靠攏秦國。㈠㈢而你慢慢的責備楚國的過失，以收買韓國的歡心。㈠㈢公孫奭、甘茂不能得到秦王的信用，被置於閒散，所以無事可辦。

【註】㈠放棄了伐魏蒲阪之計劃。㈡講和而罷兵。

甘茂竟言秦昭王，以武遂復歸之韓。向壽、公孫奭由此怨，讒甘茂。茂懼，輟伐魏蒲阪㈠，亡去。樗里子與魏講，罷兵㈡。

甘茂之亡秦奔齊，逢蘇代。代為齊使於秦。甘茂曰：「臣得罪於秦，懼而遯逃，無所容跡。臣聞貧人女與富人女會績，貧人女曰：『我無以買燭，而子之燭光幸有餘，子可分我餘光，無損子明而得一斯便焉㈠。』今臣困而君方使秦而當路矣㈡。茂之妻子在焉，願君以餘光振之㈢。」蘇代許諾。遂致使於秦。

已四，因說秦王曰：「甘茂，非常士也。其居於秦，累世重矣。自殽塞及至鬼谷五，其地形險易皆明知之。彼以齊約韓魏反以圖秦，非秦之利也。」秦王曰：「然則奈何？」蘇代曰：「王不若重其贄，厚其祿以迎之，使彼來則置之鬼谷，終身勿出。」秦王曰：「善。」即賜之上卿，以相印迎之於齊。甘茂不往。蘇代謂齊湣王曰：「夫甘茂，賢人也。今秦賜之上卿，以相印迎之。甘茂德王之賜，好為王臣，故辭而不往。今王何以禮之？」齊王曰：「善。」即位之上卿而處之。秦因復甘茂之家六以市於齊七。

齊使甘茂於楚，楚懷王新與秦合婚而驩一。而秦聞甘茂在楚，使人謂楚王曰：「願送甘茂於秦。」楚王問於范蜎二曰：「寡人

【註】　㈠共也，共用其明。斯⋯此也。這就是對於我的便利了。　㈡當路⋯居於要路而掌事。　㈢振⋯救也。　㈣已⋯既而，之後。　㈤殽塞⋯在河南澠池境。鬼谷⋯在河南登封境。　㈥復⋯免除其徭役租稅。　㈦市⋯買好感。

欲置相於秦，孰可③？」對曰：「臣不足以識之④。」楚王曰：「寡人欲相甘茂，可乎？」對曰：「不可。夫史舉，下蔡之監門也，大不為事君⑤，小不為家室⑥，以苟賤不廉聞於世，甘茂事之順焉。故惠王之明，武王之察，張儀之辯，而甘茂事之，取十官而無罪。茂誠賢者也，然不可相於秦。夫秦之有賢相，非楚國之利也。且王前嘗用召滑於越⑦，而內行章義之難⑧，越國亂，故楚南塞厲門而郡江東⑨。計王之功所以能如此者，越國亂而楚治也。今王知用諸越而忘用諸秦，臣以王為鉅過矣⑩。然則王若欲置相於秦，則莫若向壽者可。夫向壽之於秦王，親也，少與之同衣，長與之同車，以聽事。王必相向壽於秦，則楚國之利也。」於是使使請秦相向壽於秦。秦卒相向壽。而甘茂竟不得復入秦，卒於魏。

【註】①秦昭王二年時，迎婦於楚，故曰楚與秦合婚而歡。②狷：音涓（ㄐㄩㄢ）。③寡人想著為秦國立宰相，誰可以幹呢？④我不能夠識別這個問題。⑤就大者而論，他不事奉君上。⑥就小者而言，他不照顧家室。⑦召滑：越人，利用越人召滑。⑧發動章義在越國內部作亂。章義，越

相，王的錯誤太大了。

人。

㈨由於越國內部之亂，所以楚國才能南塞厲門，而以江東為楚之郡縣。厲門：地名，不詳其所在。大概是度嶺南的要道。㈩現在王忘記了把亂越之計用之於亂秦，而竟欲推薦秦之賢士甘茂為秦

甘茂有孫曰甘羅。

甘羅者，甘茂孫也。茂既死後，甘羅年十二，事秦相文信侯呂不韋㈠。

秦始皇帝使剛成君蔡澤於燕，三年而燕王喜使太子丹入質於秦。秦使張唐往相燕，欲與燕共伐趙以廣河閒之地㈡。張唐謂文信侯曰：「臣嘗為秦昭王伐趙，趙怨臣，曰：『得唐者與百里之地。』今之燕必經趙，臣不可以行。」文信侯不快，未有以彊也㈢。甘羅曰：「君侯何不快之甚也？」文信侯曰：「吾令剛成君蔡澤事燕三年，燕太子丹已入質矣，吾自請張卿相燕而不肯行。」甘羅曰：「臣請行之。」文信侯叱曰：「去！我身自請之而不肯，女焉能行之㈣？」甘羅曰：「夫項橐生七歲為孔子師。今臣生十二歲於茲矣，君其試臣，何遽叱乎㈤？」於是甘羅

見張卿曰：「卿之功孰與武安君⑥？」卿曰：「武安君南挫彊楚，北威燕、趙，戰勝攻取，破城墮邑，不知其數，臣之功不如也。」甘羅曰：「應侯之用於秦也⑦，孰與文信侯專？」張卿曰：「應侯不如文信侯專。」甘羅曰：「卿明知其不如文信侯專與？」曰：「知之。」甘羅曰：「應侯欲攻趙，武安君難之，去咸陽七里而立死於杜郵⑧。今文信侯自請卿相燕而不肯行，臣不知卿所死處矣。」張唐曰：「請因孺子行。」令裝治行。

【註】○甘羅事呂不韋為庶子。○河間：今河北省河間縣西南。戰國時，為燕、趙、齊三國之邊境地區。當時，秦已取榆次三十七城，置太原郡，遂欲取太行山以東之地以至於河。○呂不韋雖然不高興，但是並沒有過份勉強張唐使之必往燕。四呂不韋大聲責罵甘羅道：「滾你的！我親自請張唐到燕國去，而唐不答應，你怎能使他到燕國去？」五甘羅說道：「項橐生七歲而為孔子之師，我現在已經是十二歲了，你可以把我試試看，何必一開口就責罵呢？」六秦將白起封為武安君。七應侯：范睢也。八杜郵：今陝西咸陽縣西有杜郵館，即白起伏劍處。

行有日○，甘羅謂文信侯曰：「借臣車五乘，請為張唐先報

趙。」文信侯乃入言之於始皇曰：「昔甘茂之孫甘羅，年少耳，然名家之子孫，諸侯皆聞之。今者張唐欲稱疾不肯行，甘羅說而行之。今願先報趙，請許遣之。」始皇召見，使甘羅於趙，趙襄王郊迎甘羅。甘羅說趙王曰：「王聞燕太子丹入質秦歟？」曰：「聞之。」「燕太子丹入秦者，燕不欺秦也。張唐相燕者，秦不欺燕也。燕、秦不相欺無異故，欲攻趙而廣河閒㈢。王不如齎臣五城以廣河閒㈣，請歸燕太子，與彊趙攻弱燕㈤。」趙王立自割五城以廣河閒。秦歸燕太子。趙攻燕，得上谷三十城㈥，令秦有十一㈦。

甘羅還報秦，乃封甘羅以為上卿，復以始甘茂田宅賜之。

【註】　㈠行期已定。　㈡燕國與秦國不相欺而和好，目的為的是要伐趙國。　㈢伐趙國的目的是要擴大佔領河間之地。　㈣王不如送獻五個城邑以廣河間。　㈤那麼，秦國可以不伐趙，可以不與燕國聯合。以強大的趙國攻弱小的燕國，所得者不只五城。　㈥趙攻燕，得了上谷一帶之地有三十個城邑。　㈦趙以得燕之地，給秦國十一個城邑。

上谷：舊保定、易州、宣化、及順天河間之一部。

太史公曰：樗里子以骨肉重，固其理⊖，而秦人稱其智，故頗采焉。甘茂起下蔡閭閻，顯名諸侯，重彊齊楚，甘羅年少，然出一奇計，聲稱後世。雖非篤行之君子，然亦戰國之策士也⊖。方秦之彊時，天下尤趨謀詐哉。

【註】　⊖樗里子以與秦王是骨肉之親而擔任重要位置，本來是情理之常。　⊖甘羅雖然不能算是德行篤實的君子，但是也可以算是戰國時代足智多謀的策士了。

卷七十二　穰侯列傳第十二

穰侯魏冄者，秦昭王母宣太后弟也[一]。其先楚人，姓芈氏[二]。

秦武王卒，無子，立其弟為昭王。昭王母故號為芈八子，及昭王即位，芈八子號為宣太后。宣太后非武王母。武王母號曰惠文后，先武王死。宣太后二弟：其異父長弟曰穰侯，姓魏氏，名冄；同父弟曰芈戎，為華陽君[三]。而昭王同母弟曰高陵君、涇陽君[四]。而魏冄最賢，自惠王、武王時任職用事。武王卒，諸弟爭立，唯魏冄力為能立昭王。昭王即位，以冄為將軍，衞咸陽。誅季君之亂[五]，而逐武王后出之魏，昭王諸兄弟不善者皆滅之，威振秦國。昭王少，宣太后自治，任魏冄為政。

【註】　[一]穰侯：宣太后之異父長弟，姓魏，名冄，封於穰地，故曰穰侯。穰：在河南鄧縣外城東南隅。　[二]宣太后：惠王之妃，姓芈氏，楚人。芈：音彌（ㄇㄧˇ）。　[三]華陽：陝西商州之地。　[四]高陵君：名顯。涇陽君，名悝。　[五]季君：即公子壯，僭立而號曰季君。穰侯為將軍，保衞咸陽，誅季君。

昭王七年，樗里子死，而使涇陽君質於齊。趙人樓緩來相秦，趙不利，乃使仇液○之秦，請以魏厓為秦相。仇液將行，其客宋公謂液曰：「秦不聽公，樓緩必怨公。公不若謂樓緩曰『請為公毋急秦』○。秦王見趙請相魏厓之不急，且不聽公。公言而事不成，以德樓子；事成，魏厓故德公矣。」於是仇液從之。而秦果免樓緩而魏厓相秦。

【註】
○仇液：人名。 ○不要急於使秦王相魏冉。

欲誅呂禮，禮出奔齊。昭王十四年，魏厓舉白起，使代向壽將而攻韓、魏，敗之伊闕，斬首二十四萬，虜魏將公孫喜。明年，又取楚之宛、葉○。魏厓謝病免相，以客卿壽燭為相。其明年，燭免，復相厓，乃封魏厓於穰，復益封陶○，號曰穰侯。

【註】
○宛：河南、南陽。葉：河南葉縣。 ○陶：山東定陶。

穰侯封四歲，為秦將攻魏。魏獻河東方四百里。拔魏之河內，

取城大小六十餘。昭王十九年，秦稱西帝，齊稱東帝。月餘，呂禮來，而齊、秦各復歸帝為王。魏冄復相秦，六歲而免。免二歲，復相秦。四歲，而使白起拔楚之郢，秦置南郡。乃封白起為武安君。白起者，穰侯之所任舉也，相善。於是穰侯之富，富於王室。

昭王三十二年，穰侯為相國，將兵攻魏，走芒卯㊀，入北宅㊁，遂圍大梁㊂。梁大夫須賈說穰侯曰：「臣聞魏之長吏謂魏王曰：『昔梁惠王伐趙，戰勝三梁㊃，拔邯鄲；趙氏不割，而邯鄲復歸。齊人攻衛，拔故國，殺子良；衛人不割，而故地復反。衛、趙之所以國全兵勁而地不幷於諸侯者，以其能忍難而重出地也㊄。宋、中山數伐割地，而國隨以亡。臣以為衛、趙可法，而宋、中山可為戒也。秦，貪戾之國也，而毋親㊅。蠶食魏氏，又盡晉國㊆，戰勝暴子㊇，割八縣，地未畢入，兵復出矣。夫秦何厭之有哉！今又走芒卯，入北宅，此非敢攻梁也，且劫王以求多割地。王必勿聽也。今王背楚、趙而講秦㊈，楚、趙怒而去王，與

王爭事秦，秦必受之。秦挾楚、趙之兵以復攻梁，則國求無亡不可得也。願王之必無講也。王若欲講，少割而有質；不然，必見欺。』此臣之所聞於魏也，願君之以是慮事也。周書曰『惟命不于常〔一〇〕』，此言幸之不可數也〔三〕。夫戰勝暴子，割八縣，此非兵力之精也，又非計之工也，天幸為多矣〔三〕。今又走芒卯，入北宅，以攻大梁，是以天幸自為常也，智者不然〔三〕。臣聞魏氏悉其百縣勝甲以上戍大梁，臣以為不下三十萬。以三十萬之眾守梁七仞之城〔四〕，臣以為湯、武復生，不易攻也。夫輕背楚、趙之兵，陵七仞之城〔五〕，戰三十萬之眾，而志必舉之，臣以為自天地始分以至于今，未嘗有者也。攻而不拔，秦兵必罷，陶邑必亡〔六〕，則前功必弃矣。今魏氏方疑，可以少割收也〔七〕。願君逮楚、趙之兵未至於梁，亟以少割收魏。魏方疑而得以少割為利，必欲之，則君得所欲矣。楚、趙怒於魏之先己也，必爭事秦，從以此散〔八〕，則君坐受其弊。且君之得地豈必以兵哉！割晉國，秦兵不攻，而魏必效絳安邑〔九〕。又為陶開兩道〔三〇〕，幾盡故宋，衛必效單父。秦

兵可全，而君制之，何索而不得，何為而不成！願君孰慮之而無行危。」穰侯曰：「善。」乃罷梁圍。

【註】㊀芒卯：魏將。㊁北宅：在河南鄭州滎陽縣西南十七里。㊂大梁：開封。鄭州距開封百餘里，無險可守。㊃三梁：即南梁，古蠻子邑。㊄能忍耐艱難而愛惜國土不肯割讓於人。㊅沒有感情。㊆河東、河西、河內，皆是魏國土地，即舊晉國之地。今秦蠶食魏國，盡有舊晉國之地。㊇暴子：韓將暴鳶。㊈背棄楚、趙而與秦國講和。㊉上天所給予人們的命運，不是長久可靠的。㊀㊀僥倖不是可以屢次而有的，幸運不是可以經常得到的。㊀㊁秦國所以能戰勝暴子，割地八縣，並不是由於兵力的精強，也不是由於計謀的高明，而其最大的因素，是由於天幸。㊀㊂秦國現在又進攻大梁，簡直是以天幸為常理，聰明的人決不這樣去做。㊀㊃仞：四尺也。㊀㊄陵：翻越。㊀㊅陶邑：山東之定陶縣。㊀㊆現在魏氏正處於疑慮之中，可以稍微割去其他地而收攬其心。㊀㊇合縱抗秦的局面必然由此而解散。㊀㊈效：貢獻。㊁㊀陶是穰侯的封地，今魏獻安邑及絳縣，是開了陶之北道；再有宋及單父，是開了陶之南道，故曰兩道。

明年，魏背秦，與齊從親㊀。秦使穰侯伐魏，斬首四萬，走魏將暴鳶，得魏三縣。穰侯益封。

明年，穰侯與白起客卿胡陽復攻趙、韓、魏，破芒卯於華陽下㈡，斬首十萬，取魏之卷㈢、蔡陽、長社、趙氏觀津㈣。且與趙觀津，益趙以兵，伐齊。齊襄王懼，使蘇代為齊陰遺穰侯書曰：「臣聞往來者言曰『秦將益趙甲四萬以伐齊』，臣竊必之敝邑之王曰『秦王明而熟於計，穰侯智而習於事，必不益趙甲四萬以伐齊㈤』。是何也？夫三晉之相與也，秦之深讎也㈥。百相背也，百相欺也㈦，不為不信，不為無行㈧。今破齊以肥趙。趙，秦之深讎，不利於秦。此一也。秦之謀者，必曰『破齊，獎晉、楚而後制晉、楚之勝』。夫齊，罷國也，以天下攻齊，如以千鈞之弩決潰癰也，必死，安能獎晉、楚㈨？此二也。秦少出兵，則晉、楚不信也；多出兵，則晉、楚為制於秦。齊恐，不走秦，必走晉、楚。此三也。秦割齊以啗晉、楚，晉、楚案之以兵，秦反受敵㈩。此四也。是晉、楚以秦謀齊，以齊謀秦也，何晉、楚之智而秦、齊之愚㈠？此五也。故得安邑以善事之，亦必無患矣。秦有安邑，韓氏必無上黨矣。取天下之腸胃，

與出兵而懼其不反也，孰利㈢？臣故曰秦王明而熟於計，穰侯智而習於事，必不益趙甲四萬以伐齊矣㈢。」於是穰侯不行，引兵而歸㈣。

【註】㈠魏與齊因聯合抗秦而親善。㈡華陽：在河南新鄭縣東南。㈢卷：河南原武縣。㈣蔡陽：湖北棗陽縣西南。此恐不確，此地並非魏地。長社：在河南長葛縣西。觀津：在河北武邑縣東南。㈤我在敝邑之王的面前預先判斷，認為秦王聰明而熟於計謀，穰侯多智而富於經驗，所以決不會給趙國增甲四萬以伐齊。㈥什麼道理呢？因為韓、趙、魏的結合，是秦國的深讎。㈦百次的背叛秦國，百次的欺騙秦國。㈧而他們不自以為是不信，不自以為是無行，可見他們是習慣於欺騙失信，天性惡劣。㈨齊國已經是疲敝不堪的國家了。秦國率晉、楚以破齊，就如同以千鈞之弩，決腐敗之潰癰，齊國必然被一擊而即敗，怎麼樣能消耗晉、楚的力量？㈩秦國割齊之地以誘惑晉、楚，晉楚按兵不動，使秦國獨自受敵。㈠晉楚利用秦國以攻齊，又利用齊國以攻秦，晉楚真是太聰明了。而秦齊真是太糊塗了。㈡安邑是天下的腸胃，秦國得了安邑，好好的加以經營，就可以萬全無患，而且使韓國等於沒有上黨了。這樣的不出兵而穩操勝算，比出兵而冒險不反，究竟是那一種有利呢？㈢根據於此種分析，所以我預判秦國必不為趙增兵以擊齊。㈣於是穰侯就採取了蘇代的意見，引兵而歸。

昭王三十六年，相國穰侯言客卿竈，欲伐齊取剛、壽，以廣其陶邑[一]。於是魏人范睢自謂張祿先生，譏穰侯之伐齊，乃越三晉以攻齊也，以此時奸說秦昭王[二]。昭王於是用范睢。范睢言宣太后專制，穰侯擅權於諸侯，涇陽君、高陵君之屬太侈，富於王室。於是秦昭王悟，乃免相國，令涇陽之屬皆出關，就封邑。穰侯出關，輜車千乘有餘。

【註】 ①穰侯用客卿竈之言，欲伐齊，取剛、壽，以廣大其陶邑的境界。剛：在今山東寧陽縣東北三十五里。壽：在山東東平縣西南。　②奸說：即干說，干求而游說之。

穰侯卒於陶，而因葬焉。秦復收陶為郡。

太史公曰：穰侯，昭王親舅也。而秦所以東益地，弱諸侯，嘗稱帝於天下，天下皆西鄉稽首者[一]，穰侯之功也。及其貴極富溢，一夫開說，身折勢奪而以憂死，況於羈旅之臣乎[二]！

【註】 ①西鄉：即西向。稽首：叩首而服從。　②由於一個人的游說，而身被折退，勢被奪去，以至於憂鬱而死。穰侯是昭王的親舅，下場尚且如此悲慘，而況與秦王毫無淵源的漂泊投靠之臣呢？

卷七十三　白起王翦列傳第十三

白起者，郿人也〔一〕。善用兵，事秦昭王。昭王十三年，而白起為左庶長，將而擊韓之新城〔二〕。是歲，穰侯相秦，舉任鄙以為漢中守。其明年，白起為左更，攻韓、魏於伊闕〔三〕，斬首二十四萬，又虜其將公孫喜，拔五城。起遷為國尉〔四〕。涉河取韓安邑以東，到乾河〔五〕。明年，白起為大良造，攻魏，拔之，取城小大六十一。明年，起與客卿錯攻垣城〔六〕，拔之。後五年，白起攻趙，拔光狼城〔七〕。後七年，白起攻楚，拔鄢、鄧五城〔八〕。其明年，攻楚，拔郢，燒夷陵，遂東至竟陵〔九〕。楚王亡去郢，東走徙陳。秦以郢為南郡。白起遷為武安君。武安君因取楚，定巫、黔中都。

昭王三十四年，白起攻魏，拔華陽，走芒卯，而虜三晉將，斬首十三萬。與趙將賈偃戰，沈其卒二萬人於河中。昭王四十三年，白起攻韓陘城〔一〇〕，拔五城，斬首五萬。四十四年，白起攻南陽太行道，絕之〔一一〕。

【註】

〇郿（ㄇㄟˊ）：陝西郿縣。　〇新城：大概是河南洛陽以西之新安城。　〇伊闕：在洛陽南十八里有龍門闕口，即所謂伊水闕口是也。　四國尉：太尉。　五乾河：山西聞喜縣東北有乾河口，其水冬乾夏流，故曰乾河。乾：音干（ㄍㄢ）。　六垣城：在今山西垣曲縣西二十里。　七光狼城：在山西高平縣西二十里。　八鄢：湖北宜城縣。鄧：河南南陽府之鄧縣。　九郢：湖北江陵縣。夷陵：在湖天門縣，楚先王墓所在。竟陵在湖北天門縣西北。　〇陘城：在山西曲沃縣西北二十里。在絳州東北三十五里。　〇南陽：河南黃河以北之南陽，在今河南修武縣一帶。

四十五年，伐韓之野王〇。野王降秦，上黨道絕。其守馮亭與民謀曰：「鄭道已絕〇，韓必不可得為民。秦兵日進，韓不能應，不如以上黨歸趙。趙若受我，秦怒，必攻趙。趙被兵，必親韓。韓趙為一，則可以當秦。」因使人報趙。趙孝成王與平陽君〇、平原君計之。平陽君曰：「不如勿受。受之，禍大於所得。」平原君曰：「無故得一郡，受之便。」趙受之，因封馮亭為華陽君四。

【註】

〇野王：在今河南沁陽縣境，太行山在縣北二十五里。　〇上黨：韓地，其地有今山西之東南部，以其地極高，與天為黨，故曰上黨，其郡治在今山西長子縣西。韓國都城在河南新鄭縣，由上黨

四十六年，秦攻韓緱氏、藺㈠，拔之。

四十七年，秦使左庶長王齕㈡攻韓，取上黨。上黨民走趙。趙軍長平㈢，以按據上黨民㈣。四月，齕因攻趙。趙使廉頗將。趙軍士卒犯秦斥兵㈤，秦斥兵斬趙裨將茄㈥。六月，陷趙軍，取二鄣四尉㈦。七月，趙軍築壘壁㈧而守之。秦又攻其壘，取二尉，敗其陣，奪西壘壁。廉頗堅壁以待秦，秦數挑戰，趙兵不出。趙王數以為讓㈨。而秦相應侯又使人行千金於趙為反閒㈩，曰：

「秦之所惡，獨畏馬服子趙括將耳㈠㈠。廉頗易與，且降矣。」趙王既怒廉頗軍多失亡，軍數敗，又反堅壁不敢戰，而又聞秦反閒之言，因使趙括代廉頗將以擊秦。秦聞馬服子將，乃陰使武安君白起為上將軍，而王齕為尉裨將，令軍中有敢泄武安君將者斬。趙括至，則出兵擊秦軍。秦軍詳敗而走㈠㈡，張二奇兵以劫之㈠㈢。趙軍逐勝，追造秦壁。壁堅拒不得入，而秦奇兵二萬五千

至新鄭，必須由野王渡黃河而南，今野王被秦攻，則其交通線即被打斷，無法聯繫。　㈣華陽：此一華陽，大概在趙國之境內，常山一名華陽。

㈢平陽：故城在河南臨漳縣西二十里。

人絕趙軍後，又一軍五千騎絕趙壁間，趙軍分而為二，糧道絕。而秦出輕兵擊之（四）。趙戰不利，因築壁堅守，以待救至。秦王聞趙食道絕，王自之河內（五），賜民爵各一級，發年十五以上悉詣長平，遮絕趙救及糧食。

【註】（一）緱氏：河南偃師縣。緱：與「緰」音近，或即緰氏，河南登封縣，兩縣相鄰。（二）甗：音合（ㄏㄜˊ）。（三）長平：在山西高平縣西二十一里。（四）按據：暫時安置，不使流離。（五）犯：衝擊。斥兵：斥候之兵，即前哨之兵，巡邏之兵。（六）裨將：小隊之將。茄：小將之名。（七）部：堡寨，小村落有防禦工事以禦敵之處，非特定之名稱。（八）壁：堡壘。（九）讓：責備。（一〇）反間：散佈謠言，使敵人中計。（二）馬服君之子趙括為將。括父趙奢被封為馬服君。（一一）詳：即「佯」，偽裝。（一二）張：展開。（四）人馬不帶甲為輕兵。（五）秦王親自到河內前方。

展開兩路奇兵以包勦趙軍之後路。

至九月，趙卒不得食四十六日，皆內陰相殺食。來攻秦壘，欲出。為四隊，四五復之，不能出（一）。其將軍趙括出銳卒自搏戰，秦軍射殺趙括。括軍敗，卒四十萬人降武安君。武安君計曰：「前秦已拔上黨，上黨民不樂為秦而歸趙。趙卒反覆，非

盡殺之，恐為亂。」乃挾詐而盡阬殺之，遺其小者二百四十人
歸趙。前後斬首虜四十五萬人㈡。趙人大震。

四十八年十月，秦復定上黨郡。秦分軍為二：王齕攻皮牢㈢，
拔之；司馬梗定太原。韓、趙恐，使蘇代厚幣說秦相應侯曰：
「武安君禽馬服子乎㈣？」曰：「然」。又曰：「即圍邯鄲乎？」
曰：「然。」「趙亡則秦王王矣，武安君為三公。武安君所為
秦戰勝攻取者七十餘城，南定鄢、郢、漢中，北禽趙括之軍，
雖周、召、呂望之功不益於此矣㈤。今趙亡，秦王王，則武安君
必為三公，君能為之下乎？雖無欲為之下，固不得已矣。秦嘗
攻韓，圍邢丘㈥，困上黨，上黨之民皆反為趙，天下不樂為秦民
之日久矣。今亡趙，北地入燕，東地入齊，南地入韓、魏，則
君之所得民亡幾何人㈦。故不如因而割之㈧，無以為武安君功
也。」於是應侯言於秦王曰：「秦兵勞，請許韓、趙之割地以
和，且休士卒。」王聽之，割韓垣雍㈨、趙六城以和。正月，皆
罷兵。武安君聞之，由是與應侯有隙。

【註】

（一）趙軍分四路以突圍，反覆四五次而衝不出。

（二）斬殺四十五萬人，秦軍之殘暴可見。

（三）皮牢：在山西翼城縣東。

（四）禽：即「擒」。

（五）益：加多。

（六）邢丘：在今河南溫縣。

（七）亡幾何：即無幾何。沒有多少人。

（八）因而割取韓趙之地以講和。

（九）垣雍：在河南原武縣境內。

其九月，秦復發兵，使五大夫王陵攻趙邯鄲。是時武安君病，不任行（一）。四十九年正月，陵攻邯鄲，少利，秦益發兵佐陵。陵兵亡五校。武安君病愈，秦王欲使武安君代陵將。武安君言曰：「邯鄲實未易攻也。且諸侯救日至，彼諸侯怨秦之日久矣。今秦雖破長平軍，而秦卒死者過半，國內空。遠絕河山而爭人國都，趙應其內，諸侯攻其外，破秦軍必矣。不可。」秦王自命，不行；乃使應侯請之（二）。武安君終辭不肯行，遂稱病。

【註】

（一）因病不能擔任大將工作。

（二）秦王親自命令白起為將，而白起堅辭不幹，乃使應侯再勸請。

秦王使王齕代陵將，八九月圍邯鄲，不能拔。楚使春申君及魏公子將兵數十萬攻秦軍，秦軍多失亡。武安君言曰：「秦不聽臣計，今如何矣！」秦王聞之，怒，彊起武安君（一），武安君遂

稱病篤。應侯請之，不起。於是免武安君為士伍，遷之陰密㈡。武安君病，未能行。居三月，諸侯攻秦軍急，秦軍數卻㈢，使者日至。秦王乃使人遣白起，不得留咸陽中。武安君既行，出咸陽西門十里，至杜郵㈣。秦昭王與應侯羣臣議曰：「白起之遷，其意尚怏怏不服，有餘言㈤。」秦王乃使使者賜之劍，自裁㈥。武安君引劍將自剄，曰：「我何罪于天而至此哉？」良久，曰：「我固當死。長平之戰，趙卒降者數十萬人，我詐而盡阬之，是足以死。」遂自殺。武安君之死也，以秦昭王五十年十一月。死而非其罪，秦人憐之，鄉邑皆祭祀焉。

【註】㈠ 強迫白起為將。　㈡陰密：甘肅靈臺縣。免白起之職，由將軍降而為士兵。　㈢卻：敗退。㈣杜郵：郵者，境上行舍，道路所經過。杜郵在長安西北三十五里。　㈤怏怏：忿懣不平，牢騷滿腹。有餘言：言外之意，反對現狀。　㈥使之自殺。

王翦者，頻陽東鄉人也㈠。少而好兵，事秦始皇。始皇十一年，翦將攻趙閼與㈡，破之，拔九城。十八年，翦將攻趙。歲

餘，遂拔趙，趙王降，盡定趙地為郡。明年，燕使荊軻為賊於秦，秦王使王翦攻燕。燕王喜走遼東，翦遂定燕薊而還。秦使翦子王賁擊荊，荊兵敗。還擊魏，魏王降，遂定魏地。

【註】㈠頻陽：在陝西同官縣界。以其在頻水之陽也。　㈡閼與：在今山西和順縣之西。

秦始皇既滅三晉，走燕王，而數破荊師。秦將李信者，年少壯勇，嘗以兵數千逐燕太子丹至於衍水中㈠，卒破得丹，始皇以為賢勇。於是始皇問李信：「吾欲攻取荊，於將軍度用幾何人而足㈡？」李信曰：「不過用二十萬人。」始皇問王翦，王翦曰：「非六十萬人不可。」始皇曰：「王將軍老矣，何怯也！李將軍果勢壯勇，其言是也。」遂使李信及蒙恬將二十萬南伐荊。王翦言不用，因謝病，歸老於頻陽。李信攻平與㈢，蒙恬攻寢㈣，大破荊軍。信又攻鄢郢，破之，於是引兵而西，與蒙恬會城父㈤。荊人因隨之，三日三夜不頓舍㈥，大破李信軍，入兩壁，殺七都尉，秦軍走。

【註】　㊀衍水…即遼寧太子河。　㊁度…估計。　㊂平與…河南汝南縣。　㊃寢…河南固始縣。　㊄城
父…在河南寶豐縣。　㊅頓舍…停住休息。

始皇聞之，大怒，自馳如頻陽㊀，見謝王翦曰：「寡人以不用
將軍計，李信果辱秦軍。今聞荊兵日進而西，將軍雖病，獨忍
弃寡人乎！」王翦謝曰：「老臣罷病悖亂㊁，唯大王更擇賢將。」
始皇謝曰：「已矣，將軍勿復言！」王翦曰：「大王必不得已
用臣，非六十萬人不可。」始皇曰：「為聽將軍計耳。」於是
王翦將兵六十萬人，始皇自送至灞上。王翦行，請美田宅園池
甚眾。始皇曰：「將軍行矣，何憂貧乎？」王翦曰：「為大王
將，有功終不得封侯，故及大王之嚮臣㊂，臣亦及時以請園池為
子孫業耳。」始皇大笑。王翦既至關，使使還請善田者五輩㊃。
或曰：「將軍之乞貸，亦已甚矣。」王翦曰：「不然。夫秦王
怚而不信人㊄。今空秦國甲士而專委於我，我不多請田宅為子孫
業以自堅，顧令秦王坐而疑我邪㊅？」

【註】　㊀如…往也，入也。　㊁罷…同「疲」。悖亂…昏亂不通事理。　㊂嚮…即「向」。　㊃派人回

京請求始皇賜給上等之田地，連續派人五次。輩…次第也。㈤悷…音粗（ㄘㄨ），粗暴。㈥難道說要叫秦王坐而疑我嗎？

王翦果代李信擊荊。荊聞王翦益軍而來，乃悉國中兵以拒秦。王翦至，堅壁而守之，不肯戰。荊兵數出挑戰，終不出。王翦日休士洗沐，而善飲食撫循之，親與士卒同食。久之，王翦使人問軍中戲乎？對曰：「方投石超距㈠。」於是王翦曰：「士卒可用矣。」荊數挑戰而秦不出，乃引而東。翦因舉兵追之，令壯士擊，大破荊軍。至蘄南㈡，殺其將軍項燕，荊兵遂敗走。秦因乘勝略定荊地城邑。歲餘，虜荊王負芻，竟平荊地為郡縣。因南征百越之君。而王翦子王賁，與李信破定燕、齊地。

秦始皇二十六年，盡并天下，王氏、蒙氏功為多，名施於後世。秦二世之時，王翦及其子賁皆已死，而又滅蒙氏。陳勝之反

【註】㈠投石…投擲石頭，以遠近定勝負。超距…跳遠也。㈡蘄南…在湖北蘄春縣之南。蘄，音其（ㄑㄧ）。

秦，秦使王翦之孫王離擊趙，圍趙王及張耳鉅鹿城〔一〕。或曰：「王離，秦之名將也。今將彊秦之兵，攻新造之趙，舉之必矣。」客曰：「不然。夫為將三世者必敗。必敗者何也？必其所殺伐多矣，其後受其不祥。今王離已三世將矣。」居無何，項羽救趙，擊秦軍，果虜王離，王離軍遂降諸侯。

【註】　㊀鉅鹿：河北平鄉縣。

太史公曰：鄙語云「尺有所短，寸有所長。」白起料敵合變，出奇無窮，聲震天下，然不能救患於應侯〔一〕。王翦為秦將，夷六國，當是時，翦為宿將。始皇師之，然不能輔秦建德，固其根本，偷合取容，以至圽身〔二〕。及孫王離為項羽所虜，不亦宜乎！彼各有所短也。

【註】　㊀白起不能自救於應侯之讒害。　㊁圽：即「歿」。

卷七十四　孟子荀卿列傳第十四

太史公曰：余讀孟子書，至梁惠王問「何以利吾國」，未嘗不廢書而歎也⑴。曰：嗟乎，利誠亂之始也⑵！夫子罕言利者，常防其原也⑶。故曰「放於利而行，多怨⑷。」自天子至於庶人，好利之獘何以異哉⑸！

【註】　⑴廢書：把書本置之一旁。　⑵利字實在是禍亂的開端。　⑶孔子所以很少講「大利」者，就是要常常防止其禍亂的根源。　⑷放：依據。　⑸好利的禍害有什麼分別啊！

孟軻，騶人也⑴。受業子思之門人⑵。道既通，游事齊宣王，宣王不能用。適梁，梁惠王不果所言⑶，則見以為迂遠而闊於事情。當是之時，秦用商君，富國彊兵；楚、魏用吳起，戰勝弱敵；齊威王、宣王用孫子、田忌之徒，而諸侯東面朝齊。天下方務於合從連衡，以攻伐為賢，而孟軻乃述唐、虞、三代之德，是以所如者不合⑷。退而與萬章之徒⑸序詩書，述仲尼之意，作

孟子七篇。

【註】㈠孟軻：字子輿，亦有稱子車，「輿」與「車」同字。騶：同鄒，山東鄒縣，春秋時為邾國，戰國時稱鄒。㈡孟子是受教於子思之門人，而非直接在子思生前受教。因兩人相距百餘年，在時間上是不可能的。㈢果：滿意，如「果腹」，即腹滿而飽。梁惠王不滿意於孟子之所言，以為其高談仁義而不談利，不足以解決現實問題。㈣如：往也，所往之國，皆與時君之意不合。㈤萬章：姓萬，名章，受教於孟子。

其後有騶子之屬。

齊有三騶子。其前騶忌，以鼓琴干威王，因及國政，封為成侯而受相印，先孟子。

其次騶衍，後孟子。騶衍睹有國者益淫侈，不能尚德，若大雅整之於身，施及黎庶矣㈠。乃深觀陰陽消息而作怪迂之變，終始、大聖之篇十餘萬言㈡。其語閎大不經，必先驗小物，推而大之，至於無垠㈢。先序今以上至黃帝，學者所共術㈣，大竝世盛衰㈤，因載其禨祥度制㈥，推而遠之，至天地未生，窈冥不可考

而原也。先列中國名山大川，通谷禽獸，水土所殖，物類所珍，

因而推之，及海外人之所不能睹。稱引天地剖判以來，五德轉

移，治各有宜，而符應若茲⑦。以為儒者所謂中國者，於天下乃

八十一分居其一分耳。中國名曰赤縣神州。赤縣神州內自有九

州，禹之序九州是也，不得為州數。中國外如赤縣神州者九，

乃所謂九州也。於是有裨海環之⑧，人民禽獸莫能相通者，如一

區中者，乃為一州。如此者九，乃有大瀛海環其外，天地之際

正焉。其術皆此類也。然要其歸，必止乎仁義節儉，君臣上下

六親之施，始也濫耳⑨。王公大人初見其術，懼然顧化⑩，其後

不能行之。

【註】㈠大雅…《詩經》篇名，其言謂：「刑于寡妻，至於兄弟，以禦于家邦」，此即「整之於身，

施及黎庶」之意。㈡終始…《鄒子終始》五十六篇。《封禪書》謂：「齊威、宣之時，鄒子之徒，

論著終始五德之運，及秦帝，而齊人採之，故始皇採用之。」《鹽鐵論・論鄒篇》謂：「大夫曰…

『鄒子疾晚世之儒墨，不知天地之宏曠，守一隅而欲知萬方，於是推大聖終始之運，以喻王公列士。

所謂中國者，天下八十分之一，名曰赤縣神州，而分為九，川谷阻塞，陵陸不通，乃為一州，有八瀛

海環其外，此所謂八極。』」讀此，可知鄒子宇宙觀蓋超越於一般學人之上。㈢鄒子先驗小物，推
而大之，至於無垠。即具有科學研究的精神。㈣術：通「述」字。㈤竝世：並世各國，舉世各國。
言鄒子敘述今古歷史，大而至於舉世各國之盛衰。㈥禨：祈禱鬼神以求福。禨，音機（ㄐㄧ）。㈦五
德：鄒子有終始五德，謂土德從所不勝，木德繼之，金德次之，火德次之，水德次之。㈧裨海：小海，
輔佐之海。㈨鄒子之論，其開始雖然虛誕泛濫，但其歸本仍是仁義節儉。㈩懼然：即懼然，驚異而
敬佩。顧化：神往而欲化。言其敬佩之餘願從其化也。

是以騶子重於齊。適梁，惠王郊迎，執賓主之禮。適趙，平
原君側行撇席㈠。如燕㈡，昭王擁彗先驅㈢，請列弟子之座而受
業，築碣石宮㈣，身親往師之。作主運㈤。其游諸侯見尊禮如
此，豈與仲尼菜色陳蔡，孟軻困於齊梁同乎哉㈥！故武王以仁義
伐紂而王，伯夷餓不食周粟；衞靈公問陳，而孔子不答；梁惠
王謀欲攻趙，孟軻稱大王去邠。此豈有意阿世俗苟合而已哉！
持方枘欲內圜鑿，其能入乎㈦？或曰，伊尹負鼎而勉湯以王㈧，
百里奚飯牛車下而繆公用霸㈨，作先合，然後引之大道㈩。騶衍
其言雖不軌，儻亦有牛鼎之意乎㈡？

【註】

㊀側行……行於路之側旁，而讓鄒子行於路之正中。撤席……即「避席」，古者席地而坐，避席者，離席以致敬也。㊁如……往也，入也。㊂擁彗……彗，通「篲」，帚也。古人迎侯尊客，常擁彗致敬，意謂親執掃除以待客也。先驅……前導以引路也。㊃碣石宮……在河北薊縣西三十里寧臺之東。㊄主運篇：《鄒子書》篇名。㊅孔子困於陳、蔡，有菜色。㊆以方形之柄而納入於圓形之孔，必不相合。比喻孔孟之言不合於衛靈公滕文公之意也。柄：音瑞（ㄖㄨㄟˋ），木端。㊇伊尹負烹煮之器，先為湯王服務，而後勉湯王以治國。㊈百里奚為人養牛，而後有機會以事秦繆公，輔繆公成霸業。㊉先與之相合，而後引之以大道。「作」字，有解為「詐」字，言先起初以偽裝之手段而與之接近。但依「作」之本字解亦可，言先與之合作，而後勉以大道。㊀㊀騶衍之言，雖然不合於正規（軌），但是，莫非是他有意於傚效伊尹負鼎要湯、百里奚飯牛事秦之心嗎？

自騶衍與齊之稷下先生㊀如淳于髡、慎到、環淵㊁、接子㊂、田駢㊃、騶奭之徒㊄，各著書言治亂之事，以干世主，豈可勝道哉！

【註】

㊀稷下……齊之城門也。或云，稷下，山名。謂齊之學士集於稷門之下。㊁環淵……姓環名淵。㊂接子……古著書人之名號，但不知為何許人。㊃田駢……道家，有《田子》二十五篇。《七略》云：「齊田駢好談論，故齊人為語曰：『天口駢』。天口者，言其談論之不可窮也。」㊄騶奭……陰陽家，有

著作十二篇。

淳于髡〔一〕，齊人也。博聞彊記，學無所主〔二〕，其諫說，慕晏嬰之為人也，然而承意觀色為務。客有見髡於梁惠王〔三〕，惠王屏左右，獨坐而再見之，終無言也〔四〕。惠王怪之，以讓〔五〕客曰：「子之稱淳于先生，管、晏不及，及見寡人，寡人未有得也。豈寡人不足為言邪〔六〕？何故哉？」客以謂髡。髡曰：「固也〔七〕。吾前見王，王志在驅逐；後復見王，王志在音聲：吾是以默然。」客具以報王，王大駭，曰：「嗟乎，淳于先生誠聖人也！前淳于先生之來，人有獻善馬者，寡人未及視，會先生至。後先生之來人有獻謳者〔八〕，未及試，亦會先生來。寡人雖屏人，然私心在彼，有之。」後淳于髡見，壹語連三日三夜無倦〔九〕。惠王欲以卿相位待之，髡因謝去。於是送以安車駕駟〔一○〕，束帛加璧〔一一〕，黃金百鎰。終身不仕。

【註】　〔一〕淳于，姓。髡，名。髡，音坤（ㄎㄨㄣ）。　〔二〕不主於一家之學。　〔三〕有人介紹淳于髡去見梁惠王。　〔四〕惠王摒退左右之人，單獨與淳于髡對坐。但是，兩次對坐而淳于髡一言不發。　〔五〕讓：怪

責。㈥難道是寡人值不得一談嗎？㈦固⋯實在的。㈧謳⋯歌唱。㈨後又與梁惠王見面，淳于髡一談連接三天三夜而無疲倦的樣子。㈩安車⋯坐乘之車。古時優待年高德劭之人用此車。㈠束帛⋯古時聘問之禮物。束，五兩。古以帛兩端相向捲之，共成一兩，一兩即一匹。五兩為一束，故謂之束帛。

慎到，趙人。田駢、接子，齊人。環淵，楚人。皆學黃老道德之術，因發明序其指意。故慎到著十二論㈠，環淵著上下篇㈡而田駢、接子皆有所論焉。

【註】㈠劉向所定《慎子》有四十一篇。㈡環淵⋯楚人，有《蜎子》十三篇。蜎，即淵。老子弟子。《莊子‧天下》篇，謂田駢學於彭蒙。

騶奭者，齊諸騶子，亦頗采騶衍之術以紀文㈠。於是齊王嘉之，自如淳于髡以下，皆命曰大夫，為開第康莊之衢，高門大屋，尊寵之㈡。覽天下諸侯賓客㈢，言齊能致天下賢士也㈣。

【註】㈠紀文⋯編撰文章，持之有故，言之有理。㈡建造高門大屋的住宅於四通八達之街市，以招攬學者而尊崇之。㈢展示（覽）於天下諸侯賓客。㈣使他們都稱讚齊國能招致天下賢士。

荀卿，趙人㈠。年五十始來游學於齊。騶衍之術迂大而閎辯㈡；騶奭也文具難施㈢；淳于髡久與處，時有得善言。故齊人頌曰：「談天衍㈣，雕龍奭㈤，炙轂過髡㈥。」田駢之屬皆已死齊襄王時，而荀卿最為老師。齊尚脩列大夫之缺㈦，而荀卿三為祭酒焉㈧。齊人或讒荀卿，荀卿乃適楚，而春申君以為蘭陵令㈨。春申君死而荀卿廢，因家蘭陵。李斯嘗為弟子，已而相秦。荀卿嫉濁世之政，亡國亂君相屬㈠，不遂大道㈡而營於巫祝㈢，信禨祥㈢，鄙儒小拘㈣，如莊周等又猾稽亂俗㈤，於是推儒、墨、道德之行事興壞，序列著數萬言而卒㈥。因葬蘭陵。

【註】　㈠荀卿：名況，時人相尊而稱之曰卿。仕齊為祭酒，仕楚為蘭陵令。　㈡騶衍的學術，迂闊高遠而談論宏富。　㈢騶奭的文章，徒有其表（文具）而難於實現。　㈣騶衍的談論，如天之高，空玄而不可捉摸，故齊人號之曰「談天衍」。　㈤騶奭的談論，如雕飾之龍，華則華矣，而無可用之價值。　㈥淳于髡的談論，智慧無窮，如炙膏之餘澤不盡。轂：車也。過：作「輠」，車之盛膏器也。炙之雖盡，而餘澤不盡。　㈦荀卿老時，齊國還設著「列大夫」的空位以待賢士。缺：空位，即「出缺」「候缺」之缺，就是說，還保存著那種名義和位置。　㈧而荀卿三度擔任祭酒之職。祭酒：古時會同饗讌，必

尊長先用酒以祭，故凡同列中以齒德相推者，曰祭酒。後因以為官名，如後之國子監祭酒，即為教育界之領導人物。⑨蘭陵：在山東嶧縣東。⑩屬：連續不斷。⑪遂：順隨，遵循。⑫營：通「縈」，被迷惑，言其被巫祝所迷惑。⑬迷信於祈禱鬼神以求福的勾當。⑭而腐敗的儒生小氣拘泥。⑮莊周等又是詼諧玩世，敗亂社會風氣。⑯荀子對於儒家理論之闡述，其功有不可厚非，如〈禮論〉、〈樂論〉諸篇，持論均不離儒道。但其《性惡論》之主張，足以抵銷其推儒之功而有餘，如果真是一個信奉孔子思想與正統學術之人，誰肯明目張膽而倡言性惡？李斯、韓非等之肆意鼓吹極權專制，皆荀子為之前導也。總之，荀子不足以語於純儒之列。

而趙亦有公孫龍為堅白同異之辯㈠，劇子之言㈡；魏有李悝，盡地力之教㈢；楚有尸子㈣、長盧㈤；阿之吁子焉㈥。自如孟子至於吁子，世多有其書，故不論其傳云。

【註】㈠堅白：堅石，非石；白馬，非馬。同異：使異者同，同者異。又謂堅白者，堅守其白也。自堅白之論起，辯者互執是非，公孫龍能合眾異而為同，故謂之同異。㈡劇子：著書之人，姓劇氏，而稱子也。應劭氏姓注，直云處子。《漢書·藝文志》有處子九篇。㈢《漢書·藝文志》有李子三十二篇。李悝相魏文侯富國強兵。所謂「盡地力」，當是發展農業之技術。李悝又行平糴法，歲熟則斂粟而糶之，歲饑則發粟而糶之。可見此人極注意於經濟開發及國計民生。行之魏國，魏以富國。

㊃ 劉向《別錄》曰：「楚有尸子，疑謂其在蜀。今按尸子書，晉人也，名佼，秦相衛鞅客也。衛鞅謀事計劃，立法理民，未嘗不與佼規之也。商君被刑，佼恐幷誅，乃亡逃入蜀。自為造此二十篇書，凡六萬餘言，卒乃葬蜀。」　㊄ 長盧：楚人，書有九篇。　㊅ 阿：齊之東阿，今山東陽穀縣東北之阿城鎮。吁子有書十八篇，七十子之後。

蓋墨翟，宋之大夫，善守禦，為節用。或曰並孔子時，或曰在其後㊀。

【註】　㊀ 墨翟：戰國時，宋人，倡兼愛之說，信徒甚眾，當時與儒家並稱。孟子稱其「摩頂放踵，利天下為之。」《戰國策》載其百舍重繭以救宋圍之事，蓋一操行堅卓而專以利民濟世為主之人也。然孟子又謂「墨子兼愛，是無父也，」近於偏激之論。《墨子》曰：公輸般為雲梯之械成，將以攻宋。墨子聞之，至於郢，見公輸般。墨子解帶為城，以牒為械。公輸般九設攻城之機變，墨子九距之。公輸般之攻械盡，而墨子之守固有餘。公輸般詘，而言曰：「吾知所以距子矣，吾不言。」《墨子》亦曰：「吾知子之所以距我者，吾不言。」楚王問其故，墨子曰：「公輸子之意，不過欲殺臣，殺臣，宋莫能守，可攻也。然臣之弟子禽滑釐等三百人已持臣守國之器在宋城上而待楚寇矣，雖殺臣，不能絕也。」楚王曰：「善哉！吾請勿攻宋城矣。」

卷七十五　孟嘗君列傳第十五

孟嘗君名文，姓田氏。文之父曰靖郭君田嬰。田嬰者，齊威王少子而齊宣王庶弟也。田嬰自威王時任職用事，與成侯鄒忌及田忌將而救韓伐魏。成侯與田忌爭寵，成侯賣田忌。田忌懼，襲齊之邊邑，不勝，亡走。會威王卒，宣王立，知成侯賣田忌，乃復召田忌以為將。宣王二年，田忌與孫臏、田嬰俱伐魏，敗之馬陵㊀，虜魏太子申而殺魏將龐涓。宣王七年，田嬰使於韓、魏，韓、魏服於齊。嬰與韓昭侯、魏惠王會齊宣王東阿㊁南，盟而去。明年，復與梁惠王會甄㊂。是歲，梁惠王卒。宣王九年，田嬰相齊。齊宣王與魏襄王會徐州而相王也㊃。楚威王聞之，怒田嬰。明年，楚伐敗齊師於徐州，而使人逐田嬰。田嬰使張丑說楚威王，威王乃止。田嬰相齊十一年，宣王卒，湣王即位。湣王即位三年，而封田嬰於薛㊄。

【註】　㊀馬陵……在河北大名縣東南。　㊁東阿……山東陽穀縣東北。　㊂甄……音絹。　㊃彼此互相

稱王。⑤薛：在山東滕縣南四十里。

初，田嬰有子四十餘人，其賤妾有子名文，文以五月五日生。嬰告其母曰：「勿舉也①。」其母竊舉生之②。及長，其母因兄弟而見其子文於田嬰。田嬰怒其母曰：「吾令若去此子③，而敢生之，何也？」文頓首，因曰：「君所以不舉五月子者，何故④？」嬰曰：「五月子者，長與戶齊，將不利其父母⑤。」文曰：「人生受命於天乎？將受命於戶邪？」嬰默然。文曰：「必受命於天，君何憂焉。必受命於戶，則可高其戶耳，誰能至者⑥！」嬰曰：「子休矣⑦。」

【註】①舉：生育之。不舉，即不生育之也。②其母偷偷的把他生養下來。③若：汝，你。④你所以不生養五月誕生的孩子，是什麼緣故？⑤因為五月生出的孩子，長到和門戶一般高的時候，他就會妨害父母的生命。⑥那麼，只要把門戶建造得很高很高，誰還能夠長得和門戶一般的高呢？⑦你不要再說了。

久之，文承閒問其父嬰曰：「子之子為何？」曰：「為孫。」

「孫之孫為何？」曰：「為玄孫。」「玄孫之孫為何？」曰：
「不能知也。」文曰：「君用事相齊，至今三王矣，齊不加廣
而君私家富累萬金，門下不見一賢者。文聞將門必有將，相門
必有相。今君後宮蹈綺縠而士不得〔短〕褐，僕妾餘粱肉而士
不厭糟穅〔一〕。今君又尚厚積餘藏，欲以遺所不知何人，而忘公家
之事日損，文竊怪之〔二〕。」於是嬰迺禮文〔三〕，使主家待賓客。賓
客日進，名聲聞於諸侯。諸侯皆使人請薛公田嬰以文為太子，
嬰許之。嬰卒，謚為靖郭君〔四〕。而文果代立於薛，是為孟嘗君。

【註】　〔一〕雖食糟穅，亦食不飽。又可解為不以糟穅為厭而食之。　〔二〕現在你又厚積財產，想著遺留於
你所不知其為何許人之後代子孫，而忘記了國家的事情一天敗壞一天，真是使我不勝驚異。　〔三〕其
父聽到他的這般議論，於是才特別看待他。　〔四〕靖郭君家在今山東滕縣西南隅。

孟嘗君在薛，招致諸侯賓客及亡人有罪者〔一〕，皆歸孟嘗君。孟
嘗君舍業厚遇之〔二〕，以故傾天下之士〔三〕。食客數千人，無貴賤一
與文等〔四〕。孟嘗君待客坐語，而屏風後常有侍史，主記君所與客

語⑤，問親戚居處。客去，孟嘗君已使使存問，獻遺其親戚。孟嘗君曾待客夜食，有一人蔽火光。客怒，以飯不等，輟食辭去。孟嘗君起，自持其飯比之。客慙，自剄。士以此多歸孟嘗君。孟嘗君客無所擇，皆善遇之⑥。人人各自以為孟嘗君親己。

【註】

一　亡人：亡命之人。　二　破費其產業而厚待客人。　三　使天下之士傾心嚮往，爭赴其門。　四　不分貴賤完全與文之生活條件相同。　五　屏風後面常有侍從秘書，記錄他與客人談話的內容。　六　孟嘗君對於客人無所分別，一律善待之。

秦昭王聞其賢，乃先使涇陽君為質於齊，以求見孟嘗君。孟嘗君將入秦，賓客莫欲其行，諫，不聽。蘇代謂曰：「今旦代從外來，見木禺人一與土禺人相與語。木禺人曰：『天雨，子將敗矣。』土禺人曰：『我生於土，敗則歸土。今天雨，流子而行，未知所止息也二。』今秦，虎狼之國也，而君欲往，如有不得還，君得無為土禺人所笑乎三？」孟嘗君乃止。

【註】

一　木禺人：即木偶人。　二　把你漂蕩流落，不知道何處是你停留之地。　三　你怎能不為土偶人

所譏笑嗎？

齊湣王二十五年，復卒使孟嘗君入秦，昭王即以孟嘗君為秦相。人或說秦昭王曰：「孟嘗君賢，而又齊族也〔一〕，今相秦，必先齊而後秦，秦其危矣。」於是秦昭王乃止。囚孟嘗君，謀欲殺之。孟嘗君使人抵昭王幸姬求解〔二〕。幸姬曰：「妾願得君狐白裘。」此時孟嘗君有一狐白裘，直千金，天下無雙，入秦獻之昭王，更無他裘。孟嘗君患之，徧問客，莫能對。最下坐有能為狗盜者，曰：「臣能得狐白裘。」乃夜為狗，以入秦宮臧中，取所獻狐白裘至，以獻秦王幸姬。幸姬為言昭王，昭王釋孟嘗君。孟嘗君得出，即馳去，更封傳〔三〕，變名姓以出關〔四〕。夜半至函谷關。秦昭王後悔出孟嘗君，求之已去，即使人馳傳逐之〔五〕。孟嘗君至關，關法雞鳴而出客，孟嘗君恐追至，客之居下坐者有能為雞鳴，而雞齊鳴，遂發傳出。出如食頃〔六〕，秦追果至關，已後孟嘗君出，乃還。始孟嘗君列此二人於賓客，賓客盡羞之，及孟嘗君有秦難，卒此二人拔之〔七〕。自是之後，客皆服。

【註】

㊀族：種類。㊁孟嘗君使人到秦昭王最寵愛的妃子那裏請求釋放。㊂更：改也。封：邊界。

傳：通行證。即謂改換了過邊境的通行證。㊃關：函谷關。㊄以快馬追之。傳：同「轉」，沿途分

站備馬，一站轉一站，以免馬之長途疲勞，速度減低，故各站準備馬匹聽用。㊅出關大概有一頓飯

的時間。㊆終於由此雞鳴狗盜之兩人，把孟嘗君從危險之中拔救出來

孟嘗君過趙，趙平原君客之。趙人聞孟嘗君賢，出觀之，皆

笑曰：「始以薛公為魁然也，今視之，乃眇小丈夫耳。」孟嘗

君聞之，怒。客與俱者下，斫擊殺數百人，遂滅一縣以去。

齊湣王不自得以其遣孟嘗君。孟嘗君至，則以為齊相，任政㊀。

【註】

㊀不自得：心中慚愧不安。因其派孟嘗君入身於虎狼之秦，幾乎被殺。所以孟嘗君返國之後，

齊王自覺內心不安，於是任孟嘗君為齊相。

孟嘗君怨秦，將以齊為韓、魏攻楚，因與韓、魏攻秦，而借

兵食於西周。蘇代為西周謂曰：「君以齊為韓、魏攻楚九年，

取宛、葉㊀以北以彊韓、魏，今復攻秦以益之。韓、魏南無楚

憂，西無秦患，則齊危矣。韓、魏必輕齊畏秦，臣為君危之。

君不如令敝邑深合於秦，而君無攻，又無借兵食。君臨函谷而無攻，令敝邑以君之情謂秦昭王曰『薛公必不破秦以彊韓、魏，其攻秦也，欲王之令楚王割東國以與齊二，而秦出楚懷王以為和』君令敝邑以此惠秦，秦得無破而以東國自免也，秦必欲之。楚王得出，必德齊。齊得東國益彊，而薛世世無患矣。秦不大弱，而處三晉之西，三晉必重齊。」薛公曰：「善。」因令韓、魏賀秦，使三國無攻，而不借兵食於西周矣。是時，楚懷王入秦，秦留之，故欲必出之。秦不果出楚懷王三。

【註】　一　宛：河南南陽。葉：河南葉縣。　二　楚國東部邊區與齊國鄰接之地。　三　秦國對於釋放楚懷王回國之事遲疑不決。

孟嘗君相齊，其舍人魏子為孟嘗君收邑入一，三反而不致一入二。孟嘗君問之，對曰：「有賢者，竊假與之，以故不致入三。」孟嘗君怒而退魏子。居數年，人或毀孟嘗君於齊湣王曰：「孟嘗君將為亂。」及田甲劫湣王，湣王意疑孟嘗君，孟嘗君迺奔。

魏子所與粟賢者聞之，乃上書言孟嘗君不作亂，請以身為盟，遂自剄宮門以明孟嘗君㈣。湣王乃驚，而蹤跡驗問，孟嘗君果無反謀㈤，乃復召孟嘗君。孟嘗君因謝病，歸老於薛。湣王許之。

【註】　㈠魏子為孟嘗君收封邑之租稅。　㈡去收租三次，回來之後，一次也不曾繳入租物。　㈢因為遇見了賢才之士，私自把租物給他們了，所以沒有繳入租物。　㈣魏子以前所接濟的賢者聽說了孟嘗君被讒害的消息，乃自殺以證明孟嘗君之沒有反叛的意圖。　㈤齊湣王派人追蹤偵察考驗訪問，孟嘗君果然沒有反謀。

其後，秦亡將呂禮相齊㈠，欲困蘇代。代乃謂孟嘗君曰：「周最於齊，至厚也㈡，而齊王逐之，而聽親弗㈢相呂禮者，欲取秦也。齊、秦合，則親弗與呂禮重矣。有用，齊、秦必輕君。君不如急北兵，趨趙以和秦、魏㈣，收周最以厚行㈤，且反齊王之信㈥，又禁天下之變㈦。齊無秦，則天下集齊，親弗必走，則齊王孰與為其國也！」於是孟嘗君從其計，而呂禮嫉害於孟嘗君。

【註】　㈠秦昭王十二年，魏冉相秦，欲誅呂禮，故呂禮逃於齊國。　㈡周最，周之公子。　㈢親弗⋯

天下使之不發生變亂。

姓親，名弗。《戰國策》為「祝弗」。㈣趕急引兵而北，進逼趙國，藉以與秦魏和好。㈤收留周最以保存厚道。㈥並且恢復（反）齊王的信用（齊本歡迎周最，今又驅逐周最，是無信用）。㈦控制

孟嘗君懼，乃遺秦相穰侯魏冉書曰：「吾聞秦欲以呂禮收齊㈠，齊，天下之彊國也，子必輕矣。齊秦相取㈡以臨三晉，呂禮必幷相矣，是子通齊以重呂禮也。若齊免於天下之兵，其讎子必深矣。子不如勸秦王伐齊。齊破，吾請以所得封子。齊破，秦畏晉之彊，秦必重子以取晉。晉國敝於齊而畏秦，晉必重子以取秦。是子破齊以為功，挾晉以為重；是子破齊定封，秦、晉交重子。若齊不破，呂禮復用，子必大窮。」於是穰侯言於秦昭王伐齊，而呂禮亡。

【註】　㈠收…聯合。㈡取…聯合。

後齊湣王滅宋，益驕，欲去孟嘗君。孟嘗君恐，迺如魏㈠。魏昭王以為相，西合於秦、趙，與燕共伐破齊。齊湣王亡在莒，

遂死焉。齊襄王立，而孟嘗君中立於諸侯，無所屬。齊襄王新立，畏孟嘗君，與連和，復親薛公。文卒，諡為孟嘗君。諸子爭立，而齊魏共滅薛。孟嘗君絕嗣無後也。

【註】㊀如：往。

初，馮驩聞孟嘗君好客，躡蹻而見之㊀。孟嘗君曰：「先生遠辱，何以教文也？」馮驩曰：「聞君好士，以貧身歸於君。」孟嘗君置傳舍十日㊁，孟嘗君問傳舍長曰：「客何所為？」答曰：「馮先生甚貧，猶有一劍耳，又蒯緱㊂。彈其劍而歌曰『長鋏歸來乎，食無魚』。」孟嘗君遷之幸舍㊃，食有魚矣。五日，又問傳舍長。答曰：「客復彈劍而歌曰『長鋏歸來乎，出無輿』。」孟嘗君遷之代舍㊄，出入乘輿車矣。五日，孟嘗君復問傳舍長。舍長答曰：「先生又嘗彈劍而歌曰『長鋏歸來乎，無以為家』。」孟嘗君不悅。

【註】㊀躡：音聶（ㄋㄧㄝˋ），足踏。蹻：音喬（ㄑㄧㄠˊ），草鞋。㊁傳舍：招待所之類，用以招

居暮年，馮驩無所言。孟嘗君時相齊，封萬戶於薛。其食客三千人，邑入不足以奉客（一），使人出錢於薛（二）。歲餘不入，貸錢者多不能與其息（三），客奉將不給。孟嘗君憂之，問左右：「何人可使收債於薛者？」傳舍長曰：「代舍客馮公形容狀貌甚辯，長者（四），無他伎能（五），宜可令收債。」孟嘗君乃進馮驩而請之曰：「賓客不知文不肖，幸臨文者三千餘人，邑入不足以奉賓客，故出息錢於薛。薛歲不入，民頗不與其息。今客食恐不給，願先生責之。」馮驩曰：「諾。」辭行，至薛，召取孟嘗君錢者皆會，得息錢十萬。迺多釀酒，買肥牛，召諸取錢者，能與息者皆來，不能與息者亦來，皆持取錢之券書合之。齊為會，日殺牛置酒。酒酣，乃持券如前合之，能與息者，與為期（六）；貧不能與息者，取其券而燒之（七）。曰：「孟嘗君所以貸錢者，為民不能與息者，取其券而燒之（七）。曰：「孟嘗君所以貸錢者，為民之無者以為本業也；所以求息者，為無以奉客也。今富給者以

待客人住宿者。　（三）猶：但有，言其窮的只有一劍耳。鐫：音塊（ㄎㄨㄞˋ），茅草。緱：音摳（ㄎㄡ），刀劍之柄以草繩纏之也。　（四）幸舍：較好的招待所。　（五）更好的招待所。

要期，貧窮者燔券書以捐之。諸君彊飲食㈧。有君如此，豈可負哉㈨！」坐者皆起，再拜。

【註】㈠封邑的收入，不足以奉養客人。㈡貸錢於薛地。㈢貸錢的人，很多不能償付其利息。㈣辯：謹慎。長者：忠厚之人。㈤沒有別的本領。㈥富餘的人能給利息者，定期繳納。㈦貧窮而出不起利息者，把借條都燒燬了，算是一律取消。㈧各位多多的喝酒吃菜。㈨負：對不起。

孟嘗君聞馮驩燒券書，怒而使使召驩。驩至。孟嘗君曰：「文食客三千人，故貸錢於薛。文奉邑少，而民尚多不以時與其息，客食恐不足，故請先生收責之。聞先生得錢，即以多具牛酒而燒券書，何？」馮驩曰：「然。不多具牛酒即不能畢會，無以知其有餘不足。有餘者，為要期。不足者，雖守而責之十年，息愈多，急，即以逃亡自捐之㈠。若急，終無以償㈡，上則為君好利不愛士民，下則有離上抵負之名，非所以厲士民彰君聲也㈢。焚無用虛債之券㈣，捐不可得之虛計㈤，令薛民親君而彰君之善聲也，君有何疑焉㈥！」孟嘗君乃拊手而謝之㈦。

齊王惑於秦、楚之毀，以為孟嘗君名高其主而擅齊國之權，遂廢孟嘗君。諸客見孟嘗君廢，皆去。馮驩曰：「借臣車一乘，可以入秦者，必令君重於國而奉邑益廣，可乎？」孟嘗君乃約車幣而遣之。馮驩乃西說秦王曰：「天下之游士馮驩結靷西入秦者，無不欲彊秦而弱齊；馮驩結靷東入齊者，無不欲彊齊而弱秦。此雄雌之國也，勢不兩立為雄，雄者得天下矣。」秦王跽而問之曰：「何以使秦無為雌而可？」馮驩曰：「王亦知齊之廢孟嘗君乎？」秦王曰：「聞之。」馮驩曰：「使齊重於天下者，孟嘗君也。今齊王以毀廢之，其心怨，必背齊；背齊入秦，則齊國之情，人事之誠（二），盡委之秦（三），齊地可得也，豈直

【註】 （一）貧窮的貸錢者，即使是坐在他家裏，催上十年，仍然是償付不起；並且利息越多，他們越是灼急，最後，沒有辦法，只好一逃了之。 （二）如果是窮急，永遠償付不起，而逼得他們逃亡。 （三）對於君，對於民，都是不好。為君者，好利而不愛其民；為民者，離上而抵賴債務，這實在不是鼓導人民表揚君聲的辦法。 （四）焚燬了那些無用而掛賬之空頭債券。 （五）捐棄了那些得不到的空虛數字。 （六）使得人民親愛君上而表揚君上行善的美名，有什麼可疑慮的呢？ （七）拊手：拍手，鼓掌。

為雄也㈣！君急使使載幣陰迎孟嘗君，不可失時也。如有齊覺
悟，復用孟嘗君，則雌雄之所在未可知也。」秦王大悅，迺遣
車十乘黃金百鎰以迎孟嘗君。馮驩辭以先行。至齊，說齊王曰：
「天下之游士馮驩結靷東入齊者，無不欲彊齊而弱秦者；馮驩
結靷西入秦者，無不欲彊秦而弱齊者。夫秦齊雄雌之國，秦彊
則齊弱矣，此勢不兩雄。今臣竊聞秦遣使車十乘載黃金百鎰以
迎孟嘗君。孟嘗君不西則已，西入相秦則天下歸之，秦為雄而
齊為雌，雌則臨淄、即墨危矣。王何不先秦使之未到，復迎孟嘗
君，而益與之邑以謝之？孟嘗君必喜而受之。秦雖彊國，豈可
以請人相而迎之哉！折秦之謀，而絕其霸彊之略㈤。」齊王曰：
「善。」乃使人至境候秦使。秦使車適入齊境，使還馳告之，
王召孟嘗君而復其相位，而與其故邑之地，又益以千戶。秦之
使者聞孟嘗君復相齊，還車而去矣。

【註】　㈠馮驩：即「馮諼」。㈡依身於車之橫木，即乘車也。結靷：靷，音引（ㄧㄣˇ），繫於車軸之革
帶。結靷：即結乘，乘車而西入秦。㈡人事之實際情況。㈢盡交付於秦國。㈣豈直：豈僅。㈤挫折

秦國的計謀，而斷絕其圖霸稱強的策略。

自齊王毀廢孟嘗君，諸客皆去。後召而復之，馮驩迎之。未到，孟嘗君太息歎曰：「文常好客，遇客無所敢失，食客三千有餘人，先生所知也。客見文一日廢，皆背文而去，莫顧文者。今賴先生得復其位，客亦有何面目復見文乎？如復見文者，必唾其面而大辱之。」馮驩結轡下拜。孟嘗君下車接之，曰：「先生為客謝乎？」馮驩曰：「非為客謝也，為君之言失。夫物有必至，事有固然，君知之乎？」孟嘗君曰：「愚不知所謂也。」曰：「生者必有死，物之必至也；富貴多士，貧賤寡友，事之固然也。君獨不見夫朝趣市者乎㈠？明旦，側肩爭門而入；日暮之後，過市者掉臂而不顧㈢。非好朝而惡暮，所期物亡其中㈢。今君失位，賓客皆去，不足以怨士而徒絕賓客之路。願君遇客如故。」孟嘗君再拜曰：「敬從命矣，聞先生之言，敢不奉教焉。」

【註】㈠趣：即「趨」，疾赴也。㈢掉臂：搖搖肩臂，表示沒有興趣之意。㈢他所期望的東西，市中已經沒有了。即言市中沒有他所需要的東西。

太史公曰：吾嘗過薛，其俗閭里率多暴桀子弟㈠，與鄒、魯
殊。問其故，曰：「孟嘗君招致天下任俠㈡，姦人入薛中蓋六萬
餘家矣。世之傳孟嘗君好客自喜，名不虛矣。

【註】　㈠暴桀：性情暴戾，桀驁不馴。　㈡任俠：任性俠氣，好打抱不平。

卷七十六　平原君虞卿列傳第十六

平原君趙勝者，趙之諸公子也〔一〕。諸子中勝最賢，喜賓客，賓客蓋至者數千人。平原君相趙惠文王及孝成王，三去相，三復位，封於東武城〔二〕。

平原君家樓臨民家。民家有躄者〔三〕，槃散行汲〔四〕。平原君美人居樓上，臨見，大笑之。明日，躄者至平原君門，請曰：「臣聞君之喜士，士不遠千里而至者，以君能貴士而賤妾也。臣不幸有罷癃之病〔五〕，而君之後宮臨而笑臣，臣願得笑臣者頭。」平原君笑應曰：「諾。」躄者去，平原君笑曰：「觀此豎子，乃欲以一笑之故殺吾美人，不亦甚乎！」終不殺。居歲餘，賓客門下舍人稍稍引去者過半。平原君怪之，曰：「勝所以待諸君者未嘗敢失禮，而去者何多也？」門下一人前對曰：「以君之不殺笑躄者，以君為愛色而賤士，士即去耳。」於是平原君乃斬笑躄者美人頭，自造門進躄者，因謝焉。其後門下乃復稍稍

來。是時齊有孟嘗，魏有信陵，楚有春申，故爭相傾以待士〇。

【註】 〇趙惠文王之弟。 〇東武城：山西平魯縣西北。 〇躄：跛足不良於行。 〇槃散：即「槃躚」，走著一蹶一蹶的。行汲：擔水。 〇罷癃：腰彎曲而背突起，即俗言駝背也。 〇相傾，彼此爭著以傾心待士為急務。

秦之圍邯鄲，趙使平原君求救，合從於楚，約與食客門下有勇力文武備具者二十人偕。平原君曰：「使文能取勝，則善矣。文不能取勝，則歃血於華屋之下，必得定從而還〇。士不外索〇，取於食客門下足矣。」得十九人，餘無可取者，無以滿二十人。門下有毛遂者，前，自贊於平原君曰：「遂聞君將合從於楚，約與食客門下二十人偕，不外索。今少一人，願君即以遂備員而行矣。」平原君曰：「先生處勝之門下幾年於此矣？」毛遂曰：「三年於此矣。」平原君曰：「夫賢士之處世也，譬若錐之處囊中，其末立見。今先生處勝之門下三年於此矣，左右未有所稱誦，勝未有所聞，是先生無所有也。先生不能，先生

留。」毛遂曰：「臣乃今日請處囊中耳。使遂蚤得處囊中，乃穎脫而出，非特其末見而已（三）。」平原君竟與毛遂偕。十九人相與目笑之而未廢也（四）。

【註】　（一）定從：確定合縱以抗秦。　（二）不必向外求士。　（三）穎脫：穎，錐末也，言其未全體脫出，非止微見，喻能自顯其才也。　（四）十九人彼此以目示意而輕笑之，但是並沒有反對他去。

毛遂比至楚，與十九人論議，十九人皆服。平原君與楚合從，言其利害，日出而言之，日中不決。十九人謂毛遂曰：「先生上。」毛遂按劍歷階而上，謂平原君曰：「從之利害，兩言而決耳。今日出而言從，日中不決，何也（一）？」楚王謂平原君曰：「客何為者也？」平原君曰：「是勝之舍人也。」楚王叱曰：「胡不下！吾乃與而君言，汝何為者也（二）！」毛遂按劍而前曰：「王之所以叱遂者，以楚國之眾也。今十步之內，王不得恃楚國之眾也，王之命縣於遂手（三）。吾君在前，叱者何也？且遂聞湯以七十里之地王天下，文王以百里之壤而臣諸侯，豈其士卒眾

多哉，誠能據其勢而奮其威。今楚地方五千里，持戟百萬，此霸王之資也。以楚之彊，天下弗能當。白起，小豎子耳，率數萬之眾，興師以與楚戰，一戰而舉鄢郢，再戰而燒夷陵，三戰而辱王之先人。此百世之怨而趙之所羞，而王弗知惡焉〔四〕。合從者為楚，非為趙也。吾君在前，叱者何也？」楚王曰：「唯唯，誠若先生之言，謹奉社稷而以從。」毛遂曰：「從定乎？」楚王曰：「定矣。」毛遂謂楚王之左右曰：「取雞狗馬之血來。」毛遂奉銅槃而跪進之楚王曰：「王當歃血而定從，次者吾君，次者遂。」遂定從於殿上。毛遂左手持槃血而右手招十九人曰：「公相與歃此血於堂下。公等錄錄〔五〕，所謂因人成事者也〔六〕。」

【註】　㊀合縱以抗秦的利害，兩句話就可以決定了，而現在從日頭出來就談起，以至於日中而猶不決定，是什麼緣故呢？　㊁楚王罵毛遂道：「何不退下？我和你的長官談話，你是幹什麼的！」　㊂縣：即「懸」。　㊃惡：痛恨。　㊄錄錄：即「碌碌」，平庸無用。　㊅因人成事，自己沒有開創新局勢新事業的才具與魄力。

平原君已定從而歸，歸至於趙，曰：「勝不敢復相士一。勝相士多者千人，寡者百數，自以為不失天下之士，今乃於毛先生而失之也。毛先生一至楚，而使趙重於九鼎大呂二。勝不敢復相士。」遂以為上客。

【註】

一　相士：觀察判斷天下之士人。

二　九鼎大呂：皆傳國之寶器。大呂，鐘名。

平原君既返趙，楚使春申君將兵赴救趙，魏信陵君亦矯奪晉鄙軍往救趙，皆未至。秦急圍邯鄲，邯鄲急，且降，平原君甚患之。邯鄲傳舍吏子李同說平原君曰：「君不憂趙亡邪？」平原君曰：「趙亡則勝為虜，何為不憂乎？」李同曰：「邯鄲之民，炊骨易子而食一，可謂急矣，而君之後宮以百數，婢妾被綺縠，餘粱肉，而民褐衣不完，糟穅不厭。民困兵盡，或剡木為矛矢二，而君器物鍾磬自若。使秦破趙，君安得有此？使趙得全，君何患無有？今君誠能令夫人以下編於士卒之間，分功而作，家之所有盡散以饗士，士方其危苦之時，易德耳。」於是

平原君從之，得敢死之士三千人。李同遂與三千人赴秦，秦軍為之卻三十里。亦會楚、魏救至，秦兵遂罷，邯鄲復存。李同戰死，封其父為李侯。

【註】

㊀炊骨：以骨為薪而燒炊。　㊁剡：音奄（ㄧㄢˇ），削也。

虞卿欲以信陵君之存邯鄲為平原君請封。公孫龍聞之，夜駕見平原君曰：「龍聞虞卿欲以信陵君之存邯鄲為君請封，有之乎？」平原君曰：「然。」龍曰：「此甚不可。且王舉君而相趙者，非以君之智能為趙國無有也。割東武城而封君者，非以君為有功也，而以國人無勳，乃以君為親戚故也㊀。君受相印不辭無能，割地不言無功者，亦自以為親戚故也。今信陵君存邯鄲而請封，是親戚受城而國人計功也㊁。此甚不可。且虞卿操其兩權，事成，操右券以責㊂；事不成，以虛名德君。君必勿聽也。」平原君遂不聽虞卿。

【註】

㊀此句的意義是「非以君為有功也，非以國人為無勳也，乃以君為親戚故也。」此言親戚關

係重於一切，平原君之得封，非以其有功，而以其有親戚關係之背景。國人之不得封，非以其無動，而以其無親戚關係之背景。㈡ 此言平原君之雙重利益，當受城之時，彼以親戚關係而得之；當計功之時，彼又以國民資格而得之，此內外利益，皆為平原君一人所獨得。㈢ 右券：處於優越條件之契約。如事成，則虞卿可以憑優越條件之契約，獅子大張口的向平原君要索報酬。

平原君以趙孝成王十五年卒。子孫代，後竟與趙俱亡。

平原君厚待公孫龍。公孫龍善為堅白之辯，及鄒衍過趙言至道，乃絀公孫龍㈠。

【註】㈠ 劉向《別錄》曰：「齊使鄒衍過趙，平原君見公孫龍及其徒綦母子之屬，論『白馬非馬』之辯，以問鄒子。鄒子曰：『不可！彼天下之辯，有五勝三至，而辭正為下。辯者，別殊類使不相害，序異端使不相亂，杼意通指，明其所謂，使人與知焉，不務相迷也。故勝者不失其所守，不勝者得其所求。若是，故辯可為也。及至煩文以相假，飾辭以相悖，巧譬以相移，引人聲使不得及其意。如此，害大道。夫繳紛爭言而競後息，不能無害君子』。坐皆稱善」。讀鄒衍此言，可見一切理論以辯論而明，但不可涉於詭辯。

虞卿者，游說之士也。躡蹻檐簦㈠說趙孝成王。一見，賜黃金

百鎰，白璧一雙，再見，為趙上卿，故號為虞卿⊜。

【註】　㊀躡蹻：踏著草鞋。檐簦：戴著竹笠。簦：音登（ㄉㄥ），有柄之竹笠。㊁虞卿：虞，姓也。

秦趙戰於長平，趙不勝，亡一都尉。趙王召樓昌與虞卿曰：「軍戰不勝，尉復死，寡人使束甲而趨之㊀，何如？」樓昌曰：「無益也，不如發重使為媾㊁。」虞卿曰：「昌言媾者，以為不媾軍必破也。而制媾者在秦。且王之論秦也，欲破趙之軍乎不邪？」王曰：「秦不遺餘力矣，必且欲破趙軍。」虞卿曰：「王聽臣，發使出重寶以附楚、魏，楚、魏欲得王之重寶，必內吾使㊂。趙使入楚、魏，秦必疑天下之合從，且必恐。如此，則媾乃可為也。」趙王不聽，與平陽君為媾，發鄭朱入秦。秦內之。趙王召虞卿曰：「寡人使平陽君為媾於秦，秦已內鄭朱矣，卿以為奚如？」虞卿對曰：「王不得媾，軍必破矣。天下賀戰勝者皆在秦矣。鄭朱，貴人也，入秦，秦王與應侯必顯重以示天下。楚、魏以趙為媾，必不救王。秦知天下不救王，則

媾不可得成也。」應侯果顯鄭朱以示天下賀戰勝者，終不肯媾。長平大敗㈣，遂圍邯鄲，為天下笑。

【註】㈠束甲……捲甲使之無聲，急行軍而襲敵。㈡派遣重要人物為使者以與敵講和。㈢內……通「納」，接受。㈣長平……在今山西高平縣西北。

秦既解邯鄲圍，而趙王入朝，使趙郝約事於秦，割六縣而媾。虞卿謂趙王曰：「秦之攻王也，倦而歸乎？王以其力尚能進，愛王而弗攻乎？」王曰：「秦之攻我也，不遺餘力矣，必以倦而歸也。」虞卿曰：「秦以其力攻其所不能取，倦而歸，王又以其力之所不能取以送之，是助秦自攻也。來年秦復攻王，王無救矣。」王以虞卿之言告趙郝。趙郝曰：「虞卿誠能盡秦力之所至乎？誠知秦力之所不能進，此彈丸之地弗予，令秦來年復攻王㈠，王得無割其內而媾乎？」王曰：「請聽子割矣，子能必使來年秦之不復攻我乎㈢？」趙郝對曰：「此非臣之所敢任也。他日三晉之交於秦，相善也。今秦善韓、魏而攻王，王之

所以事秦必不如韓、魏也。今臣為足下解負親之攻㈢，開關通幣，齊交韓、魏，至來年而王獨取攻於秦，此王之所以事秦必在韓、魏之後也。此非臣之所敢任也。」

【註】

㈠ 令：假使。㈡ 你能保證（必）秦國明年不再攻打我們嗎？㈢ 負親：有負於昔日之親善關係，言趙昔與秦親，而後背之。意謂：現在我為足下解開了有負於秦而招來之攻擊。

王以告虞卿。虞卿對曰：「郝言『不媾，來年秦復攻王，王得無割其內而媾乎』。今媾，郝又以不能必秦之不復攻也。今雖割六城，何益！來年復攻，又割其力之所不能取而媾，此自盡之術也㈠，不如無媾。秦雖善攻，不能取六縣；趙雖不能守，終不失六城。秦倦而歸，兵必罷。我以六城收天下以攻罷秦，是我失之於天下而取償於秦也。吾國尚利，孰與坐而割地，自弱以彊秦哉？今郝曰『秦善韓、魏而攻趙者，必（以為韓魏不救趙也而王之必孤有以）王之事秦不如韓、魏也』，是使王歲以六城事秦也，即坐而城盡。來年秦復求割地，王將與之乎？弗與，是

弃前功而挑秦禍也；與之，則無地而給之。語曰『彊者善攻，弱者不能守』。今坐而聽秦，秦兵不獘而多得地，是彊秦而弱趙也。以益彊之秦而割愈弱之趙，其計故不止矣。且王之地有盡而秦之求無已，以有盡之地而給無已之求，其勢必無趙矣。」

趙王計未定，樓緩從秦來，趙王與樓緩計之，曰：「予秦地（何）如毋予，孰吉？」緩辭讓曰：「此非臣之所能知也。」王曰：「雖然，試言公之私㊁。」樓緩對曰：「王亦聞夫公甫文伯母乎？公甫文伯仕於魯，病死，女子為自殺於房中者二人。其母聞之，弗哭也。其相室曰㊂：『焉有子死而弗哭者乎？』其母曰：『孔子，賢人也，逐於魯，而是人不隨也。今死而婦人為之自殺者二人，若是者必其於長者薄而於婦人厚也。』故從母言之，是為賢母；從妻言之，是必不免為妒妻。故其言一也，言者異則人心變矣。今臣新從秦來而言勿予，則非計也；言予之，恐王以臣為為秦也：故不敢對。使臣得為大王計，不如予之。」王曰：「諾」。

家務之人。

【註】　㈠自殺的辦法。又可解釋為自己把土地斷送完了。㈡私：私人內心的意見。㈢相室：助理

虞卿聞之，入見王曰：「此飾說也㈠，王眘勿予㈡！」樓緩聞之，往見王。王又以虞卿之言告樓緩。樓緩對曰：「不然。虞卿得其一，不得其二。夫秦趙構難㈢而天下皆說㈣，何也？曰『吾且因彊而乘弱矣』。今趙兵困於秦，天下之賀戰勝者則必盡在於秦矣。故不如亟割地為和，以疑天下而慰秦之心。不然，天下將因秦之（彊）怒，乘趙之獘，瓜分之。趙且亡，何秦之圖乎？故曰虞卿得其一，不得其二。願王以此決之，勿復計也。」

【註】　㈠虛偽造作的言論。㈡眘：即「慎」字，千萬不要給他。㈢構難：兩國交兵。㈣說：即「悅」。

虞卿聞之，往見王曰：「危哉樓子之所以為秦者，是愈疑天下，而何慰秦之心哉？獨不言其示天下弱乎？且臣言勿予者，非固勿予而已也㈠。秦索六城於王，而王以六城賂齊。齊，秦之

深讎也，得王之六城，幷力西擊秦，齊之聽王，不待辭之畢也。

則是王失之於齊而取償於秦也。而齊、趙之深讎可以報矣，而

示天下有能為也（二）。王以此發聲（三），兵未窺於境，臣見秦之重賂

至趙而反媾於王也（四）。從秦為媾（五），韓、魏聞之，必盡重王（六）；

重王，必出重寶以先於王。則是王一舉而結三國之親，而與秦

易道也（七）。」趙王曰：「善。」則使虞卿東見齊王，與之謀秦。

虞卿未返，秦使者已在趙矣。樓緩聞之，亡去。趙於是封虞卿

以一城。

【註】 （一）不僅是不給於秦而已。 （二）告訴天下還有能幹的人可以抵抗秦國。 （三）王以此發表聲明。 （四）秦

國轉回頭要向王請求講和。 （五）由秦國主動來講和。 （六）韓魏聽說必然都重視王。 （七）三國結親而與秦國

走相反的路線。

居頃之，而魏請為從。趙孝成王召虞卿謀。過平原君，平原

君曰：「願卿之論從也。」虞卿入見王。王曰：「魏請為從。」

對曰：「魏過。」王曰：「寡人固未之許。」對曰：「王過。」

王曰：「魏請從，卿曰魏過，寡人未之許，又曰寡人過，然則從終不可乎？」對曰：「臣聞小國之與大國從事也，有利則大國受其福，有敗則小國受其禍。今魏以小國請其禍，而王以大國辭其福，臣故曰王過，魏亦過。竊以為從便。」王曰：「善。」乃合魏為從（一）。

【註】

（一）魏國請與趙國聯合以抗秦。

虞卿既以魏齊之故，不重萬戶侯卿相之印，與魏齊閒行，卒去趙，困於梁。魏齊已死，不得意，乃著書，上採春秋，下觀近世，曰節義、稱號、揣摩、政謀，凡八篇。以刺譏國家得失，世傳之曰虞氏春秋（一）。

【註】

（一）魏齊：魏相，與應侯（范睢）有仇，應侯為秦相，求之急，魏齊乃投奔虞卿，卿棄相印，與魏齊秘密逃亡於大梁，請求信陵君庇護。信陵君不敢斷然答應收留。於是魏齊自殺，而虞卿亦窮愁不堪，乃奮而著書十五篇，曰《虞氏春秋》。

太史公曰：平原君，翩翩濁世之佳公子也㊀，然未睹大體。鄙語曰「利令智昏」，平原君貪馮亭邪說，使趙陷長平兵四十餘萬眾，邯鄲幾亡。虞卿料事揣情，為趙畫策，何其工也㊁！及不忍魏齊，卒困於大梁，庸夫且知其不可，況賢人乎？然虞卿非窮愁，亦不能著書以自見於後世云。

【註】

㊀翩翩：風流文采的樣子。翩，音篇（ㄆㄧㄢ）。濁世：混亂的世代。㊁工：巧妙。

卷七十七　魏公子列傳第十七

魏公子無忌者，魏昭王少子而魏安釐王異母弟也。昭王薨，安釐王即位，封公子為信陵君。是時范睢亡魏相秦，以怨魏齊故，秦兵圍大梁，破魏華陽下軍，走芒卯。魏王及公子患之。

公子為人仁而下士，士無賢不肖皆謙而禮交之，不敢以其富貴驕士。士以此方數千里爭往歸之，致食客三千人。當是時，諸侯以公子賢，多客，不敢加兵謀魏十年。

公子與魏王博，而北境傳舉烽〇，言「趙寇至，且入界」。魏王釋博，欲召大臣謀。公子止王曰：「趙王田獵耳，非為寇也。」復博如故。王恐，心不在博。居頃，復從北方來傳言曰：「趙王獵耳，非為寇也。」魏王大驚，曰。「公子何以知之？」公子曰：「臣之客有能深得趙王陰事〓者，趙王所為，客輒以報臣，臣以此知之。」是後魏王畏公子之賢能，不敢任公子以國政。

【註】　〇舉烽：古人戍守邊境，作高土臺，臺上作桔橰，桔橰頭有兜零，以薪草置其上，常低之，

如發現敵寇，即燃火舉高以為報警之信號。

⊜ 陰事：在暗中探知趙王之一切動作。

魏有隱士曰侯嬴，年七十，家貧，為大梁夷門監者⊖。公子聞之，往請，欲厚遺之⊜。不肯受，曰：「臣脩身絜行⊜數十年，終不以監門困故而受公子財。」公子於是乃置酒大會賓客。坐定，公子從車騎，虛左，自迎夷門侯生。侯生攝敝衣冠，直上載公子上坐，不讓，欲以觀公子。公子執轡愈恭。侯生又謂公子曰：「臣有客在市屠中，願枉車騎過之⊜。」公子引車入市，侯生下見其客朱亥，俾倪⊜故久立⊜，與其客語，微察公子。公子顏色愈和。當是時，魏將相宗室賓客滿堂，待公子舉酒。市人皆觀公子執轡。從騎皆竊罵侯生。侯生視公子色終不變，乃謝客就車。至家，公子引侯生坐上坐，徧贊賓客⊜，賓客皆驚。酒酣，公子起，為壽侯生前。侯生因謂公子曰：「今日嬴之為公子亦足矣⊜。嬴乃夷門抱關者也⊜，而公子親枉車騎，自迎嬴於眾人廣坐之中⊖，不宜有所過⊜，今公子故過之⊜。然嬴欲就公子之名⊜，故久立公子車騎市中⊜，過客以觀公子，公子愈恭⊜。

市人皆以嬴為小人（六），而以公子為長者能下士也（七）。」於是罷酒，侯生遂為上客。

【註】 ㈠夷門：東門。監者：看守城門之人。 ㈡遺：餽贈。 ㈢絜：即「潔」。 ㈣枉：繞道。 ㈤俾倪：即「睥睨」，邪目而視的樣子。 ㈥故：故意，不必久立而故意久立。 ㈦徧贊賓客：在賓客之前，普遍介紹侯生而讚美之。 ㈧今日嬴之為公子爭取名譽，已經足夠了。 ㈨嬴乃是個在夷門把守城門之人。 ㈠而公子親自枉駕以車騎迎我於眾人廣坐之中。 ㈡既然上車就應當直接到府，不應當半途繞路去看朋友。 ㈢但是，我故意使你繞路。 ㈣我又想完成你的好名譽。 ㈤使全街之人看見你對於一個把守城門的老人，態度如此之恭敬。 ㈥於是全市之人，皆以我為不識抬舉的小人。 ㈦而以你為能禮賢下士的長者。所以說我今天替公子爭取名譽的努力，已經是足夠的了。

侯生謂公子曰：「臣所過屠者朱亥，此子賢者，世莫能知，故隱屠閒耳。」公子往數請之，朱亥故不復謝（一），公子怪之。

魏安釐王二十年，秦昭王已破趙長平軍，又進兵圍邯鄲。公子姊為趙惠文王弟平原君夫人，數遺魏王及公子書，請救於魏。

魏王使將軍晉鄙將十萬眾救趙。秦王使使者告魏王曰：「吾攻趙旦暮且下，而諸侯敢救者，已拔趙，必移兵先擊之。」魏王恐，使人止晉鄙，留軍壁鄴⑶，名為救趙，實持兩端以觀望⑵。平原君使者冠蓋相屬於魏⑶，讓魏公子曰⑷：「勝所以自附為婚姻者，以公子之高義，為能急人之困。今邯鄲旦暮降秦而魏救不至，安在公子能急人之困也⑸！且公子縱輕勝，弃之降秦，獨不憐公子姊邪⑹？」公子患之，數請魏王，及賓客辯士說王萬端⑺。魏王畏秦，終不聽公子。公子自度終不能得之於王⑻，計不獨生而令趙亡，乃請賓客，約車騎百餘乘，欲以客往赴秦軍，與趙俱死。

【註】　㈠故意不回拜。　㈡留駐軍隊於河南安陽一帶，為壁壘以守，不肯前進。　㈢冠蓋：表示有身份地位的代表。相屬：連續不斷的。　㈣讓：責怪。　㈤公子怎能算是能救人之困苦呢？　㈥邪：即「耶」字，疑問辭。　㈦萬端：言其方法之多，至於萬條，用盡了一切的方法，而魏王始終不聽。　㈧自度：自己推斷。

行過夷門，見侯生，具告所以欲死秦軍狀[一]，辭決而行，侯生曰：「公子勉之矣，老臣不能從。」公子行數里[二]死而侯生曾無一言半辭送我，我豈有所失哉？」復引車還，問侯生。侯生笑曰：「臣固知公子之還也。」曰：「公子喜士，名聞天下。今有難，無曰：「吾所以待侯生者備矣，天下莫不聞，今吾且他端而欲赴秦軍，譬若以肉投餒虎[三]，何功之有哉？尚安事客[四]？然公子遇臣厚，公子往而臣不送，以是知公子恨之復返也。」公子再拜，因問。侯生乃屏人閒語，曰：「嬴聞晉鄙之兵符[五]常在王臥內，而如姬最幸，出入王臥內，力能竊之。嬴聞如姬父為人所殺，如姬資之三年，自王以下欲求報其父仇[六]，莫能得。如姬為公子泣，公子使客斬其仇頭，敬進如姬。如姬之欲為公子死，無所辭，顧未有路耳。公子誠一開口請如姬，如姬必許諾，則得虎符奪晉鄙軍，北救趙而西卻秦，此五霸之伐也。」公子從其計，請如姬。如姬果盜晉鄙兵符與公子。

【註】　㈠具告：同「俱告」，完全告訴其心。㈡且：將也。㈢餒虎：餓虎。餒：音內上聲（ㄋㄟˇ），

飢餓也。 ⑭又何必用客人？要客人有什麼用場呢？ ⑮兵符：發兵的信符，證件。 ⑯如姬以財物贊助於

人，打聽仇人之所在，而為父報仇。

公子行，侯生曰：「將在外，主令有所不受，以便國家。公子即合符，而晉鄙不授公子兵而復請之，事必危矣。臣客屠者朱亥可與俱，此人力士。晉鄙聽，大善；不聽，可使擊之。」於是公子泣。侯生曰：「公子畏死邪？何泣也？」公子曰：「晉鄙嚄唶宿將①，往恐不聽，必當殺之，是以泣耳，豈畏死哉？」於是公子請朱亥。朱亥笑曰：「臣迺市井鼓刀屠者②，而公子親數存之③，所以不報謝者，以為小禮無所用。今公子有急，此乃臣效命之秋也④。」遂與公子俱。公子過謝侯生。侯生曰：「臣宜從，老不能。請數公子行日⑤，以至晉鄙軍之日，北鄉自剄⑥，以送公子。」公子遂行。

【註】 ①嚄唶：嚄，音貨（ㄏㄨㄛˋ），大笑也。唶，音作（ㄗㄨㄛˋ），大叫也。宿將：老將。 ②鼓刀：揮鼓刀子以屠牲畜。 ③親身數次來問候。 ④效命：貢獻生命。 ⑤數：計算時日。 ⑥北鄉：即北向。

至鄴，矯魏王令代晉鄙。晉鄙合符，疑之，舉手視公子曰：「今吾擁十萬之眾，屯於境上，國之重任，今單車來代之，何如哉？」欲無聽。朱亥袖四十斤鐵椎，椎殺晉鄙，公子遂將晉鄙軍。勒兵下令軍中曰：「父子俱在軍中，父歸；兄弟俱在軍中，兄歸；獨子無兄弟，歸養。」得選兵八萬人，進兵擊秦軍。秦軍解去，遂救邯鄲，存趙。趙王及平原君自迎公子於界，平原君負韊矢⊖為公子先引。趙王再拜曰：「自古賢人未有及公子者也。」當此之時，平原君不敢自比於人。公子與侯生決，至軍，侯生果北鄉自剄。

【註】　⊖ 韊：音蘭（ㄌㄢˊ），盛弩矢之器。

魏王怒公子之盜其兵符，矯殺晉鄙，公子亦自知也。已卻秦存趙，使將將其軍歸魏，而公子獨與客留趙。趙孝成王德公子之矯奪晉鄙兵而存趙⊖，乃與平原君計，以五城封公子。公子聞之，意驕矜而有自功之色。客有說公子曰：「物有不可忘，或

有不可不忘。夫人有德於公子，公子不可忘也；公子有德於人，願公子忘之也。且矯魏王令，奪晉鄙兵以救趙，於趙則有功矣，於魏則未為忠臣也。公子乃自驕而功之，竊為公子不取也。」於是公子立自責㈢，似若無所容者。趙王埽除自迎，執主人之禮，引公子就西階㈢。公子側行辭讓，從東階上。自言皐過，以負於魏㈣，無功於趙。趙王侍酒至暮，口不忍獻五城，以公子退讓也。公子竟留趙。趙王以鄗㈤為公子湯沐邑，魏亦復以信陵奉公子㈥。公子留趙。

【註】㈠ 德：感激。 ㈡ 立自責：立時，立刻自己責備自己。 ㈢ 《禮記・曲禮篇》曰：「主人就東階，客就西階。客若降等，則就主人之階。」 ㈣ 皐：音罪（ㄗㄨㄟˋ），罪過。 ㈤ 鄗：音皓（ㄏㄠˋ），在河北柏鄉縣之北。 ㈥ 信陵：地名在河南寧陵縣。

公子聞趙有處士毛公藏於博徒，薛公藏於賣漿家，公子欲見兩人，兩人自匿不肯見公子。公子聞所在，乃閒步往從此兩人游，甚歡。平原君聞之，謂其夫人曰：「始吾聞夫人弟公子天

下無雙，今吾聞之，乃妄從博徒賣漿者游，公子妄人耳〇。」夫人以告公子。公子乃謝夫人去，曰：「始吾聞平原君賢，故負魏王而救趙，以稱平原君。平原君之游，徒豪舉耳〇，不求士也。無忌自在大梁時，常聞此兩人賢，至趙，恐不得見，以無忌從之游，尚恐其不我欲也〇。今平原君乃以為羞，其不足從游。」乃裝為去。夫人具以語平原君。平原君乃免冠謝，固留公子〇。平原君門下聞之，半去平原君歸公子，天下士復往歸公子，公子傾平原君客〇。

【註】〇妄人：狂妄無知之人。　〇豪舉：舉止豪華而無真才。　〇還怕他們不想與我為游。　〇固留：堅決的挽留。　〇信陵君之客多於平原君。或解釋為平原君之客都傾向於公子了。

公子留趙十年不歸。秦聞公子在趙，日夜出兵東伐魏。魏王患之，使使往請公子。公子恐其怒之，乃誡門下：「有敢為魏王使通者，死。」賓客皆背魏之趙，莫敢勸公子歸。毛公、薛公兩人往見公子曰：「公子所以重於趙，名聞諸侯者，徒以有

魏也。今秦攻魏，魏急而公子不恤，使秦破大梁而夷先王之宗廟(一)，公子當何面目立天下乎？」語未及卒(二)，公子立變色，告車趣駕歸救魏(三)。

【註】　(一)夷：毀滅。　(二)卒：完畢。　(三)趣：同「促」，促其速也。

魏王見公子，相與泣，而以上將軍印授公子，公子遂將。魏安釐王三十年，公子使使遍告諸侯。諸侯聞公子將，各遣將將兵救魏。公子率五國之兵破秦軍於河外，走蒙驁。遂乘勝逐秦軍至函谷關(一)，抑秦兵。當是時，公子威振天下，諸侯之客進兵法，公子皆名之(二)，故世俗稱魏公子兵法(三)。

【註】　(一)函谷關：在河南靈寶縣南，關城在谷中，深險如函，故名。東自崤山，西至潼關，通稱之為函谷關。是東西交通咽喉。自西而逐鹿中原者，非通過此一險塞之地不可。其地皆山嶺崎嶇，不易行走。自東而問鼎陝甘者，亦非打通此路不可。抗戰時代之日本軍閥即被挫此間，而不能前進一步。可見地形之重要。　(二)諸侯之客有進兵法於公子者，公子皆稱其名。表示不掠人之美也。　(三)劉歆《七略》有〈魏公子兵法〉二十一篇，圖七卷。

秦王患之，乃行金萬斤於魏，求晉鄙客，令毀公子於魏王曰：

「公子亡在外十年矣，今為魏將，諸侯將皆屬，諸侯徒聞魏公

子，不聞魏王。公子亦欲因此時定南面而王，諸侯畏公子之威，

方欲共立之。」秦數使反間，偽賀公子得立為魏王未也。魏

王日聞其毀，不能不信，後果使人代公子將。公子自知再以毀廢，

乃謝病不朝，與賓客為長夜飲，飲醇酒，多近婦女。日夜為樂

飲者四歲，竟病酒而卒〇。其歲，魏安釐王亦薨。

秦聞公子死，使蒙驁攻魏，拔二十城，初置東郡。其後秦稍

蠶食魏，十八歲而虜魏王〇，屠大梁。

【註】 〇信陵君死於秦始皇四年。 〇魏王名假。

高祖始微少時，數聞公子賢。及即天子位，每過大梁，常祠

公子。高祖十二年，從擊黥布還，為公子置守冢五家，世世歲

以四時奉祠公子。

太史公曰：吾過大梁之墟，求問其所謂夷門。夷門者，城之

東門也。天下諸公子亦有喜士者矣，然信陵君之接巖穴隱者，不恥下交，有以也。名冠諸侯，不虛耳〔一〕。高祖每過之而令民奉祠不絕也。

【註】〔一〕信陵君接交巖穴之隱者，不以交往貧賤之人為恥，比之當時之諸公子惟以舉止豪綽為務者，高出一等矣。

卷七十八　春申君列傳第十八

　　春申君者，楚人也，名歇，姓黃氏。游學博聞，事楚頃襄王〔一〕。頃襄王以歇為辯，使於秦。秦昭王使白起攻韓、魏，敗之於華陽〔二〕，禽魏將芒卯，韓、魏服而事秦。秦昭王方令白起與韓、魏共伐楚，未行，而楚使黃歇適至於秦，聞秦之計。當是之時，秦已前使白起攻楚，取巫、黔中之郡，拔鄢郢，東至竟陵〔三〕，楚頃襄王東徒治於陳縣〔四〕。黃歇見楚懷王之為秦所誘而入朝，遂見欺，留死於秦。頃襄王，其子也，秦輕之，恐壹舉兵而滅楚。歇乃上書說秦昭王曰：

　　天下莫彊於秦、楚。今聞大王欲伐楚，此猶兩虎相與鬪。兩虎相與鬪而駑犬受其斃〔五〕，不如善楚。臣請言其說：臣聞物至則反，冬夏是也；致至則危，累棊是也〔六〕。今大國之地，徧天下有二垂〔七〕，此從生民已來，萬乘之地未嘗有也。先帝文王、莊王之身，三世不妄接地於齊，以絕從親之要〔八〕。今王使盛橋守事於韓〔九〕，盛

二四二八

橋以其地入秦，是王不用甲，不信威〔○〕，而得百里之地。王可謂能矣。王又舉甲而攻魏，杜大梁之門〔三〕，舉河內，拔燕、酸棗、虛桃，入邢〔三〕，魏之兵雲翔而不敢捄〔三〕。王之功亦多矣。王休甲息眾，二年而後復之；又幷蒲、衍、首、垣〔四〕，以臨仁、平丘，黃、濟陽嬰城〔五〕而魏氏服；王又割濮磨之北〔六〕，注齊秦之要〔七〕，絕楚趙之脊〔八〕，天下五合六聚而不敢救〔九〕。王之威亦單矣〔○〕。

【註】〔一〕頃襄王名橫，考烈王完之父。〔二〕華陽：在河南新鄭縣東南。〔三〕竟陵：在湖北天門縣西北。〔四〕陳：河南淮陽縣。〔五〕兩虎相鬥而疲敝，則駑犬承其敝而得利。〔六〕致：發展至於極點。致，可作「置」解，置物其上。累臭：累積臭子，言其危險。〔七〕整個的天下，秦國佔有西、北、兩垂之廣。〔八〕以打斷東方各國諸侯聯合抗秦的結合。〔九〕盛橋，秦所派於韓國而統治韓國之人。〔○〕信：通「伸」，伸張。〔一〕杜：堵塞。〔三〕河內：河南沁陽縣一帶之地。燕：河南汲縣。酸棗：河南延津縣北。虛桃：使桃城為之空虛。虛，動詞，謂空虛其地也，桃城：在河南延津縣北。邢丘：在河南溫縣。〔三〕雲翔：徘徊遲疑而不敢採取行動。〔四〕蒲鄉：河北長垣縣。衍：在河南鄭縣北三十里。首：牛首；垣：河北長垣縣。〔五〕仁：即任城，在山東曲阜一帶。平丘：在河南陳留縣。黃：河南外黃縣。濟陽：在河南蘭封東北。嬰城：閉城而守。〔六〕濮：今山東濮縣。

磨：地名，大概近於濮縣。 ㈦注：貫注，貫通，聯繫。要：同「腰」。貫通了齊秦之腰，就是東西聯合。 ㈥東西聯合之後，則南方之楚與北方之趙，自然是被截斷了。 ㈤天下諸侯五次結合，六次聚會，都不敢來救。 ㈣王的威風，可以算是發揮盡致了。（殫，盡也。）（殫，盡也，巔峯狀態。）

王若能持功守威㈠，絀攻取之心㈡而肥仁義之地㈢，使無後患，三王不足四，五伯不足六也㈣。王若負人徒之眾㈤，仗兵革之彊，乘毀魏之威㈦，而欲以力臣天下之主㈧，臣恐其有後患也㈨。詩曰「靡不有初，鮮克有終。」易曰「狐涉水，濡其尾㈩。」此言始之易，終之難也。何以知其然也？昔智氏見伐趙之利而不知榆次之禍㈢，吳見伐齊之便而不知干隧之敗㈢。此二國者，非無大功也，沒利於前而易患於後也。吳之信越也，從而伐齊，既勝齊人於艾陵㈢，還為越王禽三渚之浦㈣。智氏之信韓、魏也，從而伐趙，攻晉陽城㈤，勝有日矣，韓、魏叛之，殺智伯瑤於鑿臺之下㈥。今王妒楚之不毀也，而忘毀楚之彊韓、魏也，臣為王慮而不取也。

【註】 ㈠保持已有之成功與威望。 ㈡消除攻取的野心。 ㈢壯大仁義的作風。 ㈣則可以與三王五霸

相比美。　(五)王若憑恃人徒之眾。　(六)依仗兵革之強。　(七)趁著滅魏的威風。　(八)而欲以暴力臣服天下之主。　(九)我恐怕要有後患。　(一○)狐惜其尾，每涉水，舉其尾，不使之濕。但到了涉水過久而困極，則不得不濡其尾，雖欲惜之而不可能也。此言凡事不可過分。　(一一)榆次：山西榆次縣，智伯敗於榆次。　(一二)干隧：在蘇州西北四十里。　(一三)艾陵：在山東博縣南六十里。吳王夫差敗齊人於艾陵。　(一四)三渚之浦：在蘇州西北。　(一五)晉陽：山西太原。　(一六)鑿臺：山西榆次縣。

詩曰「大武遠宅而不涉(一)。」從此觀之，楚國，援也；鄰國，敵也。詩云「趯趯毚兔，遇犬獲之(二)。」他人有心，余忖度之。」今王中道而信韓、魏之善王也，此正吳之信越也。臣聞之，敵不可假(三)，時不可失。臣恐韓、魏卑辭除患而實欲欺大國也。何則？王無重世之德(四)於韓、魏，而有累世之怨焉。夫韓、魏父子兄弟接踵而死於秦者將十世矣。本國殘，社稷壞，宗廟毀。刳腹絕腸，折頸擢頤(五)，首身分離，暴骸骨於草澤(六)，頭顱僵仆，相望於境，父子老弱係脰束手(七)為羣虜者相及於路。鬼神孤傷，無所血食，人民不聊生，族類離散，流亡為僕妾，盈滿海內矣。故韓、魏之不亡，秦社稷之憂也，今王資之與攻楚，不亦過乎！

【註】

(一)宅：根據地。即謂善於用武者，決不遠離其根據地而跋涉長征。(二)趯趯：跳跳躍躍也。毚兔：
狡猾的兔子。毚，音讒（彳ㄢ）。跳跳躍躍的狡猾多端的兔子，一旦不幸，也會被犬所擒住。這就是說，常走
黑路必會碰見鬼。(三)敵人不可寬容（假）。(四)重世：累世，長時期的。重，讀崇（彳ㄨㄥ）。(五)摺：拉折
之也。頤：頷也。面頰也。音怡。(六)暴：同曝。(七)係：同「繫」。脰：音豆（ㄉㄡ），頸項。脖子。

且王攻楚將惡出兵(一)？王將借路於仇讎之韓、魏乎？兵出之日
而王憂其不返也(二)，是王以兵資於仇讎之韓、魏也。王若不借路
於仇讎之韓、魏，必攻隨水右壤。隨水右壤，此皆廣川大水，
山林谿谷，不食之地也，王雖有之，不為得地。是王有毀楚之
名而無得地之實也(三)。

【註】

(一)王若攻楚，你怎樣出兵呢？(二)如果借韓魏之路以攻楚（河南淮陽），韓魏對於秦國有深仇
大恨，兵出之日，就是死路一條。(三)如若從隨水右壤（河南南陽一帶之地）出兵，這一帶，盡是些
山林溪谷，不可耕種之地，得之亦無用。

且王攻楚之日，四國必悉起兵以應王。秦、楚之兵構而不離(一)，
魏氏將出而攻留、方與、銍、湖陵、碭、蕭、相(二)，故宋必盡(三)。

齊人南面攻楚，泗上必舉。此皆平原四達，膏腴之地，而使獨
攻。王破楚以肥韓、魏於中國而勁齊。韓、魏之彊，足以校於
秦[四]。齊南以泗水為境，東負海，北倚河，而無後患，天下之國
莫彊於齊、魏，齊、魏得地葆利而詳事下吏[五]，一年之後，為帝
未能，其於禁王之為帝有餘矣[六]。

【註】　[一]秦楚交戰，撕纏不離，成為拉鋸戰。　[二]於是魏國就要藉著機會而攻取留（江蘇沛縣東南），
方與（山東魚臺縣北），銍（安徽省宿縣西南），湖陵（山東魚臺縣東南），碭（江蘇碭縣），蕭
（江蘇蕭縣），相（安徽宿縣西北）。　[三]凡徐州以西，宋州以東，兗州以南皆舊時之宋地。　[四]校：
通「較」，較量高低。　[五]詳：即「佯」，偽裝。　[六]他們雖不能為帝，但是牽掣秦國使不得為帝，則
力量綽然有餘了。

夫以王壤土之博，人徒之眾，兵革之彊，壹舉事而樹怨於楚，
遲令韓、魏歸帝重於齊[一]，是王失計也。臣為王慮，莫若善楚。
秦、楚合而為一以臨韓，韓必斂手。王施以東山之險，帶以曲
河之利，韓必為關內之侯。若是而王以十萬戍鄭，梁氏寒心，

許、鄢陵嬰城〔二〕，而上蔡、召陵不往來也〔三〕，如此而魏亦關內侯矣。王壹善楚，而關內兩萬乘之主注地於齊〔四〕，齊右壤可拱手而取也。王之地一經兩海〔五〕，要約天下，是燕、趙無齊、楚、齊、楚無燕、趙也。然後危動燕、趙，直搖齊、楚，此四國者不待痛而服矣。

【註】〔一〕遲：乃也。乃令韓魏歸帝號於齊而使齊國的地位重要。〔二〕許：河南許昌縣。鄢陵：河南鄢陵縣。嬰城：閉城自守。〔三〕上蔡：河南上蔡縣。召陵：河南郾城縣。〔四〕以實力注入於齊國。〔五〕謂自西海至東海，皆是秦地。

昭王曰：「善。」於是乃止白起而謝韓、魏。發使賂楚，約為與國。

黃歇受約歸楚，楚使歇與太子完入質於秦，秦留之數年。楚頃襄王病，太子不得歸。而楚太子與秦相應侯善，於是黃歇乃說應侯曰：「相國誠善楚太子乎？」應侯曰：「然。」歇曰：「今楚王恐不起疾，秦不如歸其太子。太子得立，其事秦必重

而德相國無窮㈠，是親與國而得儲萬乘也。若不歸，則咸陽一布衣耳；楚更立太子，必不事秦。夫失與國而絕萬乘之和，非計也。願相國孰慮之。」應侯以聞秦王。秦王曰：「令楚太子之傅先往問楚王之疾，返而後圖之。」黃歇為楚太子計曰：「秦之留太子也，欲以求利也。今太子力未能有以利秦也，歇憂之甚。而陽文君子二人在中，王若卒大命，太子不在，陽文君子必立為後，太子不得奉宗廟矣。不如亡秦，與使者俱出；臣請止，以死當之。」楚太子因變衣服為楚使者御以出關，而黃歇守舍，常為謝病。度太子已遠，秦不能追，歇乃自言秦昭王曰：「楚太子已歸，出遠矣。歇當死，願賜死。」昭王大怒，欲聽其自殺也。應侯曰：「歇為人臣，出身以徇其主，太子立，必用歇，故不如無罪而歸之，以親楚。」秦因遣黃歇。歇至楚三月，楚頃襄王卒，太子完立，是為考烈王。考烈王元年，以黃歇為相，封為春申君，賜淮北地十二縣。後十五歲，黃歇言之楚王曰：「淮北地邊齊，其事急，請以為郡便。」因

幷獻淮北十二縣，請封於江東。考烈王許之。春申君因城故吳
墟(三)，以自為都邑。

【註】(一)感激相國的恩德，至於無窮。　(二)吳墟：江蘇之蘇州。

春申君既相楚，是時齊有孟嘗君，趙有平原君，魏有信陵君，
方爭下士，招致賓客，以相傾奪，輔國持權。

春申君為楚相四年，秦破趙之長平軍四十餘萬。五年，圍邯
鄲。邯鄲告急於楚，楚使春申君將兵往救之，秦兵亦去，春申
君歸。春申君相楚八年，為楚北伐滅魯，以荀卿為蘭陵令。當
是時，楚復彊。

趙平原君使人於春申君，春申君舍之於上舍。趙使欲夸楚，
為瑇瑁簪，刀劍室以珠玉飾之，請命春申君客。春申君客三千
餘人，其上客皆躡珠履以見趙使，趙使大慚。

春申君相十四年，秦莊襄王立，以呂不韋為相，封為文信侯。
取東周。

春申君相二十二年，諸侯患秦攻伐無已時，乃相與合從，西伐秦，而楚王為從長⑴，春申君用事。至函谷關，秦出兵攻，諸侯兵皆敗走，楚考烈王以咎春申君，春申君以此益疏。客有觀津人朱英，謂春申君曰：「人皆以楚為彊而君用之弱；其於英不然，先君時善秦二十年而不攻楚，何也？秦踰黽隘之塞而攻楚⑵，不便；假道於兩周，背韓、魏而攻楚，不可。今則不然，魏旦暮亡，不能愛許、鄢陵，其許魏割以與秦。秦兵去陳百六十里，臣之所觀者，見秦、楚之日鬥也。」楚於是去陳徙壽春⑶；而秦徙衞野王，作置東郡⑷。春申君由此就封於吳，行相事。

楚考烈王無子，春申君患之，求婦人宜子者進之，甚眾，卒無子。趙人李園持其女弟，欲進之楚王，聞其不宜子，恐久毋

【註】⑴ 各國諸侯苦於秦國之不停的侵略，乃又聯合反秦，以楚王為聯合的首長。 ⑵ 黽隘：河南澠池縣有黽函之險，故謂之澠隘。 ⑶ 楚國由淮陽遷都於安徽之壽春。 ⑷ 以濮、滑兩州及河北，置東郡。濮州本衞都，而後又徙於野王也。

寵。李園求事春申君為舍人，已而謁歸，故失期。還謁，春申

君問之狀，對曰：「齊王使使求臣之女弟，與其使者飲，故失

期。」春申君曰：「娉入乎？」對曰：「未也。」春申君

曰：「可得見乎？」曰：：「可」。於是李園乃進其女弟，即幸於春申

君。知其有身，李園乃與其女弟謀。園女弟承間以說春申君

曰：「楚王之貴幸君，雖兄弟不如也。今君相楚二十餘年，而

王無子，即百歲後將更立兄弟，則楚更立君後，亦各貴其故所

親，君又安得長有寵乎？非徒然也，君貴用事久，多失禮於王

兄弟，兄弟誠立，禍且及身，何以保相印江東之封乎？今妾自

知有身矣，而人莫知。妾幸君未久，誠以君之重而進妾於楚王，

王必幸妾；妾賴天有子男，則是君之子為王也，楚國盡可得，

孰與身臨不測之罪乎？」春申君大然之，乃出李園女弟，謹舍

而言之楚王。楚王召入幸之，遂生子男，立為太子，以李園女

弟為王后。楚王貴李園，園用事。

李園既入其女弟，立為王后，子為太子，恐春申君語泄而益

驕，陰養死士，欲殺春申君以滅口，而國人頗有知之者。

春申君相二十五年，楚考烈王病。朱英謂春申君曰：「世有毋望之福(一)，又有毋望之禍(二)。今君處毋望之世(三)，事毋望之主(四)，安可以無毋望之人乎(五)？」春申君曰：「何謂毋望之福？」曰：「君相楚二十餘年矣，雖名相國，實楚王也。今楚王病，旦暮且卒，而君相少主，因而代立當國，如伊尹、周公，王長而反政，不即遂南面稱孤而有楚國？此所謂毋望之福也。」春申君曰：「何謂毋望之禍？」曰：「李園不治國而君之仇也，不為兵而養死士之日久矣，楚王卒，李園必先入據權而殺君以滅口。此所謂毋望之禍也。」春申君曰：「何謂毋望之人？」對曰：「君置臣郎中，楚王卒，李園必先入，臣為君殺李園。此所謂毋望之人也。」春申君曰：「足下置之(六)。李園，弱人也，僕又善之，且又何至此！」朱英知言不用，恐禍及身，乃亡去。

後十七日，楚考烈王卒，李園果先入，伏死士於棘門之內(一)。

春申君入棘門，園死士俠刺春申君，斬其頭，投之棘門外。於是遂使吏盡滅春申君之家。而李園女弟初幸春申君有身而入之王所生子者遂立，是為楚幽王。

【註】㊀棘門：壽州城門。

是歲也，秦始皇帝立九年矣。嫪毐亦為亂於秦，覺，夷其三族，而呂不韋廢㊀。

【註】㊀李園之進女弟於楚王，有似於呂不韋之進愛姬於秦王。楚幽王、秦始皇，皆非楚王、秦王之真血統也。

太史公曰：吾適楚，觀春申君故城，宮室盛矣哉！初，春申君之說秦昭王，及出身遣楚太子歸，何其智之明也！後制於李園，旄矣㊀。語曰：「當斷不斷，反受其亂。」春申君失朱英之謂邪㊁？

【註】㊀旄：通「耄」，老而糊塗。㊁春申君不聽朱英的話，以致為小人所害。

卷七十九　范雎、蔡澤列傳第十九

范雎者，魏人也，字叔。游說諸侯，欲事魏王，家貧無以自資〔一〕，乃先事魏中大夫須賈。

須賈為魏昭王使於齊，范雎從。留數月，未得報。齊襄王聞雎辯口，乃使人賜雎金十斤及牛酒，雎辭謝不敢受。須賈知之，大怒，以為雎持魏國陰事告齊，故得此饋，令雎受其牛酒，還其金。既歸，心怒雎，以告魏相。魏相，魏之諸公子，曰魏齊。魏齊大怒，使舍人笞擊雎，折脅摺齒〔二〕。雎詳死〔三〕，即卷以簀〔四〕，置廁中。賓客飲者醉，更溺雎〔五〕，故僇辱以懲後，令無妄言者。雎從簀中謂守者曰：「公能出我，我必厚謝公。」守者乃請出弃簀中死人。魏齊醉，曰：「可矣。」范雎得出。後魏齊悔，復召求之。魏人鄭安平聞之，乃遂操范雎亡〔六〕，伏匿，更名姓曰張祿。

【註】　〔一〕資：活動費用，政治門徑，都算是「資」。　〔二〕把范雎的肋骨和牙齒都打傷了。　〔三〕詳：即

「佯」，偽裝。　四卷：同「捲」。簣：音匱（ㄍㄨㄟˋ），席子。以席子把范睢捲著。　五溺：小便。　六操：

携持。

當此時，秦昭王使謁者王稽於魏（一）。鄭安平詐為卒，侍王稽。

王稽問：「魏有賢人可與俱西游者乎？」鄭安平曰：「臣里中

有張祿先生，欲見君，言天下事。其人有仇，不敢晝見。」王

稽曰：「夜與俱來。」鄭安平夜與張祿見王稽。語未究（二），王

稽知范睢賢，謂曰：「先生待我於三亭之南（三）。」與私約而去。

【註】　一謁者：辦理外交的人員。　二話未說完。　三三亭：魏之郊境。

王稽辭魏去，過載范睢入秦。至湖（一），望見車騎從西來。范睢

曰：「彼來者為誰？」王稽曰：「秦相穰侯東行縣邑。」范睢

曰：「吾聞穰侯專秦權，惡內諸侯客（二），此恐辱我，我寧且匿車

中（三）。」有頃，穰侯果至，勞王稽，因立車而語曰：「關東有何

變？」曰：「無有。」又謂王稽曰：「謁君得無與諸侯客子俱

來乎？無益，徒亂人國耳。」王稽曰：「不敢。」即別去。范

睢曰：「吾聞穰侯智士也，其見事遲，鄉者疑車中有人（四），忘索之。」於是范睢下車走，曰：「此必悔之。」行十餘里，果使騎還索車中，無客，乃已。王稽遂與范睢入咸陽。

（四）鄉者：即「向者」，剛才。

【註】

（一）湖：湖城縣，在今河南閿鄉縣東四十里。（二）內：即「納」，接受，引進。（三）且：暫時。

已報使（一），因言曰：「魏有張祿先生，天下辯士也。曰『秦王之國危於累卵，得臣則安。然不可以書傳也（二）。』臣故載來。」秦王弗信，使舍食草具（三）。待命歲餘（四）。

【註】

（一）已報使出使工作之後。（二）不可以書面文字來傳達。意謂必須與秦王面談。（三）舍：招待其住居。但吃的不佳，只是些蔬菜之類。草具：青菜等物，並非令其吃草也。（四）等待命令一年有餘。

當是時，昭王已立三十六年。南拔楚之鄢郢，楚懷王幽死於秦。秦東破齊。湣王嘗稱帝，後去之。數困三晉。厭天下辯士，無所信（一）。

【註】

（一）秦昭王認為武力已可以征服天下，故對於一切知識分子不感覺興趣。

穰侯（一），華陽君，昭王母宣太后之弟也；而涇陽君、高陵君皆昭王同母弟也。穰侯相，三人者更將（二），有封邑，以太后故，私家富重於王室。及穰侯為秦將，且欲越韓、魏而伐齊綱壽（三），欲以廣其陶封（四）。范睢乃上書曰：

臣聞明主立政，有功者不得不賞，有能者不得不官，勞大者其祿厚，功多者其爵尊，能治眾者其官大。故無能者不敢當職焉，有能者亦不得蔽隱。使以臣之言為可，願行而益利其道；以臣之言為不可，久留臣無為也。語曰：「庸主賞所愛而罰所惡；明主則不然，賞必加於有功，而刑必斷於有罪。」今臣之胸不足以當椹質（五），而要（六）不足以待斧鉞，豈敢以疑事嘗試於王哉！雖以臣為賤人而輕辱，獨不重任臣者之無反復於王邪（七）？

【註】

（一）穰侯：因其封於穰（河南鄧縣）故名。名魏冉，宣太后之異父弟。華陽君：羋戎，宣太后之同父弟。亦號為新城君。（二）三個人輪換著當大將。（三）綱壽：即剛壽，在山東東平縣西南。（四）陶：山東定陶縣。（五）椹質：椹，音真（ㄓㄣ），切肉用的墊板。質：同「鑕」，音至（ㄓ），古時執行

斬刑時，使犯人伏於其上而受刑的鐵砧。㈥要：即「腰」。㈦重：難於自處，難以為情。任臣者：

推薦我的人。無反復：得不到答覆。全句之意，即謂：我雖然是個卑賤的人，對於我可以輕視侮辱；

但是，你難道不覺得那個推薦我的人，一年多得不到你的答覆之難以為情嗎？意思就是說：你可以輕

視我，一年多不理我，但是，介紹我來的人，他得負責任，我不能長此坐你這冷板凳了。

且臣聞周有砥砨㈠，宋有結綠，梁有縣藜㈡，楚有和朴㈢，此四寶者，土之所生，良工之所失也，而為天下名器。然則聖王之所弃者㈣，獨不足以厚國家乎？

【註】 ㈠以此四寶，自比為可以厚國家之良才。砥砨，一作砥礪。㈡縣藜：一作縣藜，又作玄藜。㈢和朴：一作和璞，又作和璧。楚人和氏（即卞和），得璞玉於楚山中，以獻厲王，王以為誑，則其左足；武王即位，復獻之，又以為誑，則其右足；及文王立，乃抱璞泣於荊山之下，王使人問之曰：「臣非悲刖，寶玉而題之以石，貞士而名之為誑，所以悲也！」王乃使人理其璞，果得玉焉，遂名曰和氏之璧。（見《韓非子‧和氏》）。㈣弃：即「棄」字。

臣聞善厚家者取之於國，善厚國者取之於諸侯。天下有明主則諸侯不得擅厚者㈠，何也？為其割榮也㈡。良醫知病人之死

生，而聖主明於成敗之事，利則行之，害則舍之，疑則少嘗之，雖舜禹復生，弗能改已。語之至者㈢，臣不敢載之於書，其淺者又不足聽也。意者臣愚而不概於王心邪㈣？亡其言㈤臣者賤而不可用乎？自非然者㈥，臣願得少賜游觀之間，望見顏色。一語無效，請伏斧質㈦。

【註】㈠擅厚：獨佔其利益。㈡因為諸侯們割奪國家的權利，所以不使之得以專擅。㈢最知心的話，最深切的話。㈣概：契合。㈤亡其：轉語詞，即「無乃」。㈥如果這兩種原因都不是。㈦甘願受斬首之罪。斧質：置於斬砧之上而以斧殺之也。質：即鑕，斬刑之砧。

於是秦昭王大說，乃謝王稽，使以傳車㈠召范雎。

【註】㈠傳車：即轉車，經常準備好的車子，有快速事件皆用之。

於是范雎乃得見於離宮㈠，詳為不知永巷而入其中㈡。王來而宦者怒，逐之，曰「王至！」范雎繆㈢為曰：「秦安得王？秦獨有太后、穰侯耳㈣。」欲以感怒昭王㈤。昭王至，聞其與宦者爭

言，遂延迎，謝曰：「寡人宜以身受命久矣，會義渠之事急，寡人旦暮自請太后；今義渠之事已（六），寡人乃得受命。竊閔然不敏（七），敬執賓主之禮。」范雎辭讓。是日觀范雎之見者，羣臣莫不洒然變色易容者（八）。

【註】（一）離宮：長安故城，本秦離宮，在長安北十三里。（二）詳：即「佯」，偽裝。永巷：永，長也，宮中之長巷也，有稱後宮為永巷者。有時又為幽閉有罪宮女之處。（三）繆：故意胡說八道。（四）那聽說秦國有什麼王？只知道有太后與穰侯而已。（五）想藉此言刺激昭王使之發怒。（六）秦昭王時，義渠戎王與宣太后亂，有二子，宣后詐殺戎王於甘泉，遂起兵滅義渠。（七）閔然：即「惛然」自言昏闇無才也。（八）洒然：由於恐怖心理而變色的樣子。」

秦王屏左右（一），宮中虛無人。秦王跽（二）而請曰：「先生何以幸教寡人？」范雎曰：「唯唯（三）。」有閒，秦王復跽而請曰：「先生何以幸教寡人？」范雎曰：「唯唯。」若是者三（四）。秦王跽曰：「先生卒不幸教寡人邪？」范雎曰：「非敢然也。臣聞昔者呂尚之遇文王也，身為漁父而釣於渭濱耳。若是者，交疏也（五）。

已說而立為太師（六），載與俱歸者，其言深也（七）。故文王遂收功於呂尚而卒王天下。鄉使文王疏呂尚而不與深言（八），是周無天子之德，而文武無與成其王業也。今臣羈旅之臣也（九），交疏於王（一〇），而所願陳者皆匡君之事，處人骨肉之閒（二），願效愚忠而未知王之心也。此所以王三問而不敢對者也。臣非有畏而不敢言也。臣知今日言之於前而明日伏誅於後，然臣不敢避也。大王信行臣之言（三），死不足以為臣患，亡不足以為臣憂，漆身為厲（三）被髮為狂，不足以為臣恥。且以五帝之聖焉而死，三王之仁焉而死，五伯之賢焉而死，烏獲、任鄙之力焉而死，成荊、孟賁（四）、王慶忌、夏育之勇焉而死（五）。死者，人之所必不免也。處必然之勢，可以少有補於秦（六），此臣之所大願也，臣又何患哉！伍子胥橐載而出昭關（七），夜行晝伏，至於陵水（八），無以餬其口，踦行蒲伏（九），稽首肉袒（二〇），鼓腹吹篪（三），乞食於吳市，卒興吳國，闔閭為伯。使臣得盡謀如伍子胥，加之以幽囚，終身不復見，是臣之說行也，臣又何憂？箕子、接輿漆身為厲（三），被髮為狂，無益於主。

假使臣得同行於箕子，可以有補於所賢之主，是臣之大榮也，臣有何恥？臣之所恐者，獨恐臣死之後，天下見臣之盡忠而身死，因以是杜口裹足(三)，莫肯鄉秦耳(四)。足下上畏太后之嚴，下惑於姦臣之態(五)，居深宮之中，不離阿保之手(六)，終身迷惑，無與昭姦(七)。大者宗廟滅覆，小者身以孤危，此臣之所恐耳。若夫窮辱之事，死亡之患，臣不敢畏也。臣死而秦治，是臣死賢於生。」秦王跽曰：「先生是何言也！夫秦國辟遠(八)，寡人愚不肖，先生乃幸辱至於此，是天以寡人慁先生(九)而存先王之宗廟也。寡人得受命於先生，是天所以幸先王，而不弃其孤也。先生奈何而言若是！事無小大，上及太后，下至大臣，願先生悉以教寡人，無疑寡人也。」范雎拜，秦王亦拜。

【註】　(一)屏：退也，使左右之人皆退出。　(二)跽：跪也。古時，席地而坐，表示敬意時，則兩膝枝地，即謂之跽也。跽，音忌（ㄐㄧˋ）。　(三)唯唯：是的！是的！　(四)這樣的只答而不言，有三次之多。所以試探王心是不是真的要請教。　(五)交情不夠。　(六)既而悅納其言論。說：即「悅」。　(七)言論深切。　(八)鄉使：即「向使」，倘使，倘若。　(九)我是一個暫時寄身如同住旅館一樣的人。　(一〇)與王的交情不

夠。

(一) 而我所願說的，都是匡救君王的，而且都是有關於你們骨肉之間的事情。 (二) 信：誠然，如果

真是。 (三) 厲：音賴（ㄌㄞˋ），癩病也。言其以漆塗身，生瘡如病癩也。 (四) 成荆：古勇士。孟賁：衞

人，勇士。 (五) 慶忌：吳王僚之子。夏育：衞人，力舉千鈞。 (六) 少：稍微的。 (七) 橐：音陀（ㄊㄨㄛˊ），

沒有底的囊。伍子胥因為逃亡，過昭關時，藏身於囊內，載之而出，恐為人所識破也。昭關：在安徽

含山縣西北，因山為關，春秋時代為吳楚往來之要道。 (八) 陵水：即溧水，亦名瀨水，東流為永陽江，

江上有渚，曰瀨渚，即伍子胥乞食投金處。 (九) 郝行：蒲伏：即匍匐，在地上爬著走。 (一〇) 稽

首：叩首。肉袒：袒露身肉。 (一一) 以口吹簫，以手擊腹，作為打拍子，配合節奏。篪：音馳（ㄔ），

簫一類的樂器。 (一二) 接輿：楚人，姓陸，名通，字接輿，昭王時，政令無常，乃被髪佯狂不仕，時人

謂之「楚狂」。 (一三) 杜口不敢言，裹足不敢行。 (一四) 鄉：即「向」。 (一五) 態：諂媚的姿態。 (一六) 阿保：保

姆也。 (一七) 不能明察奸佞。 (一八) 辟：即「僻」，偏僻之地區。 (一九) 悶：音混（ㄏㄨㄣˋ），辱沒，攪擾。

范雎曰：「大王之國，四塞以為固，北有甘泉、谷口 (一)，南帶

涇、渭，右隴、蜀，左關、阪 (二)，奮擊百萬，戰車千乘，利則出

攻，不利則入守，此王者之地也。民怯於私鬬而勇於公戰，此

王者之民也。王幷此二者而有之。夫以秦卒之勇，車騎之眾，

以治諸侯，譬若施韓盧而搏蹇兔也 (三)，霸王之業可致也 (四)，而羣

臣莫當其位。至今閉關十五年，不敢窺兵於山東者，是穰侯為秦謀不忠，而大王之計有所失也。」秦王跽曰：「寡人願聞失計。」

【註】　㊀甘泉：甘泉山一名鼓原，俗名磨石嶺，在陝西淳化縣西北。㊁關：函谷關。阪：商州一帶的山坡地區。㊂韓盧寒涼，故謂此谷為寒門，在陝西涇陽縣西北。㊁關：函谷關。谷口：仲山之谷口也，以其地者，天下之壯犬也。韓人呼犬為盧。謂以壯犬而戰跛腿的兔子，言其絕對可以戰勝也。塞：跛足也。音檢（ㄐㄧㄢˇ）。㊃致：得到，達成。

然左右多竊聽者，范雎恐，未敢言內，先言外事，以觀秦王之俯仰㊀。因進曰：「夫穰侯越韓、魏而攻齊綱壽，非計也。少出師則不足以傷齊，多出師則害於秦。臣意王之計，欲少出師而悉韓、魏之兵，則不義矣。今見與國之不親也，越人之國而攻，可乎？其於計疏矣㊁。且昔齊湣王南攻楚，破軍殺將，再辟地千里㊂，而齊尺寸之地無得焉者，豈不欲得地哉？形勢不能有也。諸侯見齊之罷獘㊃，君臣之不和也，興兵而伐齊，大破之。士辱兵頓㊄，皆咎其王，曰：『誰為此計者乎？』王曰：

『文子為之⑹。』大臣作亂，文子出走。故齊所以大破者，以其伐楚而肥韓、魏也。此所謂借賊兵而齎盜糧者也⑺。王不如遠交而近攻⑻，得寸則王之寸也，得尺亦王之尺也。今釋此而遠攻，不亦繆乎！且昔者中山之國地方五百里，趙獨吞之，功成名立而利附焉，天下莫之能害也。今夫韓、魏，中國之處⑼而天下之樞也，王其欲霸，必親中國以為天下樞，以威楚、趙。楚彊則附趙，趙彊則附楚，楚、趙皆附，齊必懼矣。齊懼必卑辭重幣以事秦。齊附而韓、魏因可虜也。」昭王曰：「吾欲親魏久矣，而魏多變之國也⑽，寡人不能親，請問親魏奈何？」對曰：「王卑詞重幣以事之；不可，則割地而賂之；不可，因舉兵而伐之。」王曰：「寡人敬聞命矣。」乃拜范雎為客卿，謀兵事。卒聽范雎謀，使五大夫綰伐魏，拔懷⑵。後二歲，拔邢丘⑶。

【註】　㈠以觀察秦王之俯仰，如果是俯，就是俯首贊成；如果是仰，就是不耐煩，仰天打哈哈。一俯一仰，可以看出秦王之態度。　㈡此種計謀，即是疏忽，粗心大意，未經大腦考慮。　㈢辟：即「闢」字。　㈣罷弊：即「疲弊」。　㈤兵受頓挫。　㈥文子：田文，即孟嘗君。　㈦借賊人以武器而供給盜者

以食糧。齎：音基（ㄐㄧ），供給。　⑧遠交近攻：是秦國向外擴張最有利的政策，由范雎提出。　⑨處：

正中之位置也。　⑩變：變詐百出。　⑪懷：河南沁陽縣。　⑫邢丘：河南溫縣東有平皋故城，即古邢

丘地。

客卿范雎復說昭王曰：「秦韓之地形，相錯如繡。秦之有韓也，譬如木之有蠹也⑴，人之有心腹之病也。天下無變則已，天下有變，其為秦患者孰大於韓乎？王不如收韓。」昭王曰：「吾固欲收韓，韓不聽，為之奈何？」對曰：「韓安得無聽乎？王下兵而攻滎陽，則鞏、成皋之道不通⑵。北斷太行之道，則上黨之師不下⑶。王一興兵而攻滎陽，則其國斷而為三⑷。夫韓見必亡，安得不聽乎？若韓聽，而霸事因可慮矣。」王曰：「善。」且欲發使於韓。

【註】　⑴蠹：音妬（ㄉㄨˋ），蝕柱蟲。　⑵成皋：河南氾水，險要之地為虎牢關。　⑶切斷太行山之路線，則上黨（山西長治縣）的軍隊，不能南下。　⑷把韓國打成三片，黃河以北是一片，新鄭以南是一片，宜陽郡又是一片，三片不能聯合，成為三片孤立地區。

范雎日益親，復說用數年矣，因請閒說曰〔一〕：「臣居山東時，聞齊之有田文，不聞其有王也；聞秦之有太后、穰侯、華陽、高陵、涇陽，不聞其有王也。夫擅國之謂王，能利害之謂王，制殺生之威之謂王〔二〕。今太后擅行不顧〔三〕，穰侯出使不報〔四〕，華陽、涇陽等擊斷無諱〔五〕，高陵進退不請〔六〕。四貴備而國不危者，未之有也。為此四貴者下，乃所謂無王也。然則權安得不傾，令安得從王出乎？臣聞善治國者，乃內固其威而外重其權。穰侯使者操王之重，決制於諸侯，剖符於天下，政適伐國〔七〕，莫敢不聽。戰勝攻取則利歸於陶國〔八〕，樊御於諸侯〔九〕；戰敗則結怨於百姓，而禍歸於社稷。詩曰『木實繁者披其枝〔一〇〕，披其枝者傷其心〔一一〕；大其都者危其國，尊其臣者卑其主』。崔杼、淖齒管齊，射王股，擢王筋〔一二〕，縣之於廟梁，宿昔而死〔一三〕。李兌管趙，囚主父於沙丘，百日而餓死〔一四〕。今臣聞秦太后、穰侯用事，高陵、華陽、涇陽佐之，卒無秦王，此亦淖齒、李兌之類也。且夫三代所以亡國者，君專授政，縱酒馳騁弋獵，不聽政事。其所授者，妒賢

嫉能，御下蔽上，以成其私，不為主計，而主不覺悟，故失其國。今自有秩以上至諸大吏，下及王左右，無非相國之人者。見王獨立於朝〔一五〕，臣竊為王恐，萬世之後，有秦國者非王子孫也。」昭王聞之大懼，曰：「善。」於是廢太后，逐穰侯、高陵、華陽、涇陽君於關外。秦王乃拜范雎為相。收穰侯之印，使歸陶，因使縣官給車牛以徙，千乘有餘。到關，關閱其寶器，寶器珍怪多於王室。

【註】〔一〕說：讀「稅」，建議。　〔二〕控制著生殺的威權之謂王。　〔三〕擅自行動不顧一切。　〔四〕出使於外不作報告。　〔五〕隨便打人殺人毫無忌諱。　〔六〕進退人員不曾請示。　〔七〕政適：即「征敵」。　〔八〕穰侯又封於定陶。　〔九〕弊：害也。御：加也。有害則加於諸侯。御，讀「迓」。　〔一〇〕樹木的果實結得過多，就要把樹枝壓得披靡不堪。　〔一一〕樹枝過分的披靡，就會傷及到樹心。　〔一二〕崔杼弒其君齊莊公。淖齒：楚人，為齊湣王之臣。管齊：管制齊國的政權。結果，崔杼射莊公之股，淖齒拔湣王之筋。　〔一三〕宿昔：即「宿夕」，一夜而死。　〔一四〕李兌管制趙國政權，囚主父於沙丘（在河北平鄉縣東北），百日而餓死。　〔一五〕獨立：孤立。

秦封范睢以應⊖，號為應侯。當是時，秦昭王四十一年也。

【註】　⊖　應：在河南魯山縣東四十里。或云：河東臨晉縣有應亭。

范睢既相秦，秦號曰張祿，而魏不知，以為范睢已死久矣。魏聞秦且東伐韓、魏，魏使須賈於秦。范睢聞之，為微行⊖，敝衣閒步之邸⊜，見須賈。須賈見之而驚曰：「范叔固無恙乎⊝！」范睢曰：「然。」須賈笑曰：「范叔有說於秦邪？」曰：「不也。睢前日得過於魏相，故亡逃至此，安敢說乎！」須賈曰：「今叔何事？」范睢曰：「臣為人庸賃⊗。」須賈意哀之，留與坐飲食，曰：「范叔一寒如此哉⊕！」乃取其一綈袍以賜之。須賈因問曰：「秦相張君，公知之乎？吾聞幸於王，天下之事皆決於相君。今吾事之去留在張君。孺子豈有客習於相君者哉⊖？」范睢曰：「主人翁習知之。唯睢亦得謁，睢請為見君於張君。」須賈曰：「吾馬病，車軸折，非大車駟馬，吾固不出⊙。」范睢曰：「願為君借大車駟馬於主人翁。」

范雎歸取大車駟馬，為須賈御之，入秦相府。府中望見，有識者皆避匿。須賈怪之。至相舍門，謂須賈曰：「待我，我為君先入通於相君。」須賈待門下，持車良久，問門下曰：「范叔不出，何也？」門下曰：「無范叔。」須賈曰：「鄉者與我載而入者□。」門下曰：「乃吾相張君也。」須賈大驚，自知見賣，乃肉袒厀行，因門下人謝罪。於是范雎盛帷帳，侍者甚眾，見之。須賈頓首言死罪，曰：「賈不意君能自致於青雲之上□，賈不敢復讀天下之書，不敢復與天下之事。賈有湯鑊之罪□，請自屏於胡貉之地□，唯君死生之□！」范雎曰：「汝罪有幾？」曰：「擢賈之髮以續賈之罪，尚未足。」范雎曰：「汝罪有三耳。昔者楚昭王時而申包胥為楚卻吳軍，楚王封之以荊五千戶，包胥辭不受，為丘墓之寄於荊也。今雎之先人丘墓亦在魏，公

【註】

□ 微行：化裝，秘密行動，不使人知。

□ 穿著破爛的衣服，從小道到須賈所住的客舍去。

□ 須賈以為他早已死了，現在忽然見之，故大為吃驚，說道：「范叔，你原來還健在啊！」

□ 我為人家作工。

□ 范叔竟然凍得至於如此！

□ 習：熟識。

□ 非有高車駟馬，我絕對（固）不出門。

前以睢為有外心於齊而惡睢於魏齊，公之罪一也。當魏齊辱我
於廁中，公不止，罪二也。更醉而溺我，公其何忍乎？罪三矣。
然公之所以得無死者，以綈袍戀戀，有故人之意，故釋公〔六〕。」
乃謝罷。入言之昭王，罷歸須賈。

須賈辭於范睢，范睢大供具，盡請諸侯使，與坐堂上，食飲
甚設〔七〕。而坐須賈於堂下，置莝豆其前，令兩黥徒夾而馬食之〔八〕。
數曰〔九〕：「為我告魏王，急持魏齊頭來！不然者，我且屠大梁。」

須賈歸，以告魏齊。魏齊恐，亡走趙，匿平原君所。

范睢既相，王稽謂范睢曰：「事有不可知者三，有不可奈何
者亦三。宮車一日晏駕〔一〇〕，是事之不可知者一也。君卒然捐館
舍，是事之不可知者二也〔二〕。使臣卒然填溝壑，是事之不可知者
三也〔三〕。宮車一日晏駕，君雖恨於臣，無可奈何〔三〕。君卒然捐館
舍，君雖恨於臣，亦無可奈何〔四〕。使臣卒然填溝壑，君雖恨於
臣，亦無可奈何〔五〕。」范睢不懌〔六〕，乃入言於王曰：「非王稽之
忠，莫能內臣於函谷關〔七〕；非大王之賢聖，莫能貴臣。今臣官至

於相，爵在列侯，王稽之官尚止於謁者，非其內臣之意也〔六〕。」昭王召王稽，拜為河東守，三歲不上計〔九〕。又任鄭安平，昭王以為將軍。范雎於是散家財物，盡以報所嘗困厄者。一飯之德必償，睚眦之怨必報〔三〕。

【註】〔一〕鄉者：即「向者」，剛才。〔二〕青雲：比喻崇高的地位。我料不到你能自己致身於這樣飛黃騰達的高位。〔三〕我罪大惡極，應當以湯鑊烹我。〔四〕請准許我自己把我摒棄到那些野蠻人種的地方。〔五〕我的死生全聽你的處理。〔六〕你有三大罪，但是你之所以得能不死者，念起你熱腸戀戀的贈我以綈袍，頗有老朋友的意思，所以才把你釋放了。〔七〕設：豐富、豐盛。〔八〕莝豆：莝，通「剉」（ㄘㄨㄛ），斬截草物，所以餵牲畜。豆：餵牲畜之器具。即謂把餵牲畜的器物，放在他的面前，叫兩個犯過罪，頭上刺過字的餵馬者，在兩邊夾持著他，如同餵馬似的叫他吃。以侮辱之。〔九〕數：責斥他。〔一〇〕宮車：代表君王。晏駕：不早朝，即謂死亡。即謂君王一日死亡，是不可知之事。〔一一〕卒然：忽然。捐館舍：亦謂館舍而不住，就是入士為安了。即謂你忽然死亡，也是不可知之事。〔一二〕填溝壑：亦是死亡。即謂我什麼時候死亡，也是不可知之事。〔一三〕恨：抱歉，自恨對不起人。如果君王一旦死了，你即使抱歉著自恨對不起我，以為沒有早日在君王面前提拔我，那還有什麼用處呢？〔一四〕如果你一旦死了，你即使抱歉著自恨對不起我，以為沒有早日任用我，那也是沒有什麼用處啊。〔一五〕如

果我一旦死了，你即使抱歉著自恨對不起我，以為沒有早日幫忙我，那又是沒有什麼用處啊。㈥憚……

喜。㈦內：即「納」，引進。㈧內字亦作「納」講。㈨郡守主管治民、進賢、勸功、決訟、檢姦諸事，常以春月，行各縣，勸民農桑，振救乏絕。秋冬遣公平善良之吏，案訊問諸囚，平其罪法，論課殿最。到了歲終，遣吏上計，報告全部工作。而王稽為太守，三年就不呈交報告。㈩睚眦之怨：張目忤視，曰睚眦。言其對於一眼不合之小怨，亦必報復。睚，音崖（一ㄞ），眼際。眦：同眥，音砦（ㄓㄞ），眼眶。

【註】㈠少曲：與高平相近之地。高平：今山西高平縣。蘇代曰：「起少曲，一日而斷太行」，可見距太行山不遠。

范睢相秦二年，秦昭王之四十二年，東伐韓少曲、高平，拔之㈠。

秦昭王聞魏齊在平原君所，欲為范睢必報其仇，乃詳㈠為好書遺平原君曰㈡：「寡人聞君之高義，願與君為布衣之友，君幸過寡人，寡人願與君為十日之飲。」平原君畏秦，且以為然，而入秦見昭王。昭王與平原君飲數日，昭王謂平原君曰：「昔周

文王得呂尚以為太公，齊桓公得管夷吾以為仲父，今范君亦寡人之叔父也。范君之仇在君之家，願使人歸取其頭來；不然，吾不出君於關。」范君之仇魏齊在平原君之家，急，魏齊夜亡出，見趙相虞卿。虞卿度趙王終不可說，乃解其相印，與魏齊亡，閒行，念諸侯莫可以急抵者，乃復走大梁，欲因信陵君以走楚。信陵君聞之，畏秦，猶豫未肯見，曰：「虞卿何如人也？」時侯嬴在旁，曰：「人固未易知，知人亦未易也⑤。夫虞卿躡屩擔簦，一見趙王，賜白璧一雙，黃金百鎰；再見，拜為上卿；三見，卒受相印，封萬戶侯。當此之時，天下爭知之。夫魏齊窮困過虞卿，虞卿不敢重爵祿之尊，解相印，捐萬戶侯而閒行。急士之窮而歸公子，公子曰『何如人』。人固不易知，

吾不出君於關。」平原君曰：「貴而為交者，為賤也；富而為交者，為貧也④。夫魏齊者，勝之友也，在，固不出也，今又不在臣所。」昭王乃遺趙王書曰：「王之弟在秦，范君之仇魏齊在平原君之家。王使人疾持其頭來；不然，吾舉兵而伐趙，又不出王之弟於關。」趙孝成王乃發卒圍平原君家，急，魏齊夜亡出，見趙相虞卿③。

知人亦未易也！」信陵君大慙六，駕如野迎之七。魏齊聞信陵君之初難見之，怒而自剄。趙王聞之，卒取其頭予秦。秦昭王乃出平原君歸趙。

【註】 ㈠詳：即「佯」，偽裝。 ㈡好書：拉攏好感的信。 ㈢貴的時候結交朋友，為的是準備一旦賤的時候可以有用。 ㈣富的時候結交朋友，為的是準備一旦貧的時候可以幫忙。 ㈤人實在是不容易知道，知人也真正是不容易啊！ ㈥信陵君一聽此言，大為慚愧，因為他平常以濟傾救難慷慨好義號召於世，現在虞卿有難，投奔門下，而信陵君膽小遲疑，不願收容，這是整個把他的面目真相暴露出來了，經侯嬴這兩句話一挖苦，他當然慚愧無地。 ㈦如：往。

昭王四十三年，秦攻韓汾陘，拔之，因城河上廣武一。後五年，昭王用應侯謀，縱反間賣趙，趙以其故，令馬服子代廉頗將。秦大破趙於長平，遂圍邯鄲。已而與武安君白起有隙，言而殺之。任鄭安平，使擊趙。鄭安平為趙所圍，急，以兵二萬人降趙。應侯席藁請罪二。秦之法，任人而所任不善者，各以其罪罪之三。於是應侯罪當收三族。秦昭王恐傷應侯之意，

二四六二

乃下令國中：「有敢言鄭安平事者，以其罪罪之。」而加賜相國應侯食物日益厚，以順適其意。後二歲，王稽為河東守，與諸侯通，坐法誅。而應侯日益以不懌四。

【註】㊀陘：音刑（ㄒㄧㄥˊ），此地大概在韓之西界，與汾相近。按陘庭故城在山西曲沃縣。廣武：河南廣武縣。㊁席稾：以禾稈為席而坐其上。㊂秦國的法律：推舉人者，其所推舉之人犯法，則推舉者受同等之罪。㊃懌：音譯（ㄧˋ），喜樂。

昭王臨朝歎息，應侯進曰：「臣聞『主憂臣辱，主辱臣死』。今大王中朝而憂，臣敢請其罪。」昭王曰：「吾聞楚之鐵劍利而倡優拙㊀。夫鐵劍利則士勇，倡優拙則思慮遠。夫以遠思慮而御勇士，吾恐楚之圖秦也。夫物不素具，不可以應卒㊁。今武安君既死，而鄭安平等畔，內無良將而外多敵國，吾是以憂。」

昭王欲以激勵應侯。應侯懼，不知所出㊂。蔡澤聞之，往入秦也。

【註】㊀倡優拙：拙，同「絀」，減除，不發達。㊁卒：同猝。㊂武安君死於應侯之手，而叛將鄭安平又係應侯推薦之人，昭王既悲傷於武安君之死，又痛恨於鄭安平之叛，是即對應侯不滿之明

證，故應侯懼不知所出。

蔡澤者，燕人也。游學干諸侯（一），小大甚眾，不遇（二）。而從唐舉相（三），曰：「吾聞先生相李兌，曰『百日之內持國秉（四）』，有之乎？」曰：「有之。」曰：「若臣者何如？」唐舉孰視（五）而笑曰：「先生曷鼻（六），巨肩（七），魋顏（八），蹙齃（九），膝攣（一○）。吾聞聖人不相，殆先生乎？」蔡澤知唐舉戲之，乃曰：「富貴吾所自有，吾所不知者壽也（一一），願聞之。」唐舉曰：「先生之壽，從今以往者四十三歲（一二）。」蔡澤笑謝而去（一三），謂其御者曰：「吾持粱刺齒肥（一五），躍馬疾驅（一六），懷黃金之印（一七），結紫綬於要（一八），揖讓人主之前（一九），食肉富貴（二○），四十三年足矣（二一）。」去之趙（二二），見逐（二三）。之韓、魏，遇奪釜鬲於塗（二四）。聞應侯任鄭安平、王稽皆負重罪於秦，應侯內慙，蔡澤乃西入秦。

【註】　（一）干：求用。　（二）小小大大的諸侯，他都干求過，但是，都不曾遇合。　（三）請唐舉給他看相。　（四）國秉：即「國柄」，國家政權。　（五）孰視：即「熟視」，仔細端詳。　（六）曷鼻：王念孫曰：「曷，讀為『遏』，曷鼻者傴鼻也，傴鼻者，仰鼻也。」俗話說是「露窗」的鼻子。但以「草上之風必偃」的字

義而解，偃者，仆也，那又是「塌鼻子」的意義了。有人又解「遏」字為「蝎」字，言其鼻子長得如蝎蟲似的。總之，鼻子長得不正常，不好看。㊆巨肩：高的肩膀。肩膀高，就是脖子相對的短。㊇齫顏：齫，音頦（ㄊㄟˊ），額出也，上部額出，則下部必相對的後縮，俗所謂「凹斗臉」。㊈麼齃：麼，短也。齃，音曷（ㄏㄜˊ），鼻莖也。言其鼻莖之短，鼻莖短，則眉與鼻過於逼近矣。㊉郄攣：郄，膝也。攣，彎曲也。言其雙膝彎曲也。這樣的塌鼻子，短脖頸，凹斗臉，眉鼻連，雙膝彎，就構成了蔡澤先生的一副尊相。㊁唐舉先生是個大相士，看到蔡澤先生這副尊相，實在不敢恭維，只好幽他一默，說道：「我聽說聖人不在乎形相，大概就是指先生而言吧。」㊂蔡澤知道唐舉是開他的玩笑，就說道：「富貴是我所本有的，但是我不知道究竟能活多大年歲？」㊃蔡澤聽了之後，笑笑，謝謝而去。

壽命，從現在算起，還有四十三年。」㊄對他的駕車的人說：「先生的

「捧持粱米，吃著肥肉（刺齒肥：「刺齒」兩字為複音字，拼音成為一個字，就是「吃」字。吃肥，即吃肥肉。）㊅乘著高頭大馬，風馳電閃的疾驅。㊇懷中裏著黃金的封印。㊆腰上結著紫綬的大帶。㊄在人主之前，彼此相揖相讓。㊂吃著肥肉，享受榮華富貴。㊀能夠再有四十三年，也就足夠足夠的了。㊂之…往。㊂被逐。㊃往韓、魏去，在半途中，遇著了強盜，把他的烹飪的傢伙也搶去了。〔釜…烹飪之器。鬲，音利（ㄌㄧˋ），亦烹器。〕

將見昭王，使人宣言以感怒㊀應侯曰：「燕客蔡澤，天下雄俊

弘辯智士也。彼一見秦王，秦王必困君而奪君之位。」應侯聞，曰：「五帝三代之事，百家之說，吾既知之，眾口之辯，吾皆摧之，是惡能困我而奪我位乎㈡？」使人召蔡澤。蔡澤入，則揖應侯。應侯固不快㈢，及見之，又倨㈣，應侯因讓㈤之曰：「子嘗宣言欲代我相秦，寧有之乎？」對曰：「然。」應侯曰：「請聞其說。」蔡澤曰：「吁，君何見之晚也！夫四時之序，成功者去。夫人生百體堅彊，手足便利，耳目聰明而心聖智，豈非士之願與？」應侯曰：「然。」蔡澤曰：「質仁秉義㈥，行道施德，得志於天下，天下懷樂敬愛而尊慕之，皆願以為君王，豈不辯智之期與㈦？」應侯曰：「然。」蔡澤復曰：「富貴顯榮，成理萬物，使各得其所；性命壽長，終其天年而不夭傷；天下繼其統，守其業，傳之無窮，名實純粹，澤流千里，世世稱之而無絕，與天地終始：豈道德之符而聖人所謂吉祥善事者與㈧？」應侯曰：「然。」

蔡澤曰：「若夫秦之商君，楚之吳起，越之大夫種，其卒然

亦可願與⑨？」應侯知蔡澤之欲困已以說，復謬⑩曰：「何為不可？夫公孫鞅之事孝公也，極身無貳慮，盡公而不顧私；設刀鋸以禁姦邪，信賞罰以致治；披腹心，示情素，蒙怨咎，欺舊友，奪魏公子卬，安秦社稷，利百姓，卒為秦禽將破敵，攘地千里。吳起之事悼王也，使私不得害公，讒不得蔽忠，言不取苟合，行不取苟容，不為危易行⑤，行義不辟難，然為霸主強國，不辭禍凶。大夫種之事越王也，主雖困辱，悉忠而不解⑥，主雖絕亡，盡能而弗離⑦，成功而弗矜，貴富而不驕怠。若此三子者，固義之至也，忠之節也。是故君子以義死難，視死如歸；生而辱不如死而榮。士固有殺身以成名，唯義之所在，雖死無所恨。何為不可哉？」

【註】 ○一感怒：刺激他使之發怒。 ○二他怎能窘困我而奪去我的位置呢？ ○三固不快：本來就不快活。 ○四倨：態度傲慢。 ○五讓：責斥。 ○六以仁為本質，而秉（奉行）之以義理。 ○七豈不是辯智者之所期望的嗎？ ○八豈不是道德的符驗而聖人之所謂吉祥善事者嗎？（此句，「豈」字下，應有一「非」字。） ○九卒然：猝然，忽然而死。言他們之猝然而死，也是可以甘願的嗎？ ○十謬：故作反

對的論調，而其實心中不願。　㈡ 不因為危險而改變其行為。　㈢ 解：即「懈」，言其盡忠而不懈怠。　㈢ 竭

盡其能力而不有離心。

蔡澤曰：「主聖臣賢，天下之盛福也；君明臣直，國之福也；父慈子孝，夫信妻貞，家之福也。故比干忠而不能存殷，子胥智而不能完吳，申生孝而晉國亂。是皆有忠臣孝子，而國家滅亂者，何也？無明君賢父以聽之，故天下以其君父為僇辱而憐其臣子。今商君、吳起、大夫種之為人臣，是也；其君，非也。故世稱三子致功而不見德，豈慕不遇世死乎㈠？夫待死而後可以立忠成名，是微子不足仁，孔子不足聖，管仲不足大也，夫人之立功，豈不期於成全邪？身與名俱全者，上也。名可法而身死者，其次也。名在僇辱而身全者，下也㈢。」於是應侯稱善。

蔡澤少得閒，因曰：「夫商君、吳起、大夫種，其為人臣盡忠致功則可願矣，閎夭事文王，周公輔成王也，豈不亦忠聖乎？以君臣論之，商君、吳起、大夫種其可願孰與閎夭、周公哉？」應侯曰：「商君、吳起、大夫種弗若也。」蔡澤曰：「然則君

之主慈仁任忠，惇厚舊故，其賢智與有道之士為膠漆，義不倍功臣，孰與秦孝公、楚悼王、越王乎？」應侯曰：「未知何如也。」蔡澤曰：「今主親忠臣，不過秦孝公、楚悼王、越王，君之設智，能為主安危修政，治亂彊兵，批患折難〔三〕，廣地殖穀，富國足家，彊主，尊社稷，顯宗廟，天下莫敢欺犯其主，主之威蓋震海內，功彰萬里之外，聲名光輝傳於千世，君孰與商君、吳起、大夫種？」應侯曰：「不若。」蔡澤曰：「今主之親忠臣不忘舊故不若孝公、悼王、句踐，而君之功績愛信親幸又不若商君、吳起、大夫種，然而君之祿位貴盛，私家之富過於三子，而身不退者，恐患之甚於三子，竊為君危之。語曰『日中則移，月滿則虧』。物盛則衰，天地之常數也。進退盈縮，與時變化，聖人之常道也。故『國有道則仕，國無道則隱』。聖人曰『飛龍在天，利見大人』。『不義而富且貴，於我如浮雲』。今君之怨已讎〔四〕而德已報，意欲至矣，而無變計，竊為君不取也。且夫翠、鵠、犀、象，其處勢非不遠死也，而

所以死者，惑於餌也。蘇秦、智伯之智，非不足以辟辱遠死也⑤，而所以死者，惑於貪利不止也。是以聖人制禮節欲，取於民有度，使之以時，用之有止，故志不溢，行不驕，常與道俱而不失，故天下承而不絕。昔者齊桓公九合諸侯，一匡天下，至於葵丘之會，有驕矜之志，畔者九國。吳王夫差兵無敵於天下，勇彊以輕諸侯，陵齊晉，故遂以殺身亡國。夏育、太史嚙叱呼駭三軍⑥，然而身死於庸夫。此皆乘至盛而不返道理，不居卑退處儉約之患也⑦。夫商君為秦孝公明法令，禁姦本，尊爵必賞，有罪必罰，平權衡，正度量，調輕重，決裂阡陌，以靜生民之業而一其俗⑧，勸民耕農利土，一室無二事，力田稸積，習戰陳之事⑨，是以兵動而地廣，兵休而國富，故秦無敵於天下，立威諸侯，成秦國之業。功已成矣，而遂以車裂。楚地方數千里，持戟百萬，白起率數萬之師以與楚戰，一戰舉鄢郢以燒夷陵，再戰南并蜀漢。又越韓、魏而攻彊趙，北阬馬服，誅屠四十餘萬之眾，盡之于長平之下，流血成川，沸聲若靁⑩，遂入圍邯

郫，使秦有帝業。楚、趙天下之彊國而秦之仇敵也，自是之後，
楚、趙皆懾伏不敢攻秦者，白起之勢也。身所服者七十餘城，
功已成矣，而遂賜劍死於杜郵。吳起為楚悼王立法，卑減大臣
之威重，罷無能，廢無用，損不急之官，塞私門之請，一楚國
之俗，禁游客之民，精耕戰之士，南收楊越，北幷陳、蔡，破
橫散從，使馳說之士無所開其口，禁朋黨以勵百姓，定楚國之
政，兵震天下，威服諸侯。功已成矣，而卒枝解〔二〕。大夫種為越
王深謀遠計，免會稽之危，以亡為存，因辱為榮，墾草入邑，
辟地殖穀，率四方之士，專上下之力，輔句踐之賢，報夫差之
讎，卒擒勁吳，令越成霸。功已彰而信矣，句踐終負而殺之。
此四子者，功成不去，禍至於此。此所謂信而不能詘〔三〕，往而不
能返者也〔三〕。范蠡知之，超然辟世〔四〕，長為陶朱公。君獨不觀夫
博者乎？或欲大投〔五〕，或欲分功〔六〕，此皆君之所明知也。今君相
秦，計不下席，謀不出廊廟，坐制諸侯，利施三川，以實宜陽，
決羊腸之險，塞太行之道，又斬范、中行之塗，六國不得合從，

棧道千里，通於蜀漢，使天下皆畏秦，秦之欲得矣，君之功極矣，此亦秦之分功之時也。如是而不退，則商君、白公、吳起、大夫種是也。吾聞之，『鑒於水者見面之容，鑒於人者知吉與凶』。書曰『成功之下，不可久處』。四子之禍，君何居焉㈦？君何不以此時歸相印，讓賢者而授之，退而巖居川觀，必有伯夷之廉，長為應侯，世世稱孤，而有許由、延陵季子之讓，喬松之壽，孰與以禍終哉？即君何居焉㈥？忍不能自離，疑不能自決，必有四子之禍矣。易曰『亢龍有悔』，此言上而不能下，信而不能詘，往而不能自返者也。願君孰計之！」應侯曰：「善。吾聞『欲而不知止，失其所以欲；有而不知足，失其所以有』。先生幸教，睢敬受命。」於是乃延入坐，為上客。

【註】

㈠ 豈是羨慕他們不遇於世而死嗎？

㈡ 人之立功有上中下三等。功與名俱全者，是上等；名可法而身不全者，是次等；身全而名聲毀敗者，是下等。

㈢ 排除禍患，打退艱難。

㈣ 讎：報復。

㈤ 辟：即「避」。

㈥ 怒聲一呼而三軍震駭。

㈦ 趁著功名達於巔峯狀態的時候，而不知道返回於道理，不知道退處於謙卑的地位，所以遭致禍患。

㈧ 靜：安定。安定人民的生活而劃一其風俗。

㈨ 戰陳：戰

陣。

⑩靁：即「雷」。

⑪枝解：即「支解」，割裂其四肢，古之酷刑也。

⑫信：即「伸」。詘：即「屈」。言其能伸而不能屈。

⑬一往直前而不能後退。

⑭辟世：即「避世」。

⑮大投：孤注一擲，想著一投而全贏。

⑯分功：每次小投，分次而投，積小贏為大贏。

⑰四子之禍，都是前車之鑑，你何必蹈他們的覆轍呢？

⑱謙卑退讓，而有許由、延陵季子之名，有喬松之壽，比那些知進而不知退，卒致殺身之禍者，怎麼樣呢？你為什麼不走他們的路呢？

後數日，入朝，言於秦昭王曰：「客新有從山東來者蔡澤，其人辯士，明於三王之事，五伯之業，世俗之變，足以寄秦國之政⑴。臣之見人甚眾，莫及，臣不如也。臣敢以聞。」秦昭王召見，與語，大說之，拜為客卿。應侯因謝病請歸相印。昭王新說蔡澤計畫，遂彊起應侯，應侯遂稱病篤⑵。范睢免相，昭王拜為秦相，東收周室。

蔡澤相秦數月，人或惡之，懼誅，乃謝病歸相印，號為綱成君。居秦十餘年，事昭王、孝文王、莊襄王。卒事始皇帝，為秦使於燕，三年而燕使太子丹入質於秦。

【註】　⑴寄：委託。　⑵病篤：病勢嚴重。

太史公曰：韓子稱「長袖善舞，多錢善賈」，信哉是言也！范雎、蔡澤世所謂一切辯士①，然游說諸侯至白首無所遇者，非計策之拙，所為說力少也②。二及人羈旅入秦，繼踵取卿相，垂功於天下者，固彊弱之勢異也③。然士亦有偶合④，賢者多如此二子，不得盡意⑤，豈可勝道哉⑥！然二子不困厄，惡能激乎⑦？

【註】　① 有多方面的知識之辯士。　② 游說的能力不充足。　③ 范雎、蔡澤以旅客而入秦，接踵而取卿相之位，誠然是他們的能力強於別人，而別人的能力弱於他們。　④ 但是，天下事並不盡然，有的人能力並不強，然由於機會好而偶合。　⑤ 有的人能力很強，賢如范雎、蔡澤，然由於機會不好而終生不得志。　⑥ 這種情形太多了不可勝言。　⑦ 但是范雎、蔡澤如果不是所受的折磨太大，怎麼能激發起他們的志氣呢？

卷八十　樂毅列傳第二十

樂毅者，其先祖曰樂羊。樂羊為魏文侯將，伐取中山⑴，魏文侯封樂羊以靈壽⑵。樂羊死，葬於靈壽，其後子孫因家焉。中山復國，至趙武靈王時復滅中山，而樂氏後有樂毅。

【註】⑴中山：今河北定縣。　⑵靈壽：在河北靈壽縣西北十里，今名靈壽村。

樂毅賢，好兵，趙人舉之，及武靈王有沙丘之亂⑴，乃去趙適魏。聞燕昭王以子之之亂而齊大敗燕，燕昭王怨齊，未嘗一日而忘報齊也。燕國小，辟遠⑵，力不能制，於是屈身下士，先禮郭隗⑶以招賢者。樂毅於是為魏昭王使於燕，燕王以客禮待之。樂毅辭讓，遂委質為臣⑷，燕昭王以為亞卿，久之⑸。

【註】⑴沙丘：在河北平鄉縣東北。　⑵辟：即「僻」。　⑶郭隗：燕昭王問於郭隗曰：「寡人地狹民寡，齊人取薊八城，匈奴驅馳樓煩之下，以孤之不肖，得承宗廟，恐社稷危，存之有道乎？」隗曰：「帝者之臣，其名臣，其實師；王者之臣，其名臣，其實友；霸者之臣，其名臣，其實僕；危亡

國之臣，其名臣，其實虜。今王將自東面，目指氣使以求臣，則廝役之才至矣；南面聽朝，不失揖讓

之禮以求臣，則人臣之才至矣；北面等禮，不乘之以勢以求臣，則朋友之才至矣；西面逡巡以求臣，

則師傅之才至矣。誠欲與王霸同道，隗請為天下之士開路。」於是常置隗為上客。㊃委質：質，身

體也。委，託也，委託其身體於人，即敬事他人也。為臣者，以身命委託於君上，即委質也。另有解

釋，謂「質」者，「贄」者，委託禮物於人，以敬事之，如「束修」之禮是也。此一解釋不如前解之

明確。㊄亞卿：次卿也。

當是時，齊湣王彊，南敗楚相唐眛於重丘㊀，西摧三晉於觀津㊁，

遂與三晉擊秦，助趙滅中山，破宋，廣地千餘里。與秦昭王爭

重為帝㊂，已而復歸之。諸侯皆欲背秦而服於齊。湣王自矜，百

姓弗堪。於是燕昭王問伐齊之事。樂毅對曰：「齊，霸國之餘

業也，地大人眾，未易獨攻也。王必欲伐之，莫如與趙及楚、

魏㊃。」於是使樂毅約趙惠文王，別使連楚、魏，令趙嚼說秦㊄以

伐齊之利。諸侯害齊湣王之驕暴，皆爭合從與燕伐齊。樂毅還

報，燕昭王悉起兵，使樂毅為上將軍，趙惠文王以相國印授樂

毅。樂毅於是并護趙、楚、韓、魏、燕之兵以伐齊，破之濟西。

諸侯兵罷歸，而燕軍樂毅獨追，至於臨菑。齊湣王之敗濟西，亡走，保於莒⑥。樂毅獨徇齊，齊皆城守。樂毅攻入臨菑，盡取齊寶財物祭器輸之燕。燕昭王大說，親至濟上勞軍，行賞饗士，封樂毅於昌國⑦，號為昌國君。於是燕昭王收齊鹵獲以歸⑧，而使樂毅復以兵平齊城之不下者。

【註】　一重丘：在山東德縣北。　二觀津：在山東觀城縣西。　三爭著再稱「帝」號。　四驕矜。　五啗：即「啖」，音淡（ㄉㄢ、），誘人以利。　六莒：今山東莒縣。　七昌國：在山東淄川縣。　八鹵獲：鹵，通

「擄」，搶掠。鹵獲：搶掠而得之物。

樂毅留徇齊五歲，下齊七十餘城，皆為郡縣以屬燕，唯獨莒、即墨未服一。會燕昭王死，子立為燕惠王三。惠王自為太子時嘗不快於樂毅，及即位，齊之田單聞之，乃縱反間於燕，曰：「齊城不下者兩城耳。然所以不早拔者，聞樂毅與燕新王有隙，欲連兵且留齊，南面而王齊。齊之所患，唯恐他將之來。」於是燕惠王固已疑樂毅三，得齊反間，乃使騎劫四代將，而召樂毅。

樂毅知燕惠王之不善代之，畏誅，遂西降趙。趙封樂毅於觀津，號曰望諸君㈤。尊寵樂毅以警動於燕、齊。

惠王派騎劫代替他為大將，存心不善。

【註】㈠即墨：山東即墨縣。㈡會：適逢。適：逢。㈢固：本來。㈣騎劫：燕將之姓名。㈤樂毅知道燕

齊田單後與騎劫戰，果設詐誑燕軍，遂破騎劫於即墨下，而轉戰逐燕，北至河上㈠。盡復得齊城，而迎襄王於莒，入于臨菑。

燕惠王後悔使騎劫代樂毅，以故破軍亡將失齊；又怨樂毅之降趙，恐趙用樂毅而乘燕之獘以伐燕。燕惠王乃使人讓樂毅㈡，且謝之曰：「先王舉國而委將軍，將軍為燕破齊，報先王之讎，天下莫不震動，寡人豈敢一日而忘將軍之功哉！會先王弃羣臣㈢，寡人新即位，左右誤寡人㈣。寡人之使騎劫代將軍，為將軍久暴露於外，故召將軍且休，計事。將軍過聽，以與寡人有隙㈤，遂捐燕歸趙。將軍自為計則可矣，而亦何以報先王之所以遇將軍之意乎？」樂毅報遺燕惠王書曰：

臣不佞⑹，不能奉承王命，以順左右之心，恐傷先王之明，有害足下之義，故遁逃走趙。今足下使人數之以罪⑺，臣恐侍御者不察先王之所以畜幸臣之理，又不白臣之所以事先王之心⑻，故敢以書對。

臣聞賢聖之君不以祿私親，其功多者賞之，其能當者處之。故察能而授官者，成功之君也；論行而結交者，立名之士也。臣竊觀先王之舉也，見有高世主之心⑼，故假節於魏⑽，以身得察於燕⑾。先王過舉⑿，廁之賓客之中⒀，立之羣臣之上，不謀父兄⒁，以為亞卿。臣竊不自知，自以為奉令承教，可幸無罪，故受令而不辭。

先王命之曰：「我有積怨深怒於齊，不量輕弱，而欲以齊為事⒂。」臣曰：「夫齊，霸國之餘業而最勝之遺事也。練於兵甲，習於戰攻。王若欲伐之，必與天下圖之。與天下圖之，莫若結於趙。且又淮北、宋地，楚魏之所欲也，趙若許而約四國攻之，齊可大破也。」先王以為然，具符節南使臣於趙。顧反

命〔一六〕，起兵擊齊，以天之道，先王之靈，河北之地隨先王而舉之濟上〔一七〕。濟上之軍受命擊齊，大敗齊人。輕卒銳兵，長驅至國。齊王遁而走莒，僅以身免；珠玉財寶車甲珍器盡收入于燕。齊器設於寧臺〔一八〕，大呂陳於元英〔一九〕，故鼎反乎磨室〔二〇〕，薊丘之植植於汶篁〔二一〕。自五伯已來，功未有及先王者也。先王以為慊於志〔二二〕，故裂地而封之，使得比小國諸侯。臣竊不自知，自以為奉命承教，可幸無罪，是以受命不辭。

臣聞賢聖之君，功立而不廢，故著於春秋；蚤知之士〔二三〕，名成而不毀，故稱於後世。若先王之報怨雪恥，夷萬乘之彊國〔二四〕，收八百歲之蓄積，及至弃羣臣之日，餘教未衰，執政任事之臣，脩法令，慎庶孼〔二五〕，施及乎萌隸〔二六〕，皆可以教後世。

臣聞之，善作者不必善成，善始者不必善終。昔伍子胥說聽於闔閭，而吳王遠迹至郢；夫差弗是也〔二七〕，賜之鴟夷而浮之江〔二八〕。吳王不寤先論之可以立功，故沈子胥而不悔；子胥不蚤見主之不同量，是以至於入江而不化〔二九〕。

夫免身立功，以明先王之迹，臣之上計也。離毀辱之誹謗（三），墮先王之名，臣之所大恐也。臨不測之罪（三），以幸為利（三），義之所不敢出也（三）。

臣聞古之君子，交絕不出惡聲（三）；忠臣去國，不絜其名（三）。臣雖不佞，數奉教於君子矣。恐侍御者之親左右之說，不察疏遠之行，故敢獻書以聞，唯君王之留意焉。

於是燕王復以樂毅子樂閒為昌國君；而樂毅往來復通燕，燕、趙以為客卿。樂毅卒於趙。

【註】（一）河上：舊滄、德二州之北河。（二）讓：責斥。（三）弃羣臣：死也。（四）左右之人使我陷於錯誤。（五）聽聞錯誤。（六）不佞：不才。（七）數：責怪。（八）白：瞭解。（九）有高出於世上一般君主的志氣。（一〇）持節為魏昭王出使於燕。（一一）由於燕國之明察，得以委質為臣。（一二）蒙先生過分的抬舉。（一三）廁：即「側」，列，參加。（一四）父兄：同姓羣臣。（一五）以伐齊為工作。（一六）回頭而報命。（一七）先王到了濟水之上，完全舉有河北之地。（一八）寧臺：在河北薊縣，燕都。（一九）元英：燕宮殿之名。大呂：齊鐘名。（二〇）曆室：燕宮名。（二一）薊丘所植的竹子，都是齊王汶上的竹子。箽：竹田也。（二二）慊：通「愜」，合意，滿意。（二三）蚤知：即「早知」，有先見之明。（二四）夷：平服。（二五）慎於嫡庶之分。（二六）萌：即「氓」，庶

民。㊵郢，楚都，吳王勝楚，故能遠足至郢。㊶鴟夷：革囊。吳王殺伍子胥，以革囊盛其屍而流之江中。㊷子胥不能早先看見吳王之沒有度量，所以他的屍體雖入江而不化。㊸離：同「罹」，陷入也。㊹身臨於測不透的罪名之下。㊺而猶貪圖萬一的僥倖以為利。㊻君子絕交，不出謾罵的惡聲。㊼忠臣去國，不洗刷自己的名譽。

樂閒居燕三十餘年，燕王喜用其相栗腹之計㊀，欲攻趙，而問昌國君樂閒。樂閒曰：「趙，四戰之國也，其民習兵，伐之不可。」燕王不聽，遂伐趙。趙使廉頗擊之，大破栗腹之軍於鄗㊁，禽栗腹、樂乘。樂乘者，樂閒之宗也。於是樂閒奔趙，趙遂圍燕。燕重割地以與趙和，趙乃解而去。

【註】㊀栗腹：人名。㊁鄗：河北柏鄉縣。

燕王恨不用樂閒，樂閒既在趙，乃遺樂閒書曰：「紂之時，箕子不用，犯諫不怠，以冀其聽；商容不達，身祇辱焉，以冀其變，及民志不入㊀，獄囚自出㊁，然後二子退隱。故紂負桀暴之累，二子不失忠聖之名。何者？其憂患之盡矣。今寡人雖愚，

二四八二

不若紂之暴也；燕民雖亂，不若殷民之甚也。室有語，不相盡以告鄰里㊂。二者，寡人不為君取也㊃。」

【註】

㊀民心不內向。　㊁政局混亂，無人管理，故獄囚自由散出。　㊂家中有是非之語，不可以全部宣揚於鄰里。意謂家醜不可外揚。　㊃我以為你們不當採取此種方法。

樂閒、樂乘怨燕不聽其計，二人卒留趙。趙封樂乘為武襄君。其明年，樂乘、廉頗為趙圍燕，燕重禮以和，乃解。後五歲，趙孝成王卒。襄王使樂乘代廉頗。廉頗攻樂乘，樂乘走，廉頗亡入魏，其後十六年而秦滅趙。

其後二十餘年，高帝過趙，問：「樂毅有後世乎？」對曰：「有樂叔。」高帝封之樂卿㊀，號曰華成君。華成君，樂毅之孫也。而樂氏之族有樂瑕公、樂臣公，趙且為秦所滅㊁，亡之齊高密。樂臣公善修黃帝、老子之言，顯聞於齊，稱賢師。

【註】

㊀樂卿：河北清苑縣。　㊁且：將是。

太史公曰：始齊之蒯通及主父偃讀樂毅之報燕王書，未嘗不廢書而泣也。樂臣公學黃帝、老子，其本師號曰河上丈人，不知其所出。河上丈人教安期生，安期生教毛翕公，毛翕公教樂瑕公，樂瑕公教樂臣公(一)，樂臣公教蓋公。蓋公教於齊高密、膠西，為曹相國師。

【註】(一)樂毅〈報燕王書〉情理並茂，氣勢充沛，非身處其境者，不能寫出此一熱淚縱橫之文章。為學習古文者最宜熟讀之一篇。

卷八十一　廉頗、藺相如列傳第二十一

廉頗者，趙之良將也。趙惠文王十六年，廉頗為趙將伐齊，大破之，取陽晉〔一〕，拜為上卿，以勇氣聞於諸侯。藺相如者，趙人也，為趙宦者令繆賢舍人。

趙惠文王時，得楚和氏璧。秦昭王聞之，使人遺趙王書，願以十五城請易璧〔二〕，趙王與大將軍廉頗諸大臣謀：欲予秦，秦城恐不可得，徒見欺；欲勿予，即患秦兵之來。計未定，求人可使報秦者，未得。宦者令繆賢曰：「臣舍人藺相如可使。」王問：「何以知之？」對曰：「臣嘗有罪，竊計欲亡走燕，臣舍人相如止臣，曰：『君何以知燕王？』臣語曰：『臣嘗從大王與燕王會境上，燕王私握臣手，曰「願結友」。以此知之，故欲往。』相如謂臣曰：『夫趙彊而燕弱，而君幸於趙王，故燕王欲結於君。今君乃亡趙走燕，燕畏趙，其勢必不敢留君，而束君歸趙矣〔三〕。君不如肉袒伏斧質請罪〔四〕，則幸得脫矣。』臣從

其計，大王亦幸赦臣。臣竊以為其人勇士，有智謀，宜可使。」
於是王召見，問藺相如曰：「秦王以十五城請易寡人之璧，可
予不？」相如曰：「秦彊而趙弱，不可不許。」王曰：「取吾
璧，不予我城，柰何？」相如曰：「秦以城求璧而趙不許，曲
在趙。趙予璧而秦不予趙城，曲在秦。均之二策，寧許以負秦
曲⑤。」王曰：「誰可使者？」相如曰：「王必無人⑥，臣願奉
璧往使。城入趙而璧留秦；城不入，臣請完璧歸趙。」趙王於
是遂遣相如奉璧西入秦。

【註】　㊀陽晉：在山東鄆城縣西。　㊁易：交換。　㊂把你綑綁起來送回趙國。　㊃肉袒：赤露上體。
斧質：質，同「鑕」，斬人之鐵墊。罪犯伏身鐵墊之上，以斧斬之。　㊄這兩種策略，我們寧願答應
秦國，使他負理曲的責任。　㊅必：如果。

秦王坐章臺見相如，相如奉璧奏秦王。秦王大喜，傳以示美
人及左右㊀，左右皆呼萬歲。相如視秦王無意償趙城，乃前曰：
「璧有瑕㊁，請指示王。」王授璧，相如因持璧卻立㊂倚柱，怒

髮上衝冠，謂秦王曰：「大王欲得璧，使人發書至趙王，趙王悉召羣臣議，皆曰『秦貪，負其彊㈣，以空言求璧，償城恐不可得』。議不欲予秦璧。臣以為布衣之交尚不相欺㈤，況大國乎！且以一璧之故逆彊秦之驩㈥，不可。於是趙王乃齋戒五日，使臣奉璧，拜送書於庭。何者？嚴大國之威以修敬也㈦。今臣至，大王見臣列觀，禮節甚倨；得璧，傳之美人，以戲弄臣。臣觀大王無意償趙王城邑，故臣復取璧。大王必欲急臣，臣頭今與璧俱碎於柱矣！」相如持其璧睨柱，欲以擊柱㈧。秦王恐其破璧，乃辭謝固請，召有司案圖㈨，指從此以往十五都予趙㈩。相如度秦王特以詐詳為予趙王，實不可得㈡，乃謂秦王曰：「和氏璧，天下所共傳寶也，趙王恐，不敢不獻。趙王送璧時，齋戒五日，今大王亦宜齋戒五日，設九賓於廷㈢，臣乃敢上璧。」秦王度之，終不可彊奪，遂許齋五日，舍相如廣成傳㈢。相如度秦王雖齋，決負約不償城，乃使其從者衣褐，懷其璧，從徑道亡，歸璧于趙㈣。

【註】　㈠傳：轉視。　㈡璧上有點毛病。　㈢退後幾步而站著。　㈣伏恃其強大。　㈤一般普通人交朋友，還不肯欺騙。　㈥冒犯了強秦的歡心。　㈦尊崇大國的威望以表示敬意。　㈧睨柱：向柱邪視，好像要以璧碰柱的樣子。　㈨命令有關的官員拿出地圖來察看。　㈩指劃從此以至於彼，共有十五個城，給予趙國。　㈠相如推猜秦王不過是以欺騙的手段，裝模作樣的準備給城，而其實是得不到城。　㈢賓：司儀贊禮的人。要設置九個司儀的人於廷上，以贊交璧之禮。　㈢招待相如於廣成的傳舍。　㈣相如就使一個隨從，穿著很貧賤的衣服，懷藏和氏璧，化裝從小道而逃回趙國。

秦王齋五日後，乃設九賓禮於廷，引趙使者藺相如。相如至，謂秦王曰：「秦自繆公以來二十餘君，未嘗有堅明約束者也㈠。臣誠恐見欺於王而負趙，故令人持璧歸，閒至趙矣㈢，且秦彊而趙弱，大王遣一介之使至趙，趙立奉璧來。今以秦之彊而先割十五都予趙，趙豈敢留璧而得罪於大王乎？臣知欺大王之罪當誅，臣請就湯鑊㈢，唯大王與羣臣孰計議之㈣。」秦王與羣臣相視而嘻㈤。左右或欲引相如去㈥，秦王因曰：「今殺相如，終不能得璧也，而絕秦趙之驩，不如因而厚遇之，使歸趙，趙王豈以一璧之故欺秦邪！」卒廷見相如，畢禮而歸之。

相如既歸，趙王以為賢大夫使不辱於諸侯，拜相如為上大夫。

秦亦不以城予趙，趙亦終不予秦璧。

其後秦伐趙，拔石城⑴。明年，復攻趙，殺二萬人。

秦王使使者告趙王，欲與王為好會於西河外澠池⑵。趙王畏秦，欲毋行。廉頗、藺相如計曰：「王不行，示趙弱且怯也。」趙王遂行，相如從。廉頗送至境，與王訣曰：「王行，度道里會遇之禮畢，還，不過三十日。三十日不還，則請立太子為王，以絕秦望。」王許之，遂與秦王會澠池。秦王飲酒酣，曰：「寡人竊聞趙王好音，請奏瑟。」趙王鼓瑟。秦御史前書曰「某年月日，秦王與趙王會飲，令趙王鼓瑟」。藺相如前曰：「趙王竊聞秦王善為秦聲，請奏盆缻秦王⑶，以相娛樂。」秦王怒，不許。於是相如前進缻，因跪請秦王。秦王不肯擊缻。相如曰：「五步之內，相如請得以頸血濺大王矣⑷！」左右欲刃相如，

烹人之具。　⑷孰，即「熟」。　⑸嘻：涕笑皆非的噓叱。　⑹左右之人有的就想把相如拉出去殺了。

【註】⑴二十餘君都不曾堅守信約。　⑵由間便之路而回趙國了。或解為秘密回趙國了。　⑶湯鑊：

相如張目叱之㈥，左右皆靡㈦。於是秦王不懌㈧，為一擊缶。相如顧召趙御史書曰「某年月日，秦王為趙王擊缶」。秦之羣臣曰：「請以趙十五城為秦王壽。」藺相如亦曰：「請以秦之咸陽為趙王壽。」秦王竟酒，終不能加勝於趙。趙亦盛設兵以待秦，秦不敢動。

【註】㈠石城：在河南林縣西南八十五里。㈡河南澠池縣。因其在黃河之南，故曰河外。㈢請秦王奏盆缻。缻，音否（ㄈㄡˇ）。㈣五步之內，我要與你拚命，以脖頸之血濺你滿身。㈤秦王左右之人想動刀子殺相如。㈥相如瞪眼怒罵。㈦秦王左右之人，皆披靡後退。㈧不懌：很不高興的樣子。

既罷歸國，以相如功大，拜為上卿，位在廉頗之右㈠。廉頗曰：「我為趙將，有攻城野戰之大功，而藺相如徒以口舌為勞。而位居我上，且相如素賤人，吾羞，不忍為之下㈢。」宣言曰：「我見相如，必辱之㈢。」相如聞，不肯與會。相如每朝時，常稱病，不欲與廉頗爭列㈢。已而相如出，望見廉頗，相如引車避匿。於是舍人相與諫曰：「臣所以去親戚而事君者，徒慕君之

高義也。今君與廉頗同列，廉君宣惡言而君畏匿之，恐懼殊甚，且庸人尚羞之㈣，況於將相乎！臣等不肖，請辭去。」藺相如固止之㈤，曰：「公之視廉將軍孰與秦王？」曰：「不若也。」相如曰：「夫以秦王之威，而相如廷叱之，辱其羣臣，相如雖駑，獨畏廉將軍哉？顧吾念之，彊秦之所以不敢加兵於趙者，徒以吾兩人在也。今兩虎共鬬，其勢不俱生。吾所以為此者，以先國家之急而後私讎也㈥。」廉頗聞之，肉袒負荊㈦，因賓客至藺相如門謝罪。曰：「鄙賤之人，不知將軍寬之至此也。」卒相與驩，為刎頸之交㈧。

【註】 ㈠右：上也。當時右尊左卑。 ㈡我深以位在相如之下為恥。 ㈢爭列：爭位置之上下。 ㈣庸人：平常之人。 ㈤堅決挽留。 ㈥先國家之急而後私讎。藺相如之度量，可圈可點。 ㈦負荊：背負荊桿，表示認罪請罰。 ㈧刎頸之交：同生死，共患難，雖刎頸亦所不惜。

是歲，廉頗東攻齊，破其一軍。居二年，廉頗復伐齊幾㈠，拔之。後三年，廉頗攻魏之防陵㈡、安陽㈢，拔之，後四年，藺相

如將而攻齊，至平邑而罷四。其明年，趙奢破秦軍閼與下五。

【註】　㈠幾：齊之邑名。　㈡防陵：地名，在河南安陽縣南二十里。　㈢安陽：河南安陽縣。　㈣平邑：在河北南樂縣。　㈤閼與：山西和順縣。

趙奢者，趙之田部吏也。收租稅而平原君家不肯出租，奢以法治之，殺平原君用事者九人。平原君怒，將殺奢。奢因說曰：「君於趙為貴公子，今縱君家而不奉公則法削一，法削則國弱，國弱則諸侯加兵，諸侯加兵是無趙也，君安得有此富乎？以君之貴，奉公如法則上下平二，上下平則國彊，國彊則趙固，而君為貴戚，豈輕於天下邪？」平原君以為賢，言之於王。王用之治國賦，國賦大平，民富而府庫實。

【註】　㈠法律的效力削弱。　㈡貴賤皆奉法，則上下平等。

秦伐韓，軍於閼與。王召廉頗而問曰：「可救不？」對曰：「道遠險狹，難救。」又召樂乘而問焉，樂乘對如廉頗言，又

召問趙奢，奢對曰：「其道遠險狹，譬之猶兩鼠鬭於穴中，將勇者勝。」王乃令趙奢將，救之。

兵去邯鄲三十里，而令軍中曰：「有以軍事諫者死。」秦軍軍武安西㈠，秦軍鼓譟勒兵，武安屋瓦盡振㈡。軍中候㈢有一人言急救武安，趙奢立斬之。堅壁，留二十八日不行，復益增壘。秦閒來入㈣，趙奢善食而遣之。閒以報秦將，秦將大喜曰：「夫去國三十里而軍不行，乃增壘，閼與非趙地也。」趙奢既已遣秦閒，乃卷甲而趨之㈤，二日一夜至，令善射者去閼與五十里而軍，軍壘成，秦人聞之，悉甲而至。軍士許歷請以軍事諫，趙奢曰：「內之。」許歷曰：「秦人不意趙師至此，其來氣盛，將軍必厚集其陣以待之。不然，必敗。」趙奢曰：「請受命。」許歷曰：「請就鈇質之誅。」趙奢曰：「胥後令邯鄲。」許歷復請諫，曰：「先據北山上者勝，後至者敗。」趙奢許諾，即發萬人趨之。秦兵後至，爭山不得上，趙奢縱兵擊之，大破秦軍。秦軍解而走，遂解閼與之圍而歸。

【註】㊀河南武安縣。㊁振：同「震」，震動。㊂候：前哨偵探。㊃間：間諜。㊄卷甲：捲起
甲衣以便行軍。趨：急行軍。

趙惠文王賜奢號為馬服君，以許歷為國尉。趙奢於是與廉頗、
藺相如同位。

後四年，趙惠文王卒，子孝成王立。七年，秦與趙兵相距長
平㊀，時趙奢已死，而藺相如病篤，趙使廉頗將攻秦，秦數敗趙
軍，趙軍固壁不戰。秦數挑戰，廉頗不肯。趙王信秦之間。秦
之間言曰：「秦之所惡，獨畏馬服君趙奢之子趙括為將耳。」
趙王因以括為將，代廉頗。藺相如曰：「王以名使括，若膠柱
而鼓瑟耳㊁。括徒能讀其父書傳，不知合變也㊂。」趙王不聽，
遂將之。

【註】㊀長平：在山西高平縣西北二十里。㊁膠柱鼓瑟：柱，瑟上之雁足，自由移易，以調弦之緩
急者。今膠其柱，則弦之緩急不能調動，比喻執泥不能變化也。㊂合變：正規的，正常的，謂之合；
非正規的，不正常的，謂之變。言趙括僅能讀其父之書傳，而不能靈活運用，通權達變。

趙括自少時學兵法，言兵事，以天下莫能當。嘗與其父奢言兵事，奢不能難，然不謂善。括母問奢其故，奢曰：「兵，死地也，而括易言之，使趙不將括即已〇，若必將之，破趙軍者必括也〇。」及括將行，其母上書言於王曰：「括不可使將。」王曰：「何以？」對曰：「始妾事其父，時為將，身所奉飯飲而進食者以十數，所友者以百數，大王及宗室所賞賜者盡以予軍吏士大夫，受命之日，不問家事。今括一旦為將，東向而朝，軍吏無敢仰視之者，王所賜金帛，歸藏於家，而日視便利田宅可買者買之。王以為何如其父？父子異心，願王勿遣。」王曰：「母置之，吾已決矣。」括母因曰：「王終遣之，即有如不稱，妾得無隨坐乎？」王許諾。

【註】　〇　即：則也。　〇　言如果趙國不以括將，那就罷了。　〇　假使一定以括為將，那麼，使趙軍破敗者，就是括了。

趙括既代廉頗，悉更約束〇，易置軍吏。秦將白起聞之，縱奇

兵(二)，詳敗走(三)，而絕其糧道，分斷其軍為二，士卒離心。四十餘日，軍餓，趙括出銳卒自博戰，秦軍射殺趙括。括軍敗，數十萬之眾遂降秦，秦悉阬之。趙前後所亡凡四十五萬。明年，秦兵遂圍邯鄲，歲餘，幾不得脫。賴楚、魏諸侯來救，迺得解邯鄲之圍。趙王亦以括母先言，竟不誅也。

自邯鄲圍解五年，而燕用栗腹之謀，曰「趙壯者盡於長平，其孤未壯」，舉兵擊趙。趙使廉頗將，擊，大破燕軍於鄗，殺栗腹，遂圍燕。燕割五城請和，乃聽之。趙以尉文(四)封廉頗為信平君，為假相國。

【註】(一)完全把廉頗為將時的一切約束改變了。(二)奇兵：乘敵人之不意而擊之。(三)詳：通「佯」，假動作。(四)尉文：地名。

廉頗之免長平歸也，失勢之時，故客盡去。及復用為將，客又復至。廉頗曰：「客退矣！」客曰：「吁！君何見之晚也？夫天下以市道交，君有勢，我則從君，君無勢則去，此固其理

也，有何怨乎○？」居六年，趙使廉頗伐魏之繁陽○，拔之。

【註】　○天下以市場之道交朋友，市場之道是看行情，講現實，行情看高，則車水馬龍，攀親帶故者都來拉關係。行情看低，則門可羅雀，父母不以為子，妻不為炊，而況遠人？自古及今，由來已然，不必怪也。　○繁陽：在河南內黃縣東北。

趙孝成王卒，子悼襄王立，使樂乘代廉頗。廉頗怒，攻樂乘，樂乘走。廉頗遂奔魏之大梁。其明年，趙乃以李牧為將而攻燕，拔武遂○、方城○。

【註】　○武遂：在河北徐水縣西。　○方城：在河北固安縣南。

廉頗居梁久之，魏不能信用。趙以數困於秦兵，趙王思復得廉頗，廉頗亦思復用於趙。趙王使使者視廉頗尚可用否。廉頗之仇郭開多與使者金，令毀之。趙使者既見廉頗，廉頗為之一飯斗米，肉十斤，被甲上馬，以示尚可用。趙使還報王曰：「廉將軍雖老，尚善飯，然與臣坐，頃之三遺矢矣○。」趙王以為

老，遂不召。楚聞廉頗在魏，陰使人迎之。廉頗一為楚將，無功，曰：「我思用趙人。」廉頗卒死于壽春⑵。

【註】⑴不到一刻的功夫，便去大便了三次。（就這兩句話，已把廉頗的前途，打得粉碎。讒人之伎倆，可謂巧而毒矣。）⑵壽春：安徽，壽春縣。

李牧者，趙之北邊良將也。常居代鴈門，備匈奴。以便宜置吏⑴，市租皆輸入莫府⑵，為士卒費。日擊數牛饗士⑶，習射騎，謹烽火⑷，多閒諜，厚遇戰士。為約曰：「匈奴即入盜⑸，急入收保，有敢捕虜者斬。」匈奴每入，烽火謹，輒入收保，不敢戰。如是數歲，亦不亡失。然匈奴以李牧為怯，雖趙邊兵亦以為吾將怯。趙王讓李牧⑹，李牧如故。趙王怒，召之，使他人代將。

【註】⑴李牧有權任用地方官吏，不向政府請示。⑵所收入之市租，皆歸於幕府（司令部）使用，作為士卒改善生活之費。⑶每一天要宰殺幾條牛以供士卒食用。⑷對於前哨的一切戰鬥警訊，非常的注意。⑸即⋯如果。⑹讓⋯責備。

歲餘，匈奴每來，出戰。出戰，數不利，失亡多，邊不得田
畜⑴。復請李牧。牧杜門不出⑵，固稱疾⑶。趙王乃復彊起使將
兵⑷。牧曰：「王必用臣⑸，臣如前，乃敢奉令。」王許之。
李牧至，如故約。匈奴數歲無所得。終以為怯。邊士日得賞
賜而不用，皆願一戰。於是乃具選車得三百乘⑹，選騎得萬三千
匹⑺，百金之士五萬人⑻，彀者十萬人⑼，悉勒習戰。大縱畜牧，
人民滿野。匈奴小入，詳北不勝⑽，以數千人委之。單于聞之，
大率眾來入。李牧多為奇陳⑾，張左右翼擊之，大破殺匈奴十餘
萬騎。滅襜襤⑿，破東胡⒀，降林胡⒁，單于奔走。其後十餘歲，
匈奴不敢近趙邊城。

【註】

⑴ 邊地不得耕種畜牧。　⑵ 閉門不出。　⑶ 堅決說是有病。　⑷ 強勉，逼迫。　⑸ 必：如果。　⑹ 被
選為最堅固便利之車。　⑺ 最善於驅馳衝鋒之馬匹。　⑻ 最勇敢能破敵擒將的戰士。　⑼ 最善於射箭的
射手。　⑽ 詳：即「佯」，偽裝。　⑾ 使敵人莫名其妙，不識其虛實的陣勢。　⑿ 襜襤：胡族之名，在
代北。　⒀ 東胡：種族名，烏丸之祖，其別為鮮卑，在匈奴東，故名。今稱通古斯族。　⒁ 林胡：不詳。

趙悼襄王元年，廉頗既亡入魏。趙使李牧攻燕，拔武遂、方城。居二年，龐煖破燕軍，殺劇辛㊀。後七年，秦破殺趙將扈輒於武遂㊁，斬首十萬。趙乃以李牧為大將軍，擊秦軍於宜安㊂，大破秦軍，走秦將桓齮㊃。封李牧為武安君。居三年，秦攻番吾㊄，李牧擊破秦軍，南距韓、魏㊅。

【註】
㊀ 劇辛：本趙人而仕於燕。
㊁ 扈輒：姓扈，名輒。武遂：河北武強縣東北，今為沙窪村。此一武遂與前一武遂不同地。
㊂ 宜安：河北藁城縣西南。
㊃ 齮：音倚（ㄧˇ）。
㊄ 番吾：河北平山縣南。
㊅ 距：即「拒」，抵抗。

趙王遷七年，秦使翦攻趙，趙使李牧、司馬尚禦之。秦多與趙王寵臣郭開金，為反閒㊀言李牧、司馬尚欲反。趙王乃使趙蔥及齊將顏聚代李牧。李牧不受命，趙使人微捕得李牧㊁，斬之。廢司馬尚。後三月，王翦因急擊趙，大破殺趙蔥，虜趙王遷及其將顏聚，遂滅趙。

【註】
㊀ 秦以金錢收買趙王之寵臣郭開，而反閒之計得逞，遂告成趙王殺其良將李牧而導致亡國的

惡劇。　㈡微捕：以欺騙或秘密手段而逮捕李牧。

【註】㈠信：通「伸」，伸展。

太史公曰：知死必勇，非死者難也，處死者難。方藺相如引璧睨柱，及叱秦王左右，勢不過誅，然士或怯懦而不敢發。相如一奮其氣，威信敵國㈠，退而讓頗，名重太山，其處智勇，可謂兼之矣。

卷八十二　田單列傳第二十二

田單者，齊諸田疏屬也㈠。湣王時，單為臨菑市掾㈡，不見知。及燕使樂毅伐破齊，齊湣王出奔，已而保莒城㈢。燕師長驅平齊，而田單走安平㈣，令其宗人盡斷其車軸末而傅鐵籠㈤。已而燕軍攻安平，城壞，齊人走，爭塗㈥，以轊折車敗㈦，為燕所虜，唯田單宗人以鐵籠故得脫，東保即墨㈧。燕既盡降齊城，唯獨莒、即墨不下。燕軍聞齊王在莒，并兵攻之㈨。淖齒㈩既殺湣王於莒，因堅守，距燕軍㈡，數年不下。城中相與推田單，曰：「安平之戰，田單宗人以鐵籠得全，習兵。」立以為將軍，以即墨距燕。

【註】　㈠疏屬：疏遠的族系。　㈡市掾：市政府的職員。掾：音院（ㄩㄢˋ），屬官的通稱，不是主官。　㈢已而：即「既而」之後。　㈣安平：在山東臨菑縣東十九里。　㈤車軸突出之頭部，斷截車之軸頭，使其行進時不相掛攬。再用鐵冒把車軸釘牢，使其行進時不至脫輻。　㈥塗：即「途」，道路。　㈦轊：音位（ㄨㄟˋ），車軸的頭。大家爭路，而車軸互相衝撞牽掛，於是軸頭碰斷，車子脫散，

不能行動，遂被俘擄。　⑧　山東即墨縣。　⑨　集合全部的兵力以攻擊。　⑩　淖齒：淖：音鬧（ㄋㄠˋ）。

楚人。　㈡　距：即「拒」。

頃之，燕昭王卒，惠王立，與樂毅有隙。田單聞之，乃縱反閒於燕㈠，宣言曰：「齊王已死，城之不拔者二耳。樂毅畏誅而不敢歸，以伐齊為名，實欲連兵南面而王齊。齊人未附，故且緩攻即墨以待其事。齊人所懼，唯恐他將之來，即墨殘矣㈡。」燕王以為然，使騎劫代樂毅。

樂毅因歸趙，燕人士卒忿。而田單乃令城中人食必祭其先祖於庭，飛鳥悉翔舞城中下食。燕人怪之。田單因宣言曰：「神來下教我。」乃令城中人曰：「當有神人為我師。」有一卒曰：「臣可以為師乎？」因反走。田單乃起，引還，東鄉坐㈢，師事之。卒曰：「臣欺君，誠無能也。」田單曰：「子勿言也！」因師之。每出約束，必稱神師。乃宣言曰：「吾唯懼燕軍之劓所得齊卒㈣，置之前行，與我戰，即墨敗矣。」燕人聞之，如其言。城中人見齊諸降者盡劓，皆怒，堅守，唯恐見得㈤。單又縱

反間曰：「吾懼燕人掘吾城外冢墓，僇先人（六），可為寒心。」燕軍盡掘壠墓，燒死人。即墨人從城上望見，皆涕泣，俱欲出戰，怒自十倍。

【註】　（一）田單用反間計而報燕仇，可見反間如成功，可敵數十萬大軍。　（二）殘：破滅。　（三）鄉：同「向」字。　（四）得齊卒而割去其鼻子。　（五）見得：被燕人所俘得。　（六）僇：音陸（ㄌㄨˋ）殺戮，侮辱。

田單知士卒之可用，乃身操版插（一），與士卒分功，妻妾編於行伍之間（二），盡散飲食饗士。令甲卒皆伏（三），使老弱女子乘城（四），遣使約降於燕，燕軍皆呼萬歲。田單又收民金，得千溢，令即墨富豪遺燕將，曰：「即墨即降，願無虜掠吾族家妻妾，令安堵（五）。」燕將大喜，許之。燕軍由此益懈。

【註】　（一）版插：築造防禦工事之用具。插，同「鍤」字，用以起土之具。　（二）把自己的妻妾編列於行伍之間，擔任工作。　（三）把戰鬥員都藏伏起來，不使敵人望見。　（四）乘城：登城，守城，表示壯丁都被打死了，只剩女子擔任戰鬥。　（五）安堵：安居，不受驚慌。

田單乃收城中得千餘牛，為絳繒衣，畫以五彩龍文㊀，束兵刃於其角，而灌脂束葦於尾，燒其端。鑿城數十穴，夜縱牛，壯士五千人隨其後。牛尾熱，怒而奔燕軍，燕軍夜大驚。牛尾炬火光明炫燿，燕軍視之皆龍文，所觸盡死傷。五千人因銜枚擊之㊁，而城中鼓譟從之，老弱皆擊銅器為聲，聲動天地。燕軍大駭，敗走，齊人遂夷殺其將騎劫。燕軍擾亂奔走，齊人追亡逐北，所過城邑皆畔燕而歸田單㊂，兵日益多，乘勝，燕日敗亡，卒至河上㊃，而齊七十餘城皆復為齊。乃迎襄王於莒，入臨菑而聽政㊄。

【註】㊀把牛打扮起來，都穿著深紅色的繒衣，而畫以五彩的龍紋。㊁銜枚：靜悄悄的急行軍。㊂畔：即「叛」字。㊃河上：即齊之北界。㊄聽政：管理政治。

襄王封田單，號曰安平君。

太史公曰：兵以正合，以奇勝㊀。善之者，出奇無窮。奇正還相生㊁，如環之無端㊂。夫始如處女，適人開戶㊃；後如脫兔，

適不及距㊄：其田單之謂邪㊅！

【註】㊀用兵之道，以正規的方法，打陣地戰；而以奇詐的方法，打制勝戰。㊁善用兵者出奇不窮，正規戰與奇詐戰，互相配合而互相演化（生）。㊂好像是圓圈子一樣，運動靈活而找不出其端倪。㊃戰鬥剛開始，好像是處女一般，弱不禁風，使敵人輕忽而驕傲。適：即「敵」字。㊄到了決定關頭的時候，則發揮其萬鈞之力，銜枚疾走，好像是脫網的兔子一樣。躍足飛奔，使敵人猝不及防，無法抵抗。㊅田單的用兵，就是這樣啊！

初，淖齒之殺湣王也，莒人求湣王子法章，得之太史�之家㊀，為人灌園，嬤女憐而善遇之。後法章私以情告女，女遂與通。及莒人共立法章為齊王，以莒距燕㊁，而太史氏女遂為后，所謂「君王后」也。

【註】㊀嬤：音叫（ㄐㄧㄠˋ）。㊁距：即「拒」。

燕之初入齊，聞畫邑人王蠋賢㊀，令軍中曰「環畫邑三十里無人」，以王蠋之故。已而使人謂蠋曰：「齊人多高子之義，吾

以子為將，封子萬家。」蠋固謝。燕人曰：「子不聽，吾引三軍而屠畫邑。」王蠋曰：「忠臣不事二君，貞女不更二夫。齊王不聽吾諫，故退而耕於野。國既破亡，吾不能存；今又劫之以兵為君將，是助桀為暴也。與其生而無義，固不如烹！」遂經其頸於樹枝[二]，自奮絕脰而死[三]。齊亡大夫聞之，曰：「王蠋，布衣也，義不北面於燕，況在位食祿者乎！」乃相聚如莒，求諸子，立為襄王。

【註】　㊀畫邑：在山東臨淄西北三十里。　㊁經：以繩自繫其頸於樹枝。　㊂脰：音豆（ㄉㄡˋ），頸項。

卷八十三 魯仲連、鄒陽列傳第二十三

魯仲連者，齊人也。好奇偉俶儻之畫策㊀，而不肯仕宦任職，好持高節。游於趙。

趙孝成王時，而秦王使白起破趙長平之軍前後四十餘萬，秦兵遂東圍邯鄲。趙王恐，諸侯之救兵莫敢擊秦軍。魏安釐王使將軍晉鄙救趙，畏秦，止於蕩陰不進㊁。魏王使客將軍新垣衍㊂間入邯鄲㊃，因平原君謂趙王曰：「秦所為急圍趙者，前與齊湣王爭彊為帝，已而復歸帝；今齊（湣王）已益弱，方今唯秦雄天下，此非必貪邯鄲，其意欲復求為帝。趙誠發使尊秦昭王為帝，秦必喜，罷兵去。」平原君猶預未有所決㊄。

【註】㊀ 俶儻：俶，音替（ㄊ一、）。儻，音倘（ㄊㄤˇ）。卓異不凡的。《漢書·藝文志》，儒家有〈魯仲連子〉十四篇，已亡。魯連子云：「齊辯士田巴，服狙丘（狙丘：猴皮所製之衣），議稷下，毀五帝，罪三王，服五霸，離堅白，合異同，一日服千人。有徐劫者，其弟子曰魯仲連，年十二，號千里駒。往請田巴曰：『臣聞堂上不奮，郊草不芸，白刃交前，不救流矢，急不暇緩也。今楚軍南

陽，趙伐高唐，燕人十萬，聊城不去，國亡在旦夕，先生奈之何？若不能者，先生之言，有似梟鳴，出城而人惡之，願先生勿復言。』田巴曰：『謹聞命矣』！巴謂徐劫曰：『先生乃飛兔也，豈直千里哉！』巴終身不談。」

㈡　蕩陰：今河南湯陰縣。

㈢　新垣，姓；衍，其名也。

㈣　從間道而入邯鄲。

㈤　猶豫：遲疑。

此時魯仲連適游趙，會秦圍趙，聞魏將欲令趙尊秦為帝，乃見平原君曰：「事將奈何？」平原君曰：「勝也何敢言事！前亡四十萬之眾於外，今又內圍邯鄲而不能去。魏王使客將軍新垣衍令趙帝秦，今其人在是。勝也何敢言事！」魯仲連曰：「吾始以君為天下之賢公子也，吾乃今然後知君非天下之賢公子也。梁客新垣衍安在？吾請為君責而歸之。」平原君曰：「勝請為紹介而見之於先生。」平原君遂見新垣衍曰：「東國有魯仲連先生者，今其人在此，勝請為紹介，交之於將軍。」新垣衍曰：「吾聞魯仲連先生，齊國之高士也。衍，人臣也，使事有職，吾不願見魯仲連先生。」平原君曰：「勝既已泄之矣㈠。」新垣衍許諾。

魯連見新垣衍而無言。新垣衍曰：「吾視居此圍城之中者，皆有求於平原君者也；今吾觀先生之玉貌，非有求於平原君者也，曷為久居此圍城之中而不去？」魯仲連曰：「世以鮑焦〔二〕為無從頌而死者〔三〕，皆非也。眾人不知〔四〕，則為一身〔五〕。彼秦者，弃禮義而上首功之國也〔六〕，權使其士〔七〕，虜使其民〔八〕。彼即肆然而為帝，過而為政於天下〔九〕，則連有蹈東海而死耳，吾不忍為之民也。所為見將軍者，欲以助趙也。」

【註】〔一〕我已經洩露出來說你在此間。〔二〕鮑焦：據《韓詩外傳》謂：「姓鮑，名焦，周時隱者也。」〔三〕從頌：即「從容」。無：不也。「無從頌」，即言其「不從容」也。從容：心平氣和，坦然自得。「吾聞士重進而輕退，賢人易愧而輕死」，遂抱木立枯焉。〔四〕大家對於他不能深切瞭解。〔五〕覺得他節行非也，廉潔而守，荷擔採樵，拾橡充食，故無子胤。不臣天子，不友諸侯。子貢遇之，謂之曰：『吾聞非其政者，不履其地；汙其君者，不受其利。今子履其地，食其利，其可乎？』鮑焦曰：『吾的避世是為他自己一個人而打算。其實不是的。〔六〕秦用商鞅之謀，創制官爵二十等，以獎作戰殺敵的利器。是以秦人每戰勝，即濫殺敵國之婦孺老弱，以為求賞之具。戰士，殺敵愈多者，得賞愈厚，得爵愈高。是以秦人每戰勝，即濫殺敵國之婦孺老弱，以為求賞之具。故謂秦為「上首功之國」。「上」者，崇尚也，提倡也。「首功」者，即以斬敵首之多少而計功也。

（七）以權詐之術，利用其戰士。（八）以奴隸之道，驅使其人民。（九）即：如果。肆然：大模大樣，揚揚得意的樣子。過：甚也，甚至於。言如果秦王毫無忌憚大模大樣的自稱皇帝，甚至於包攬天下的政治。

新垣衍曰：「先生助之將奈何？」魯連曰：「吾將使梁及燕助之，齊、楚則固（一）助之矣。若乃梁者，則吾乃梁人也，先生惡能使梁助之？」魯連曰：「梁未睹秦稱帝之害故耳。使梁睹秦稱帝之害，則必助趙矣。」

新垣衍曰：「秦稱帝之害何如？」魯連曰：「昔者齊威王嘗為仁義矣，率天下諸侯而朝周。周貧且微，諸侯莫朝，而齊獨朝之。居歲餘，周烈王崩，齊後往（二），周怒，赴（三）於齊曰：『天崩地坼，天子下席（四）。東藩之臣因齊（五）後至，則斮。』齊威王勃然怒曰：『叱嗟（六），而母婢也（七）！』卒為天下笑（八）。故生則朝周，死則叱之，誠不忍其求也（九）。彼天子固然，其無足怪（十）。」

【註】（一）固：已經。 （二）周烈王死，各國都往弔喪，惟齊國遲遲在後。 （三）赴：告訴，聲責。 （四）天子死了，如天崩地裂一樣，是何等的嚴重。天子：指繼承天子之位的嗣君，即周顯王也。下席：居廬寢苫也。言天子死了，如同天崩地裂一樣。新任的天子，也要居廬守喪。坼：音撤（ㄔㄜˋ）裂開。 （五）因齊：

新垣衍曰：「先生獨不見夫僕乎？十人而從一人者，寧力不
勝而智不若邪？畏之也㈠。」魯仲連曰：「嗚呼！梁之比於秦若
僕邪？」新垣衍曰：「然。」魯仲連曰：「吾將使秦王烹醢梁
王㈡。」新垣衍怏然不悅㈢，曰：「噫嘻㈣，亦太甚矣先生之言
也！先生又惡能使秦王烹醢梁王？」魯仲連曰：「固也㈤，吾將
言之。昔者九侯、鄂侯、文王，紂之三公也。九侯有子而好㈥，
獻之於紂，紂以為惡，醢九侯。鄂侯爭之彊，辯之疾㈦，故脯鄂
侯。文王聞之，喟然而歎，故拘之牖里之庫百日㈧，欲令之死。
曷為與人俱稱王，卒就脯醢之地㈨？齊湣王之魯㈩，夷維子為執
策而從㈡謂魯人曰：『子將何以待吾君㈢？』魯人曰：『吾將以
十太牢待子之君。』夷維子曰：『子安取禮而來〔待〕吾君？

即「嬰齊」，齊威王之名。斯：音卓（ㄓㄨㄛ），斬也。㈥勃然：猛然間變色。叱：吓！怒罵之辭。㈦而：
同「爾」，你。你的母親是個奴婢，有什麼了不得。㈧這個故事，為天下人所恥笑。（不只是笑齊
王，還笑周天子。）
㈨為什麼齊威王對於周王，活著的時候就朝周，死了的時候就罵周，實在是忍
受不了周王的苛求（要殺齊王）。
㈩那是因為周王是天子，理所固然，不足為怪。

彼吾君者，天子也〔三〕。天子巡狩〔四〕，諸侯辟舍，納筦籥〔五〕，攝衽抱机〔六〕，視膳於堂下〔七〕，天子已食，乃退而聽朝也〔八〕。』魯人投其籥，不果納〔九〕。不得入於魯，將之薛〔一○〕，假途於鄒〔一一〕。當是時，鄒君死，涽王欲入弔〔一二〕，夷維子謂鄒之孤曰：『天子弔，主人必將倍殯棺，設北面於南方，然後天子南面弔也〔一三〕。』鄒之羣臣曰：『必若此，吾將伏劍而死〔一四〕。』固不敢入於鄒〔一五〕。鄒、魯之臣，生則不得事養，死則不得賻禭〔一六〕，然且欲行天子之禮於鄒、魯〔一七〕，鄒、魯之臣不果納〔一八〕。今秦萬乘之國也，梁亦萬乘之國也。俱據萬乘之國，各有稱王之名〔一九〕，睹其一戰而勝，欲從而帝之，是使三晉之大臣不如鄒、魯之僕妾也〔二○〕。且秦無已而帝，則且變易諸侯之大臣。彼將奪其所不肖而與其所賢，奪其所憎而與其所愛〔二一〕。彼又將使其子女讒妾為諸侯妃姬，處梁之宮。梁王安得晏然而已乎？而將軍又何以得故寵乎〔二二〕？」

【註】

〔一〕十個僕人而服從一個主人，難道是（寧）十個僕人的力量打不過一個主人？十個僕人的智慧敵不過一個主人嗎？不是的！所以然者，是因為他們對於主人一向恐懼慣了。

〔二〕醢：音海（ㄏㄞˇ），碎成

肉醬。　⑬快然…快，音樣（一尢），不高興的樣子。　⑭噫嘻…不平而否定的聲音。　⑮固也…原來如此嘛。　⑯子…女兒。　⑰強性的反對。激烈的辯論。　⑱羑里…河南湯陰縣北九里有羑里城。羑…音有（一ㄡ）。庫…儲藏東西的房子，把人放進去，不准出來，就等於牢獄。　⑲為什麼梁王與秦王是平等身分都是稱王的人，而自處於被人碎為肉醬的地位，不高興嘛。　⑳之…往。　㉑夷維子…夷維，在山東濰縣。因邑為氏，故曰夷維子。子者，男子之美稱。策…馬棰也，用以擊馬使就範而速行者。　㉒你們準備以什麼禮節而來奉事我們的君主？　㉓我們的君主乃是天子。　㉔這次到你們魯國來，等於是天子巡狩，視察你們魯國的政治。　㉕天子巡狩的時候，諸侯避開正舍不敢居，獻納了鑰匙。笕…同「管」字。籥…同「鑰」字，管籥…即鎖匙。　㉖攝衽…提起衣襟。抱机…抱：捧也。机，同「几」字，几案也。捧著几案。　㉗天子在堂上吃飯，諸侯們在堂下照護進食。㉖天子吃過飯之後，乃離席而坐朝辦公。　㉘魯人聽了夷維子這段話，覺得對魯國是一種侮辱，一怒之下，扔棄了鑰匙，堅閉城門而不納齊湣王。　㉙齊湣王既然不得進魯國之城，乃轉而準備往薛國。　㉚往薛國去，必得借路於鄒國。　㉛當這個時候，鄒國的君主死了，齊湣王想著入城而弔喪。　㉜夷維子對鄒國的嗣君說：「天子來弔喪，主人必須要身子背著棺材，置靈位於北面，然後天子南面而致弔。」　㉝於是齊湣王不敢進鄒城。　㉞鄒國的羣臣們就說：「如果要這樣而舉行禮節，我們準備伏劍而自殺。」　㉟鄒、魯之臣與齊王毫無關係，生則沒有事養的責任，死則沒有賻襚的義務〔賻，音付（ㄈㄨ），拿錢財送給喪家以助喪。襚，音遂（ㄙㄨㄟ），以衣衾送贈於死者。〕㊱而齊王竟然想在鄒魯自居於天子之位，行天子之禮。

㈥所以鄒、魯之臣絕對不許他進城。

㈦現在秦國是萬乘之國，梁國也是萬乘之國，兩國都有稱王之名。

㈧只是看見他一戰而勝，就稱他為帝，這簡直是三晉之大臣不如鄒、魯之僕妾！

㈨並且秦國弄得非作皇帝不可的時候，那他一定要更換諸侯的大臣，他要把那些他所認為不能幹的人都撤免了，而任用他所認為能幹的人；他要把那些他所討厭的人都排斥了，而引進他所喜愛的人。

㈩他又要把他的子女讒妾，強迫的使諸侯納為妃姬，住在梁王的宮內，那時節，梁王還能夠安然而臥嗎？將軍你又何以保持其舊有的寵愛呢？

於是新垣衍起，再拜謝曰：「始以先生為庸人，吾乃今日知先生為天下之士也。吾請出，不敢復言帝秦。」秦將聞之，為卻軍五十里。適會魏公子無忌奪晉鄙軍以救趙，擊，秦軍遂引而去。

於是平原君欲封魯連，魯連辭讓（使）者三，終不肯受。平原君乃置酒，酒酣起前，以千金為魯連壽。魯連笑曰：「所貴於天下之士者，為人排患釋難解紛亂而無取也㈠。即有取者，是商賈之事也㈡，而連不忍為也㈢。」遂辭平原君而去，終身不復見。

【註】　㈠所貴乎是天下聞名之士者，是因為他能為人排除困難，解決糾紛，而毫無所求。㈡如果

（即）稍有所求，那就是商賈市儈的行為。㈢我魯仲連絕對不願意作出那種行為。

其後二十餘年，燕將攻下聊城㈠，聊城人或讒之燕，燕將懼誅，因保守聊城，不敢歸。齊田單攻聊城歲餘，士卒多死而聊城不下。魯連乃為書，約之矢以射城中㈡，遺燕將。書曰：

吾聞之，智者不倍時而弃利，勇士不却死而滅名㈢，忠臣不先身而後君。今公行一朝之忿，不顧燕王之無臣，非忠也；殺身亡聊城，而威不信於齊㈣，非勇也；功敗名滅，後世無稱焉，非智也。三者世主不臣，說士不載㈤，故智者不再計，勇士不怯死。今死生榮辱，貴賤尊卑㈥，此時不再至，願公詳計而無與俗同。

【註】 ㈠ 聊城：山東聊城縣。 ㈡ 約：綁緄。 ㈢ 却死：避死也。 ㈣ 信：同「伸」，伸張也。 ㈤ 說士：游說之士。說，讀「稅」。載：同「戴」，贊戴也。即言游說之士，也不贊成這種人。 ㈥ 現在就是死生榮辱、貴賤尊卑的決定關頭。

且楚攻齊之南陽㈠，魏攻平陸㈡，而齊無南面之心，以為亡南陽之害小，不如得濟北之利大㈢，故定計審處之㈣。今秦人下

兵，魏不敢東面；衡秦之勢成〔五〕，楚國之形危；齊弃南陽，斷右壤，定濟北，計猶且為之也〔六〕。今楚魏交退於齊，而燕救不至。以全齊之兵，無天下之規，與聊城共據期年之敝，則臣見公之不能得也〔八〕。且燕國大亂，君臣失計，上下迷惑，栗腹以十萬之眾五折於外〔九〕，以萬乘之國被圍於趙，壤削主困，為天下僇笑〔○〕。國敝而禍多，民無所歸心。今公又以敝聊之民距全齊之兵〔二〕，是墨翟之守也〔三〕。食人炊骨，士無反外之心，是孫臏之兵也〔三〕。能見於天下〔四〕。雖然，為公計者，不如全車甲以報於燕。車甲全而歸燕，燕王必喜；身全而歸於國，士民如見父母，交游攘臂而議於世〔五〕，功業可明。上輔孤主以制羣臣，下養百姓以資說士，矯國更俗，功名可立也。亡意亦捐燕弃世，東游於齊乎〔六〕？裂地定封，富比乎陶、衞〔七〕，世世稱孤，與齊久存，又一計也，此兩計者，顯名厚實也〔六〕，願公詳計而審處一焉。

【註】　〔一〕南陽：非河南之南陽，乃山東之鄒縣，孟子所謂「一戰勝齊，遂有南陽」是也。　〔二〕平陸：

山東汶上縣北。　⊜濟北：聊城一帶之地。　⊕決定計劃，慎審處理，勢在必得。　⊝連衡以和秦之形勢已成。　⊗齊國寧願放棄其南陽，斷絕其右壤（平陸），但其定濟北之計，是必然要幹到底的。　⊘齊國決心取聊城，你不必再考慮了。　⊗規：制裁。以全齊的兵力、沒有天下共同的制裁，而欲以經年疲弊的聊城，據之對抗，我可以看見你是支援不住的。　⊗五次被挫敗於外國。　⊙傻笑：侮辱譏笑。　⊗距：同「拒」，抵抗。　⊜墨翟為宋守城以拒楚。　⊜沒有糧米，以人為食；沒有薪柴，以骨為炊。雖然飢苦如此，而士卒沒有反叛向外之心，簡直是孫臏手下訓練的軍隊（強將手下無弱兵，誇譽燕將善撫士卒）。　⊗見：即「現」，表現也。言其兵之精練忠貞，可以表現於天下。　⊗交游：交友。言朋友們要奮臂而歡迎你，談論你的英勇故事於世人之前。　⊗亡意：即「無已」，不得已，再不然的話。言其不然的話，是不是可以捐燕棄世，東游於齊國呢？　⊗到了齊國，齊王封你以土地，你可以富比乎陶、衞。（陶：魏冉封於定陶。商鞅封於衞邑。）　⊗顯耀的名譽而豐厚的實利。

且吾聞之，規小節者不能成榮名（一），惡小恥者不能立大功。昔者管夷吾射桓公中其鈎，篡也；遺公子糾不能死，怯也（二）；束縛桎梏，辱也。若此三行者，世主不臣而鄉里不通。鄉使管子幽囚而不出（三），身死而不反於齊，則亦名不免為辱人賤行矣。臧獲且羞與之同名矣（四），況世俗乎！故管子不恥身在縲紲之中而恥天

下之不治，不恥不死公子糾，而恥威之不信⑤於諸侯，故兼三行
之過而為五霸首，名高天下而光燭鄰國。曹子為魯將⑥，三戰三
北，而亡地五百里。鄉使曹子計不反顧，議不還踵，刎頸而死，
則亦名不免為敗軍禽將矣。鄉使曹子棄三北之恥，而退與魯君計⑦。
桓公朝天下，會諸侯，曹子以一劍之任，枝桓公之心於壇坫之
上⑧，顏色不變，辭氣不悖，三戰之所亡一朝而復之，天下震
動，諸侯驚駭，威加吳、越。若此二士者，非不能成小廉而行
小節也，以為殺身亡軀，絕世滅後，功名不立，非智也。故去
感忿之怨⑨，立終身之名；棄忿悁之節，定累世之功。是以業與
三王爭流，而名與天壤相獘也⑩。願公擇一而行之。

【註】　一規：斤斤計較。　二管仲事公子糾，而魯殺之，管仲遺棄公子糾，而不隨以俱死。　三鄉使：
即「向使」，倘使也。　四臧獲：荊、淮、海、岱、燕、齊之間，罵奴曰臧，罵婢曰獲。臧獲，即奴
婢是也。　五信：同「伸」，展開也。　六曹子：即曹沫，所謂「曹沫不死三敗之辱」，即其人也。　七敗
亡之軍，被擒之將。　八壇坫：諸侯會盟之場所。在會盟的場所，曹沫以劍抵住桓公的心膛，要叫他
答應歸還魯國三次敗仗所失掉的土地。桓公不敢不應允。　九一時衝動的怨恨。　⑩名與天地同獘，天

地永遠不弊，故其名亦永遠不弊。

燕將見魯連書，泣三日，猶豫不能自決。欲歸燕，已有隙，
恐誅；欲降齊，所殺虜於齊甚眾，恐已降而後見辱。喟然歎曰：
「與人刃我，寧自刃⊖。」乃自殺。聊城亂，田單遂屠聊城。歸
而言魯連，欲爵之。魯連逃隱於海上，曰：「吾與富貴而詘於
人，寧貧賤而輕世肆志焉⊜。」

【註】⊖與其讓別人用刀子來殺我，寧願以刀子自殺。⊜與其享富貴而受屈於人，寧願挨貧賤而逞
心自由。

鄒陽者，齊人也。游於梁，與故吳人莊忌夫子、淮陰枚生之
徒交⊖。上書而介於羊勝、公孫詭之間⊜。勝等嫉鄒陽，惡之梁
孝王。孝王怒，下之吏⊜，將欲殺之。鄒陽客游，以讒見禽⊗，
恐死而負累⊕，乃從獄中上書曰：
臣聞忠無不報，信不見疑，臣常以為然，徒虛語耳。昔者荊
軻慕燕丹之義，白虹貫日，太子畏之⊘；衛先生為秦畫長平之

事，太白蝕昴，而昭王疑之〔七〕。夫精變天地而信不喻兩主〔八〕，豈不哀哉！今臣盡忠竭誠，畢議願知〔九〕，左右不明〔一〇〕，卒從吏訊〔一一〕，為世所疑，是使荊軻、衞先生復起，而燕、秦不悟也。願大王孰察之。

昔卞和獻寶，楚王刖之〔三〕；李斯竭忠，胡亥極刑〔三〕。是以箕子詳狂〔四〕，接輿辟世〔五〕，恐遭此患也。願大王孰察卞和、李斯之意，而後楚王、胡亥之聽，無使臣為箕子、接輿所笑。臣聞比干剖心〔六〕，子胥鴟夷〔七〕，臣始不信，乃今知之。願大王孰察，少加憐焉。

【註】　〔一〕莊忌：姓莊，名忌，會稽人。後避漢明帝諱，改姓嚴。枚生：姓枚，名乘。　〔二〕因上書求出路而又與羊勝、公孫詭相往來。《漢書‧鄒陽傳》謂：「吳王濞招四方游士，陽與嚴忌、枚乘等俱仕吳。吳王有邪謀，陽上書諫，吳王不納。是時，梁孝王貴盛，亦待士，於是鄒陽、枚乘、嚴忌，皆去之梁，從孝王游。」　〔三〕交付刑吏。　〔四〕見禽：被擒也。禽，同「擒」。　〔五〕死而負罪惡之名。　〔六〕荊軻：俠士。燕太子丹為質於秦，始皇遇之無禮。丹由秦逃返燕國，思欲報仇，故厚養荊軻，使西入秦刺始皇。荊軻走後，太子望氣，見白虹貫日不徹，曰：「吾事不成矣！」後聞軻死，事不成，曰：

「吾知其然也！」

(七)衛先生：秦人。白起為秦伐趙，破長平軍，欲遂長驅滅趙，遣衛先生說昭王，請增兵糧，乃為應侯所害，事用不成。其精誠上達於天，故太白為之蝕昴，昴，趙地之分野；太白主西方，秦在西方，其徵兆為太白蝕昴，即言秦國把趙國吃掉了。此言白起可以有滅趙之功，而結果被應侯所讒而被殺。

(八)此兩人者，皆精誠感動天地，而竟然不為兩主所瞭解，所相信。

(九)畢議：竭盡其所知以建議。

(一〇)不欲直言王之不明，而委言左右不明。

(一一)交付法官審罪。

(一二)楚人卞和得玉璞，獻之武王，武王以示玉人，玉人曰：「石也」。刖其左足。至成王時，卞和抱璞哭於郊，乃使玉尹攻之，果得寶玉。武王沒，又獻於文王，文王以示玉人，玉人曰：「石也」。刖其右足。

(一三)李斯盡忠於秦，而二世皇帝聽趙高之讒，處以極刑。

(一四)詳：即「佯」，偽裝。

(一五)接輿：楚之賢人。

(一六)比干：商之賢臣，以直諫抵牾紂王，紂王曰：「吾聞聖人之心有七竅」，遂剖其心。

(一七)伍子胥為吳王成霸業，後賜之以鴟夷而使子胥自殺，以革囊盛其屍而流之於江。

諺曰：「有白頭如新(一)，傾蓋如故(二)。」何則？知與不知也(三)。

故昔樊於期逃秦之燕(四)，藉荊軻首以奉丹之事(五)；王奢去齊之魏，臨城自剄以卻齊而存魏(六)。夫王奢、樊於期非新於齊、秦而故於燕、魏也，所以去二國死兩君者，行合於志而慕義無窮也。

是以蘇秦不信於天下，而為燕尾生(七)；白圭戰亡六城，為魏取中

山㊇。何則？誠有以相知也。蘇秦相燕，燕人惡之於王，王按劍而怒，食以駃騠㊈；白圭顯於中山，中山人惡之魏文侯，文侯投之以夜光之璧㊉。何則？兩主二臣，剖心坼肝相信，豈移於浮辭哉⑪！

【註】
㊀ 比喻人不相知，雖自初交以至於白頭，猶如剛剛才認識似的。㊁ 比喻人之相知，雖係途中相遇，但一見之下，即傾蓋相談，如同老相識的故人似的。傾蓋者，道行相遇，輧車對語，兩蓋相切，稍欹之，故曰傾也。㊂ 為什麼？因為知心與不知心的緣故。所以說：「人之相知，貴相知心。」㊃ 之…往也。㊄ 樊於期逃秦而往燕，以頭與荊軻，使入秦以示信。㊅ 王奢：齊人，亡逃至魏。其後，齊伐魏，奢登城告齊將曰：「今君之來，不過以奢之故而已，夫義不苟生以為魏累。」遂自剄而死。㊆ 尾生乃為守信而死者。蘇秦不能建立信用於天下，但對於燕國，則守信用如尾生。㊇ 白圭為中山將，亡六城，君欲殺之，遂逃亡入魏。魏文侯厚待之，還拔中山。㊈ 駃騠：駿馬也。蘇秦為燕相，燕人在王的面前說蘇秦的壞話，燕王不但不信讒言，反而賜蘇秦以千里馬，以表示其對蘇秦的信心。㊉ 魏人在魏文侯面前說白圭的壞話，魏文侯不但不信，反而賜之以夜光之璧。⑪ 剖心腹，裂胆肝以示相，怎肯被浮動的空話所搖動呢？

故女無美惡，入宮見妒；士無賢不肖，入朝見嫉〔一〕。昔者司馬喜髕腳於宋，卒相中山〔二〕；范睢摺脅折齒於魏，卒為應侯〔三〕。此二人者，皆信必然之畫，捐朋黨之私，挾孤獨之位，故不能自免於嫉妒之人也。是以申徒狄自沈於河〔四〕，徐衍負石入海〔五〕。不容於世，義不苟取，比周於朝，以移主上之心〔六〕。故百里奚乞食於路，繆公委之以政；寗戚飯牛車下，而桓公任之以國〔七〕。此二人者，豈借宦於朝，假譽於左右〔九〕，然後二主用之哉〔四〕？感於心〔一〇〕，合於行〔二〕，親於膠漆〔二〕，昆弟不能離〔三〕，豈惑於眾口哉〔四〕？故偏聽生姦，獨任成亂〔六〕。昔者魯聽季孫之說而逐孔子〔七〕，宋信子罕之計而囚墨翟〔六〕。夫以孔、墨之辯，不能自免於讒諛，而二國以危。何則？眾口鑠金〔五〕，積毀銷骨也〔二〕。是以秦用戎人由余而霸中國〔二〕，齊用越人蒙而彊威、宣〔三〕。此二國，豈拘於俗，牽於世，繫阿偏之辭哉〔三〕？公聽並觀〔四〕，垂名當世。故意合則胡越為昆弟〔五〕，由余、越人蒙是矣；不合，則骨肉出逐不收〔六〕，朱、象、管、蔡是矣。今人主誠能用齊、秦之義，後宋、魯之聽，

則五伯不足稱㈦，三王易為也㈢。

【註】㈠所以女人不論美醜，只要一入宮，就會被妒忌；士人不論賢不肖，只要一入朝，就會被嫉恨。（大概是「同行是冤家」吧。）㈡司馬喜：戰國時人，為中山相。中山：河北定縣，戰國時為中山國，後為魏所滅。髖，音鬢（ㄅ一ㄣ）。髖腳者，斷足之刑也。㈢范睢：魏人，因得罪於魏相，被打斷其肘骨與牙齒。後逃於秦，為秦相，封於應，故稱應侯。㈣申徒狄：戰國時人，因諫而不用，自投於河。㈤徐衍：戰國時人，負石自投於海。㈥為了正義，不苟取，不比周（結黨營私）於朝以變亂主上之心。（義字之下的「不」字，要連用在下句，即為「義，不苟取，不比周於朝以移主上之心」。）㈦甯戚：春秋時人，為齊桓公餵牛，齊桓公夜出迎客，短布單衣適至骭（脛也），從昏（日初落）「南山矸（矸，與「岸」同），白石爛，不遭堯與舜禪；短布單衣適至骭，而甯戚疾擊其牛角，依商聲而歌曰：飯牛薄（至也）夜半，長夜曼曼何時旦！」桓公聞其歌，召與語，悅之，以為大夫。㈧借朝中官宦的推薦。㈨假左右近親的吹噓。㈩心靈相感召。⑪行誼相契合。⑫如膠似漆的親切。⑬雖關係至近的兄弟亦不能離間。⑭豈是泛泛淺淺的眾人之口所能迷惑的嗎？⑮所以聽信偏私之言，就會發生姦邪。⑯專憑獨裁之念，就會造成禍亂。⑰《論語》：「齊人歸（贈送）女樂，季桓子受之，三日不朝，孔子行也。」⑱《說苑·君道篇》謂：「司城子罕刼君擅政」。⑲眾人之口，可以鑠金。謂其說者太多，眾口同聲，久而久之，雖非事實，亦可以使人認為真有其事。可見眾人之口，影響力

之大，雖金子也要被銷化了。㈤積毀銷骨：儘管你是個端正純潔的人，但是你不為人所瞭解，許多

人都說你的壞話，壞話越積越多，最後，連你的骨頭也會被銷滅了。㈥由余：本晉人，逃亡於戎，

戎王聞秦繆公賢，使由余於秦以觀之。繆公與之語，以為賢，因留不遣返。贈送戎王女樂以離間之。

後，由余降秦，為秦謀伐戎之策，益國十二，闢地千里，遂霸西戎。㈦越人蒙，不知所出，或云即

越人子臧也。威、宣：齊威王、宣王也。㈧繫：束縛也。阿偏：阿私偏邪也。㈨公聽：大公的聽

聞。並觀：全面的觀察。㈩意見相合，胡越可以變為兄弟。㈠意見不合，骨肉就會逐出不留。㈡五

霸不足稱，可以高於五霸。㈢三王易為，可以比肩三王。

是以聖王覺寤，捐子之之心㈠，而能不說於田常之賢㈡；封比

干之後㈢，修孕婦之墓，故功業復就於天下。何則？欲善無厭

也。夫晉文公親其讎，彊霸諸侯；齊桓公用其仇，而一匡天下。

何則，慈仁慇勤，誠加於心，不可以虛辭借也㈣。

【註】　㈠子之：燕王噲愚闇，子之為相，專國政，燕王以為賢，讓國於子之，燕國大亂。此言聖王

覺悟，捐棄信任子之之心。　㈡田常事齊簡公，簡公以為賢而悅之，其後，田常殺簡公。此言聖王覺

悟，不會像齊簡公那樣以權臣為賢臣而悅之，卒致殺身之禍。說，即「悅」。　㈢武王伐紂，克商，

封比干之後。　㈣真誠發於內心，不是虛偽的言辭所能假借的。

至夫秦用商鞅之法，東弱韓、魏，兵彊天下，而卒車裂之〇；越用大夫種之謀，禽勁吳〇，霸中國，而卒誅其身，是以孫叔敖三去相而不悔〇；於陵子仲辭三公為人灌園〇。今人主誠能去驕傲之心，懷可報之意〇，披心腹，見情素〇，墮肝膽〇，施德厚，終與之窮達，無愛於士〇，則桀之狗可使吠堯〇，跖之客可使刺由〇；況因萬乘之權，假聖王之資乎？然則荊軻之湛七族〇，要離之燒妻子〇，豈足道哉！

【註】 〇商鞅被秦惠王以車裂之刑處死。 〇禽：即「擒」。 〇孫叔敖三為相而不喜，知其才之自得也；三去相而不悔，知其非己之罪也。 〇於陵子仲：即陳仲子，齊陳氏之族，兄為齊卿，仲子以為不義，乃適楚，居於陵（於陵，讀烏陵），自謂於陵子仲。楚王欲聘以為相，子仲夫婦遂逃亡，為人灌園。 〇意念中常常存著對於功臣要予以報答之心。 〇披開心腹，以真相見。 〇墮：輸也，以肝膽相交通。愛：吝惜也。 〇桀之狗，忠於桀，堯雖善，而桀狗吠之，所謂「各為其主」，「吃紂王飯，不說紂王惡」。 〇跖：盜跖也。跖之客，忠於跖，許由雖潔，而跖狗吠之。亦各為其主也。 〇荊軻為燕太子丹刺秦王，不成而死，秦王誅滅其七族。湛，沈也，滅沒也。 〇吳王闔閭欲殺王子慶忌，要離詐以罪亡，使吳王燔其妻子，要離走見慶忌，以劍刺之。

臣聞明月之珠，夜光之璧，以闇投人於道路㈠，人無不按劍相眄者㈡。何則？無因而至前也㈢。蟠木根柢㈣，輪囷離詭㈤，而為萬乘器者㈥。何則？以左右先為之容也㈦。故無因至前，雖出隨侯之珠，夜光之璧，猶結怨而不見德。故有人先談，則以枯木朽株樹功而不忘。今夫天下布衣窮居之士，身在貧賤，雖蒙堯、舜之術，挾伊、管之辯，懷龍逢、比干之意，欲盡忠當世之君，而素無根柢之容㈧，雖竭精思，欲開忠信，輔人主之治，則人主必有按劍相眄之跡，是使布衣不得為枯木朽株之資也。

【註】㈠在黑暗之中，以珠璧投於人行道上。㈡眄：音免（ㄇㄧㄢˇ），斜視也。人們沒有不握劍相視的。㈢為什麼？因為事情來得太突然，無緣無故而來到跟前。㈣蟠木：盤屈的大樹。㈤輪囷：他的根柢長的彎彎曲曲。困，音君（ㄐㄩㄣ），彎曲的。離詭：奇奇怪怪。㈥但是，他有大的用處，能為萬乘之君所用。㈦因為事先有人說明他的木質之美。貌似不中用，而其實有大用。㈧平素沒有人介紹其根柢之美，所以雖欲盡忠，亦必被人所疑。

是以聖王制世御俗，獨化於陶鈞之上㈠，而不牽於卑亂之語㈡，

不奪於眾多之口㊂。故秦皇帝任中庶子蒙嘉之言，以信荊軻之說，而匕首竊發㊃；周文王獵涇、渭，載呂尚而歸，以王天下。故秦信左右而殺，周用烏集而王㊄。何則？以其能越攣拘之語㊅，馳域外之議㊆，獨觀於昭曠之道也㊇。

【註】

㊀ 陶：造就器物的模子。鈞：衡量事物的稱子。言聖王制世御俗，以造就人才，甄拔人才為己任。

㊁ 而不為卑瑣邪亂的語言所牽掣。

㊂ 不為紛雜眾多的口舌所刦奪。

㊃ 秦始皇因為相信中庶子蒙嘉的話，從而相信荊軻的說法，結果，被荊軻拿出匕首刺殺秦始皇。

㊄ 烏集：乍離乍合，如烏鴉之集散。言呂尚之歸文王，如烏之集也。

㊅ 超越於拘泥不通的言論。

㊆ 馳騁於域限以外的議論。

㊇ 獨立觀察於光明寬潤的大道。

今人主沈於諛諂之辭㊀，牽於帷裳之制㊁，使不羈之士與牛驥同皁㊂，此鮑焦所以忿於世而不留富貴之樂也㊃。

【註】

㊀ 現今的人主們沈溺於諂媚奉迎的言辭。

㊁ 牽掣於帷裳內侍的包圍。

㊂ 使奇才異能之士與牛馬同槽。

㊃ 鮑焦：《莊子》云：「鮑焦飾行非世，抱木而死。」

臣聞盛飾入朝者不以利汙義〔一〕，砥厲名號者不以欲傷行〔二〕，故縣名勝母而曾子不入〔三〕，邑號朝歌而墨子回車〔四〕。今欲使天下寥廓之士〔五〕，攝於威重之權〔六〕，主於位勢之貴〔七〕，故回面汙行以事諂諛之人而求親近於左右〔八〕，則士伏死堀穴巖（巖）〔藪〕之中耳〔九〕，安肯有盡忠信而趨闕下者哉〔一〇〕！

【註】〔一〕穿得端端正正而入朝者，決不肯以利祿而污染了正義。〔二〕修整名譽者，決不肯以私欲而敗壞品行。〔三〕所以里名勝母而曾子不入，以其里名之敗壞倫理也。〔四〕邑號朝歌而墨子回車，以其為暴君（紂王）之所居也。〔五〕現在要使天下高尚廓達的士人。〔六〕為權威的壓力所恐怖。〔七〕為位勢的尊貴所主宰。〔八〕故意歪頭歪腦，污行辱身，以事奉那些讒諂面諛之小人而想得到主上的親近。〔九〕那麼，士人寧願埋死於巖穴山林之中。〔一〇〕誰還肯盡忠信而趨赴於朝廷呢？

書奏梁孝王，孝王使人出之，卒為上客。

太史公曰：魯連其指意雖不合大義〔一〕，然余多其在布衣之位，蕩然肆志，不詘於諸侯，談說於當世，折卿相之權。鄒陽辭雖不遜，然其比物連類，有足悲者，亦可謂抗直不橈矣〔二〕，吾是以

附之列傳焉。

【註】 ㈠魯仲連在布衣之時，義不帝秦，確實有風骨。但其勸燕將降齊，則又似陷人於不義。故太史公謂其指意不合大義。 ㈡鄒陽言辭前後矛盾，然敢於指斥時君，亦可謂抗直不橈。（橈，同「撓」，折曲也。）

卷八十四　屈原、賈生列傳第二十四

屈原者，名平，楚之同姓也。為楚懷王左徒[一]。博聞彊志[二]，明於治亂，嫻於辭令[三]。入則與王圖議國事，以出號令；出則接遇賓客，應對諸侯。王甚任之[四]。

【註】　[一] 左徒：楚之貴官，在王左右參贊國事，如後代之拾遺、諫議的官職。　[二] 彊志：志，誌也，記憶也，即強於記憶。　[三] 嫻：熟練而美善。　[四] 懷王很信任他。

上官大夫與之同列，爭寵而心害其能[一]。懷王使屈原造為憲令[二]，屈平屬草稾未定[三]。上官大夫見而欲奪之，屈平不與，因讒之曰：「王使屈平為令，眾莫不知，每一令出，平伐其功，（曰）以為『非我莫能為』也[四]。」王怒而疏屈平[五]。

【註】　[一] 害：忌妬。　[二] 懷王使屈原製作法令。　[三] 屈原正在撰擬草稿，還沒有整理完成。　[四] 上官大夫在懷王面前陷害屈原道：「王使屈原製作法令，大家沒有不知道的，每一件法令出來，屈原就自誇其功，對大家說：『不是我，沒有一個人能夠製作法令的。』」　[五] 懷王一聽到上官大夫的話，大為

震怒，從此以後，對於屈原就疏遠了。

屈平疾王聽之不聰也〔一〕，讒諂之蔽明也〔二〕，邪曲之害公也〔三〕，方正之不容也〔四〕，故憂愁幽思而作離騷〔五〕。離騷者，猶離憂也〔六〕。夫天者，人之始也；父母者，人之本也〔五〕。人窮則反本，故勞苦倦極，未嘗不呼天也；疾痛慘怛，未嘗不呼父母也。屈平正道直行，竭忠盡智以事其君，讒人閒之，可謂窮矣。信而見疑，忠而被謗，能無怨乎？屈平之作離騷，蓋自怨生也〔七〕。國風好色而不淫〔八〕，小雅怨誹而不亂〔九〕。若離騷者，可謂兼之矣〔一〕。上稱帝嚳，下道齊桓，中述湯武，以刺世事〔一一〕。明道德之廣崇，治亂之條貫，靡不畢見〔一二〕。其文約，其辭微〔一四〕，其志絜，其行廉〔一五〕，故其稱物芳〔一六〕。其行廉，故死而不容自疏〔一七〕。其稱文小而其指極大〔一六〕，舉類邇而見義遠〔一七〕。其志絜，故其稱物芳〔一六〕。其行廉，故死而不容自疏〔一七〕。濯淖汙泥之中〔二一〕，蟬蛻於濁穢〔二二〕，以浮游塵埃之外〔二三〕，不獲世之滋垢〔二三〕，皭然泥而不滓者也〔二四〕。推此志也，雖與日月爭光可也〔二五〕。

【註】 〔一〕屈平痛恨於懷王聽聞之不夠靈敏。 〔二〕讒諂之遮蔽光明。 〔三〕邪曲之危害公忠。 〔四〕方正之不

容於朝。⑤所以在無限的憂愁幽思之中，就作出了《離騷》這一部作品。⑥「離騷」怎麼講呢？離騷者，就是遭遇（離，罹也，遭遇也，陷身也。）憂患的意思。⑦屈平之所以作《離騷》，完全是由於內心的怨恨而發出。悝：音達（ㄉㄚ）悲痛。⑧〈國風〉雖然也有些好色的歌詠，但是不涉於淫蕩。⑨〈小雅〉雖然也有些怨誹的意味，但是不流於亂。⑩像《離騷》這一部作品，可以說是兼〈國風〉與〈小雅〉之優點而俱有了。⑪闡明了道德力量的廣大崇高。⑫藉著歷代聖君霸主的故事以批判當世的政事。⑬對於歷代治亂盛亡的條理線索，沒有不詳細指出的。⑭其文字簡練，其措詞微婉。⑮其志向高潔，其行為廉正。⑯其文章小而其旨趣極大。⑰其比喻近而其義理極遠。⑱其志向高潔，所以他所引舉的事物都是芳香的。（廉正就是責任感極重，國王雖疏遠他，而他還是憂心國事，念念不忘於國事而不允許自處於疏遠的地位。）⑲其行為廉正，所以至死猶殷殷於國事而不忘於國王，決不以國王之疏遠，而自己就疏遠了國王。這就是行為嚴正的註解。）⑳濯淖：此二字，作動詞用，沐浴，洗澡之意。「濯淖汙泥之中」，即言其洗澡於汙泥之中。據常理而言，在汙泥之中洗澡，當然是洗不乾淨，洗來洗去，因為他本身太潔淨了，汙泥不能沾身，所以他雖然洗澡於汙泥之中，結果，仍然能夠「出淤泥而不染」。㉑在濁穢的環境中，他好像一隻蟬蛻一以他雖然洗澡於汙泥之中，結果，仍然能夠「出淤泥而不染」。㉒飄飄然的浮游於塵埃之外。㉓不感受（獲）塵世上的一些膩垢黑點。㉔真樣，能夠脫殼殷而飛出。㉕像屈原這種志節，如果充分發揮起來，能與日月爭正可以算得是潔白光亮，出淤泥而不汙的了。淖：音鬧（ㄋㄠ），濯淖，滌洗也。皭：音叫（ㄐㄧㄠ），潔白的。光，也是可以辦得到的。

屈平既絀①，其後秦欲伐齊，齊與楚從親②，惠王患之，乃令張儀詳去秦③，厚幣委質事楚④，曰：「秦甚憎齊，齊與楚從親，楚誠能絕齊，秦願獻商、於之地六百里。」楚懷王貪而信張儀，遂絕齊，使使如秦受地。張儀詐之曰：「儀與王約六里，不聞六百里。」楚使怒去，歸告懷王。懷王怒，大興師伐秦。秦發兵擊之，大破楚師於丹、淅⑤，斬首八萬，虜楚將屈匄，遂取楚之漢中地。懷王乃悉發國中兵⑥以深入擊秦，戰於藍田⑦。魏聞之，襲楚至鄧⑧。楚兵懼，自秦歸，而齊竟怒不救楚，楚大困⑨。

【註】①絀：被黜退。②齊與楚是聯合反秦的外交關係。③詳：即「佯」，偽裝。④委身於楚而事楚。⑤丹水，淅川，在河南西南部之淅川縣一帶。⑥悉發：全部動員其兵力。⑦藍田：陝西藍田縣，距長安不遠。深入敵境，楚已犯兵家之大忌了。⑧魏地在河南中部，由河南中部向西南進軍，打入鄧縣，就是包剿了楚兵的後路，所以楚懼而歸。⑨前後受敵，而與齊國的外交關係又要惡化。

明年，秦割漢中地與楚以和。楚王曰：「不願得地，願得張

儀而甘心焉⊖。」張儀聞，乃曰：「以一儀而當漢中地，臣請往如楚⊜。」如楚⊜，又因厚幣用事者臣靳尚⊜，而設詭辯於懷王之寵姬鄭袖。懷王竟聽鄭袖，復釋去張儀。是時屈平既疏，不復在位，使於齊，顧反，諫懷王曰：「何不殺張儀？」懷王悔，追張儀不及。

【註】⊖願得張儀而殺之，以快於心。⊜如：往。⊜以厚重的財物，賄賂楚國當權管事之臣，名靳尚者。

其後諸侯共擊楚，大破之，殺其將唐眛。

時秦昭王與楚婚，欲與懷王會。懷王欲行，屈平曰：「秦虎狼之國，不可信，不如毋行。」懷王稚子子蘭勸王行：「奈何絕秦歡！」懷王卒行。入武關，秦伏兵絕其後，因留懷王，以求割地。懷王怒，不聽。亡走趙，趙不內。復之秦，竟死於秦而歸葬。

長子頃襄王立，以其弟子蘭為令尹。楚人既咎子蘭以勸懷王入秦而不反也。

屈平既嫉之，雖放流，睠顧楚國①，繫心懷王②，不忘欲反③，冀幸君之一悟，俗之一改也。其存君興國而欲反覆之④，一篇之中三致志焉⑤。然終無可奈何，故不可以反，卒以此見懷王之終不悟也。人君無愚智賢不肖，莫不欲求忠以自為，舉賢以自佐，然亡國破家相隨屬⑥，而聖君治國累世而不見者，其所謂忠者不忠，而所謂賢者不賢也。懷王以不知忠臣之分⑦，故內惑於鄭袖，外欺於張儀，疏屈平而信上官大夫、令尹子蘭。兵挫地削，亡其六郡，身客死於秦，為天下笑。此不知人之禍也。易曰：「井泄不食，為我心惻⑧，可以汲。王明，並受其福⑨。」王之不明，豈足福哉⑩！

【註】　①睠顧：戀戀不捨，如人之離家，不斷的回頭看。　②繫心：掛念。　③屈原雖被放逐，而心裡邊猶忘不了返都之念。　④反覆：復興國家，恢復昔日的強盛。　⑤在一篇文章之中，再三的表示這種意志。　⑥屬：連續不斷的。　⑦懷王因為不知道什麼是忠臣。　⑧泄：浚淘其井，使之水源乾淨。言已經淘過的井，水源已經乾淨了，應該食用這種淨水才是，但是，竟然不食用，實在使我心裏邊憂愁。這是比喻有賢人而不用，使人心憂也。　⑨如果認為井裏的水可以汲用，就好像國王明白了，任

用賢才了，那麼，天下之人都要統通的蒙受福氣了。　(一◯)王如果不明白，怎麼樣可以蒙受福氣呢？

令尹子蘭聞之大怒，卒使上官大夫短屈原於頃襄王(一)，頃襄王怒而遷之(二)。

【註】

(一)使上官大夫在頃襄王的跟前，說屈原的短處。　(二)頃襄王怒，而把屈原遷放於江南。

屈原至於江濱，被髮行吟澤畔。顏色憔悴，形容枯槁。漁父見而問之曰：「子非三閭大夫歟(一)？何故而至此？」屈原曰：「舉世混濁而我獨清，眾人皆醉而我獨醒，是以見放(二)。」漁父曰：「夫聖人者，不凝滯於物而能與世推移(三)。舉世混濁，何不隨其流而揚其波(四)？眾人皆醉，何不餔其糟而啜其醨(五)？何故懷瑾握瑜而自令見放為(六)？」屈原曰：「吾聞之，新沐者必彈冠(七)，新浴者必振衣(八)，人又誰能以身之察察，受物之汶汶者乎(九)！寧赴常流而葬乎江魚腹中耳，又安能以皓皓之白而蒙世俗之溫蠖乎(一◯)！」

【註】

(一)三閭大夫：三閭之職，掌王族三姓，曰：昭、屈、景，序其譜屬，率其賢良，以勵國士。

屈原舊任此職，故漁父以此稱之也。㈡見放：被放。㈢不拘滯於某種事物，而能夠通權達變，隨現

世為轉移。㈣既然全世都混濁了，你為什麼不也跟著食糟而飲醨（薄酒）？㈥為什麼身上懷著美玉，手中握著寶貝，而偏偏自找麻煩，以

致被人驅逐出來呢？你到底為的是甚麼？㈦剛剛洗過頭的人，必然要把帽子彈乾淨。㈧剛剛浴過身

的人，必然要把衣服抖乾淨（振，同「震」，抖動也）。㈨人誰肯以乾乾淨淨的身體，受外物之骯

髒骯髒的污染呢？㈩寧願投身長流，葬乎江魚之腹中以死，又安肯以光潔雪亮的白質，而被世俗汙

穢不堪的侮辱呢？溫蠖：大概是曲解，陷害，謠言攻擊之意。有解為「惛憒」者，亦即世俗昏憒誤解

之意。蠖：音或（ㄏㄨㄛˋ）蛾類的幼蟲，比喻屈辱。

乃作懷沙㈠之賦。其辭曰：

【註】

㈠懷沙：懷抱沙石以自沈。

陶陶孟夏兮㈠，草木莽莽㈡。傷懷永哀兮㈢，汩徂南土㈣。眴兮窈
窈㈤，孔靜幽墨㈥。冤結紆軫兮㈦，離慜之長鞠㈧；撫情効志兮㈨，
俛詘以自抑㈩。

【註】

㈠陶陶：陽光旭盛的樣子。孟夏：四時之首月，曰孟月。夏季之首月，曰孟夏，即陰曆四月

也。　㈢莽莽…茂盛的樣子。　㈢傷懷…傷痛的心懷。永哀…永遠的悲哀。　㈣汩…音古（ㄍㄨˇ），水流聲。徂…往。順水而流，放往江南。　㈤眴…音炫（ㄒㄩㄢˋ），通「眩」，眼花，昏迷。窈窈…同杳杳，高遠幽深，看不見景象，前途茫茫的樣子。　㈥孔靜…孔，甚也，極也，極其寂靜，寂然無聲。幽墨…幽暗，幽深。墨…黑暗。通「默」，寂默無聲。言其在流放江南之長途中，覺得前途茫茫，滿目荒涼，極度的寂靜幽冥。　㈦使人倍增惆悵，冤痛鬱結，悲悼縈繞。　㈧離愍…別離與病愁（愍，憂，病）。長鞠…長期困擾，困窘。鞠…窮也，困也。　㈨撫情…按下了悲憤的感情。効志…委棄了空幻的心願。　㈩低首委屈以自己控制自己。

刓方以為圜兮，常度未替㈠；易初本由兮，君子所鄙㈡。章畫職墨兮，前度未改㈢；內直質重兮，大人所盛㈣。巧匠不斲兮，執察其揆正㈤？玄文幽處兮，矇謂之不章㈥；離婁微睇兮，瞽以為無明㈦。變白而為黑兮，倒上以為下㈧。鳳皇在笯兮，雞雉翔舞㈨。同糅玉石兮，一槩而相量㈩。夫黨人之鄙妒兮，羌不知吾所臧㈩。

【註】　㈠刓…音完（ㄨㄢˊ），削去稜角。想著削方以為圓吧，但是正常的法度，並沒有廢棄。（就是因為正常的法度沒有廢棄，所以無論如何不能削方以為圓）。　㈡變易了初衷而改行吧，但是，那

是君子所鄙棄的啊！（就是因為君子所鄙棄，所以無論如何不能變易初衷而改行。）這兩句就說明屈原在極度悲傷之時，內心的矛盾，是同流合污嗎？抑是方正廉潔？最後的選擇，還是寧死而保持方正廉潔。〔三〕章：章甫，殷時的冠名。畫：圖案。職：通「幟」，旗幟。墨：繩墨。即言章冠的圖案，旗幟的繩墨，前人的法度，仍未改變。〔四〕內心直正而本質厚重，乃是大人之所盛稱。〔五〕斲：音琢（ㄓㄨㄛ），斫製。如果不是巧匠加以斫製，誰能看出他的端正。〔六〕美妙的文彩置之於幽暗之地，目矇的人以為是不夠燦爛。〔七〕離婁：古時視力最好的人，孟子所謂「離婁之明」，微睇，稍微的小視一下。目盲（瞽）的人以為離婁眼睛不明。〔八〕那一些讒邪害正的人，變白以為黑，倒上以為下。〔九〕鳳凰：神鳥。笯，音奴（ㄋㄨ），鳥籠。把鳳凰鎖在鳥籠裏，讓雞雉去翔舞。〔一〇〕不分寶玉與石頭，一概揉合而同量。〔一一〕那一些結黨營利的小人們，卑鄙而妒忌，羌：語詞，無解。不知道我的好處。

任重載盛兮，陷滯而不濟〔一〕；懷瑾握瑜兮，窮不得余所示〔二〕。邑犬羣吠兮，吠所怪也；誹駿疑桀兮，固庸態也〔三〕。文質疏內兮，眾不知吾之異采〔四〕；材樸委積兮，莫知余之所有〔五〕。重仁襲義兮，謹厚以為豐〔六〕；重華不可牾兮，孰知余之從容〔七〕！古固有不並兮，豈知其故也〔八〕？湯禹久遠兮，邈不可慕也〔九〕。懲違改忿兮，抑心而自彊〔一〇〕；離湣而不遷兮，願志之有象〔一一〕。進路北次

兮，日昧昧其將暮(三)；含憂虞哀兮，限之以大故(三)。

【註】　㊀負荷得很重，裝載的東西很多，但是，陷滯於泥淖之中而不得前進。（比喻其才器很大，任務很重，但為讒臣小人所害，使不能實現其忠君愛國之志。）㊁身懷著玉石，手握著寶貝，（比喻自己滿腹的經綸才學），但是，境遇窮困，使我得不到展佈的機會。（示，通「施」，推行，發揮，展佈，如施政，施德。）㊂才高千人者，曰俊，才高萬人者，曰傑。桀，同「傑」。㊃文質並茂，而為內臣們所隔絕，不得表現，毀謗才俊之士，疑忌傑出之才，原來就是庸夫俗子們的常態。㊄材：中用之大木。樸：本質甚美，只無從知道我的奇異的光采。內：宮內的小人。疏：遠，隔離。㊅重：通「踵」，踐也。襲：履也。言其踐履仁義之道，以敬謹忠厚為財富。㊆重華：舜王之號。悟：通「晤」，逢見也。從須加以斲修，即可作棟樑之用。委積：委棄於一旁而堆積之，不斷不用。我好比是質美而中用的大木，但是不斷不用，委棄於一旁而堆積之，所以就沒有人知道我的真正的所有。㊇從古以來，容：坦然自得。像重舜這樣聖明的君上，已經是遇不到了，孰能夠知道我的從容自得呢？㊈湯王與禹王也是離現在太久遠的人了，聖賢原本是不並世而生啊！這是什麼道理呢？沒有人能知道！杳杳茫茫，是希望（慕）不到的了。㊉懲：制止。違：違心，不愉快。忿：怒，恨。抑：壓下。自強：自我安慰，自我勸勉，自力奮鬥，自強不息。制止一切的不快，改變忿恨的念頭，壓住感情的衝動，而自強不息的生活下去吧。（從這「抑心自強」的話，可見屈原在自殺前剎那間生死交戰之內心矛盾。當他在一陣的理智控制之下，他要自強以生；但剎那間，無限的憂傷痛苦，萬恨穿心，又逼得他斷然投江

了。）(二)潛⋯病患。象⋯意識嚮往的目標。縱然是別離與疾病，也不能使我轉移，在我的意念之中，我有一個確定的嚮往的目標。(三)在北返的路途中，該是停歇的時候了，太陽已經昏昧，快要日落西山了！(三)訴不盡的憂思，吐不完的哀怨，只有一死（大故），可以斬斷（限）這一切苦痛的糾纏。

亂曰(一)：浩浩沅、湘兮(二)，分流汩兮(三)。脩路幽拂兮(四)，道遠忽兮(五)。曾唫恆悲兮(六)，永歎慨兮(七)。世既莫吾知兮(八)，人心不可謂兮(九)。懷情抱質兮，獨無匹兮(一〇)。伯樂既歿兮，驥將焉程兮(一一)？人生稟命兮，各有所錯兮(一二)。定心廣志，餘何畏懼兮(一三)？曾傷爰哀，永歎唱兮。世溷不吾知，心不可謂兮(一四)。知死不可讓兮，願勿愛兮(一五)。明以告君子兮，吾將以為類兮(一六)。

【註】(一)亂⋯總結前意而言之，即今之所謂「結論」也。「亂」字，可能是「辭」字之誤，不過，後人不敢言其為誤，而借「辭」字之意以解之，就是明的不敢改，暗中已經改了。(二)沅⋯水名，今名沅江，湖南境內之巨水也。其源最遠者，出貴州都勻縣西之雲霧山，曰馬尾河，屈曲東流為清水江，由鎮遠入湖南境，為沅水，至黔陽合撫水，又東北經辰谿、瀘溪、沅陵、桃源、常德各縣，分數道入洞庭。湘水⋯亦湖南境內之巨水也。與灘水同發源於廣西興安縣之陽海山，曰灘湘。合流至興安縣，分而東北，入湘南，至零陵合瀟水，曰瀟湘。至衡陽合蒸水，曰蒸湘，故曰三湘。又北流至長

沙，入洞庭湖。　（三）汨：音古，水流聲也。　（四）修路：長長的路途。幽：暗也。拂：蔽也，被蔥鬱的樹林與蔓草所遮蔽而看不見前途。　（五）道路遠遠忽忽。　（六）唫：音寅（一ㄣˊ），同「吟」字。由疾痛而呼出之聲音，曰呻吟。恆悲：無盡的悲痛。　（七）永歎：永長的歎息。　（八）世上既然沒有人能夠知道我了。　（九）人們的心理真是不可解釋啊！　（一○）懷抱著滿心的熱情與真誠，只可惜孤獨而沒有夥伴啊！　（一一）識馬的伯樂既然死了，千里馬還跑個甚麼呢？（這是把「程」字當作「逞」字解，逞，逞威風也。如果把「程」字當作評判解，那就譯為「千里馬還有誰來評判呢」？兩種解釋皆通。）　（一二）只要能定下心意，放開志念，別的還有什麼可怕的呢？人生要稟承命運啊！各人都有一定的安排。　（一三）錯：同「措」，安置，安排。　（一四）溷：音混（ㄏㄨㄣˋ），混亂。世人們都是混混亂亂，不能夠知道我，他們的心理真是無法解釋啊！　（一五）既然知道死是不可以避免的，那就根本用不著留戀（愛）了！　（一六）明白的告訴各位殺生成仁捨生取義的君子們，我將以你們為同類。

於是懷石遂自（投）〔沈〕汨羅以死（一）。

【註】　（一）汨羅，汨，音覓（ㄇㄧˋ）。汨羅，二水名，合流為汨羅江，在湖南湘陰縣北。《續齊諧記》云：「屈原以五月五日投汨羅而死，楚人哀之，每於此日以竹筒貯米，投水祭之。漢建武中，長沙區回白日忽見一人，自稱三閭大夫，謂回曰：『聞君常見祭，甚善，但常年所遺，並為蛟龍所竊。今若有惠，可以楝榆葉塞上，以五色絲轉縛之。此物蛟龍所憚。』回依其言。世人五月五日作糭，並帶五色絲及楝葉，皆汨羅之遺風。」

屈原既死之後，楚有宋玉、唐勒、景差之徒者[一]，皆好辭而以賦見稱；然皆祖屈原之從容辭令[二]，終莫敢直諫。其後楚日以削，數十年竟為秦所滅。

【註】　[一]宋玉，楚之鄢人，屈原弟子，為大夫。屈原既放逐，玉作〈九辯〉，述其志以悲之，又有〈神女〉、〈高唐〉二賦，皆寓言託興之作。唐勒：楚大夫，好辭而以賦見稱。景差，又作景瑳。

[二]祖：師承，效法。

自屈原沈汩羅後百有餘年，漢有賈生，為長沙王太傅，過湘水，投書以弔屈原。

賈生名誼[一]，雒陽人也。年十八，以能誦詩屬書[二]聞於郡中。吳廷尉為河南守，聞其秀才[三]，召置門下，甚幸愛。孝文皇帝初立，聞河南守吳公[四]治平為天下第一，故與李斯同邑而常學事焉，乃徵為廷尉。廷尉乃言賈生年少，頗通諸子百家之書。文帝召以為博士。

【註】　[一]「義」字，《漢書》作「誼」，賈誼，乃賈義也。[二]屬：聯結，編撰。[三]秀才：美才也。

㈣ 吳公：吳，姓也，史失其名，故稱之為公。

是時賈生年僅二十餘，最為少。每詔令議下，諸老先生不能
言，賈生盡為之對，人人各如其意所欲出。諸生於是乃以為能，
不及也。孝文帝說之㈠，超遷㈡，一歲中至太中大夫㈢。
賈生以為漢興至孝文二十餘年，天下和洽，而固當改正朔，
易服色，法制度㈣，定官名，興禮樂，乃悉草具其事儀法，色尚
黃㈤，數用五，為官名，悉更秦之法。孝文帝初即位，謙讓未遑
也。諸律令所更定，及列侯悉就國，其說皆自賈生發之，於是
天子議以為賈生任公卿之位，絳、灌、東陽侯、馮敬之屬盡害
之㈥，乃短賈生曰：「雒陽之人，年少初學，專欲擅權，紛亂諸
事。」於是天子後亦疏之，不用其議，乃以賈生為長沙王太傅。

【註】 ㈠ 說：同「悅」。 ㈡ 超遷：不次之遷升，越次而遷升。 ㈢ 大中大夫：官名，掌議論，與諫
議大夫，光祿大夫，皆為天子之下大夫，為列國之上卿，地位高貴而重要。 ㈣ 法：規定。 ㈤ 漢文帝
時，黃龍見成紀（甘肅秦安縣北三十里），故改為土，色尚黃。 ㈥ 絳：絳侯周勃也。灌：灌嬰。東
陽侯：張敬如也。馮敬：時為御史大夫。害：忌妒其才而打擊之。

賈生既辭往行，聞長沙卑溼，自以壽不得長，又以適去(一)，意
不自得。及渡湘水，為賦以弔屈原，其辭曰：

【註】(一)適：同「謫」，被貶謫而外任也。

共承嘉惠兮(一)，俟罪長沙(二)。側聞屈原兮，自沈汨羅。造託湘流
兮(三)，敬弔先生。遭世罔極兮(四)，乃隕厥身(五)。嗚呼哀哉，逢時不
祥！鸞鳳伏竄兮(六)，鴟梟翱翔(七)。闒茸尊顯兮(八)，讒諛得志(九)；賢聖
逆曳兮(一〇)，方正倒植(一一)。世謂伯夷貪兮，謂盜蹠廉；莫邪為頓兮(一二)，
鉛刀為銛(一三)。于嗟嚜嚜兮，生之無故(一四)！斡棄周鼎兮寶康瓠(一五)，騰駕
罷牛兮驂蹇驢，驥垂兩耳兮服鹽車(一六)章甫薦屨兮，漸不可久(一七)；嗟
苦先生兮，獨離此咎(一八)。

【註】(一)共：即「恭」字，敬也。　(二)俟罪：待罪也。　(三)造：往。　(四)罔極：失去了道德標準，忠姦
不分，善惡混淆。極：最高之中準也。罔極，即失去最高之中準也。　(五)隕：毀敗。　(六)鸞鳳是靈善之
鳥，而隱伏逃竄。（比喻忠良遭難。）　(七)鴟梟是食父母的惡鳥，而高飛翱翔（比喻姦臣得志）。　(八)闒
茸：闒，音踏（去ㄚˋ）。茸：音戎（ㄖㄨㄥˊ）。闒茸：不肖之人。　(九)讒害正人，諂媚君上的姦臣，

都得志了。　（一〇）聖賢被反對（逆）而拉之後退（即言不得順利而前進）。　（一一）方正之人被置於下位（即

善惡倒置。　方正之士應置於上位，今反置之於下位，即「倒植」也）。　（一二）莫邪：良劍之名。吳王闔

廬使干將鑄劍，鐵汁不下，其妻莫邪曰：「鈇汁不下，有何計？」干將曰：「先師歐冶鑄劍不銷，以

女人聘爐神，當得之。」莫邪聞言，即躍身入爐中，鐵汁出，遂成二劍，雄號干將，雌號莫邪。頓：指

同鈍，不鋒利也。　（一三）銛：音先（ㄒㄧㄢ），鋒利的。　（一四）嘿嘿：即「默默」，不得意的樣子。生：指

屈原而言。無故：無故而遭禍。可歎啊！默默的屈原，無故而遭禍。　（一五）斡：音管（ㄍㄨㄢˇ），轉也。

康：大也。瓠：音戶（ㄏㄨˋ），蔬類植物，俗稱之為「胡蘆」。拋棄了周鼎啊，以大胡蘆為寶貝。　（一六）騰

駕：飛奔的車子，速度極快的車子，對下句之鹽車（載鹽的車子）而言。罷：疲慢的。駑：一車四

馬，兩邊的馬，謂之驂馬。蹇驢：跛腳的驢子。用疲鈍的老牛和跛腳的驢子，去駕那飛騰的快車。而

千里馬卻低著兩耳無精打采的去拉那載鹽的車子。（這是比喻昏君庸主以無能之人擔任重職，而使賢

能之士屈居下位。）　（一七）章甫：殷朝時之冠也。薦：墊子。以名貴的帽子（章甫）作鞋墊子，慢慢的

就蹧蹋完了。　（一八）好命苦的屈原先生啊！單單的使你陷入於（離，同「罹」，遭遇，陷入）此種禍殃！

訊曰（一）：已矣，國其莫我知，獨堙鬱兮其誰語（二）？鳳漂漂其高

遰兮，夫固自縮而遠去（三）。襲九淵之神龍兮，沕深潛以自珍（四）。

彌融爚以隱處兮，夫豈從螘與蛭螾（五）？所貴聖人之神德兮，遠濁

世而自藏（六）。使騏驥可得係羈兮，豈云異夫犬羊（七）！般紛紛其離此尤兮，亦夫子之辜也（八）！瞝九州而相君兮，何必懷此都也（九）？鳳皇翔于千仞之上兮，覽惪輝而下之（一〇）；見細德之險（微）〔徵〕兮，搖增翮逝而去之（二）。彼尋常之汙瀆兮，豈能容吞舟之魚（三）！橫江湖之鱣鱏兮，固將制於螻蟻（三）。

【註】㈠訊：音訓（ㄒㄩㄣ），再申其意也。㈡堙鬱：抑鬱，悶悶不樂的樣子。汋：音勿（ㄨ），深藏瞭解我的，獨自的悶悶不樂去向誰說呢？㈢看那鳳凰飄飄然而高逝啊！我早已就應該自退而遠去！㈣要學習那九淵的神龍啊，深藏密潛以自我珍重。襲：學取也。九淵：至深之淵。汋：音勿（ㄨ），深藏也。㈤要弢輝韜光以隱處啊，豈肯跟從那些蝦蟆與蚯蚓？彌，通「弭」，止也，藏也。融爐：光明蚯蚓，蠕形動物的一種。蟆：同「蚓」字。㈥所貴乎聖人的神德啊，就因為他們能夠遠濁世而自藏。《漢書》蟆字作「蝦」。蛭：音至（ㄓ），似也。爐：音（ㄠ），光明也。蟻：「蟻」的本體字。㈦假定是把日行千里的騏驥都絪之綁之，那麼，牠們與犬羊還有甚麼分別呢？㈧弄得渾身瘡疤而遭逢禍難，也是屈先生你自找的麻煩！般：同「斑」，瘡疤。離：同罹，遭遇，陷於。辜：罪過。㈨瞝：同「歷」，經歷，遍覽。相：觀察，選擇。遍覽九州而選擇君主啊，何必一定專戀於此都？㈩鳳凰飛翔於千仞之上啊，觀察有德輝的人主而落下。㈡看見那心術苛細之人有危險的動機啊，就遠遠的

加強羽翮的衝力而高飛。（細德：心術苛細之人。險徵：有危險的動機，有取弓矢而發射的徵兆。搖：通「遙」，遠遠的。增翮：加強雙翼的飛行能力。）⑵像那尋常的污濁的小水溝，怎能容下你這個吞舟的大魚？（這是比喻庸愚的小國之君，容不下大大的忠臣）。⑶把那江湖的鱣鰭平放在沙灘之上啊，必然受制於螻蟻。鱣：音詹（ㄓㄢ），江中大魚。鰭（ㄕㄢ）：同「鱔」，鱔魚。橫：平放。螻蟻：螞蟻之類的小蟲。

賈生為長沙王太傅三年，有鴞飛入賈生舍⑴，止于坐隅。楚人命鴞曰「服」。賈生既以適居長沙⑵，長沙卑溼，自以為壽不得長，傷悼之，乃為賦以自廣⑶。其辭曰：

【註】　⑴鴞：音梟（ㄒㄧㄠ），惡鳥，同「梟」。此鳥入人之家，不祥。　⑵適：同「謫」，罪放也。　⑶自廣：自我寬心。

單閼之歲兮⑴，四月孟夏⑵，庚子日施兮⑶，服集予舍，止于坐隅，貌甚閒暇。異物來集兮，私怪其故，發書占之兮，筴言其度⑷。曰「野鳥入處兮，主人將去」。請問于服兮：「予去何之⑸？吉乎告我，凶言其菑⑹。淹數之度兮，語予其期⑺。」服

乃歎息，舉首奮翼，口不能言，請對以意。

【註】㈠單閼：太歲在卯，曰單閼，文帝六年，歲在丁卯。單閼，陽氣推萬物而起也。閼，音遏（ㄜˋ）。㈡孟夏：夏季之首月，曰孟夏，即陰曆四月。㈢施：音移，移而西斜也。㈣筴：即「策」字，策數之書。度：推斷之言。㈤我往那裏去呢？㈥菑：同「災」字。數：速也。是遲離去嗎？或是速離去？請告訴我以時間。

萬物變化兮，固無休息㈠。斡流而遷兮，或推而還㈡。形氣轉續兮，變化而嬗㈢。沕穆無窮兮，胡可勝言㈣！禍兮福所倚，福兮禍所伏㈤；憂喜聚門兮，吉凶同域㈥。彼吳彊大兮，夫差以敗；越棲會稽兮，句踐霸世㈦。斯游遂成兮，卒被五刑；傅說胥靡兮，乃相武丁㈧。夫禍之與福兮，何異糾纏㈨。命不可說兮，孰知其極㈩？水激則旱兮，矢激則遠⑴。大專槃物兮，振蕩相轉⑵。雲蒸雨降兮，錯繆相紛⑷。大專槃物兮，块軋無垠⑸。天不可與慮兮，道不可與謀⑹。遲數有命兮，惡識其時⑺？

【註】㈠萬物變化啊，原本（固）就沒有休息。㈡轉流而遷移啊，有時被推而旋還。（斡：轉

也。）⑶形氣交迭相接啊，變化而蟬脫。（轉：交替。嬗：脫變成為新的東西）。⑷造化的道理玄妙無窮啊，說不勝說。（沕穆：神秘深奧的樣子。）⑸你以為是禍嗎？可能就是福；⑹憂喜是一門而相聚，吉凶是同地而共處。⑺那強大的吳國啊，夫差卻因而失敗；那困窮於會稽的越國啊，句踐卻因而稱霸。⑻李斯的游說可以算是大大的成功了，但是，終於受五刑之誅；傅說不是為人家作苦工嗎？但是，竟然當了武丁的宰相。⑼災難與幸運，本來就是糾纏在一起的。⑽人們的命運是無法解釋的，誰也不知道它會變化到什麼樣子！⑾水被激，則流出愈猛。（旱：即「悍」，猛也。）⑿矢被激，則射程愈遠。⒀萬物來回的衝擊（薄：逼近：摩擦），於是乎震蕩而相轉動。（振，同「震」。）⒁雲蒸氣而降雨，交錯而糾紛。⒂大專搬運萬物啊，無際無邊。專：即「轉」，大轉即「大圓」，天也。或謂大專即「大鈞」，造化也。槃：搬運也，同「搬」。⒃天不可以與之相考慮，道不可以與之相計謀。⒄或遲或速，都有一定的命運，你問我什麼時間應該離開嗎？我怎麼能夠知道呢？數：同「速」。

且夫天地為鑪兮，造化為工；陰陽為炭兮，萬物為銅①。合散消息兮，安有常則②；千變萬化兮，未始有極③。忽然為人兮，何足控摶④；化為異物兮，又何足患⑤！小知自私兮，賤彼貴我⑥；通人大觀兮，物無不可⑦。貪夫徇財兮⑧，烈士徇名⑨；誇者死權兮⑩，通人

品庶馮生㈡，怳迫之徒兮，或趨西東㈢；大人不曲兮，億變齊同㈢。拘士繫俗兮，攌如囚拘㈣；至人遺物兮，獨與道俱㈤。眾人或或兮，好惡積意㈥；真人淡漠兮，獨與道息㈦。釋知遺形兮，超然自喪㈧；寥廓忽荒兮，與道翱翔㈨。乘流則逝兮，得坻則止㈩；縱軀委命兮，不私與己㈢。其生若浮兮，其死若休㈢；澹乎若深淵之靜，氾乎若不繫之舟㈢。不以生故自寶兮，養空而浮㈣；德人無累兮，知命不憂㈤。細故蔕芥兮，何足以疑㈥！

【註】　㈠天地是陶鑄萬物的鑪子，造化是陶鑄萬物的工人，陰陽是陶鑄萬物的燃料，萬物是被陶鑄的器材。（此意是引用《莊子・大宗師》之語，謂「以天地為大鑪，以造化為大冶，惡乎往而不可哉？」）「造化」一辭，常解釋為天地，但上句已有天地，下句又有造化，那就解「造化」為造化之神。如此之類甚多，隨文而異。　㈡忽合忽散，或消或息，怎有經常的法則？（消，減也。息，增也。）　㈢千變萬化啊，永遠沒有個窮極。　㈣忽然變而為人啊，何足以緊緊控握而不放？控搏：兩手合握，控制不放手。　㈤忽然變而為鬼物，又何足以為患？異物：即鬼也。　㈥小聰明的人，私心自利，以別人為卑賤，而以自己為高貴。　㈦看破一切的通人，心理達觀，什麼都不在乎，沒有不可的事物。　㈧貪求利益的人，為金錢而犧牲生命。徇：同「殉」，為某一目的物而犧牲。　㈨追求名譽的烈士，為名譽而犧牲生命。　㈩野心自大的人們為爭奪權勢而犧牲生命。誇：音誇（ㄎㄨㄚ），誇

口，自高自大，華言無實。　㈡芸芸眾生們，沒有追求目標的奢望，只是在生活的大海裏，不自主的隨波逐流，上下浮沈，自生自滅而已。品庶：眾庶也。馮生：馮，依某物而浮沈，自己不能作主，聽天由命。馮生，即浮沈於生活的大海而任其自然。一不追求發財，二不追求聲名，三不追求權勢。　㈢只有偉大的聖人，不以生死為憂，把千變萬化都看作是同樣的東西，合生死、禍福、悲歡、苦樂而為一。至人：聖人，神人。曲：憂愁。億變：言其千變萬化之多。齊同：把一切不同的東西，看作是同樣的東西，無所謂生死、禍福、悲歡、苦樂之分別。　㈣拘謹呆板的人們，被世俗之見所束縛，把自己封鎖得像囚犯一般。繫：束縛，綑綁。攎：音汙（ㄏㄢ），欄柵，圍牆，所以限制囚犯，使不得越出。　㈤道行最高的神人，能夠扔掉一切事物的牽累，而獨獨的與大自然相往來。道：大自然也。　㈥世俗的大眾們，困擾迷亂，把不值得計較的喜怒愛惡，堆滿一肚子。或或：即「惑惑」，懷疑，困擾，迷亂不清，自找麻煩。積意：堆積在心中。　㈦道行至高的神人，把世俗的喜怒哀樂，生死禍福，都看的平平淡淡。知：有感應能力的知覺。釋：舍棄也。自喪：自我死亡。　㈧捨去那善感的知能啊，遺棄那無用的形骸，超然無我，自就於死亡。知：有感應能力的知覺。釋：舍棄也。自喪：自我死亡。　㈨在那廣大無邊，荒漠無盡的太空，與大自然相翱翔。　㈩讓驅殼自由放浪，讓命運隨便擺佈，不把自己看作是自己私有之物。　㈢有流可乘，則前進；有灘可停，則息止。坻：音持（ㄔ），沙灘。　㈢淡然無欲，好像是深淵之靜，漂蕩自由，好像是不繫之舟。　㈢不因

天。」）　㈥捨去那善感的知能啊，遺棄那無用的形骸，超然無我，自就於死亡。知：有感應能力的知覺。釋：舍棄也。自喪：自我死亡。　㈤在那廣大無邊，荒漠無盡的太空，與大自然相翱翔。　㈤讓驅殼自由放浪，讓命運隨便擺佈，不把自己看作是自己私有之物。　㈢有流可乘，則前進；有灘可停，則息止。坻：音持（ㄔ），沙灘。　㈢淡然無欲，好像是深淵之靜，漂蕩自由，好像是不繫之舟。　㈢不因

起，把死亡看作是長期休息。

為能夠活著而自貴，要把心性修練得空虛而輕鬆。 ⬚ 至德（同於至道）之人，沒有絲毫的掛累，認
識了命運，自然就沒有憂愁了。 ⬚ 小小的細節瑣事，何足以放在心上？懲薊：即「蒂芥」，小刺也。
今多作「芥蒂」，如言心中絲毫沒有不愉快者，即曰「胸無芥蒂」。

後歲餘，賈生徵見㊀。孝文帝方受釐㊁，坐宣室㊂。上因感鬼
神事，而問鬼神之本。賈生因具道所以然之狀㊃。至夜半，文帝
前席㊄。既罷，曰：「吾久不見賈生，自以為過之，今不及也。」
居頃之，拜賈生為梁懷王太傅。梁懷王，文帝之少子，愛，而
好書，故令賈生傅之。

【註】㊀徵見：被召見。㊁受釐：受神所賜之福。古時，有此祭祀，皇帝不自行，派人致祭，祭祀還，
即以祭餘之肉進奉於皇帝，以為是神所賜之肉，大有福氣，故曰「釐」，釐者，禧也，吉利也。㊂宣室：
殿名，在未央殿之北。㊃具道：詳細講說。㊄前席：言賈誼講得很好，愈聽愈有興趣，故文帝不覺
越坐越靠前，形容其聽之有味也。

文帝復封淮南厲王子四人皆為列侯。賈生諫，以為患之興自
此起矣。賈生數上疏，言諸侯或連數郡，非古之制，可稍削之㊀。

文帝不聽。

居數年，懷王騎，墮馬而死，無後。賈生自傷為傅無狀（二），哭泣歲餘，亦死。賈生之死時年三十三矣。及孝文崩，孝武皇帝立，舉賈生之孫二人至郡守，而賈嘉最好學，世其家（三），與余通書。至孝昭時，列為九卿。

【註】（一）諸侯連擁數郡，地廣人眾，容易造成擁兵割據破壞統一之患，故賈生請削減其勢力。（二）無狀：沒有良好的表現，良好的成績。（三）世其家：世守其家業，不敗其家風。

太史公曰：余讀離騷、天問、招魂、哀郢，悲其志。適長沙，觀屈原所自沈淵，未嘗不垂涕，想見其為人。及見賈生弔之，又怪屈原以彼其材，游諸侯，何國不容，而自令若是？讀服鳥賦，同死生，輕去就，又爽然自失矣（一）。

【註】（一）爽然：大澈大悟而明白。自失：自以為錯誤。

附語：賈誼的議論，很多有關於政治經濟之事，而太史公獨不錄，可見其《史記》一書，選擇之歷史資料並不完全，作史者，宜多參考其他史料，以補《史記》之不足也。

卷八十五　呂不韋列傳第二十五

呂不韋者，陽翟㊀大賈人也㊁。往來販賤賣貴，家累千金㊂。

【註】㊀陽翟：今河南禹縣。　㊁賈：音古（ㄍㄨˇ）商賈也，《周禮》云：「行曰商，處曰賈」，但事實上並無此固定分別。　㊂累：儲積。

秦昭王四十年，太子死。其四十二年，以其次子安國君為太子。安國君有子二十餘人。安國君有所甚愛姬，立以為正夫人，號曰華陽夫人。華陽夫人無子。安國君中男名子楚㊀，子楚母曰夏姬，毋愛㊁。子楚為秦質子於趙㊂。秦數攻趙，趙不甚禮子楚㊃。

【註】㊀子楚：即後日之莊襄王。　㊁毋愛：不得寵愛。　㊂質子：雙方以兒子為抵押品而維持關係。　㊃不禮：不以禮相待。

子楚，秦諸庶孽孫㊀，質於諸侯，車乘進用不饒㊁，居處困，不得意。呂不韋賈邯鄲，見而憐之，曰「此奇貨可居㊂。」乃往

見子楚，說曰：「吾能大子之門⑷。」子楚笑曰：「且自大君之門，而乃大吾門！」呂不韋曰：「子不知也，吾門待子門而大。」子楚心知所謂，乃引與坐，深語⑸。呂不韋曰：「秦王老矣，安國君得為太子。竊聞安國君愛幸華陽夫人，華陽夫人無子，能立適嗣者⑹獨華陽夫人耳。今子兄弟二十餘人，子又居中，不甚見幸，久質諸侯。即大王薨⑺，安國君立為王，則子毋幾得與長子⑻，及諸子旦暮在前者爭為太子矣⑼。」子楚曰：「然。為之奈何？」呂不韋曰：「子貧，客於此，非有以奉獻於親及結賓客也。不韋雖貧，請以千金為子西游，事安國君及華陽夫人，立子為適嗣。」子楚乃頓首曰：「必如君策，請得分秦國與君共之⑽。」

【註】　㈠　非嫡正之孫，故曰「庶孼孫」。　㈡　進用：財用也。「進」者，「財」之假借字也。　㈢　奇貨可居：最可以使人大發其財的貨物；這種賣買，實在可做。　㈣　我能使你家大大的發達。　㈤　深語：秘密計劃，無話不談。　㈥　適：同「嫡」。　㈦　即：如果。　㈧　毋幾：即「無冀」，沒有希望也。　㈨　旦暮在前者：生辰時間在前一日或一夜者。　㈩　必：假定，必如君策：假定你的計劃真能實現。

呂不韋乃以五百金與子楚，為進用，結賓客；而復以五百金
買奇物玩好，自奉而西游秦，求見華陽夫人姊，而皆以其物獻
華陽夫人，因言子楚賢智，結諸侯賓客徧天下，常曰「楚也以
夫人為天，日夜泣思太子及夫人。」夫人大喜。不韋因使其姊
說夫人曰：「吾聞之，以色事人者，色衰而愛弛。今夫人事太
子，甚愛而無子，不以此時蚤自結於諸子中賢孝者，舉立以為
適而子之〔一〕，夫在則重尊〔二〕，夫百歲之後，所子者為王，終不失
勢〔三〕，此所謂一言而萬世之利也。不以繁華時樹本〔四〕，即色衰愛
弛後〔五〕，雖欲開一語，尚可得乎？今子楚賢，而自知中男也，次
不得為適〔六〕，其母又不得幸，自附夫人〔七〕，夫人誠以此時〔八〕拔以
為適〔九〕，夫人則竟世有寵於秦矣〔一〇〕。」華陽夫人以為然，承太子
閒〔一一〕，從容言子楚質於趙者絕賢，來往者皆稱譽之。乃因涕泣
曰：「妾幸得充後宮，不幸無子，願得子楚立以為適嗣，以託
妾身。」安國君許之，乃與夫人刻玉符，約以為適嗣。安國君
及夫人因厚餽遺子楚，而請呂不韋傅之，子楚以此名譽益盛於

諸侯。

【註】

㈠舉立以為嫡而養之為子。　㈡丈夫活著受尊重。　㈢丈夫死了，所養以為子者得以繼承王位，則永遠不失勢。　㈣繁華：謂其姿色正艷麗之時。樹本：樹立根本。　㈤即：如果。　㈥依次序，不得為太子。　㈦自附：自己歸附於夫人。　㈧誠：誠然，如果。　㈨拔：選拔，提拔。　㈩竟世：一輩子。永遠。　㈠趁著太子閒暇之時。

呂不韋取邯鄲諸姬絕好善舞者與居㈠，知有身㈡。子楚從不韋飲，見而說之㈢，因起為壽，請之。呂不韋怒，念業已破家為子楚，欲以釣奇㈣，乃遂獻其姬。姬自匿有身㈤，至大期時㈥，生子政。子楚遂立姬為夫人。

【註】

㈠姿色絕美而又善舞。　㈡有身：懷孕。　㈢說：即「悅」字。　㈣釣奇貨。　㈤姬自匿其懷孕而不言。　㈥大期：臨盆之期。或曰：大期為十二個月，人生十月為期，今過兩月，故曰大期，因其自匿有孕，非過二個月不可。此說乃不通生理之道，誰能使之該生而不生，忍到二月而後生？

秦昭王五十年，使王齮圍邯鄲㈠，急，趙欲殺子楚，子楚與呂

不韋謀，行金六百斤予守者吏，得脫，亡赴秦軍，遂以得歸。趙欲殺子楚妻子，子楚夫人趙豪家女也，得匿，以故母子竟得活。秦昭王五十六年，薨，太子安國君立為王，華陽夫人為王后，子楚為太子，趙亦奉子楚夫人及子政歸秦。

秦王立一年，薨，諡為孝文王。太子子楚代立，是為莊襄王。莊襄王所母華陽后為華陽太后，真母夏姬尊以為夏太后。莊襄王元年，以呂不韋為丞相，封為文信侯，食河南雒陽十萬戶㊁。

【註】

㊀齮：音倚（ㄧˇ）。㊁《戰國策》謂「食藍田十二縣」，與此食河南洛陽十萬戶之紀載有異。

莊襄王即位三年，薨，太子政立為王㊀，尊呂不韋為相國，號稱「仲父」㊁。秦王年少，太后時時竊私通呂不韋。不韋家僮萬人㊂。

【註】

㊀秦始皇十三歲為王。㊁仲父：次父也。蓋效齊桓公以管仲為「仲父」。㊂家僮萬人，蓋供應高級奢侈生活之需，非從事於生產勞動之人也。如據此以為奴隸社會之證，則大錯矣。

當是時，魏有信陵君，楚有春申君，趙有平原君，齊有孟嘗君，皆下士喜賓客以相傾〔一〕。呂不韋以秦之彊，羞不如〔二〕，亦招致士，厚遇之，至食客三千人。是時諸侯多辯士，如荀卿之徒，著書布天下。呂不韋乃使其客人人著所聞，集論以為八覽〔三〕、六論〔四〕、十二紀〔五〕、二十餘萬言。以為備天地萬物古今之事，號曰呂氏春秋。布咸陽市門〔六〕，懸千金其上，延諸侯游士賓客有能增損一字者予千金。

【註】　〔一〕傾：比賽，看誰的賓客多，看誰能壓倒誰？〔二〕以不如四君之賓客多為可恥。〔三〕八覽：有始、孝行、慎大、先識、審分、審應、離俗、時君。〔四〕六論：開春、慎行、貴直、不苟、以順、士容。〔五〕〈十二紀〉者，記十二月也，其書有孟春等紀。二十餘萬言，二十六卷也。〔六〕公佈於咸陽市門。

始皇帝益壯，太后淫不止。呂不韋恐覺禍及己，乃私求大陰人嫪毐以為舍人〔一〕，時縱倡樂，使毐以其陰關桐輪而行〔二〕，令太后聞之，以啗太后〔三〕。太后聞，果欲私得之。呂不韋乃進嫪毐，

詐令人以腐罪④告之。不韋又陰謂太后曰：「可事詐腐，則得給事中⑤。」太后乃陰厚賜主腐者吏，詐論之，拔其鬚眉為宦者，遂得侍太后。太后私與通，絕愛之。有身，太后恐人知之，詐卜當避時，徙宮居雍⑥。嫪毐常從，賞賜甚厚，事皆決於嫪毐。嫪毐家僮數千人，諸客求宦為嫪毐舍人千餘人。

【註】

㊀大陰人：男子之生殖器，曰「陰」。嫪：音勞（ㄌㄠˊ）。毐：音矮（ㄞˇ）。㊁關：貫也，穿也，以桐木為小車輪，使嫪毐以其陰物穿於車輪中，如車軸似的。㊂咶：音曰（ㄅㄢ），引誘，誘惑。㊃腐罪：割去陰莖之罪。㊄在宮中聽差辦事。㊅雍：在陝西鳳翔縣南。

始皇七年，莊襄王母夏太后薨。孝文王后曰華陽太后，與孝文王會葬壽陵㊀。夏太后子莊襄王葬芷陽㊁，故夏太后獨別葬杜東㊂，曰「東望吾子，西望吾夫。後百年，旁當有萬家邑㊃。」

【註】

㊀壽陵：在陝西臨潼縣北。㊁芷陽：在陝西長安縣東。㊂杜東：杜原之東，在陝西臨潼縣東南。㊃夏太后之言與樗里子之言，詞氣略同，蓋風水之說，自秦人始也。

始皇九年，有告嫪毐實非宦者，常與太后私亂，生子二人，皆匿之。與太后謀曰「王即薨〔一〕，以子為後」。於是秦王下吏治，具得情實，事連相國呂不韋。九月，夷嫪毐三族，殺太后所生兩子，而遂遷太后於雍。諸嫪毐舍人皆沒其家而遷之蜀〔二〕。王欲誅相國，為其奉先王功大，及賓客辯士為游說者眾，王不忍致法。

【註】〔一〕即：如果。　〔二〕沒收其家之財產物資。

秦王十年十月，免相國呂不韋。及齊人茅焦說秦王，秦王乃迎太后於雍，歸復咸陽，而出文信侯就國河南。

歲餘，諸侯賓客使者相望於道，請文信侯。秦王恐其為變，乃賜文信侯書曰：「君何功於秦？秦封君河南，食十萬戶。君何親於秦？號稱仲父。其與家屬徙處蜀！」呂不韋自度稍侵〔一〕，恐誅，乃飲酖而死。秦王所加怒呂不韋、嫪毐皆已死，乃皆復歸嫪毐舍人遷蜀者。

【註】　〇稍侵：逐漸的受迫害。

始皇十九年，太后薨，謚為帝太后，與莊襄王會葬茝陽〇。

【註】　〇茝陽：即芷陽。茝，音ㄔㄞˇ。

太史公曰：不韋及嫪毒貴，封號文信侯〇。人之告嫪毒，毒聞之。秦王驗左右，未發。上之雍郊，毒恐禍起，乃與黨謀，矯太后璽發卒以反蘄年宮〇。發吏攻毒，毒敗亡走，追斬之好畤〇，遂滅其宗。而呂不韋由此絀矣。孔子之所謂「聞」者，其呂子乎〇？

【註】　〇文信侯乃呂不韋之封，長信侯乃嫪毒之封，此處之文信侯，應為長信侯。　〇蘄年宮：在陝西鳳翔縣南。　〇好畤：在陝西乾縣東。　〇《論語》曰：「夫聞也者，色取仁而行違，居之不疑，在邦必聞，在家必聞。」馬融曰：「此言佞人也」。有聲名之人，謂之「聞人」。

卷八十六 刺客列傳第二十六

曹沫者，魯人也○一，以勇力事魯莊公。莊公好力。曹沫為魯將，與齊戰，三敗北。魯莊公懼，乃獻遂邑之地以和○二。猶復以為將。

【註】 ○一 曹沫⋯⋯《左傳》、《穀梁》皆作「曹劌」，沫，劌，二字音相近而字異。 ○二 遂邑⋯⋯在山東寧陽縣西北。

齊桓公許與魯會于柯而盟○一。桓公與莊公既盟於壇上，曹沫執匕首劫齊桓公○二，桓公左右莫敢動，而問曰：「子將何欲？」曹沫曰：「齊強魯弱，而大國侵魯亦甚矣。今魯城壞即壓齊境○三，君其圖之。」桓公乃許盡歸魯之侵地。既已言，曹沫投其匕首，下壇，北面就羣臣之位，顏色不變，辭令如故。桓公怒，欲倍其約○四。管仲曰：「不可。夫貪小利以自快，棄信於諸侯，失天下之援○五，不如與之。」於是桓公乃遂割魯侵地，曹沫三戰所亡

地盡復予魯。

【註】

㈠柯：大概在今山東東阿縣。　㈡匕首：短劍也。鹽鐵論以為長一尺八寸，其頭類匕，故云「匕首」。　㈢現在如果魯國的城牆塌了，立刻就要壓在齊國的境地之上。言魯國倒了，對於齊國並不利。　㈣倍：即「背」字，毀棄，違背誓約。　㈤援：支持。

其後百六十有七年而吳有專諸之事。

專諸者，吳堂邑人也㈠。伍子胥之亡楚而如吳也，知專諸之能。伍子胥既見吳王僚，說以伐楚之利。吳公子光曰：「彼伍員父兄皆死於楚而員言伐楚，欲自為報私讎也，非能為吳。」吳王乃止。伍子胥知公子光之欲殺吳王僚，乃曰：「彼光將有內志，未可說以外事㈡。」乃進專諸於公子光。

【註】

㈠堂邑：在江蘇六合縣北。　㈡內志：在內部發動叛亂之志。不可說以對外伐楚之事。

光之父曰吳王諸樊。諸樊弟三人：次曰餘祭，次曰夷眛，次曰季子札。諸樊知季子札賢而不立太子，以次傳三弟，欲卒致

國于季子札。諸樊既死，傳餘祭。餘祭死，傳夷眛。夷眛死，當傳季子札；季子札逃不肯立，吳人乃立夷眛之子僚為王。公子光曰：「使以兄弟次邪[一]，季子當立；必以子乎，則光真適嗣，當立[二]。」故嘗陰養謀臣以求立。

【註】　[一]邪：即「耶」字，問話語氣。　[二]適：即「嫡」字。

光既得專諸，善客待之。九年而楚平王死。春，吳王僚欲因楚喪，使其二弟公子蓋餘、屬庸將兵圍楚之灊[一]；使延陵季子於晉，以觀諸侯之變。楚發兵絕吳將蓋餘、屬庸路，吳兵不得還。於是公子光謂專諸曰：「此時不可失，不求何獲！且光真王嗣，當立，季子雖來，不吾廢也。」專諸曰：「王僚可殺也。母老子弱，而兩弟將兵伐楚，楚絕其後。方今吳外困於楚，而內空無骨鯁之臣，是無如我何。」公子光頓首曰：「光之身，子之身也。」

【註】　[一]灊：在安徽霍山縣。灊，音潛（ㄑㄧㄢˊ）。

四月丙子，光伏甲士於窟室中㈠，而具酒請王僚。王僚使兵陳自宮至光之家，門戶階陛左右，皆王僚之親戚也。夾立侍，皆持長鈹㈡。酒既酣，公子光詳為㈢足疾，入窟室中，使專諸置匕首魚炙之腹中而進之。既至王前，專諸擘魚，因以匕首刺王僚，王僚立死。左右亦殺專諸，王人擾亂。公子光出其伏甲以攻王僚之徒，盡滅之，遂自立為王，是為闔閭。闔閭乃封專諸之子以為上卿。

【註】㈠窟室：地下室。㈡鈹：音披（ㄆㄧ），兩刃刀也。㈢詳：即「佯」字。

其後七十餘年而晉有豫讓之事。

豫讓者，晉人也，故嘗事范氏及中行氏㈠，而無所知名。去而事智伯㈡，智伯甚尊寵之。及智伯伐趙襄子，趙襄子與韓、魏合謀滅智伯，滅智伯之後而三分其地。趙襄子最怨智伯㈢，漆其頭以為飲器㈣。豫讓遁逃山中，曰：「嗟乎！士為知己者死，女為說己者容。今智伯知我，我必為報讎而死，以報智伯，則吾魂

魄不愧矣。」乃變名姓為刑人，入宮塗廁，中挾匕首，欲以刺襄子。襄子如廁⑤，心動，執問塗廁之刑人，則豫讓，內持刀兵，曰：「欲為智伯報仇！」左右欲誅之。襄子曰：「彼義人也，吾謹避之耳。且智伯亡無後，而其臣欲為報仇，此天下之賢人也。」卒醳去之⑥。

【註】　㈠范氏：據《左傳》：范氏，謂昭子吉射也，自士會食邑於范，後因以邑為氏。中行氏：謂中行文子荀寅也，自荀林文將中行，後因以官為氏。　㈡智伯：即襄子荀瑤也。襄子，林父弟，荀首之後。　㈢因智伯對趙襄子初則醉以酒，後又率韓、魏水灌晉陽，城不沒者三版，故趙襄子深恨之。　㈣飲器：有云為便溺之器，有云為盛酒之器，有云為飲酒之杯。　㈤如：往也。　㈥醳：即「釋」字，放也。

居頃之，豫讓又漆身為厲㈠，吞炭為啞㈡，使形狀不可知，行乞於市。其妻不識也。行見其友，其友識之，曰：「汝非豫讓邪？」曰：「我是也。」其友為泣曰：「以子之才，委質而臣事襄子，襄子必近幸子。近幸子，乃為所欲，顧不易邪㈢？何乃殘身苦形，欲以求報襄子，不亦難乎！」豫讓曰：「既已委質

臣事人，而求殺之，是懷二心以事其君也。且吾所為者極難耳！然所以為此者，將以愧天下後世之為人臣懷二心以事其君者也。」

容易麼？

【註】

㊀　厲：癩也，以漆塗身，使其若患瘡癩似的。　㊁　吞炭使嗓子發聲變啞。　㊂　顧：豈也，豈不

既去，頃之，襄子當出，豫讓伏於所當過之橋下。襄子至橋，馬驚，襄子曰：「此必是豫讓也。」使人問之，果豫讓也，於是襄子乃數豫讓曰㊀：「子不嘗事范、中行氏乎？智伯盡滅之，而子不為報讎，而反委質臣於智伯。智伯亦已死矣，而子獨何以為之報讎之深也？」豫讓曰：「臣事范、中行氏，范、中行氏皆眾人遇我，我故眾人報之。至於智伯，國士遇我，我故國士報之。」襄子喟然歎息而泣曰：「嗟乎豫子！子之為智伯，名既成矣，而寡人赦子，亦已足矣。子其自為計，寡人不復釋子！」使兵圍之。豫讓曰：「臣聞明主不掩人之美，而忠臣有死名之義。前君已寬赦臣，天下莫不稱君之賢。今日之事，臣

固伏誅，然願請君之衣而擊之焉，以致報讎之意，則雖死不恨。非所敢望也，敢布腹心！」於是襄子大義之㈢，乃使使持衣與豫讓。豫讓拔劍三躍而擊之，曰：「吾可以下報智伯矣！」遂伏劍自殺，死之日，趙國志士聞之，皆為涕泣。

【註】　㈠數：責備。　㈢大義之：大大的稱許豫讓的義氣。

其後四十餘年，而軹有聶政之事。

聶政者，軹深井里人也㈠。殺人避仇，與母、姊如齊㈢，以屠為事。

久之，濮陽嚴仲子㈢事韓哀侯，與韓相俠累㈣有郤。嚴仲子恐誅，亡去，游求人可以報俠累者。至齊，齊人或言聶政勇敢士也，避仇隱於屠者之間。嚴仲子至門請，數反，然後具酒自暢聶政母前㈤。酒酣，嚴仲子奉黃金百溢㈥，前為聶政母壽。聶政驚怪其厚，固謝嚴仲子㈦。嚴仲子固進，而聶政謝曰：「臣幸有老母，家貧，客游以為狗屠，可以旦夕得甘毳㈧以養親。親供養

備。不敢當仲子之賜。」嚴仲子辟人⑨因為聶政言曰：「臣有仇，而行游諸侯眾矣；然至齊，竊聞足下義甚高，故進百金者，將用為大人麤糲之費⑩，得以交足下之驩，豈敢以有求望邪！」聶政曰：「臣所以降志辱身居市井屠者，徒幸以養老母；老母在，政身未敢以許人也⑪。」嚴仲父固讓，聶政竟不肯受也。然嚴仲子卒備賓主之禮而去。

【註】　⑴軹…今河南濟源縣。深井…軹縣之一里名也。⑵如…往也。⑶嚴遂，字仲子。⑷俠累…即韓傀。邰…仇隙。⑸暢…同「觴」，以酒致敬於聶母也。⑹溢…二十四兩，曰溢。⑺固謝…堅決謝卻。⑻甘毳…美味之食。毳，同「脆」（ちメ乁）。⑼辟…同「避」字，避開他人而密語。⑽糲…粗米也。⑾《禮記》曰：「父母在，不許友以死。」

久之，聶政母死，既已葬，除服，聶政曰：「嗟乎！政乃市井之人①，鼓刀以屠；而嚴仲子乃諸侯之卿相也，不遠千里，枉車騎而交臣。臣之所以待之，至淺鮮矣，未有大功可以稱者，而嚴仲子奉百金為親壽，我雖不受，然是者徒深知政也。夫賢

者以感忿睚眦之意而親信窮僻之人，而政獨安得嘿然而已乎[二]！且前日要政[三]，政徒以老母；老母今以天年終，政將為知己者用。」乃遂西至濮陽，見嚴仲子曰：「前日所以不許仲子者，徒以親在；今不幸而母以天年終。仲子所欲報仇者為誰？請得從事焉！」嚴仲子具告曰：「臣之仇韓相俠累，俠累又韓君之季父也，宗族盛多，居處兵衛甚設[四]，臣欲使人刺之，(眾)終莫能就。今足下幸而不棄，請益其車騎壯士可為足下輔翼者。」聶政曰：「韓之與衛，相去中閒不甚遠，今殺人之相，相又國君之親，此其勢不可以多人，多人不能無生得失[五]，生得失則語泄，語泄是韓舉國而與仲子為讎[六]，豈不殆哉！」遂謝車騎人徒，聶政乃辭獨行。

【註】　㈠市井⋯⋯古者相聚井旁汲水，有物互相賣買，因以成市，故云「市井」。　㈡嘿⋯⋯同「默」字。　㈢要⋯⋯要求。　㈣設⋯⋯眾盛而保衛嚴密。　㈤多人行事，難免有意見上之不同與爭執，有人以為如此可以成功，另有人持反對意見，以為如此可能失敗。這就是所謂多人行事不能不發生意見上之得失的爭執。或者解釋為人一多，難免不被活捉住的，一被活捉住，吐出口供，則語洩漏。此兩解釋，

皆可通。　㈥舉國：全國之人。

杖劍至韓，韓相俠累方坐府上，持兵戟而衛侍者甚眾。聶政直入，上階刺殺俠累，左右大亂。聶政大呼，所擊殺者數十人，因自皮面決眼㈠，自屠出腸㈡，遂以死。

【註】　㈠皮面：以刀割其面皮，欲使人不能認識。決眼：自己挖出其眼睛。㈡自己用刀子把肚子剖開腸子流出。

韓取聶政屍暴於市㈠，購問莫知誰子。於是韓〔購〕縣〔購〕之㈡，有能言殺相俠累者予千金。久之莫知也。

【註】　㈠暴：音舖（ㄆㄨ），同「曝」，擺露於外。㈡縣：同「懸」字，懸賞。

政姊榮聞人有刺殺韓相者，賊不得，國不知其名姓，暴其尸而縣之千金，乃於邑㈠曰：「其是吾弟與？嗟乎，嚴仲子知吾弟！」立起，如韓㈡，之市㈢，而死者果政也，伏尸哭極哀，曰：「是軹深井里所謂聶政者也。」市行者諸眾人皆曰：「此

人暴虐吾相國，王縣購其名姓千金，夫人不聞與？何敢來識之也？」榮應之曰：「聞之。然政所以蒙污辱自棄於市販之間者，為老母幸無恙，妾未嫁也。親既以天年下世，妾已嫁夫，嚴仲子乃察舉吾弟困污之中⑷而交之，澤厚矣，可柰何！士固為知己者死⑸，今乃以妾尚在之故，重自刑以絕從⑹，妾其柰何畏歿身之誅，終滅賢弟之名！」大驚韓市人。乃大呼天者三，卒於邑悲哀而死政之旁。

【註】⑴於邑：即「嗚唈」，悲哀傷慟的樣子。⑵如：往也。⑶之：往也。⑷明察而選擇吾於困苦卑污的境遇之中。⑸固：本來應該。⑹重：讀崇（ㄔㄨㄥˊ），復也，又也。自刑：自己殺害自己的面目，欲使人不認識。絕從：斷絕親族從坐之罪。古時，一人犯罪，親族連坐。又有一種解釋，謂「從」即「蹤」，蹤跡也。自刑以滅蹤跡。亦通。

晉、楚、齊、衞聞之，皆曰：「非獨政能也，乃其姊亦烈女也。鄉使政誠知其姊無濡忍之志⑴，不重暴骸之難⑵，必絕險千里以列其名⑶，姊弟俱僇於韓市者⑷，亦未必敢以身許嚴仲子也⑸。

嚴仲子亦可謂知人能得士矣！」

【註】㈠鄉使：即「向使」，倘使。倘使聶政真能知道他的姊姊沒有忍耐的意志，㈡真能知道他的姊姊不以曝露屍體為困難，㈢真能知道他的姊姊必然要冒犯千里的絕險以表揚他的姓名，㈣真能知道他們姊弟二人共同僇死於韓市。㈤倘候聶政真能知道以上的情形，可能他就不會以身而許於嚴仲子了。

其後二百二十餘年秦有荊軻之事。

荊軻者，衛人也。其先乃齊人，徙於衛，衛人謂之慶卿㈠。而之燕，燕人謂之荊卿。

荊卿好讀書擊劍，以術說衛元君，衛元君不用。其後秦伐魏，置東郡，徙衛元君之支屬於野王㈡。

荊軻嘗游過榆次㈢，與蓋聶論劍，蓋聶怒而目之。荊軻出，人或言復召荊卿。蓋聶曰：「曩者吾與論劍有不稱者，吾目之；試往，是宜去，不敢留㈣。」使使往之主人，荊卿則已駕而去榆次矣。使者還報，蓋聶曰：「固去也，吾曩者目攝之㈤！」

荊軻游於邯鄲，魯句踐與荊軻博，爭道，魯句踐怒而叱之，荊軻嘿而逃去㈥，遂不復會。

【註】㈠卿者，尊稱而美之也。㈡野王：河南沁陽縣。㈢榆次：山西榆次縣。㈣蓋聶說：「剛才我和他論劍，有不合我意的地方，我瞪了他一眼，所以他害怕就走了。不信，你們去看看，他一定是離開榆次而去了，不敢在這裏待下去了。」㈤蓋聶說：「當然是走了，我剛才瞪了他一眼把他嚇跑了。」攝：即「懾」字，使之恐怖也。㈥嘿：即「默」字，不哼氣而走掉。以上這兩個故事，是說明荊軻有大器度不與小人爭得失，不以細故逞鋒鋩，大勇若怯，大才若拙，不到最後關頭，不露本領，荊軻之風度，可佩矣哉！

荊軻既至燕，愛燕之狗屠及善擊筑者高漸離㈠。荊軻嗜酒，日與狗屠及高漸離飲於燕市，酒酣以往㈡，高漸離擊筑，荊軻和而歌於市中，相樂也，已而相泣㈢，旁若無人者。荊軻雖游於酒人乎，然其為人沈深好書；其所游諸侯，盡與其賢豪長者相結。其之燕，燕之處士田光先生亦善待之，知其非庸人也。

【註】㈠筑：音竹（ㄓㄨˊ），古樂器，似琴，有弦，用竹擊之，取以為名。㈡以往：酒酣之後。㈢已

而⋯即「既而」，以後。

居頃之，會燕太子丹質秦亡歸燕。燕太子丹者，故嘗質於趙，而秦王政生於趙，其少時與丹驩。及政立為秦王，而丹質於秦。秦王之遇燕太子丹不善，故丹怨而亡歸。歸而求為報秦王者，國小，力不能。其後秦日出兵山東以伐齊、楚、三晉，稍蠶食諸侯，且至於燕，燕君臣皆恐禍之至。太子丹患之，問其傅鞫武。武對曰：「秦地徧天下，威脅韓、魏、趙氏，北有甘泉、谷口之固⊖，南有涇、渭之沃，擅巴、漢之饒，右隴、蜀之山，左關、殽之險⊜，民眾而士厲，兵革有餘。意有所出，則長城之南，易水以北⊜，未有所定也。奈何以見陵之怨，欲批其逆鱗哉⊗！」丹曰：「然則何由？」對曰：「請入圖之。」

【註】⊖甘泉⋯陝西甘泉縣。谷口⋯在陝西涇陽縣西北。⊜關⋯函谷關。殽⋯殽山，在河南洛寧縣北，西北接陝縣，東接澠池，有東殽、西殽之別，自東殽至西殽，長三十五里，皆峻阜絕澗，車不得方軌。⊜長城以南，易水以北，指燕國而言。⊗批⋯批擊也。逆鱗⋯龍之喉下有逆鱗徑尺，若有人觸之者，則必殺人。此比喻秦之勢力不可抗，如龍之逆鱗不可觸也。

居有閒，秦將樊於期得罪於秦王，亡之燕，太子受而舍之。鞠武諫曰：「不可。夫以秦王之暴而積怒於燕，足為寒心，又況聞樊將軍之所在乎？是謂『委肉當餓虎之蹊』也〔一〕，禍必不振矣！雖有管、晏，不能為之謀也。願太子疾遣樊將軍入匈奴以滅口。請西約三晉，南連齊、楚，北購於單于〔三〕，其後迺可圖也。」太子曰：「太傅之計，曠日彌久，心惛然〔四〕，恐不能須臾〔五〕。且非獨於此也，夫樊將軍窮困於天下，歸身於丹，丹終不以迫於彊秦而棄所哀憐之交，置之匈奴，是固丹命卒之時也。願太傅更慮之。」鞠武曰：「夫行危欲求安，造禍而求福，計淺而怨深，連結一人之後交，不顧國家之大害，此所謂『資怨而助禍』矣。夫以鴻毛燎於爐炭之上，必無事矣〔六〕。且以鵰鷙之秦〔七〕，行怨暴之怒，豈足道哉！燕有田光先生，其為人智深而勇沈，可與謀。」太子曰：「願因太傅而得交於田先生，可乎？」鞠武曰：「敬諾。」出見田先生，道「太子願圖國事於先生也」。田光曰：「敬奉教。」乃造焉〔八〕。

武曰：「敬諾。」出見田先生，道「太子願圖國事於先生也」。

【註】

一　在餓虎所走的路上，放置一堆肉，焉有不被吞食的道理？　二　振：救也。　三　購：同「媾」，講和也。　四　惽：同「昏」，心情昏亂憂愁，惶惑無主。　五　恐怕頃刻的時間就支援不住了。　六　一定是毫無辦法了。事：作為也，無可作為，即沒有辦法。　七　鵰鷙：比喻秦王性情之猛悍兇暴。　八　造：往見。

太子逢迎，卻行為導〔一〕，跪而蔽席〔二〕。田光坐定，左右無人，太子避席而請曰：「燕秦不兩立，願先生留意也。」田光曰：「臣聞騏驥盛壯之時，一日而馳千里；至其衰老，駑馬先之。今太子聞光盛壯之時，不知臣精已消亡矣〔三〕。雖然，光不敢以圖國事，所善荊卿可使也。」太子曰：「願因先生得結交於荊卿，可乎？」田光曰：「敬諾。」即起，趨出。太子送至門，戒曰：「丹所報，先生所言者，國之大事也，願先生勿泄也！」田光俛而笑曰：「諾。」僂行見荊卿，曰：「光與子相善，燕國莫不知。今太子聞光壯盛之時，不知吾形已不逮也，幸而教之曰『燕秦不兩立，願先生留意也』。光竊不自外，言足下於太子也，願足下過太子於宮。」荊軻曰：「謹奉教。」田光曰：「吾

聞之，長者為行，不使人疑之。今太子告光曰『所言者，國之大事也，願先生勿泄』，是太子疑光也。夫為行而使人疑之，非節俠也。」欲自殺以激荊卿，曰：「願足下急過太子，言光已死，明不言也。」因遂自刎而死。

【註】　㈠卻行：曲步而行，不敢大步而行，言其對客人極為敬謹也。　㈡蔽席：蔽與「拂」通，言太子親手為之拂席。　㈢太子所聽說的都是我壯年時代的故事，不知道我現在已經是精疲力弱了。

荊軻遂見太子，言田光已死，致光之言。太子再拜而跪，膝行流涕，有頃而後言曰：「丹所以誡田先生毋言者，欲以成大事之謀也。今田先生以死明不言，豈丹之心哉！」荊軻坐定，太子避席頓首曰：「田先生不知丹之不肖，使得至前，敢有所道，此天之所以哀燕而不棄其孤也。今秦有貪利之心，而欲不可足也。非盡天下之地，臣海內之王者，其意不厭㈠。今秦已虜韓王，盡納其地；又舉兵南伐楚，北臨趙；王翦將數十萬之眾，距漳、鄴，而李信出太原、雲中。趙不能支秦，必入臣，入臣

則禍至燕。燕小弱，數困於兵，今計舉國不足以當秦。諸侯服秦，莫敢合從。丹之私計愚，以為誠得天下之勇士使於秦，闚以重利㈢；秦王貪，其勢必得所願矣。誠得劫秦王，使悉反諸侯侵地，若曹沬之與齊桓公，則大善矣；則不可㈢，因而刺殺之。彼秦大將擅兵於外而內有亂，則君臣相疑，以其閒諸侯得合從，其破秦必矣。此丹之上願，而不知所委命，唯荊卿留意焉。」

久之，荊軻曰：「此國之大事也，臣駑下，恐不足任使。」太子前頓首，固請毋讓，然後許諾。於是尊荊卿為上卿，舍上舍。太子日造門下，供太牢具，異物閒進㈣，車騎美女恣荊軻所欲，以順適其意。

如果。 ㈣閒進：分別的進上。

【註】 ㈠厭：同「饜」，滿足。 ㈡闚：同「窺」，誘之以利。伺其有可乘之機而以利誘之。 ㈢則：

久之，荊軻未有行意。秦將王翦破趙，虜趙王，盡收入其地，進兵北略地至燕南界。太子丹恐懼，乃請荊軻曰：「秦兵旦暮

渡易水（一），則雖欲長侍足下，豈可得哉！」荊軻曰：「微太子言（二），臣願謁之。今行而毋信，則秦未可親也（三）。夫樊將軍，秦王購之金千斤，邑萬家。誠得樊將軍首與燕督亢之地圖（四），奉獻秦王，秦王必說見臣（五），臣乃得有以報。」太子曰：「樊將軍窮困來歸丹，丹不忍以己之私而傷長者之意，願足下更慮之！」

【註】（一）旦暮：頃刻之間。（二）微：即使沒有⋯⋯。（三）現在到秦國去，而沒有可徵信的事物，則秦王就無法與之接近。（四）督亢：燕國膏腴之地，在今河北固安、涿縣一帶之地。（五）說：同「悅」。

荊軻知太子不忍，乃遂私見樊於期曰：「秦之遇將軍可謂深矣，父母宗族皆為戮沒。今聞購將軍首金千斤，邑萬家，將奈何？」於期仰天太息流涕曰：「於期每念之，常痛於骨髓，顧計不知所出耳！」荊軻曰：「今有一言可以解燕國之患，報將軍之仇者，何如？」於期乃前曰：「為之奈何？」荊軻曰：「願得將軍之首以獻秦王，秦王必喜而見臣，臣左手把其袖，右手揕其匈（一），然則將軍之仇報而燕見陵之愧除矣。將軍豈有意乎？」

樊於期偏袒搤捥㊁而進曰：「此臣之日夜切齒腐心也㊂，乃今得聞教！」遂自剄。太子聞之，馳往，伏屍而哭，極哀。既已不可奈何，乃遂盛樊於期首函封之㊃。

【註】㊀搤：音真（ㄓㄣˋ），刺也。匈：即「胸」字。㊁搤捥：即「扼腕」，握持其手腕，表示憤怒之狀。㊂切齒：咬牙切齒，表示極端憤恨之狀。腐心：恨之極而心即要腐爛的樣子。㊃函：匣子、盒子、小箱子，皆曰函。以盒子盛樊於期之頭。

於是太子豫求天下之利匕首，得趙人徐夫人匕首，取之百金㊀，使工以藥焠之㊁，以試人，血濡縷，人無不立死者㊂。乃裝為遣荊卿。燕國有勇士秦舞陽，年十三，殺人，人不敢忤視㊃。乃令秦舞陽為副。荊軻有所待，欲與俱㊄；其人居遠未來㊅，而為治行㊆。頃之，未發，太子遲之㊇，疑其改悔，乃復請曰：「日已盡矣，荊卿豈有意哉？丹請得先遣秦舞陽。」荊軻怒，叱太子曰：「何太子之遣？往而不返者，豎子也㊈！且提一匕首入不測之彊秦，僕所以留者，待吾客與俱。今太子遲之，請辭決矣！」

遂發。

【註】

㈠以百金購得。㈡鍛鍊刀劍，以毒藥浸染其中，曰焠。音翠（ㄘㄨㄟˋ），即將刀劍燒紅，浸入毒藥水之中。㈢以此毒劍試人，人體的血便濡濕了衣縷。㈣不敢和他對眼相看。㈤荊軻要等待一個人，想著共同進行。㈥他所等待的人，住在遠方，尚未來到。㈦而太子趕快為荊軻準備行裝。

㈧短期間，還未出發，太子以為遲。㈨你為何先派秦舞陽去呢？這個小子，一去就回不來了。

太子及賓客知其事者，皆白衣冠以送之㈠。至易水之上，既祖㈡，取道，高漸離擊筑，荊軻和而歌，為變徵之聲㈢，士皆垂淚涕泣。又前而為歌曰：「風蕭蕭兮易水寒，壯士一去兮不復還！」復為羽聲忼慨㈣，士皆瞋目㈤，髮盡上指冠㈥。於是荊軻就車而去，終已不顧㈦。

【註】

㈠皆知其此一去，凶多吉少，故白衣白冠以送之，等於預先給他開個追悼會。㈡祖：行祭也，祭道路之神也。㈢徵：音止（ㄓ），五音之一。《律呂本考》曰：「五聲宮與商，商與角，角與徵，相去各一律。至角與徵，羽與宮，相去乃二律，則音節和；相去一律，則音節遠。故角徵之間，近徵收一聲，比徵少下，謂之變徵。羽宮之間，近宮收一聲，少高於宮，謂之變宮。」

變徵之聲，極為悲傷之聲也。 ⑦不顧：不回頭而看。

④羽聲：慷慨激昂之聲。 ⑤瞋：音琛（彳ㄣ），怒目相視。 ⑥怒髮

衝冠也。 ⑦不顧：不回頭而看。

遂至秦，持千金之資幣物，厚遺秦王寵臣中庶子蒙嘉。嘉為

先言於秦王曰：「燕王誠振怖大王之威①，不敢舉兵以逆軍吏，

願舉國為內臣，比諸侯之列，給貢職如郡縣，而得奉守先王之

宗廟。恐懼不敢自陳，謹斬樊於期之頭，及獻燕督亢之地圖，

函封，燕王拜送于庭，使使以聞大王，唯大王命之。」秦王聞

之，大喜，乃朝服，設九賓②，見燕使者咸陽宮。荊軻奉樊於期

頭函，而秦舞陽奉地圖柙，以次進。至陛，秦舞陽色變振恐③，

羣臣怪之，荊軻顧笑舞陽，前謝曰：「北蕃蠻夷之鄙人，未嘗

見天子，故振慴④。願大王少假借之，使得畢使於前。」秦王謂

軻曰：「取舞陽所持地圖。」軻既取圖奏之，秦王發圖，圖窮

而匕首見。因左手把秦王之袖，而右手持匕首揕之⑤。未至身，

秦王驚，自引而起，袖絕⑥。拔劍，劍長，操其室。時惶急，劍

堅，故不可立拔⑦。荊軻逐秦王，秦王環柱而走。羣臣皆愕，卒

起不意⑧，盡失其度⑨，而秦法，羣臣侍殿上者不得持尺寸之
兵⑩；諸郎中執兵皆陳殿下⑪，非有詔召不得上。方急時，不及
召下兵，以故荊軻乃逐秦王。而卒惶急，無以擊軻，而以手共
搏之。是時侍醫夏無且以其所奉藥囊提荊軻也⑫。秦王方環柱
走，卒惶急，不知所為，左右乃曰：「王負劍⑬！」負劍，遂拔以
擊荊軻⑭，斷其左股。荊軻廢⑮，乃引其匕首以擿秦王⑯，不中，
中桐柱。秦王復擊軻，軻被八創。軻自知事不就，倚柱而笑，
箕踞以罵曰：「事所以不成者，以欲生劫之，必得約契以報太
子也。」於是左右既前殺軻，秦王不怡者良久。已而論功，賞
羣臣及當坐者各有差，而賜夏無且黃金二百鎰，曰：「無且愛
我，乃以藥囊提荊軻也。」

【註】

一 振怖：即「震怖」，震驚而恐怖。　二 九賓：古者朝會大典，則設九賓。言其典禮之莊重
也。　三 振恐：即「震恐」。　四 振慴：即「震慴」。　五 揕：音真（ㄓㄣ），擊殺。　六 袖絕：拉斷了
袖子。　七 室：劍鞘。言劍長，被其鞘所控制住了，不容易拔出來。　八 卒起：言突然而起之事變。
卒：音促（ㄘㄨˋ）。　九 度：常態。言秦宮之士卒皆驚愕，盡失其常態也。　十 秦朝的法律規定，羣臣

侍奉於殿上者，不准攜帶尺寸的武器。 ⊜郎中⋯宿衞之官。執武器皆列立於殿下。 ⊜提⋯擲擊。 ⊜負劍⋯古者，帶劍上長，拔之不出鞘，左右欲使秦王推之於背，令前短易拔，故云⋯「王負劍」。 ⊜於是秦王聽左右之言而負劍，很容易就把劍拔出來了。 ⊜廢⋯殘廢，不能行動。 ⊜摘⋯同擲，擲擊。

於是秦王大怒，益發兵詣趙，詔王翦軍以伐燕。十月而拔薊城㊀。燕王喜、太子丹等盡率其精兵東保於遼東㊁。秦將李信追擊燕王急，代王嘉乃遺燕王喜書曰⋯「秦所以尤追燕急者，以太子丹故也。今王誠殺丹獻之秦王，秦王必解，而社稷幸得血食㊂。」其後李信追丹，丹匿衍水中㊃，燕王乃使使斬太子丹，欲獻之秦。秦復進兵攻之。後五年，秦卒滅燕，虜燕王喜。

其明年，秦并天下，立號為皇帝。於是秦逐太子丹、荊軻之客，皆亡。高漸離變名姓為人庸保㊀，匿作於宋子㊁。久之，作苦，聞其家堂上客擊筑，傍偟不能去㊂。每出言曰㊃⋯「彼有善

【註】 ㊀薊城⋯今河北薊縣。 ㊁遼東郡⋯秦置，今遼東省之地，以其在遼河之東故名。治襄平縣，在今遼陽縣北七十里。 ㊂血食⋯祭祀也。這子孫不絕，有人祭祀其祖先也。 ㊃衍水⋯即遼東太子河。

有不善⑤。」從者⑥以告其主，曰：「彼庸乃知音，竊言是非⑦。」家丈人召使前擊筑⑧，一坐稱善，賜酒。而高漸離念久隱畏約無窮時⑨，乃退，出其裝匣中筑與其善衣，更容貌而前。舉坐客皆驚，下與抗禮，以為上客。使擊筑而歌，客無不流涕而去者。宋子傳客之⑩，聞於秦始皇。秦始皇召見，人有識者，乃曰：「高漸離也。」秦皇帝惜其善擊筑，重赦之⑪，乃矐其目⑫。使擊筑，未嘗不稱善。稍益近之，高漸離乃以鉛置筑中，復進得近，舉筑朴⑬秦皇帝，不中。於是遂誅高漸離，終身不復近諸侯之人。

【註】　⑴庸保：受人金錢而為之工作，即「佣人」。　⑵宋子：地名，在河北平鄉縣北三十里。　⑶傍惶：徘徊留戀不忍去之意。　⑷每：不斷的。　⑸他彈擊的，有些好，有些不好。　⑹從者：堂上客之隨從的人。　⑺那個佣人乃是通曉音樂之人，在一旁偷偷的評論彈奏的好壞。　⑻家丈人：乃主人翁也。　⑼恐怖而貧窮，沒有終極之時。畏：恐怖也，恐怖秦王之發現，並非畏懼他人也。約：貧窮。　⑽傳客：傳…轉也，大家輪流著請他當客人，招待他。　⑾重赦：打破一切的困難而赦免他。　⑿矐：味輕。　《論語》：「小人不可以久處約」。這一句話，政治之意味重，而社會之意味輕。

或解為憐惜其善擊筑而赦之。　⊜曜：音霍（厂ㄨㄜ、），挖去其眼珠，使失明也。曜，同「矍」，眼睛成為洞穴，非挖去其眼睛而何？又有解釋為以馬糞薰之而使失明也。　⊜扑：同「扑」，擊也。

魯句踐已聞荊軻之刺秦王，私曰：「嗟乎，惜哉其不講於刺劍之術也⊖！甚矣吾不知人也！曩者吾叱之，彼乃以我為非人也⊜！」

【註】　⊖講：研究，嫻習。　⊜他會以為我是個無理性之人啊！

太史公曰：世言荊軻，其稱太子丹之命，「天雨粟，馬生角」也⊖，太過。又言荊軻傷秦王，皆非也。始公孫季功、董生與夏無且游，具知其事，為余道之如是。自曹沫至荊軻五人，此其義或成或不成，然其立意較然⊜，不欺其志，名垂後世，豈妄也哉！

【註】　⊖〈燕丹子〉曰：「丹求歸，秦王曰：『烏頭白，馬生角，乃許耳』。丹乃仰天歎，烏頭即白，馬亦生角。」此故事，太史公斥之為不足信。　⊜較然：光明磊落。

卷八十七　李斯列傳第二十七

李斯者，楚上蔡人也〔一〕。年少時，為郡小吏，見吏舍廁中鼠食不絜，近人犬，數驚恐之〔二〕。斯入倉，觀倉中鼠，食積粟，居大廡之下，不見人犬之憂〔三〕。於是李斯乃歎曰：「人之賢不肖譬如鼠矣，在所自處耳〔四〕！」

【註】〔一〕上蔡：今河南上蔡縣。〔二〕廁所中之鼠，食不潔之物，一與人及犬相近，便常受驚恐。〔三〕倉庫中之鼠，食積儲之粟，住於廊廡之下，與人及犬相處，無憂無懼。〔四〕人之賢不肖，譬如鼠一樣，看你處於什麼地方而決定。

乃從荀卿學帝王之術。學已成，度楚王不足事〔一〕，而六國皆弱，無可為建功者，欲西入秦。辭於荀卿曰：「斯聞得時無怠〔二〕，今萬乘方爭時，游者主事〔三〕。今秦王欲吞天下，稱帝而治，此布衣馳騖之時〔四〕而游說者之秋也〔五〕。處卑賤之位而計不為者〔六〕，此禽鹿視肉，人面而能彊行者耳〔七〕。故詬莫大於卑賤，而悲莫甚於

窮困⑧。久處卑賤之位，困苦之地，非世而惡利⑨，自託於無為⑩，此非士之情也⑪。故斯將西說秦王矣。」

【註】㈠度：判斷。㈡把握時機，一點不可放鬆。㈢游說之人，主宰時務。㈣布衣：平民。馳驚：開足馬力，表現才華。㈤秋：時際。㈥處於卑賤的地位，而猶不知積極設法，擺脫現狀以求發展的人。㈦簡直就是禽獸一般，只會視肉而食，長著人的面孔而僅能勉強行走罷了。㈧所以恥辱莫大於卑賤，而悲哀莫甚於窮困。㈨久處於卑賤之位，困苦之地，笑罵（非）現世，討厭貨利。⑩自鳴清高，自己吹牛是淡泊無為。⑪這是不近人情的說法。

至秦，會莊襄王卒，李斯乃求為秦相文信侯呂不韋舍人；不韋賢之，任以為郎。李斯因以得說，說秦王曰：「胥人者，去其幾也㈠。成大功者，在因瑕釁而遂忍之㈡。昔者秦穆公之霸，終不東并六國者，何也？諸侯尚眾，周德未衰，故五伯迭興，更尊周室。自秦孝公以來，周室卑微，諸侯相兼，關東為六國，秦之乘勝役諸侯，蓋六世矣㈢。今諸侯服秦，譬若郡縣。夫以秦之彊，大王之賢，由竈上騷除㈣，足以滅諸侯，成帝業，為天下

一統，此萬世之一時也。今怠而不急就（五），諸侯復彊，相聚約從（六），雖有黃帝之賢，不能幷也。」秦王乃拜斯為長史（七），聽其計，陰遣謀士齎持金玉以游說諸侯。諸侯名士可下以財者，厚遺結之；不肯者，利劍刺之。離其君臣之計，秦王乃使其良將隨其後。秦王拜斯為客卿。

【註】（一）依靠他人的人，是因為他們不會把握有利的時機。胥：需也，待也，依靠他人以生存。（二）成大功的人，在於他們能夠利用敵人的錯誤而狠心一幹。瑕釁：錯誤。忍：採取斷然行動，決心大幹一番。（三）秦國乘勝而奴役諸侯，已經有六世了。六世：秦孝公、惠文王、武王、昭王、孝文王、莊襄王。（四）由：同「猶」字，如同也。騷除：即「掃除」，言以秦國之力，併吞諸侯，就如同掃除竈上之灰塵一樣，極為容易也。（五）放鬆而不趕快成功。（六）相聚而約定聯合以抗秦。（七）長史：如今之秘書長一類的官職。

會韓人鄭國來閒秦，以作注溉渠（一），已而覺。秦宗室大臣皆言秦王曰：「諸侯人來事秦者，大抵為其主游閒於秦耳，請一切逐客。」李斯議亦在逐中。斯乃上書曰：臣聞吏議逐客，竊以

為過矣。昔繆公求士，西取由余於戎，東得百里奚於宛㊁，迎蹇叔於宋㊂，來丕豹、公孫支於晉㊃。此五子者，不產於秦，而繆公用之，幷國二十，遂霸西戎。孝公用商鞅之法，移風易俗，民以殷盛，國以富彊，百姓樂用，諸侯親服，獲楚、魏之師，舉地千里，至今治彊。惠王用張儀之計，拔三川之地，西幷巴、蜀，北收上郡㊄，南取漢中㊅，包九夷，制鄢、郢㊆，東據成皋之險㊇，割膏腴之壤，遂散六國之從，使之西面事秦，功施到今。昭王得范睢，廢穰侯，逐華陽，彊公室，杜私門，蠶食諸侯，使秦成帝業。此四君者，皆以客之功。由此觀之，客何負於秦哉！向使㊈四君卻客而不內㊉，疏士而不用，是使國無富利之實而秦無彊大之名也。

【註】㊀韓苦秦兵，乃使水工鄭國到秦國，遊說秦王修渠以灌田，此一工程甚大，蓋欲借此以消耗秦國之人力資源，而減緩其併吞東方之軍事行動也。　㊁百里奚，宛人，今河南南陽。　㊂蹇叔，陝西岐山縣人，時游於宋，故曰迎蹇叔於宋。　㊃丕豹：自晉奔秦。公孫支，陝西岐山縣人，游於晉，後歸秦。　㊄惠王十年，魏納上郡十五縣。　㊅惠王十三年，攻楚漢中，取地六百里。　㊆九夷：即當時

屬於楚國之夷也。鄢：今湖北宜城縣。郢：古楚都，在今湖北江陵縣。　⑧成皋：在河南汜水縣。　⑨向

使：倘使。　⑩卻：拒絕。

今陛下致昆山之玉⑴，有隨、和之寶⑵，垂明月之珠，服太阿之劍⑶，乘纖離之馬⑷，建翠鳳之旗⑸，樹靈鼉之鼓⑹。此數寶者，秦不生一焉，而陛下說之⑺何也？必秦國之所生然後可，則是夜光之璧⑻不飾朝廷，犀象之器不為玩好，鄭、衛之女不充後宮，而駿良駃騠⑼不實外廄，江南金錫不為用，西蜀丹青不為采。所以飾後宮充下陳⑽娛心意說耳目者，必出於秦然後可，則是宛珠之簪⑪傅璣之珥⑫，阿縞之衣，錦繡之飾不進於前，而隨俗雅化佳冶窈窕趙女不立於側也。夫擊甕叩缶⑬彈箏搏髀，而歌呼嗚嗚快耳（目）者，真秦之聲也；鄭、衛、桑閒、昭、虞、武、象者，異國之樂也。今弃擊甕叩缶而就鄭衛，退彈箏而取昭虞，若是者何也？快意當前，適觀而已矣。今取人則不然。不問可否，不論曲直，非秦者去，為客者逐。然則是所重者在乎色樂珠玉，而所輕者在乎人民也。此非所以跨海內制諸侯之

術也(四)。

【註】

(一)昆岡在于闐東北四百里，其岡出玉。

(二)《說苑》曰：「昔隨侯行遇大蛇中斷，疑其靈，使人以藥封之，蛇乃能去。因號其處為斷蛇丘。歲餘，蛇銜明珠，徑寸，絕白而有光，因名隨珠。」和璧：楚人和氏得玉璞於楚山中，獻之於厲王，武王，皆不相信，後獻之於文王，王使人鑿其璞而得寶，遂名曰「和氏之璧」。

(三)《越絕書》曰：「楚王召歐冶子干將作鐵劍三，一曰干將，二曰莫邪，三曰太阿。」(四)纖離：駿馬名。

(五)翠鳳之旗：以翠鳳為旗飾。

(六)靈鼉之鼓：鼉，音駝（ㄊㄨㄛˊ），爬蟲類動物，皮可製鼓。

(七)說：同「悅」。

(八)夜光：美珠名。

(九)駃騠：駃，音決（ㄐㄩㄝˊ）。騠，音提（ㄊㄧˊ）。駃騠，駿馬名，駃騠生三日而超其母。

(十)下陳：後宮中之後列也。

(十一)宛珠：南陽之珠。該地產南陽玉。以宛珠為簪。

(十二)傅璣：以璣（小珠）附著於珥。珥者，瑱也。

(十三)甕：汲瓴也。缶：瓦器也。秦人鼓之以節樂。

(十四)跨：駕馭。

臣聞地廣者粟多，國大者人眾，兵彊則士勇。是以太山不讓土壤(一)，故能成其大；河海不擇細流(二)，故能就其深；王者不卻眾庶，故能明其德。是以地無四方，民無異國，四時充美，鬼神降福，此五帝、三王之所以無敵也。今乃弃黔首以資敵國，

卻賓客以業諸侯，使天下之士退而不敢西向，裹足不入秦⑶，此所謂「藉寇兵而齎盜糧」者也⑷。

【註】　⑴讓：拒絕。　⑵擇：嫌棄。　⑶裹足：足有所束縛而不能前。　⑷借敵人以武器而資盜賊以糧餉。

夫物不產於秦，可寶者多；士不產於秦，而願忠者眾。今逐客以資敵國，損民以益讎，內自虛而外樹怨於諸侯⑴，求國無危，不可得也。

【註】　⑴內而自我空虛，外而結怨於諸侯。

秦王乃除逐客之令，復李斯官，卒用其計謀。官至廷尉。二十餘年，竟幷天下，尊主為皇帝，以斯為丞相。夷郡縣城⑴，銷其兵刃⑵，示不復用。使秦無尺土之封，不立子弟為王，功臣為諸侯者⑶，使後無戰攻之患。

【註】　⑴毀壞了各郡縣的城防工事，使之不能割據獨立。　⑵銷毀民間的兵刃，使之不能製武器以為亂。　⑶不封建諸侯，即是毀滅封建制度。

始皇三十四年，置酒咸陽宮，博士僕射周青臣等頌稱始皇威德。齊人淳于越進諫曰：「臣聞之，殷周之王千餘歲，封子弟功臣自為支輔。今陛下有海內，而子弟為匹夫，卒有田常、六卿之患〔一〕，臣無輔弼〔二〕，何以相救哉？事不師古而能長久者，非所聞也。今青臣等又面諛以重陛下過〔三〕，非忠臣也。」始皇下其議丞相。丞相謬其說〔四〕，絀其辭〔五〕，乃上書曰：「古者天下散亂，莫能相一，是以諸侯並作，語皆道古以害今，飾虛言以亂實，人善其所私學〔六〕，以非上所建立〔七〕。今陛下幷有天下，別白黑而定一尊〔八〕；而私學乃相與非法教之制，聞令下，即各以其私學議之，入則心非，出則巷議，非主以為名〔九〕，異趣以為高〔一○〕，率群下以造謗。如此不禁，則主勢降乎上，黨與成乎下。禁之便。臣請諸有文學詩書百家語者，蠲除去之。令到滿三十日弗去，黥為城旦〔一二〕。所不去者，醫藥卜筮種樹之書。若有欲學者，以吏為師。」始皇可其議，收去詩書百家之語以愚百姓，使天下無以古非今。明法度，定律令，皆以始皇起。同文書〔一三〕。治離

宮別館⑬，周徧天下。明年，又巡狩，外攘四夷，斯皆有力焉。

【註】　①卒：音猝（ㄘㄨˋ），忽然。　②重：讀崇（ㄔㄨㄥˊ），增加。　③沒有輔弼之臣，即臣中沒有輔弼之人。　④以他的說法為荒謬。　⑤以他的理由為不充分。　⑥人們以其所私學者為善。　⑦以批評並反對皇上所建立的法度。　⑧分別是非真偽。　⑨以反對主上為名譽。　⑩以唱反調為清高。　⑪城旦：秦時徒刑，罰作勞工。晝伺寇，夜築城，故謂之「城旦」。黥：古之墨刑，對於犯罪者涅其額以墨也。　⑫統一文字的書法。　⑬離宮：行宮也。

斯長男由為三川守①，諸男皆尚秦公主，女悉嫁秦諸公子。三川守李由告歸咸陽，李斯置酒於家，百官長皆前為壽，門廷車騎以千數。李斯喟然而歎曰：「嗟乎！吾聞之荀卿曰『物禁大盛』②。夫斯乃上蔡布衣，閭巷之黔首，上不知其駑下，遂擢至此。當今人臣之位無居臣上者，可謂富貴極矣。物極則衰，吾未知所稅駕也③！」

【註】　①三川守：即河南洛陽太守。　②一切事物皆以太盛為忌禁，言太盛必有大禍也，所以最好是不要太盛。　③稅駕：稅，即「脫」字，脫駕，即下臺，下場。李斯自言，我今日富貴已極，權勢太

盛，將來不知道怎樣下臺？不知道將來落得一個什麼下場？

始皇三十七年十月，行出游會稽，並海上㊀，北抵琅邪。丞相斯、中車府令趙高兼行符璽令事，皆從。始皇有二十餘子，長子扶蘇以數直諫上，上使監兵上郡㊁，蒙恬為將。少子胡亥愛，請從，上許之。餘子莫從。

【註】

㊀並海上：並，沿也，沿海而北上。　㊁上郡：今陝西省北部及綏遠鄂爾多斯左翼之地，治膚施，在今陝西綏德縣東南五十里。

其年七月，始皇帝至沙丘㊀，病甚，令趙高為書賜公子扶蘇曰：「以兵屬蒙恬，與喪會咸陽而葬。」書已封，未授使者，始皇崩。書及璽皆在趙高所，獨子胡亥、丞相李斯、趙高及幸宦者五六人知始皇崩，餘群臣皆莫知也。李斯以為上在外崩，無真太子，故祕之。置始皇居轀輬車中㊂，百官奏事上食如故，宦者輒從轀輬車中可諸奏事㊂。

【註】

㊀沙丘：在河北平鄉縣東北。　㊁轀輬：轀，音溫（ㄨㄣ）。輬，音涼（ㄌㄧㄤˊ）。轀輬車有

窗牖，閉之則溫，開之則涼，故名「轀輬車」也。⊜始皇已死，而李斯、趙高等不使人知，百官奏事，進食如故，公事由宦者在車中批答。

趙高因留所賜扶蘇璽書，而謂公子胡亥曰：「上崩，無詔封王諸子而獨賜長子書。長子至，即立為皇帝，而子無尺寸之地，為之柰何？」胡亥曰：「固也⊖。吾聞之，明君知臣，明父知子。父捐命⊜，不封諸子，何可言者！」趙高曰：「不然。方今天下之權，存亡在子與高及丞相耳，願子圖之。且夫臣人與見臣於人⊜，制人與見制於人⊜，豈可同日道哉！」胡亥曰：「廢兄而立弟，是不義也；不奉父詔而畏死，是不孝也；能薄而材謟⊜，彊因人之功⊛，是不能也：三者逆德⊜，天下不服，身殆傾危，社稷不血食。」高曰：「臣聞湯、武殺其主，天下稱義焉，不為不忠。衞君殺其父，而衞國載其德，孔子著之，不為不孝。夫大行不小謹，盛德不辭讓，鄉曲各有宜而百官不同功。故顧小而忘大，後必有害；狐疑猶豫，後必有悔。斷而敢行，鬼神避之，後有成功。願子遂之！」胡亥喟然歎曰：「今大行

未發(八)，喪禮未終，豈宜以此事干丞相哉！」趙高曰：「時乎時乎，閒不及謀，嬴糧躍馬，唯恐後時(九)！」

【註】 (一)固也：本來應該如此。 (二)捐命：捐棄其生命而死。 (三)以人為臣與被臣於人。 (四)控制別人與被別人所控制。 (五)謫：即「淺」字，淺薄也。 (六)勉強的因人以成事。 (七)這三種行為，都是違反道德的事。 (八)大行：皇帝死了，一去而不返之行，曰大行。即所謂「晏駕」也。 (九)嬴糧：裹糧，裝載糧食。言時機一瞬即逝，連仔細考慮的空隙都沒有，載運糧秣，飛馬加鞭，還恐怕趕不上時機。

胡亥既然高之言(一)，高曰：「不與丞相謀，恐事不能成，臣請為子與丞相謀之。」高乃謂丞相斯曰：「上崩，賜長子書，與喪會咸陽而立為嗣。書未行，今上崩，未有知者也。所賜長子書及符璽皆在胡亥所，定太子在君侯與高之口耳。事將何如？」斯曰：「安得亡國之言！此非人臣所當議也！」高曰：「君侯自料能孰與蒙恬？功高孰與蒙恬？謀遠不失孰與蒙恬？無怨於天下孰與蒙恬？長子舊而信之孰與蒙恬？」斯曰：「此五者皆不及蒙恬，而君責之何深也？」高曰：「高固內官之廝役也，

幸得以刀筆之文進入秦宮，管事二十餘年，未嘗見秦免罷丞相功臣有封及二世者也，卒皆以誅亡。皇帝二十餘子，皆君之所知。長子剛毅而武勇，信人而奮士，即位必用蒙恬為丞相，君侯終不懷通侯之印歸於鄉里，明矣。高受詔教習胡亥，使學以法事數年矣，未嘗見過失。慈仁篤厚，輕財重士，辯於心而詘於口㊀，盡禮敬士，秦之諸子未有及此者，可以為嗣。君計而定之。」斯曰：「君其反位！斯奉主之詔，聽天之命，何慮之可定也？」高曰：「安可危也，危可安也。安危不定，何以貴聖？」斯曰：「斯，上蔡閭巷布衣也，上幸擢為丞相，封為通侯，子孫皆至尊位重祿者，故將以存亡安危屬臣也。豈可負哉！夫忠臣不避死而庶幾㊂，孝子不勞而見危㊃，人臣各守其職而已矣。君其勿復言，將令斯得罪。」高曰：「蓋聞聖人遷徙無常，就變而從時，見末而知本，觀指而覩歸㊄。物固有之，安得常法哉！方今天下之權命懸於胡亥，高能得志焉。且夫從外制中謂之惑，從下制上謂之賊。故秋霜降者草花落，水搖動者萬物作，

此必然之效也。君何見之晚？」斯曰：「吾聞晉易太子㊅，三世不安；齊桓兄弟爭位㊆，身死為戮；紂殺親戚，不聽諫者，國為丘墟，遂危社稷：三者逆天，宗廟不血食。斯其猶人哉㊇，安足為謀！」高曰：「上下合同，可以長久；中外若一，事無表裏。君聽臣之計，即長有封侯，世世稱孤，必有喬松之壽，孔、墨之智。今釋此而不從㊈，禍及子孫，足以為寒心。善者因禍為福，君何處焉？」斯乃仰天而歎，垂淚太息曰：「嗟乎！獨遭亂世，既以不能死，安託命哉㊉！」於是斯乃聽高。高乃報胡亥曰：「臣請奉太子之明命以報丞相，丞相斯敢不奉令！」

【註】㊀胡亥既以趙高之言為然。㊁心裏邊非常之清楚明白，只是口頭上不善於辭令。㊂忠臣不避死而僥倖於萬一（庶幾：希望能有萬一的僥倖）。㊃孝子不因為勞苦而表現出冒險的動作。㊄觀其指向而看出其歸宿。㊅晉獻公廢申生而立奚齊。㊆齊桓公小白與公子糾爭位。㊇斯還要作人啊！㊈既然不能死，怎樣安排生命呢。㊉釋：舍棄。怎足以與你共謀。

於是乃相與謀，詐為受始皇詔丞相，立子胡亥為太子。更為

書賜長子扶蘇曰：「朕巡天下，禱祠名山諸神以延壽命。令扶蘇與將軍蒙恬將師數十萬以屯邊，十有餘年矣，不能進而前，士卒多耗〇，無尺寸之功，乃反數上書直言誹謗我所為，以不得罷歸為太子，日夜怨望。扶蘇為人子不孝，其賜劍以自裁！將軍恬與扶蘇居外，不匡正，宜知其謀。為人臣不忠，其賜死，以兵屬裨將王離。」封其書以皇帝璽，遣胡亥客奉書賜扶蘇於上郡。

使者至，發書，扶蘇泣，入內舍，欲自殺。蒙恬止扶蘇曰：「陛下居外，未立太子，使臣將三十萬眾守邊，公子為監，此天下重任也。今一使者來，即自殺，安知其非詐？請復請，復請而後死，未暮也〇。」使者數趣之〇。扶蘇為人仁，謂蒙恬曰：「父而賜子死，尚安復請！」即自殺。蒙恬不肯死，使者即以屬吏，繫於陽周〇。

【註】　〇耗：同「耗」，死傷。　〇未暮：未為晚也。　〇趣：同「促」，催促。　〇屬吏：交付軍法。陽周：在今陝西安定縣北。

使者還報，胡亥、斯、高大喜。至咸陽，發喪，太子立為二世皇帝。以趙高為郎中令，常侍中用事。

二世燕居(一)，乃召高與謀事，謂曰：「夫人生居世閒也，譬猶騁六驥過決隙也(二)。吾既已臨天下矣，欲悉耳目之所好，窮心志之所樂，以安宗廟而樂萬姓，長有天下，終吾年壽，其道可乎？」高曰：「此賢主之所能行也，而昏亂主之所禁也。臣請言之，不敢避斧鉞之誅，願陛下少留意焉。夫沙丘之謀，諸公子及大臣皆疑焉，而諸公子盡帝兄，大臣又先帝之所置也。今陛下初立，此其屬意怏怏皆不服(三)，恐為變。且蒙恬已死，蒙毅將兵居外，臣戰戰栗栗，唯恐不終。且陛下安得為此樂乎？」二世曰：「為之奈何？」趙高曰：「嚴法而刻刑，令有罪者相坐誅，至收族，滅大臣而遠骨肉；貧者富之，賤者貴之。盡除去先帝之故臣，更置陛下之所親信者近之。此則陰德歸陛下，害除而姦謀塞，群臣莫不被潤澤，蒙厚德，陛下則高枕肆志寵樂矣。計莫出於此。」二世然高之言，乃更為法律。於是羣臣

諸公子有罪，輒下高，令鞠治之。殺大臣蒙毅等，公子十二人僇死咸陽市，十公主砥死於杜㈣，財物入於縣官㈤，相連坐者不可勝數。

【註】㈠燕居：閒居無事。㈡人生於世，好像是騎著千里馬過那小小的裂縫一樣，一剎那之間便完了。㈢屬：這一群人，滿心的牢騷不平。㈣砥：音宅（ㄓㄜˊ）磔也，裂其支體而殺之。杜：在陝西長安縣南。㈤縣官：指天子，言沒收其財產歸於天子，歸於政府。

公子高欲奔，恐收族，乃上書曰：「先帝無恙時，臣入則賜食，出則乘輿。御府之衣，臣得賜之；中廄之寶馬，臣得賜之。臣當從死而不能，為人子不孝，為人臣不忠。不忠者無名以立於世，臣請從死，願葬酈山之足。唯上幸哀憐之。」書上，胡亥大說㈠，召趙高而示之，曰：「此可謂急乎？」趙高曰：「人臣當憂死而不暇，何變之得謀！」胡亥可其書，賜錢十萬以葬。

法令誅罰日益刻深，羣臣人人自危，欲畔者眾㈡。又作阿房之宮，治直〔道〕、馳道㈢，賦斂愈重，戍傜無已。於是楚戍卒陳

勝、吳廣等乃作亂，起於山東（四），傑俊相立，自置為侯王，叛秦，兵至鴻門而卻。李斯數欲請閒諫，二世不許。而二世責問李斯曰：「吾有私議而有所聞於韓子也，曰『堯之有天下也，堂高三尺，采椽不斲（五），茅茨不翦，雖逆旅之宿不勤於此矣（六）。冬日鹿裘，夏日葛衣，粢糲之食（七），藜藿之羹，飯土塯（八），啜土鉶（九），雖監門之養不觳於此矣（一〇）。禹鑿龍門，通大夏，疏九河，曲九防（二），決渟水致之海（三），而股無胈（三），脛無毛，手足胼胝（四），面目黎黑，遂以死于外，葬於會稽，臣虜之勞不烈於此矣（五）。』然則夫所貴於有天下者，豈欲苦形勞神，身處逆旅之宿，口食監門之養，手持臣虜之作哉？此不肖人之所勉也，非賢者之所務也。彼賢人之有天下也，專用天下適己而已矣，此所以貴於有天下也。夫所謂賢人者，必能安天下而治萬民，今身且不能利，將惡能治天下哉！故吾願賜志廣欲（六），長享天下而無害，為之柰何？」李斯子由為三川守，群盜吳廣等西略地，過去弗能禁。章邯以破逐廣等兵，使者覆案三川相屬，誚讓斯居三公位，如

何令盜如此(七)。李斯恐懼，重爵祿，不知所出，乃阿二世意，欲求容，以書對曰：

【註】(一)說：同「悅」。(二)畔：同「叛」。(三)修造直馳之道。(四)山東：華山以東之地，包括山東省在內，並非單指山東一省也，凡六國之地，皆謂之山東。(五)斸：修斫。音濁（ㄓㄨㄛˊ）。(六)勤：苦也。(七)粢：稷也。糲：粗米也。(八)土甌：以土所作之飯匣。甌，音軌（ㄍㄨㄟˇ）。(九)土鉶：以土所作之盛羹之器也。鉶，音刑（ㄒㄧㄥˊ）。(十)觳：音學（ㄒㄩㄝˊ），盡也。言其生活食用之苦，雖監門下人的生活，也不過壞成這樣子。(一)禹王鑿龍門，通大夏，疏通九河，曲防九澤。尚書所謂「九澤既防」是也。(二)淳水：即停水，停滯不流之水。(三)胈：音拔，股上小毛也。(四)胼胝：手足因經久之勞動磨擦所生之硬繭。胼，音駢（ㄆㄧㄢˊ）。胝，音知（ㄓ）。(五)臣虜：奴僕。烈：殘苦。(六)賜志：即「肆志」。(七)李斯之子李由為河南太守，而河南反秦之群盜，出沒不絕，二世派人查問河南之使者，連續而來。並且責問李斯身為丞相，子為太守，何以其家鄉反秦之人如此之多？

夫賢主者，必且能全道而行督責之術者也(一)。督責之，則臣不敢不竭能以徇其主矣。此臣主之分定，上下之義明，則天下賢不肖莫敢不盡力竭任以徇其君矣(二)。是故主獨制於天下而無所制

也(三)。能窮樂之極矣，賢明之主也，可不察焉！

故申子曰(四)「有天下而不恣睢(五)，命之曰以天下為桎梏」者(六)，無他焉，不能督責，而顧以其身勞於天下之民，若堯、禹然，故謂之「桎梏」也。夫不能修申、韓之明術，行督責之道，專以天下自適也，而徒務苦形勞神，以身徇百姓，則是黔首之役，非畜天下者也，何足貴哉！夫以人徇己，則己貴而人賤；以己徇人，則己賤而人貴。故徇人者賤，而人所徇者貴，自古及今，未有不然者也。凡古之所為尊賢者，為其貴也；而所為惡不肖者，為其賤也。而堯、禹以身徇天下者也，因隨而尊之，則亦失所為尊賢之心矣，夫可謂大繆矣(七)。謂之為「桎梏」，不亦宜乎？不能督責之過也。

【註】 (一)督責之術：一天到晚監視部屬，挑部屬的毛病，責部屬的不是，使得人人自危，免過保命之不暇，而不敢再有野心。 (二)徇君：順君之意，為君而死。 (三)這個樣子，君主就可以高高在上，獨自一人控制天下，而不受任何人之控制。 (四)申子：法家之祖，戰國京人（河南滎陽縣人），學本黃老，而主刑名，相韓昭侯，內修政教，外應諸侯，十五年，終不害之身，國治兵強，無侵韓者。著書

二篇，曰《申子》。㈤恣睢：隨心所欲，放縱享受。㈥以天下鎖鏈自身。㈦堯、禹為天下人而犧牲，人們竟然尊敬他們以為聖賢，那真是大大的荒謬。堯、禹以天下為自身的鎖鏈，是最傻不過的。

（李斯這一段話，只有大渾蛋如秦二世者，纔會相信。）

故韓子曰：「慈母有敗子而嚴家無格虜㈠」者，何也？則能罰之加焉必也。故商君之法，刑弃灰於道者。夫弃灰，薄罪也，而被刑，重罰也。彼唯明主為能深督輕罪。夫罪輕且督深，而況有重罪乎？故民不敢犯也㈢。是故韓子曰「布帛尋常，庸人不釋㈢，鑠金百鎰㈣，盜跖不搏」者㈤，非庸人之心重，尋常之利深，而盜跖之欲淺也；又不以盜跖之行，為輕百鎰之重也㈥。搏必隨手刑，則盜跖不搏百鎰㈦；而罰不必行也㈧，則庸人不釋尋常㈧。是故城高五丈，而樓季不輕犯也㈨；泰山之高百仞，而跖牂牧其上㈩。夫樓季也而難五丈之限，豈跖牂也而易百仞之高哉㈡？峭塹之勢異也㈢。明主聖王之所以能久處尊位，長執重勢，而獨擅天下之利者，非有異道也，能獨斷而審督責，必深罰，故天下不敢犯也。今不務所以不犯，而事慈母之所以敗子也，則亦不察於聖

人之論矣。夫不能行聖人之術，則舍為天下役何事哉？可不哀邪（三）！

【註】 （一）慈善的母親，會有敗家的子女。而嚴厲的家庭，沒有反抗的奴僕。格：反抗。 （二）對於輕罪，要重重的拷問，對於重罪，更不用說了，這樣一來，人民就害怕而不敢犯法。 （三）釋：舍棄而不取。不釋，謂不舍而必取。 （四）鑠金：上等美金也。鎰：二十四兩，曰鎰。上等的美金有百溢之多。 （五）盜跖：有名之大盜也。搏：取也。地上有百溢之美金，盜跖見之而不取。 （六）為什麼？並不是庸人貪心重，也不是尋常利益大，也不是盜跖欲望小，更不是盜跖的行為清高，輕視百鎰之重。 （七）乃是因為刑罰重，誰敢動手，誰就要受重刑，所以雖盜跖看見百鎰之美金而不敢下手。 （八）因為刑罰輕，所以雖膽小的人，見了些微的小東西，也敢動手去拿。 （九）樓季：魏文侯之弟，大概是善於爬高的能手。城高五丈，而樓季不敢往上爬。 （一〇）牂：音臧（ㄗㄤ），母羊。泰山有百仞之高，而跛腿的母羊，易於百仞之高嗎？ （三）不是的！乃是因為五丈之限太峭峻，而百仞之高乃慢坡也。 （三）不能行督責深罰之術，那麼，除了為天下人之奴役以外，還有什麼事情可幹的呢？豈不是大可悲哀嗎？

且夫儉節仁義之人立於朝，則荒肆之樂輟矣：諫說論理之臣

閒於側，則流漫之志詘矣；烈士死節之行顯於世，則淫康之虞
廢矣〔一〕。故明主能外此三者，而獨操主術以制聽從之臣，而修其
明法，故身尊而勢重也。凡賢主者，必將能拂世磨俗〔二〕，而廢其
所惡，立其所欲，故生則有尊重之勢，死則有賢明之謚也。是
以明君獨斷，故權不在臣也。然後能滅仁義之塗，掩馳說之口，
困烈士之行，塞聰揜明，內獨視聽，故外不可傾以仁義烈士之
行，而內不可奪以諫說忿爭之辯。故能犖然獨行恣睢之心而莫
之敢逆。若此然後可謂能明申、韓之術，而脩商君之法。法脩
術明而天下亂者，未之聞也。故曰「王道約而易操」也〔三〕。唯明
主為能行之。若此則謂督責之誠，則臣無邪，臣無邪則天下安，
天下安則主嚴尊，主嚴尊則督責必，督責必則所求得，所求得
則國家富，國家富則君樂豐。故督責之術設，則所欲無不得矣。
群臣百姓救過不給，何變之敢圖〔四〕？若此則帝道備，而可謂能明
君臣之術矣。雖申、韓復生，不能加也。」

【註】　〔一〕虞：娛樂活動。　〔二〕拂世：與世情相反對。磨俗：磨練世俗，使之順己。　〔三〕約：簡單。　〔四〕督

催責罰的術略，能夠巧妙的運用，那麼，群臣百姓一天到晚都害怕著自己會有過錯，被皇帝所處罰，那裏還敢有叛亂的企圖呢？

書奏，二世悅。於是行督責益嚴〔一〕，稅民深者為明吏。二世曰：「若此則可謂能督責矣〔二〕。」刑者相半於道，而死人日成積於市。殺人眾者為忠臣。二世曰：「若此則可謂能督責矣〔三〕。」

【註】〔一〕行督責之術越發嚴酷，誰能夠徵稅於人民，徵得越重者，便是好官。二世說道：「像這個樣子，便可以算是能行督責之術了。」〔二〕犯罪的人，在道路上的行人中有一半之多，受刑而死的人，在大街之上成堆成堆的，誰能夠殺人越多，便算是忠臣。〔三〕二世說道：「像這個樣子，便可以算是能行督責之術了。」

初，趙高為郎中令，所殺及報私怨眾多，恐大臣入朝奏事毀惡之，乃說二世曰：「天子所以貴者，但以聞聲，群臣莫得見其面，故號曰『朕』。且陛下富於春秋，未必盡通諸事，今坐朝廷，譴舉有不當者，則見短於大臣〔一〕，非所以示神明於天下也。且陛下深拱禁中，與臣及侍中習法者待事，事來有以揆之〔二〕。

如此則大臣不敢奏疑事，天下稱聖主矣。」二世用其計，乃不坐朝廷見大臣，居禁中。趙高常侍中用事㈢，事皆決於趙高。

【註】 ㈠ 譴責或提拔有不合當者，就會被大臣所輕視。 ㈡ 揆：事先商量和觀察。 ㈢ 侍候於宮中而掌權管事。

高聞李斯以為言，乃見丞相曰：「關東群盜多，今上急益發繇治阿房宮㈠，聚狗馬無用之物。臣欲諫，為位賤。此真君侯之事，君何不諫？」李斯曰：「固也㈡，吾欲言之久矣。今時上不坐朝廷，上居深宮，吾有所言者，不可傳也，欲見無閒㈢。」趙高謂曰：「君誠能諫，請為君候上閒語君。」於是趙高待二世方燕樂，婦女居前，使人告丞相：「上方閒，可奏事。」丞相至宮門上謁，如此者三。二世怒曰：「吾常多閒日，丞相不來。吾方燕私，丞相輒來請事。丞相豈少我哉？且固我哉㈣？」趙高因曰：「如此殆矣！夫沙丘之謀，丞相與焉。今陛下已立為帝，而丞相貴不益，此其意亦望裂地而王矣㈤。且陛下不問臣，臣不

敢言。丞相長男李由為三川守，楚盜陳勝等皆丞相傍縣之子，以故楚盜公行，過三川，城守不肯擊。高聞其文書相往來，未得其審，故未敢以聞。且丞相居外，權重於陛下。」二世以為然。欲案丞相（六），恐其不審（七），乃使人案驗三川守與盜通狀。李斯聞之。

【註】　（一）繇：徭役，民力，徵集民力為役以建築阿房宮。　（二）固也：理所當該。　（三）無閒：沒有適當的機會。　（四）莫非是丞相以為我年少嗎？再不然，是丞相故意使我發窘嗎？固：同「錮」。　（五）今陛下已立而為帝，而丞相之貴並沒有增加，他的意思是希望裂地而為王。　（六）案：查辦。　（七）恐怕拿不到確實證據。

是時二世在甘泉，方作觳抵優俳之觀（一）。李斯不得見，因上書言趙高之短曰：「臣聞之，臣疑其君，無不危國；妾疑其夫，無不危家。今有大臣於陛下擅利擅害，與陛下無異，此甚不便。昔者司城子罕相宋，身行刑罰，以威行之，朞年遂劫其君。田常為簡公臣，爵列無敵於國，私家之富與公家均，布惠施德，常為簡公臣，

下得百姓，上得羣臣，陰取齊國，殺宰予於庭，即弒簡公於朝，遂有齊國。此天下所明知也。今高有邪佚之志，危反之行，如子罕相宋也；私家之富，若田氏之於齊也。兼行田常、子罕之逆道而劫陛下之威信，其志若韓玘為韓安相也。陛下不圖，臣恐其為變也。」二世曰：「何哉？夫高，故宦人也，然不為安肆志，不以危易心，絜行脩善，自使至此，以忠得進，以信守位，朕實賢之，而君疑之，何也？且朕少失先人，無所識知，不習治民，而君又老，恐與天下絕矣。朕非屬趙君，當誰任哉？且趙君為人精廉彊力，下知人情，上能適朕，君其勿疑。」李斯曰：「不然。夫高，故賤人也，無識於理，貪欲無厭，求利不止，列勢次主，求欲無窮，臣故曰殆。」二世已前信趙高，恐李斯殺之，乃私告趙高。高曰：「丞相所患者獨高，高已死，丞相即欲為田常所為。」於是二世曰：「其以李斯屬郎中令[二]！」

【註】　[一]轂抵：即「角抵」，兩兩相當，角賽材力也。優俳：雜戲也。　[二]郎中令：秦官，九卿之一，掌宮殿門戶，統管諸郎官。漢武帝更名光祿勳。二世把李斯交付趙高審判。

趙高案治李斯。李斯拘執束縛，居囹圄中，仰天而歎曰：「嗟乎，悲夫！不道之君，何可為計哉！昔者桀殺關龍逢，紂殺王子比干，吳王夫差殺伍子胥。此三臣者，豈不忠哉，然而不免於死，身死而所忠者非也（一）。今吾智不及三子，而二世之無道過於桀、紂、夫差，吾以忠死，宜矣。且二世之治豈不亂哉！日者夷其兄弟而自立也，殺忠臣而貴賤人，作為阿房之宮，賦斂天下。吾非不諫也，而不吾聽也。凡古聖王，飲食有節，車器有數，宮室有度，出令造事，加費而無益於民利者禁，故能長久治安。今行逆於昆弟，不顧其咎；侵殺忠臣，不思其殃；大為宮室，厚賦天下，不愛其費（二）：三者已行，天下不聽。今反者已有天下之半矣，而心尚未寤也（三），而以趙高為佐，吾必見寇至咸陽，麋鹿游於朝也。」

於是二世乃使高案丞相獄，治罪，責斯與子由謀反狀，皆收捕宗族賓客。趙高治斯，榜掠千餘，不勝痛，自誣服（四）。斯所以不死者，自負其辯，有功，實無反心，幸得上書自陳，幸二世

之寤而赦之。李斯乃從獄中上書曰：「臣為丞相治民，三十餘年矣。逮秦地之陝隘，先王之時秦地不過千里，兵數十萬。臣盡薄材，謹奉法令，陰行謀臣，資之金玉，使游說諸侯，陰脩甲兵，飾政教，官鬬士，尊功臣，盛其爵祿，故終以脅韓弱魏，破燕、趙，夷齊、楚，卒兼六國，虜其王，立秦為天子。罪一矣。地非不廣，又北逐胡、貉，南定百越，以見秦之彊。罪二矣。尊大臣，盛其爵位，以固其親。罪三矣。立社稷，脩宗廟，以明主之賢。罪四矣。更剋畫，平斗斛度量文章，布之天下，以樹秦之名。罪五矣。治馳道，興游觀，以見主之得意。罪六矣。緩刑罰，薄賦斂，以遂主得眾之心，萬民戴主，死而不忘。罪七矣。若斯之為臣者，罪足以死固久矣。上幸盡其能力，乃得至今，願陛下察之！」書上，趙高使吏弃去不奏，曰：「囚安得上書⑤！」

【註】　㊀闞龍逢、王子比干、伍子胥，是忠臣，然而不免於死，就是因為他們所忠心以事的人，太惡劣了。　㊁不吝惜（愛）其費用。　㊂寤⋯同「悟」，覺悟也。　㊃榜掠⋯棒打也。棒打千餘下，受

不住其苦痛，乃自誣而服，趙高說叫他承認有什麼罪，他便承認，這就是自誣服。㈤囚犯怎得上書。

趙高使其客十餘輩詐為御史、謁者、侍中，更往覆訊斯㈠。斯更以其實對，輒使人復榜之。後二世使人驗斯，斯以為如前，終不敢更言，辭服。奏當上，二世喜曰：「微趙君，幾為丞相所賣。」及二世所使案三川之守至，則項梁已擊殺之。使者來，會丞相下吏，趙高皆妄為反辭㈡。

二世二年七月，具斯五刑㈢，論腰斬咸陽市。斯出獄，與其中子俱執，顧謂其中子曰：「吾欲與若復牽黃犬俱出上蔡東門逐狡兔，豈可得乎！」遂父子相哭，而夷三族。

【註】　㈠反覆審訊。　㈡趙高捏造李由造反之罪狀。　㈢具刑：全案終結，確定罪刑。

李斯已死，二世拜趙高為中丞相，事無大小輒決於高。高自知權重，乃獻鹿，謂之馬㈠。二世問左右：「此乃鹿也？」左右皆曰「馬也」。二世驚，自以為惑，乃召太卜，令卦之。太卜曰：「陛下春秋郊祀，奉宗廟鬼神，齋戒不明，故至于此。可

依盛德而明齋戒。」於是乃入上林齋戒。日游弋獵，有行人入上林中，二世自射殺之。趙高教其女壻咸陽令閻樂劾不知何人賊殺人移上林。高乃諫二世曰：「天子無故賊殺不辜人，此上帝之禁也，鬼神不享，天且降殃，當遠避宮以禳之。」二世乃出居望夷之宮。

留三日，趙高詐詔衞士，令士皆素服持兵內鄉（二），入告二世曰：「山東羣盜兵大至！」二世上觀而見之，恐懼，高即因劫令自殺，引璽而佩之，左右百官莫從；上殿，殿欲壞者三。高自知天弗與，羣臣弗許，乃召始皇弟，授之璽。

子嬰即位，患之，乃稱疾不聽事，與宦者韓談及其子謀殺高。高上謁，請病，因召入，令韓談刺殺之，夷其三族。

子嬰立三月，沛公兵從武關入，至咸陽，羣臣百官皆畔，不適（三）。子嬰與妻子自係其頸以組，降軹道旁（四）。沛公因以屬吏（五）。項王至而斬之。遂以亡天下。

【註】　（一）指鹿為馬，趙高之愚弄二世，使之神經分裂。　（二）內鄉：即「內向」。　（三）不適：即「不

敵」，不抵抗。 ㈣ 軹道：在陝西長安東十三里。 ㈤ 屬吏：交付法官審判。

太史公曰：李斯以閭閻歷諸侯，入事秦，因以瑕釁，以輔始皇，卒成帝業，斯為三公，可謂尊用矣。斯知六藝之歸，不務明政以補主上之缺，持爵祿之重，阿順苟合，嚴威酷刑，聽高邪說，廢適立庶。諸侯已畔，斯乃欲諫爭，不亦末乎㈠！人皆以斯極忠而被五刑死，察其本，乃與俗議之異。不然，斯之功且與周、召列矣。

【註】

㈠ 李斯知道六藝之要旨，但由於保持祿位之念太切，所以與趙高合謀以廢嫡立庶，結果，為趙高所賣，此時乃欲忠諫，已經晚了。

（附：李斯、韓非皆學於荀卿，而皆受殺身之禍，則其不正之學術思想誤之也。荀卿倡性惡之論，即其最缺德之表現，而韓非、李斯利用之，以為獨裁專制之暴君，製撰理論之根據，與今日殘害世界人類之馬列主義，有許多相似之點，其基本觀點，皆植基於性惡論之上。似此反理性反人情之邪說，其不能長久存在，蓋中外歷史一貫之所示也。）

卷八十八　蒙恬列傳第二十八

蒙恬者，其先齊人也。恬大父蒙驁，自齊事秦昭王，官至上卿。秦莊襄王元年，蒙驁為秦將，伐韓，取成皋、榮陽，作置三川郡。二年，蒙驁攻趙，取三十七城。始皇三年，蒙驁攻韓，取十三城。五年，蒙驁攻魏，取二十城，作置東郡。始皇七年，蒙驁卒。驁子曰武，武子曰恬。恬嘗書獄，典文學〔一〕。始皇二十三年，蒙武為秦裨將軍〔二〕，與王翦攻楚，大破之，殺項燕。二十四年，蒙武攻楚，虜楚王。蒙恬弟毅。

【註】〔一〕蒙恬嘗學獄法，主持文書工作。典：主持。〔二〕裨將：副將，將軍之助手。

始皇二十六年，蒙恬因家世得為秦將，攻齊，大破之，拜為內史〔一〕。秦已并天下，乃使蒙恬將三十萬眾北逐戎狄，收河南〔二〕。築長城，因地形，用制險塞〔三〕，起臨洮〔四〕，至遼東〔五〕，延袤萬餘里〔六〕。於是渡河，據陽山〔七〕，逶蛇而北〔八〕。暴師於外十餘年，居

上郡（九）。是時蒙恬威振匈奴。始皇甚尊寵蒙氏，信任賢之。而親近蒙毅，位至上卿，出則參乘，入則御前。恬任外事而毅常為內謀，名為忠信，故雖諸將相莫敢與之爭焉。

【註】㈠內史：掌治京師。相當於首都市長。㈡秦伐匈奴，取河南地，即今蒙古鄂爾多斯之地。㈢用：以也，因地形以制險塞。㈣臨洮：在今甘肅岷縣臨潭。以地臨洮水，故名。㈤遼東：今遼東省之地，以其在遼水之東，故名。㈥表：音茂（ㄇㄠ），土地面積，東西曰廣，南北曰表。長度也。㈦陽山：在綏遠境烏喇特旗西北二百里，蒙古名洪戈爾。㈧逶蛇：同「逶移」，「逶迤」，「逶迆」，皆言其斜斜曲曲而進行之狀。逶：音威（ㄨㄟ）。蛇：讀「移」。㈨上郡：今陝西省北部及綏遠鄂爾多斯左翼之地。治膚施，在今陝西綏德縣東南五十里。（人皆以秦之蒙恬築長城，事實上，大半為七國時所築，蒙恬則增修繕治，使之相連繫耳，並非秦一國之功也。）

趙高者，諸趙疏遠屬也。趙高昆弟數人，皆生隱宮㈠，其母被刑僇，世世卑賤。秦王聞高彊力，通於獄法，舉以為中車府令㈡。高即私事公子胡亥，喻之決獄。高有大罪，秦王令蒙毅法治之。毅不敢阿法，當高罪死，除其宦籍。帝以高之敦於事也㈢，赦

之，復其官爵。

【註】　○隱宮：宦者所處之宮也。因犯罪而受宮刑者，一百日隱於陰室養之，故曰隱宮。○中車府令：秦官，主管皇帝之車乘者。○敦：認真。

之父犯宮刑，其母被沒入為官奴婢，後與他人合，又生子，而仍用趙姓。大概趙高

始皇欲游天下，道九原，直抵甘泉○，迺使蒙恬通道，自九原抵甘泉，塹山堙谷○。千八百里。道未就。

【註】　○道：修治道路。由九原直達甘泉。九原：在今綏遠五原縣。甘泉：宮名，在陝西淳化縣西北甘泉山，距長安二百里。○塹：音欠（ㄑㄧㄢ），鑿開使之成道路也。堙谷：填平山谷之地。凡道路所經過之地，遇山開山，遇谷填谷。

始皇三十七年冬，行出游會稽，並海上○，北走琅邪○。道病，使蒙毅還禱山川，未反。

【註】　○並海上：並，沿也，沿海而北上。○琅邪：在山東省諸城縣東南海濱。

始皇至沙丘崩，祕之㊀，羣臣莫知。是時丞相李斯、公子胡亥、中車府令趙高常從。高雅㊁得幸於胡亥，欲立之，又怨蒙毅法治之而不為己也，因有賊心㊂，迺與丞相李斯、公子胡亥陰謀，立胡亥為太子。太子已立，遣使者以罪賜公子扶蘇、蒙恬死。扶蘇已死，蒙恬疑而復請之。使者以蒙恬屬吏，更置㊃。胡亥以李斯舍人為護軍。使者還報，胡亥已聞扶蘇死，即欲釋蒙恬。趙高恐蒙氏復貴而用事，怨之。

毅還至，趙高因為胡亥忠計，欲以滅蒙氏，乃言曰：「臣聞先帝欲舉賢立太子久矣，而毅諫曰『不可』。若知賢而俞弗立㊄，則是不忠而惑主也。以臣愚意，不若誅之。」胡亥聽而繫蒙毅於代。前已囚蒙恬於陽周。喪至咸陽，已葬，太子立為二世皇帝，而趙高親近，日夜毀惡蒙氏，求其罪過，舉劾之。

【註】　㊀祕之：保守祕密，不使外知。　㊁雅：平素。　㊂賊心：篡亂之心。　㊃更置：另外換置將軍。　㊄俞：即「踰」，踰時久久而不立。

子嬰進諫曰：「臣聞故趙王遷殺其良臣李牧而用顏聚，燕王喜陰用荊軻之謀而倍⊖秦之約，齊王建殺其故世忠臣而用后勝之議。此三君者，皆各以變古者失其國而殃及其身。今蒙氏，秦之大臣謀士也，而主欲一旦弃去之，臣竊以為不可。臣聞輕慮者不可以治國，獨智⊜者不可以存君。誅殺忠臣而立無節行之人，是內使羣臣不相信而外使鬭士之意離也，臣竊以為不可。」

【註】　⊖倍：同「背」。　⊜獨智：仗恃自己一個人的聰明。

胡亥不聽。而遣御史曲宮乘傳之代⊖，令蒙毅曰：「先主欲立太子而卿難之。今丞相以卿為不忠，罪及其宗。朕不忍，乃賜卿死，亦甚幸矣。卿其圖之！」毅對曰：「以臣不能得先主之意，則臣少宦，順幸沒世，可謂知意矣⊜。以臣不知太子之能，則太子獨從，周旋天下，去諸公子絕遠，臣無所疑矣⊜。夫先主之舉用太子，數年之積也，臣乃何言之敢諫，何慮之敢謀⊜！非敢飾辭以避死也，為羞累先主之名，願大夫為慮焉，使臣得死

情實⑤。且夫順成全者，道之所貴也；刑殺者，道之所卒也⑥。昔者秦穆公殺三良而死，罪百里奚而非其罪也，故立號曰『繆』。昭襄王殺武安君白起。楚平王殺伍奢。吳王夫差殺伍子胥。此四君者，皆為大失，而天下非之，以其君為不明，以是籍於諸侯⑦。故曰『用道治者不殺無罪，而罰不加於無辜』。唯大夫留心！」使者知胡亥之意，不聽蒙毅之言，遂殺之。

【註】　㈠曲宮：人名，姓曲，名宮。傳：同「轉」快速之車，各驛站均備有轉車，更替使用，以免久行之車馬疲倦不能快速行進。　㈡如果以我為不能得先主之意，那麼，我少年為官，奉事先主，以至先主之死，我始終很順從而得幸，總可以算是得先主之意了。　㈢如果以我為不知太子之才能，那麼，先主出遊，太子獨從，隨先主而周旋於天下，先主信愛太子比諸公子超過絕遠，我對於太子是沒有任何疑議的。　㈣先主之舉用太子，是多少年的存心，我怎敢諫怎敢謀呢？　㈤我說這話，並不是虛辭假意以求避死，乃是要說出真情實話，以免有累於先主之名聲。只要把真情說出，我願意心安理得而死。　㈥順理而成全人者，是政治之道的寶典；峻刑而殺人者，是政治之道的末節。（卒：作「末」）。　㈦籍：紛紛的。言此四君之失，被各地諸侯議論紛紛，大為不平。

二世又遣使者之陽周，令蒙恬曰：「君之過多矣，而卿弟毅有大罪，法及內史。」恬曰：「自吾先人，及至子孫，積功信於秦三世矣。今臣將兵三十餘萬，身雖囚繫，其勢足以倍畔㊀，然自知必死而守義者，不敢辱先人之教，以不忘先主也。昔周成王初立，未離繦緥，周公旦負王以朝，卒定天下。及成王有病甚殆，公旦自揃其爪以沈於河，曰：『王未有識，是旦執事。』有罪殃，旦受其不祥㊁。乃書而藏之記府，可謂信矣。及王能治國，有賊臣言：『周公旦欲為亂久矣，王若不備，必有大事。』王乃大怒，周公旦走而奔於楚。成王觀於記府，得周公旦沈書，乃流涕曰：『孰謂周公旦欲為亂乎！』殺言之者而反周公旦㊂。故周書曰『必參而伍之㊃』。今恬之宗，世無二心，而事卒如此㊄，是必孽臣逆亂，內陵之道也。夫成王失而復振則卒昌；桀殺關龍逢，紂殺王子比干而不悔，身死則國亡。臣故曰過可振㊅而諫可覺也。察於參伍，上聖之法也。凡臣之言，非以求免於咎也，將以諫而死，願陛下為萬民思從道也。」使者

曰：「臣受詔行法於將軍，不敢以將軍言聞於上也。」蒙恬喟

然太息曰：「我何罪於天，無過而死乎？」良久，徐曰：「恬

罪固當死矣。起臨洮屬之遼東，城塹萬餘里，此其中不能無絕

地脈哉㈦？此乃恬之罪也。」乃吞藥自殺。

【註】　㈠倍畔：即「背叛」。　㈡王少年無知，不應負罪責。是我主持政事，一切罪禍，由我承當。　㈢反：

請其回國也。　㈣什麼事情，不可專聽一二人之言，要參考大家的意思。　㈤卒：竟然。　㈥振：補救過

來。　㈦地脈：土地的風水。

太史公曰：吾適北邊，自直道歸，行觀蒙恬所為秦築長城亭

障，塹山堙谷，通直道，固輕百姓力矣。夫秦之初滅諸侯，天

下之心未定，痍傷者未瘳，而恬為名將，不以此時彊諫㈠，振百

姓之急㈡，養老存孤，務修眾庶之和，而阿意興功，此其兄弟遇

誅，不亦宜乎！何乃罪地脈哉？

【註】　㈠強諫：直言極諫。　㈡振：救也。

卷八十九　張耳、陳餘列傳第二十九

張耳者，大梁人也（一）。其少時，及魏公子毋忌為客（二）。張耳嘗亡命（三）游外黃（四）。外黃富人女甚美，嫁庸奴，亡其夫去（五），抵父客（六）。父客素知張耳，乃謂女曰：「心欲求賢夫，從張耳。」女聽，乃卒為請決（七），嫁之張耳。張耳是時脫身游，女家厚奉給張耳，張耳以故致千里客。乃宦魏為外黃令。名由此益賢。陳餘者，亦大梁人也，好儒術，數游趙苦陘（八）。富人公乘氏以其女妻之，亦知陳餘非庸人也。餘年少，父事張耳，兩人相與為刎頸交（九）。

【註】　（一）大梁：河南開封。　（二）魏公子毋忌：即信陵君也，張耳少時，尚及見毋忌為之賓客。　（三）亡命：為保持生命而逃亡於外，不敢住在家鄉。　（四）外黃：故城在今河南杞縣東。　（五）不告而別，離其丈夫而去。　（六）到他父親的朋友那裏住。　（七）他父親的朋友為他辦理與前夫離婚之事。　（八）苦陘：在今河北省無極縣東北。　（九）刎頸交：同生死，共患難的朋友。為朋友，雖斷頸亦不懼不悔。

秦之滅大梁也，張耳家外黃。高祖為布衣時，嘗數從張耳游，客數月。秦滅魏數歲，已聞此兩人魏之名士也，購求有得張耳千金，陳餘五百金。張耳、陳餘乃變名姓，俱之㊀陳，為里監門㊁以自食。兩人相對。里吏嘗有過笞陳餘，陳餘欲起，張耳躡之㊂，使受笞。吏去，張耳乃引陳餘之桑下而數之㊃曰：「始吾與公言何如？今見小辱而欲死一吏乎？」陳餘然之。秦詔書購求兩人，兩人亦反用門者以令里中㊄。

【註】
㊀之：往。陳：河南淮陽縣。 ㊁監門：看守里門。 ㊂躡：以足踏陳餘，示意使其忍耐。躡，音聶（ㄋㄧㄝˋ）。 ㊃數：責斥。 ㊄自以其名而號令里中，詐更別求也。

陳涉起蘄㊀，至入陳，兵數萬。張耳、陳餘上謁陳涉。涉及左右生平數聞張耳、陳餘賢，未嘗見，見即大喜。

【註】
㊀蘄：音其（ㄑㄧˊ），今安徽宿縣。

陳中豪傑父老乃說陳涉曰：「將軍身被堅執銳，率士卒以誅

暴秦，復立楚社稷，存亡繼絕，功德宜為王。且夫監臨天下諸將，不為王不可，願將軍立為楚王也。」陳涉問此兩人，兩人對曰：「夫秦為無道，破人國家，滅人社稷，絕人後世，罷百姓之力，盡百姓之財。將軍瞋目張膽〔一〕，出萬死不顧一生之計，為天下除殘也。今始至陳而王之，示天下私。願將軍毋王，急引兵而西，遣人立六國後，自為樹黨，為秦益敵也。敵多則力分，與眾則兵彊。如此野無交兵，縣無守城，誅暴秦，據咸陽以令諸侯。諸侯亡而得立〔二〕，以德服之，如此則帝業成矣。今獨王陳，恐天下解也〔三〕。」陳涉不聽，遂立為王。

【註】　〔一〕瞋：音琛（ㄔㄣ），怒目而視也。張膽：大其膽也。　〔二〕諸侯們已經是亡國了，而現在又得以立國。　〔三〕解：解散，解體，離散而無向心力也。

於是陳王以故所善陳人武臣為將軍，邵騷為護軍，以張耳、陳餘乃復說陳王曰：「大王舉梁、楚而西，務在入關，未及收河北也。臣嘗游趙，知其豪桀及地形，願請奇兵北略趙地。」

餘為左右校尉，予卒三千人，北略趙地。

武臣等從白馬渡河〇，至諸縣，說其豪桀曰：「秦為亂政虐刑以殘賊天下，數十年矣。北有長城之役，南有五嶺之戍〇，外內騷動，百姓罷敝，頭會箕斂〇，以供軍費，財匱力盡，民不聊生。重之以苛法峻刑，使天下父子不相安。陳王奮臂為天下倡始，王楚之地，方二千里，莫不響應，家自為怒，人自為鬭，各報其怨而攻其讎，縣殺其令丞，郡殺其守尉。今已張大楚〇，王陳，使吳廣、周文將卒百萬西擊秦。於此時而不成封侯之業者，非人豪也，諸君試相與計之！夫天下同心而苦秦久矣。因天下之力而攻無道之君，報父兄之怨而成割地有土之業〇，此士之一時也。」豪桀皆然其言，乃行收兵，得數萬人，號武臣為武信君，下趙十城，餘皆城守，莫肯下。

【註】 ○白馬津：在河南滑縣北。 ○五嶺：秦始皇使尉屠睢發卒五十萬為五軍，一軍塞鐔城之嶺，一軍守九疑之塞，一軍處番禺之都，一軍守南野之界，一軍結餘干之水。與《張耳傳》相符，所謂五嶺者，此也。又據裴氏《廣州記》云：大庾、始安、臨賀、桂陽、揭陽為五嶺。除大庾嶺外，始安有

越城嶺，臨賀有萌渚嶺，桂陽有騎田嶺，揭陽有都龐嶺。⑶頭會箕斂：言其賦斂之苛暴也，隨民之頭數以取稅，以箕收取所稅之穀。⑷張開大楚之旗幟。⑸有土：有國土。

乃引兵東北擊范陽⑴。范陽人蒯通說范陽令曰：「竊聞公之將死，故弔。雖然，賀公得通而生。」范陽令曰：「何以弔之？」對曰：「秦法重，足下為范陽令十年矣，殺人之父，孤人之子，斷人之足，黥人之首，不可勝數。然而慈父孝子莫敢倳刃⑵公之腹中者，畏秦法耳。今天下大亂，秦法不施，然則慈父孝子且倳刃公之腹中以成其名，此臣之所以弔公也。今諸侯畔秦矣，武信君兵且至，而君堅守范陽，少年皆爭殺君，下武信君。君急遣臣見武信君，可轉禍為福，在今矣。」

【註】⑴范陽：在今河北定興縣南四十里。⑵倳：音恣（ㄗ），以物插地，曰倳，以刀插入，曰倳刃。

范陽令乃使蒯通見武信君曰：「足下必將戰勝然後略地，攻得然後下城，臣竊以為過矣。誠聽臣之計，可不攻而降城，不戰而略地，傳檄而千里定⑴，可乎？」武信君曰：「何謂也？」

蒯通曰：「今范陽令宜整頓其士卒以守戰者也，怯而畏死，貪而重富貴，故欲先天下降，畏君以為秦所置吏，誅殺如前十城也。然今范陽少年亦方殺其令，自以城距君〔二〕。君何不齎臣侯印，拜范陽令，范陽令則以城下君，少年亦不敢殺其令。令范陽令乘朱輪華轂，使驅馳燕、趙郊。燕、趙郊見之，皆曰此范陽令，先下者也，即喜矣，燕、趙城可毋戰而降也。此臣之所謂傳檄而千里定者也。」武信君從其計，因使蒯通賜范陽令侯印。趙地聞之，不戰以城下者三十餘城。

至邯鄲，張耳、陳餘聞周章軍入關，至戲卻〔三〕；又聞諸將為陳王徇地，多以讒毀得罪誅，怨陳王不用其筴，不以為將，而以為校尉。乃說武臣曰：「陳王起蘄，至陳而王，非必立六國後。將軍今以三千人下趙數十城，獨介居河北〔四〕，不王無以填之〔五〕。且陳王聽讒，還報，恐不脫於禍。又不如立其兄弟；不，即立趙後。將軍毋失時，時閒不容息〔六〕。」武臣乃聽之，遂立為趙王。以陳餘為大將軍，張耳為右丞相，邵騷為左丞相。

使人報陳王，陳王大怒，欲盡族武臣等家，而發兵擊趙。陳王相國房君諫曰：「秦未亡而誅武臣等家，此又生一秦也。不如因而賀之，使急引兵西擊秦。」陳王然之，從其計，徙繫武臣等家宮中，封張耳子敖為成都君。

陳王使使者賀趙，令趣發兵西入關[一]。張耳、陳餘說武臣曰：「王王趙，非楚意，特以計賀王。楚已滅秦，必加兵於趙。願王毋西兵，北徇燕、代，南收河內以自廣。趙南據大河，北有燕、代，楚雖勝秦，必不敢制趙。」趙王以為然，因不西兵，而使韓廣略燕，李良略常山，張黶略上黨。

韓廣至燕，燕人因立廣為燕王。趙王乃與張耳、陳餘北略地燕界。趙王閒出，為燕軍所得。燕將囚之，欲與分趙地半，乃歸王。使者往，燕輒殺之以求地。張耳、陳餘患之。有廝養卒

【註】 ㈠傳檄：以文書轉告於天下。檄：音息（ㄒㄧˊ），文書。㈡距：同「拒」，抵抗。㈢戲：水名，在陝西臨潼縣東，源出驪山，下流入渭，其地古有戲亭。卻：退劫。㈣介居：隔絕於友軍而獨處。㈤填：同「鎮」，鎮壓使之安定。㈥時間迫切，必取把握時機，其間不容有喘氣之頃刻。

謝其舍中曰：「吾為公說燕，與趙王載歸。」舍中皆笑曰：「使者往十餘輩，輒死，若何以能得王？」乃走燕壁㈢。燕將見之，問燕將曰：「知臣何欲？」燕將曰：「若欲得趙王耳。」曰：「知張耳、陳餘何如人也？」曰：「賢人也。」曰：「知其志何欲？」曰：「欲得其王耳。」趙養卒乃笑曰：「君未知此兩人所欲也。夫武臣、張耳、陳餘杖馬箠下趙數十城，此亦各欲南面而王，豈欲為卿相終己邪㈢？夫臣與主豈可同日而道哉，顧其勢初定，未敢參分而王，且以少長先立武臣為王，以持趙心。今趙地已定，此兩人亦欲分趙而王，時未可耳。今君乃囚趙王。此兩人名為求趙王，實欲燕殺之，此兩人分趙自立。夫以一趙尚易燕，況以兩賢王左提右挈，而責殺王之罪，滅燕易矣。」燕將以為然，乃歸趙王，養卒為御而歸。

李良已定常山，還報，趙王復使良略太原。至石邑㈠，秦兵塞

【註】㈠趣：同「促」，速即。㈡壁：軍營。㈢豈是僅僅當了卿相就算完了嗎？

井陘，未能前。秦將詐稱二世使人遺李良書，不封，曰：「良嘗事我得顯幸。良誠能反趙為秦，赦良罪，貴良。」良得書，疑不信。乃還之邯鄲，益請兵。未至，道逢趙王姊出飲，從百餘騎。李良望見，以為王，伏謁道旁。王姊醉，不知其將，使騎謝李良。李良素貴，起，慙其從官。從官有一人曰：「天下畔秦，能者先立。且趙王素出將軍下，今女兒乃不為將軍下車，請追殺之。」李良已得秦書，固欲反趙㈡，未決，因此怒，遣人追殺王姊道中，乃遂將其兵襲邯鄲。邯鄲不知，竟殺武臣、邵騷。趙人多為張耳、陳餘耳目者，以故得脫出。收其兵，得數萬人。客有說張耳曰：「兩君羈旅，而欲附趙，難；獨立趙後，扶以義，可就功。」乃求得趙歇，立為趙王，居信都㈢。李良進兵擊陳餘，陳餘敗李良，李良走歸章邯。

【註】　㈠石邑：在今河北省獲鹿縣東南。　㈡固欲：本來就想要反趙。　㈢信都：河北冀縣。

章邯引兵至邯鄲，皆徙其民河內，夷其城郭。張耳與趙王歇

走入鉅鹿城㊀，王離圍之。陳餘北收常山兵，得數萬人，軍鉅鹿北。章邯軍鉅鹿南棘原，築甬道屬河㊁，餉王離。王離兵食多，急攻鉅鹿。鉅鹿城中食盡兵少，張耳數使人召前陳餘㊂，陳餘自度兵少，不敵秦，不敢前。數月，張耳大怒，怨陳餘，使張黶、陳澤往讓㊃陳餘曰：「始吾與公為刎頸交，今王與耳旦暮且死㊄，而公擁兵數萬，不肯相救，安在其相為死！苟必信，胡不赴秦軍俱死？且有十一二相全㊅。」陳餘曰：「吾度前終不能救趙，徒盡亡軍。且餘所以不俱死，欲為趙王、張君報秦。今必俱死，如以肉委餓虎，何益？」張黶、陳澤曰：「事已急，要以俱死立信，安知後慮！」陳餘曰：「吾死顧以為無益。必如公言。」乃使五千人令張黶、陳澤先嘗秦軍㊆，至皆沒。

【註】　㊀鉅鹿：今河北鉅鹿縣。　㊁築甬道連接於河，使糧運不致於為敵人所發現而破壞。　㊂召陳餘使進兵前來解圍。　㊃讓：責怪。　㊄且暮：言其頃刻之間。且：將也。　㊅委：交付。委託。　㊆嘗：試探秦軍之強弱多寡。

當是時，燕、齊、楚聞趙急，皆來救。張敖亦北收代兵，得萬餘人，來，皆壁餘旁○，未敢擊秦。項羽兵數絕章邯甬道，王離軍乏食，項羽悉引兵渡河，遂破章邯。章邯引兵解，諸侯軍乃敢擊圍鉅鹿秦軍，遂虜王離。涉閒自殺。卒存鉅鹿者，楚力也。

【註】　○壁：紮營駐軍。

於是趙王歇、張耳乃得出鉅鹿，謝諸侯。張耳與陳餘相見，責讓陳餘以不肯救趙，及問張黶、陳澤所在。陳餘怒曰：「張黶、陳澤以必死責臣，臣使將五千人先嘗秦軍，皆沒不出。」張耳不信，以為殺之，數問陳餘。陳餘怒曰：「不意君之望臣深也○！豈以臣為重去將哉○？」乃脫解印綬，推予張耳。張耳亦愕不受。陳餘起如廁。客有說張耳曰：「臣聞『天與不取，反受其咎』。今陳將軍與君印，君不受，反天不祥。急取之！」張耳乃佩其印，收其麾下。而陳餘還，亦望張耳不讓○，遂趨出。張耳遂收其兵。陳餘獨與麾下所善數百人之河上澤中漁獵。

由此陳餘、張耳遂有郤。

【註】

㊀想不到你對於我責怨的如此之深。　㊁莫非是以為我捨不得將軍的職位嗎？　㊂陳餘亦怨恨張耳不讓其印。

趙王歇復居信都。張耳從項羽諸侯入關。漢元年二月，項羽立諸侯王，張耳雅游，人多為之言，項羽亦素數聞張耳賢，乃分趙立張耳為常山王，治信都。信都更名襄國㊀。

陳餘客多說項羽曰：「陳餘、張耳一體有功於趙。」項羽以陳餘不從入關，聞其在南皮㊁，即以南皮旁三縣以封之，而徙趙王歇王代㊂。

【註】

㊀雅游：平素廣交友。　㊁南皮：今河北南皮縣。　㊂代：山西代縣。

張耳之國，陳餘愈益怒，曰：「張耳與餘功等也，今張耳王，餘獨侯，此項羽不平。」及齊王田榮畔楚，陳餘乃使夏說說田榮曰：「項羽為天下宰不平㊀，盡王諸將善地，徙故王王惡地㊁，

今趙王乃居代！願王假臣兵，請以南皮為扞蔽。」田榮欲樹黨於趙以反楚，乃遣兵從陳餘。陳餘因悉三縣兵襲常山王張耳。張耳敗走，念諸侯無可歸者，曰：「漢王與我有舊故，而項羽又彊，立我，我欲之楚。」甘公曰：「漢王之入關，五星聚東井。東井者，秦分也。先至必霸。楚雖彊，後必屬漢。」故耳走漢。漢王亦還定三秦，方圍章邯廢丘㊂。張耳謁漢王，漢王厚遇之。

【註】　㊀宰：分肉的人。掌管天下事，如同為大家分肉的人一樣，要分得公平。㊁惡地：壞的地方。　㊂廢丘：今陝西興平縣。

陳餘已敗張耳，皆復收趙地，迎趙王於代，復為趙王。趙王德陳餘，立以為代王。陳餘為趙王弱，國初定，不之國，留傅趙王，而使夏說以相國守代。

漢二年，東擊楚，使使告趙，欲與俱。陳餘曰：「漢殺張耳乃從。」於是漢王求人類張耳者斬之，持其頭遺陳餘。陳餘乃

遣兵助漢。漢之敗於彭城西，陳餘亦復覺張耳不死，即背漢。

漢三年，韓信已定魏地，遣張耳與韓信擊破趙井陘，斬陳餘泜水上㊀，追殺趙王歇襄國，漢立張耳為趙王。漢五年，張耳薨，謚為景王。子敖嗣立為趙王。高祖長女魯元公主為趙王敖后。

【註】　㊀泜水：發源河北元氏縣西羍山中，東流入槐河，長五十餘里。

漢七年，高祖從平城過趙，趙王朝夕袒韝蔽㊀，自上食㊁，禮甚卑，有子壻禮。高祖箕踞詈㊂，甚慢易之。趙相貫高、趙午等年六十餘，故張耳客也。生平為氣，乃怒曰：「吾王孱王也！」說王曰：「夫天下豪桀並起，能者先立。今王事高祖甚恭，而高祖無禮，請為王殺之！」張敖齧其指出血，曰：「君何言之誤！且先人亡國，賴高祖得復國，德流子孫，秋豪皆高祖力也㊃。願君無復出口。」貫高、趙午等十餘人皆相謂曰：「乃吾等非也。吾王長者，不倍德。且吾等義不辱，今怨高祖辱我王，故欲殺之，何乃汙王為乎㊄？令事成歸王，事敗獨身坐耳。」

【註】　㈠韝蔽：即「韝韠」，韝者，臂衣也，以韋為之。韠者，以韋蔽膝也。皆所以便於操作也。㈡自己為高祖端飯菜。㈢箕踞：伸兩腳而倨其膝，若箕之形。㈣一絲一毫之物，皆高祖之力也。㈤我們自己幹，何必污染王，叫王幹呢？

漢八年，上從東垣還㈠，過趙，貫高等乃壁人柏人㈡，要之置廁㈢。上過欲宿，心動，問曰：「縣名為何？」曰：「柏人。」「柏人者，迫於人也！」不宿而去。

【註】　㈠東垣：在河北正定縣南。㈡壁人：藏人於壁中，欲刺殺高祖。柏人：在河北唐山縣西。㈢置廁：廁者，隱側之處，置人於複廁之中，謂之置廁。

漢九年，貫高怨家知其謀，乃上變告之。於是上皆并逮捕趙王、貫高等。十餘人皆爭自剄，貫高獨怒罵曰：「誰令公為之？今王實無謀，而并捕王；公等皆死，誰白王不反者！」乃轞車膠致㈠，與王詣長安。治張敖之罪。上乃詔趙羣臣賓客有敢從王皆族。貫高與客孟舒等十餘人，皆自髡鉗㈡，為王家奴，從來。貫高至，對獄，曰：「獨吾屬為之，王實不知。」吏治榜笞數

二六四六

千，剌劚⑶，身無可擊者，終不復言。呂后數言張王以魯元公主故，不宜有此。上怒曰：「使張敖據天下，豈少而女乎⑷！」不聽。廷尉以貫高事辭聞，上曰：「壯士！誰知者，以私問之。」中大夫泄公曰：「臣之邑子，素知之。此固趙國立名義不侵為然諾者也⑸。」上使泄公持節問之箯輿前⑹。仰視曰：「泄公邪？」泄公勞苦如生平驩⑺，與語，問張王果有計謀不？高曰：「人情寧不各愛其父母妻子乎？今吾三族皆以論死，豈以王易吾親哉！顧為王實不反⑻，獨吾等為之。」具道本指所以為者王不知狀⑼。於是泄公入，具以報，上乃赦趙王。

【註】

⑴ 謂其車上釘板，四周如檻形，膠密不得開，送致於京師。　⑵ 髡鉗：剃髮曰髡，以鐵束頸曰鉗，皆古之刑法也。髡，音坤（ㄎㄨㄣ）。　⑶ 劚：音鐸（ㄉㄨㄛˊ），割也。　⑷ 而：同「爾」，你，汝也。　⑸ 不侵奪其所然諾之事。　⑹ 箯輿：箯：音編（ㄅㄧㄢ），以竹編成之輿牀，曰箯輿。因貫高等受打甚重，不能行動，故置之於箯輿。　⑺ 勞苦：慰問。　⑻ 顧：但也。　⑼ 完全說出所以發動此事之原因及其目的。

上賢貫高為人能立然諾，使泄公具告之，曰：「張王已出。」
因赦貫高。貫高喜曰：「吾王審出乎㊀？」泄公曰：「然。」泄
公曰：「上多足下㊁，故赦足下。」貫高曰：「所以不死一身無
餘者，白張王不反也㊂。今王已出，吾責已塞㊃，死不恨矣。且
人臣有篡殺之名，何面目復事上哉！縱上不殺我，我不愧於心
乎？」乃仰絕肮，遂死㊄。當此之時，名聞天下。

【註】　㊀審：實在，真的，果真，我王當真的出來了嗎？　㊁多：贊賞其為人。　㊂白：說明，證明。
　㊃責塞：責任盡了。　㊄肮：同「吭」，音杭（ㄏㄤ）咽喉。又解為頸大脈，俗所謂「胡脈」。

張敖已出，以尚魯元公主故㊀，封為宣平侯。於是上賢張王諸
客，以鉗奴從張王入關，無不為諸侯相、郡守者。及孝惠、高
后、文帝、孝景時，張王客子孫皆得為二千石。

【註】　㊀尚主：尚，奉侍也，因為公主尊貴，不敢言婚配，只言奉侍公主，事實上，即婚娶也。

張敖，高后六年薨。子偃為魯元王。以母呂后女故，呂后封

為魯元王。元王弱，兄弟少，乃封張敖他姬子二人：壽為樂昌侯，侈為信都侯。高后崩，諸呂無道，大臣誅之，而廢魯元王及樂昌侯、信都侯。孝文帝即位，復封故魯元王偃為南宮侯，續張氏。

太史公曰：張耳、陳餘，世傳所稱賢者；其賓客廝役，莫非天下俊桀，所居國無不取卿相者。然張耳、陳餘始居約時〇，相然信以死〓，豈顧問哉〓。及據國爭權，卒相滅亡〓，何鄉者相慕用之誠，後相倍之戾也〓！豈非以勢利交哉〓？名譽雖高，賓客雖盛，所由殆與太伯、延陵季子異矣〓。

【註】　〇約：窮困。　〓然信：即「然諾」。　〓在窮困之時，朋友彼此相信，一句話就可以同死，那還需要再問呢？（那還有疑問呢？）　〓為什麼以前（向者）是那樣的互相愛慕而真誠，以後又是那樣的互相背離而狠毒呢？　〓到了擁有國家，兩人為了奪權，終至於互相殘殺而滅亡。　〓豈不是以勢利相結交嗎？　〓所以他們的名譽雖高，賓客雖盛，但是他們的立身行己，卻與太伯，延陵季子大有差別了。

卷九十 魏豹、彭越列傳第三十

魏豹者，故魏諸公子也。其兄魏咎，故魏時封為寧陵君〔一〕。秦滅魏，遷咎為家人〔二〕。陳勝之起王也，咎往從之。陳王使魏人周市徇魏地，魏地已下，欲相與立周市為魏王。周市曰：「天下昏亂，忠臣乃見。今天下共畔秦〔三〕，其義必立魏王後乃可。」齊、趙使車各五十乘，立周市為魏王。市辭不受，迎魏咎於陳。五反，陳王乃遣立咎為魏王。

【註】〔一〕寧陵：今河南寧陵縣。〔二〕家人：奴僕。〔三〕畔：即「叛」。

章邯已破陳王，乃進兵擊魏王於臨濟〔一〕。魏王乃使周市出請救於齊、楚。齊、楚遣項它、田巴〔二〕將兵隨市救魏。章邯遂擊破殺周市等軍，圍臨濟。咎為其民約降。約定，咎自燒殺。

【註】〔一〕臨濟：河南陳留縣西北五十里。〔二〕項它：楚將。田巴：齊將。

魏豹亡走楚。楚懷王予魏豹數千人，復徇魏地⊖。項羽已破秦，降章邯。豹下魏二十餘城，立豹為魏王。豹引精兵從項羽入關。漢元年，項羽封諸侯，欲有梁地，乃徙魏王豹於河東，都平陽⊜，為西魏王。

【註】　⊖徇：巡也，行示也，謂巡行其地而誓令之也。　⊜平陽：在今山西臨汾縣南。

漢王還定三秦，渡臨晉⊖，魏王豹以國屬焉，遂從擊楚於彭城。漢敗，還至滎陽，豹請歸視親病，至國，即絕河津畔漢。漢王聞魏豹反，方東憂楚，未及擊，謂酈生曰：「緩頰往說魏豹⊜，能下之，吾以萬戶封若。」酈生說豹。豹謝曰：「人生一世間，如白駒過隙耳。今漢王慢而侮人，罵詈諸侯羣臣如罵奴耳，非有上下禮節也，吾不忍復見也。」於是漢王遣韓信擊虜豹於河東⊜，傳詣滎陽，以豹國為郡。漢王令豹守滎陽。楚圍之急，周苛遂殺魏豹⊜。

【註】　⊖臨晉：在陝西朝邑縣東。　⊜緩頰：以婉言相勸，阻止其某種行為。　⊜擊虜：攻擊而俘擄

之也。　四周苛：漢王將也。

彭越者，昌邑人也一，字仲。常漁鉅野澤中二，為羣盜。陳勝、項梁之起，少年或謂越曰：「諸豪桀相立畔秦，仲可以來，亦效之。」彭越曰：「兩龍方鬭，且待之。」

【註】　一昌邑：故城在今山東金鄉縣西北四十里。　二鉅野澤：在山東鉅野縣北五里。

居歲餘，澤閒少年相聚百餘人，往從彭越，曰：「請仲為長。」越謝曰：「臣不願與諸君。」少年彊請一，乃許。與期旦日日出二會，後期者斬。旦日日出，十餘人後，後者至日中。於是越謝曰：「臣老，諸君彊以為長。今期而多後，不可盡誅，誅最後者一人。」令校長斬之。皆笑曰：「何至是？請後不敢。」於是越乃引一人斬之，設壇祭，乃令徒屬。徒屬皆大驚，畏越，莫敢仰視。乃行略地三，收諸侯散卒，得千餘人。

【註】　一強請：堅決的請求。　二旦日日出：明日日出之時。　三略地：搶略地盤。

二六五二

沛公之從碭北㊀擊昌邑，彭越助之。昌邑未下，沛公引兵西。彭越亦將其眾居鉅野中，收魏散卒。項籍入關，王諸侯，還歸，彭越眾萬餘人毋所屬。漢元年秋，齊王田榮畔項王，（漢）乃使人賜彭越將軍印，使下濟陰以擊楚。楚命蕭公角將兵擊越，越大破楚軍。漢王二年春，與魏王豹及諸侯東擊楚，彭越將其兵三萬餘人歸漢於外黃。漢王曰：「彭將軍收魏地得十餘城，欲急立魏後。今西魏王豹亦魏王咎從弟也，真魏後。」乃拜彭越為魏相國，擅將其兵㊁，略定梁地。

【註】 ㊀碭：江蘇、碭山縣。 ㊁擅：專也。

漢王之敗彭城解而西也，彭越皆復亡其所下城，獨將其兵北居河上。漢王三年，彭越常往來為漢游兵，擊楚，絕其後糧於梁地。漢四年冬，項王與漢王相距滎陽，彭越攻下睢陽、外黃十七城。項王聞之，乃使曹咎守成皋㊀，自東收彭越所下城邑，彭越皆復為楚。越將其兵北走穀城㊁。漢五年秋，項王之南走陽夏㊂，

彭越復下昌邑旁二十餘城，得穀十餘萬斛，以給漢王食。

【註】　㈠成皋：河南汜水縣。　㈡穀城：山東東阿縣。　㈢陽夏：河南太康縣。

漢王敗，使使召彭越并力擊楚㈠。越曰：「魏地初定，尚畏楚，未可去。」漢王追楚，為項籍所敗固陵㈡。乃謂留侯曰：「諸侯兵不從，為之柰何？」留侯曰：「齊王信之立，非君王之意，信亦不自堅。彭越本定梁地，功多，始君王以魏豹故，拜彭越為魏相國。今豹死毋後，且越亦欲王，而君王不蚤定。與此兩國約：即勝楚，睢陽以北至穀城，皆以王彭相國；從陳以東傅海㈢，與齊王信。齊王信家在楚，此其意欲復得故邑。君王能出捐此地許二人，二人今可致；即不能㈣，事未可知也。」於是漢王乃發使使彭越，如留侯策。使者至，彭越乃悉引兵會垓下，遂破楚。（五年）項籍已死。春，立彭越為梁王，都定陶㈤。

【註】　㈠并力：合力，集中力量。　㈡固陵：在河南淮陽縣東南。　㈢傅：同「附」，近也，至也。　㈣即：如果。　㈤定陶：在山東定陶縣西北五里。

六年，朝陳。九年、十年，皆來朝長安。

十年秋，陳豨反代地，高帝自往擊，至邯鄲，徵兵梁王。梁王稱病，使將將兵詣邯鄲。高帝怒，使人讓梁王〔一〕。梁王恐，欲自往謝。其將扈輒曰：「王始不往，見讓而往，往則為禽矣〔二〕。不如遂發兵反。」梁王不聽，稱病。梁王怒其太僕，欲斬之。太僕亡走漢，告梁王與扈輒謀反。於是上使使掩梁王〔三〕，梁王不覺，捕梁王，囚之雒陽。有司治反形已具〔四〕，請論如法。上赦以為庶人，傳處蜀青衣〔五〕。西至鄭〔六〕，逢呂后從長安來，欲之雒陽，道見彭王。彭王為呂后泣涕，自言無罪，願處故昌邑。呂后許諾，與俱東至雒陽。呂后白上曰：「彭王壯士，今徙之蜀，此自遺患，不如遂誅之。妾謹與俱來。」於是呂后乃令其舍人告彭越復謀反。廷尉王恬開奏請族之。上乃可，遂夷越宗族〔七〕，國除。

【註】〔一〕讓：責斥。〔二〕禽：同「擒」。〔三〕掩：乘其不備而襲取之。〔四〕法官以其造反之罪狀，已夠成立。〔五〕傳處：轉處也，發配於四川之青衣。〔六〕鄭：在今陝西華縣西北。〔七〕殺彭越，殺韓信，

皆呂后主謀。

太史公曰：魏豹、彭越雖故賤，然已席卷千里㈠，南面稱孤，喋血㈡乘勝日有聞矣。懷畔逆之意，及敗，不死而虜囚，身被刑戮，何哉？中材已上且羞其行，況王者乎！彼無異故，智略絕人，獨患無身耳㈢。得攝尺寸之柄，其雲蒸龍變㈣，欲有所會其度，以故幽囚而不辭云。

【註】㈠席卷：即「席捲」，如席之捲物，全面囊括而取之。㈡喋血：即「蹀血」，謂腳踏於血泊之中而戰鬥。㈢智略超絕於人，只怕沒有生命耳（留得青山在，不怕沒柴燒，所以寧幽囚而不辭，以保生命，希望以後有發展的機會）。㈣鼓動風潮，製造時勢，想著駕雲駕霧，龍飛於天，以與其在天上的星度相會合。（凡是有野心的人，都認為天上有他的星度。能會合其星度，即是大得其志，可以稱帝稱王。）

卷九十一　黥布列傳第三十一

黥布者，六人也〇，姓英氏〇。秦時為布衣。少年，有客相之曰：「當刑而王〇。」及壯，坐法黥〇。布欣然笑曰：「人相我當刑而王，幾是乎〇？」人有聞者，共俳笑之〇。布已論輸麗山〇，麗山之徒數十萬人，布皆與其徒長豪桀交通，迺率其曹偶〇，亡之江中為羣盜。

【註】〇六：周時國名，皋陶之後。為楚所滅。故地在今安徽六安縣北。一說在安徽舒城縣東南六十里。〇英：國名，皋陶之後，子孫以國為氏。布衣：平民。〇犯法，當受黥刑。〇幾：作大概解，言人相我當刑而王，大概就是這樣嗎？又解作「豈」字的意思，言人相我當刑而王，豈不就是這樣嗎？〇俳：音排（ㄆㄞˊ），戲笑。〇論輸：定罪之後，送往驪山作陵墓之工作。驪山：在陝西臨潼縣東南。秦始皇葬於此。〇曹偶：朋輩，伙伴也。

陳勝之起也，布迺見番君〇，與其眾叛秦，聚兵數千人。番君以其女妻之。章邯之滅陳勝，破呂臣軍，布乃引兵北擊秦左右

校，破之清波⊆，引兵而東。聞項梁定江東會稽⊇，涉江而西。陳嬰以項氏世為楚將，迺以兵屬項梁，渡淮南，英布、蒲將軍亦以兵屬項梁。

【註】⊖番君：《漢書・吳芮傳》謂：「吳芮者，秦時番陽令也，甚得江湖間民心，號曰番君。天下之叛秦也，黥布歸芮，芮以其女妻之。」⊇清波：即青陂，在河南新蔡縣西南。⊆會稽：在江蘇、蘇州。

項梁涉淮而西，擊景駒、秦嘉等，布常冠軍。項梁至薛⊖，聞陳王定死，迺立楚懷王。項梁號為武信君，英布為當陽君⊇。項梁敗死定陶，懷王徙都彭城，諸將英布亦皆保聚彭城。當是時，秦急圍趙，趙數使人請救。懷王使宋義為上將，范曾為末將，項籍為次將，英布、蒲將軍皆為將軍，悉屬宋義，北救趙。及項籍殺宋義於河上，懷王因立籍為上將軍，諸將皆屬項籍。項籍使布先渡河擊秦，布數有利，籍迺悉引兵涉河從之，遂破秦軍，降章邯等。楚兵常勝，功冠諸侯。諸侯兵皆以服屬楚者，以布數以少敗眾也。

【註】

㊀薛：故城在今山東滕縣東南四十四里。　㊁當陽：在今湖北當陽縣東。

項籍之引兵西至新安㊀，又使布等夜擊阬章邯秦卒二十餘萬人。至關，不得入，又使布等先從閒道㊁破關下軍，遂得入，至咸陽。布常為軍鋒㊂。項王封諸將，立布為九江王，都六。

【註】

㊀新安：今河南新安縣。　㊁閒道：小路，私路，捷路，不是一般通行的大路。　㊂軍鋒：軍隊的先鋒。

漢元年四月，諸侯皆罷戲下㊀，各就國。項氏立懷王為義帝，徙都長沙，迺陰令九江王布等行擊之。其八月，布使將擊義帝，追殺之郴縣㊁。

【註】

㊀戲下：戲地在陝西臨潼縣東，項羽入關，進至此地。又解釋為戲下，即「部下」戲與「麾」通，大將之旗也。　㊁郴縣：今湖南郴縣。

漢二年，齊王田榮畔楚，項王往擊齊，徵兵九江，九江王布稱病不往，遣將將數千人行。漢之敗楚彭城，布又稱病不佐楚。

項王由此怨布，數使使者誚讓㈠召布，布愈恐，不敢往。項王方北憂齊、趙，西患漢，所與者獨九江王，又多布材㈡，欲親用之，以故未擊。

【註】㈠誚讓：責斥。㈡多：贊許。

漢三年，漢王擊楚，大戰彭城，不利，出梁地，至虞㈠，謂左右曰：「如彼等者，無足與計天下事。」謁者㈡隨何進曰：「不審陛下所謂㈢。」漢王曰：「孰能為我使淮南，令之發兵倍㈣楚，留項王於齊數月，我之取天下可以百全。」隨何曰：「臣請使之。」迺與二十人俱，使淮南。至，因太宰主之㈤，三日不得見。隨何因說太宰曰：「王之不見何，必以楚為彊，以漢為弱，此臣之所以為使。使何得見，言之而是邪，是大王所欲聞也；言之而非邪，使何等二十人伏斧質淮南市㈥，以明王倍漢而與楚也。」太宰迺言之王，王見之。隨何曰：「漢王使臣敬進書大王御者，竊怪大王與楚何親也。」淮南王曰：「寡人北鄉而臣

事之〔七〕。」隨何曰：「大王與項王俱列為諸侯，北鄉而臣事之，必以楚為彊，可以託國也。項王伐齊，身負板築〔八〕，以為士卒先，大王宜悉淮南之眾，身自將之，為楚軍前鋒，今迺發四千人以助楚。夫北面而臣事人者，固若是乎？夫漢王戰於彭城，項王未出齊也，大王宜騷〔九〕淮南之兵渡淮，日夜會戰彭城下，大王撫萬人之眾，無一人渡淮者，垂拱而觀其孰勝。夫託國於人者，固若是乎？大王提空名以鄉楚〔一〇〕，而欲厚自託，臣竊為大王不取也。然而大王不背楚者，以漢為弱也。夫楚兵雖彊，天下負之以不義之名〔二〕，以其背盟約而殺義帝也。然而楚王恃戰勝自彊，漢王收諸侯，還守成皋、滎陽，下蜀、漢之粟，深溝壁壘，分卒守徼乘塞〔三〕，楚人還兵，閒以梁地〔三〕，深入敵國八九百里，欲戰則不得，攻城則力不能，老弱轉糧千里之外；楚兵至滎陽、成皋，漢堅守而不動，進則不得攻，退則不得解。故曰楚兵不足恃也。使楚勝漢，則諸侯自危懼而相救。夫楚之彊，適足以致天下之兵耳〔四〕。故楚不如漢，其勢易見也。今大王不與萬全之

漢而自託於危亡之楚，臣竊為大王惑之。臣非以淮南之兵足以亡楚也。夫大王發兵而倍楚，項王必留；留數月，漢之取天下可以萬全。夫大王提劍而歸漢，漢王必裂地而封大王，又況淮南，淮南必大王有也。故漢王敬使使臣進愚計，願大王之留意也。」淮南王曰：「請奉命。」陰許畔楚與漢，未敢泄也。

【註】　㈠虞：河南虞城縣。　㈡謁者：奉皇帝之命，辦理外交事務者。　㈢審：徹底瞭解。　㈣倍：同「背」，背叛也。　㈤太宰：掌膳食之官。以太宰為主人，即舍於太宰之處也。　㈥斧鑕：鑕，斬人之鐵墊也，伏於斬人之鐵墊上，而以斧斬之也。　㈦北鄉：即「北向」。　㈧板築：建造防禦工事之各種器具。板：築牆用之夾版也。　㈨騷：動員之也。　㈩鄉：即「向」。　㈠不義：野蠻不講道理，殘酷不講信義。　㈡把守邊險，登城守塞。　㈢中間隔著梁國的土地。　㈣致：招來。

楚使者在㈠，方急責英布發兵，舍傳舍㈡。隨何直入，坐楚使者上坐，曰：「九江王已歸漢，楚何以得發兵？」布愕然㈢。楚使者起。何因說布曰：「事已搆㈣，可遂殺楚使者，無使歸，而疾走漢幷力㈤。」布曰：「如使者教，因起兵而擊之耳。」於是

殺使者，因起兵而攻楚。楚使項聲、龍且攻淮南，項王留而攻下邑⑥。數月，龍且擊淮南，破布軍。布欲引兵走漢，恐楚王殺之，故閒行與何俱歸漢⑦。

【註】　㈠在淮南。　㈡住於傳舍之中。　㈢愕然：大吃一驚。　㈣搆：作成。　㈤幷力：合力，集中力量。　㈥下邑：秦置下邑縣，故城在今江蘇碭山縣東。後魏移置於今河南之夏邑縣。始改字為夏邑縣。　㈦閒行：偷偷的從偏僻而捷徑的路行走。

淮南王至，上方踞牀洗①，召布入見，布（甚）大怒，悔來，欲自殺。出就舍，帳御飲食從官如漢王居，布又大喜過望②。於是迺使人入九江。楚已使項伯收九江兵，盡殺布妻子。布使者頗得故人幸臣，將眾數千人歸漢。漢益分佈兵而與俱北，收兵至成皋。四年七月，立布為淮南王，與擊項籍。

【註】　㈠踞牀而洗，其狀甚不恭敬，等於慢待客人。　㈡漢高祖先封布為王，恐其妄自尊大，故箕踞待之以折其氣。繼又以宮室帷帳美女飲食悅其心，使之留戀不舍。這都是權術的手段。

漢五年，布使人入九江，得數縣。六年，布與劉賈入九江，

誘大司馬周殷，周殷反楚，遂舉九江兵與漢擊楚，破之垓下。項籍死，天下定，上置酒。上折隨何之功，謂何為腐儒，為天下安用腐儒〔一〕。隨何跪曰：「夫陛下引兵攻彭城，楚王未去齊也，陛下發步卒五萬人，騎五千，能以取淮南乎？」上曰：「不能。」隨何曰：「陛下使何與二十人使淮南，至，如陛下之意，是何之功賢於步卒五萬人騎五千也。然而陛下謂何腐儒，為天下安用腐儒，何也？」上曰：「吾方圖子之功。」迺以隨何為護軍中尉。布遂剖符為淮南王，都六，九江、盧江、衡山、豫章郡皆屬布。

【註】　〔一〕腐儒：老朽文弱，無智無勇，不知通權達變的讀書人。

七年，朝陳。八年，朝雒陽。九年，朝長安。十一年，高后誅淮陰侯，布因心恐。夏，漢誅梁王彭越，醢之，盛其醢徧賜諸侯。至淮南，淮南王方獵，見醢，因大恐，陰令人部聚兵〔一〕，候伺旁郡警急〔二〕。

布所幸姬疾，請就醫，醫家與中大夫賁赫對門，賁赫自以為侍中，迺厚餽遺，從姬飲醫家。姬侍王，從容語次，譽赫長者也。王怒曰：「汝安從知之？」具說狀。王疑其與亂，赫恐，稱病。王愈怒，欲捕赫。赫言變事，乘傳詣長安。布使人追，不及。赫至，上變，言布謀反有端，可先未發誅也。上讀其書，語蕭相國。相國曰：「布不宜有此，恐仇怨妄誣之。請繫赫，使人微驗淮南王㈢。」淮南王布見赫以罪亡，上變，固已疑其言國陰事；漢使又來，頗有所驗，遂族赫家，發兵反。反書聞，上迺赦賁赫，以為將軍。

【註】 ㈠ 部勒而調集兵力。 ㈡ 偵探臨近的郡縣有無動靜，這是準備對抗的舉動。 ㈢ 微驗：暗地裡偵察以求徵據。

上召諸將問曰：「布反，為之奈何？」皆曰：「發兵擊之，阬豎子耳，何能為乎！」汝陰侯滕公召故楚令尹問之。令尹曰：「是故當反。」滕公曰：「上裂地而王之，疏爵而貴之㈠，南面

而立萬乘之主，其反何也？」令尹曰：「往年殺彭越，前年殺韓信，此三人者，同功一體之人也。自疑禍及身，故反耳。」滕公言之上曰：「臣客故楚令尹薛公者，其人有籌筴之計，可問。」上迺召見問薛公。薛公對曰：「布反不足怪也。使布出於上計，山東非漢之有也；出於中計，勝敗之數未可知也；出於下計，陛下安枕而臥矣。」上曰：「何謂上計？」令尹對曰：「東取吳，西取楚，幷齊取魯，傳檄燕、趙，固守其所，山東非漢之有也。」「何謂中計？」「東取吳，西取楚，幷韓取魏，據敖庾之粟㈡，塞成皋之口，勝敗之數未可知也。」「何謂下計？」「東取吳，西取下蔡㈢，歸重於越㈣，身歸長沙，陛下安枕而臥，漢無事矣。」上曰：「是計將安出？」令尹對曰：「出下計。」上曰：「何謂廢上中計而出下計？」令尹曰：「布故麗山之徒也，自致萬乘之主，此皆為身，不顧後為百姓萬世慮者也，故曰出下計。」上曰：「善。」封薛公千戶。迺立皇子長為淮南王，上遂發兵自將東擊布。

貴重之財物。

【註】〇疏：分賜也。〇敖庾：即敖倉也，在河南汜水縣。〇下蔡：故城在今安徽壽縣北。〇重⋯

布之初反，謂其將曰：「上老矣，厭兵，必不能來。使諸將，諸將獨患淮陰、彭越，今皆已死，餘不足畏也。」故遂反。果如薛公籌之，東擊荊，荊王劉賈走死富陵〇。盡劫其兵，渡淮擊楚。楚發兵與戰徐、僮間〇，為三軍，欲以相救為奇。或說楚將曰：「布善用兵，民素畏之。且兵法，諸侯戰其地為散地〇。今別為三，彼敗吾一軍，餘皆走，安能相救！」不聽。布果破其一軍，其二軍散走。

【註】〇富陵：故城在今安徽盱眙縣東北。〇僮：在今安徽泗縣東北。徐：亦在安徽泗縣北。〇散地⋯士兵戀其家鄉，地近而易敗散。

遂西，與上兵遇蘄西，會甀〇。布兵精甚，上迺壁庸城〇，望布軍置陳如項籍軍，上惡之。與布相望見，遙謂布曰：「何苦而反？」布曰：「欲為帝耳。」上怒罵之，遂大戰。布軍敗走，

渡淮，數止戰，不利，與百餘人走江南。布故與番君婚，以故長沙哀王使人紿布，偽與亡，誘走越，故信而隨之番陽。番陽人殺布茲鄉③民田舍，遂滅黥布。

【註】　㊀蘄：在今安徽宿縣。甄：音垂，大概在宿縣附近。㊁庸城：即今之河南永城縣。㊂布茲：鄉名，在鄱陽境內。

立皇子長為淮南王，封賁赫為期思侯㊀，諸將率多以功封者。

【註】　㊀期思：在河南固始縣界。

太史公曰：英布者，其先豈春秋所見楚滅英、六，皋陶之後哉？身被刑法，何其拔興㊀之暴也！項氏之所阬殺人以千萬數，而布常為首虐。功冠諸侯，用此得王，亦不免於身為世大僇。禍之興自愛姬殖，妒媚㊁生患，竟以滅國！

【註】　㊀拔興：突然而興起。㊁媚：忌妒。懷疑其愛姬與他人生情。

卷九十二　淮陰侯列傳第三十二

淮陰侯韓信者，淮陰人也㊀。始為布衣時，貧無行，不得推擇為吏，又不能治生商賈，常從人寄食飲，人多厭之者。常數從其下鄉㊁南昌亭長寄食，數月，亭長妻患之，乃晨炊蓐食㊂。食時信往，不為具食。信亦知其意，怒，竟絕去。

【註】㊀淮陰：江蘇淮陰縣。㊁下鄉：鄉名，屬淮陰縣。㊂提早吃飯，很早把飯做好，於寢牀上為食也。

信釣於城下，諸母漂㊀，有一母見信飢，飯信，竟漂數十日。信喜，謂漂母曰：「吾必有以重報母。」母怒曰：「大丈夫不能自食，吾哀王孫而進食㊁，豈望報乎！」

【註】㊀漂：音飄（ㄆㄧㄠ），漂白，以水擊絮，漂之使白。㊁王孫：如言公子也。

淮陰屠中少年有侮信者，曰：「若雖長大㊀，好帶刀劍，中情

怯耳㊁。」眾辱之曰：「信能死，刺我；不能死，出我袴下㊂。」

於是信孰視之㊃，俛出袴下，蒲伏㊄。一市人皆笑信，以為怯。

【註】　㊀若：汝，你。　㊁內心虛怯。　㊂袴：即「胯」（ㄎㄨㄚˋ），兩股之間。　㊃孰視：即「熟視」，視之甚久。　㊄蒲伏：爬著行進。

及項梁渡淮，信杖劍從之㊀，居戲下㊁，無所知名。項梁敗，又屬項羽，羽以為郎中。數以策干項羽，羽不用。漢王之入蜀，信亡楚歸漢，未得知名，為連敖㊂。坐法當斬，其輩十三人皆已斬，次至信，信乃仰視，適見滕公，曰：「上不欲就天下乎？何為斬壯士！」滕公奇其言，壯其貌，釋而不斬。與語，大說㊃之。言於上，上拜以為治粟都尉，上未之奇㊄也。

【註】　㊀杖劍：持劍。　㊁戲下：戲，同「麾」，指揮之下。　㊂連敖，官名，典客也。又解為司馬。　㊃說：同「悅」。　㊄未之奇：並不曾特別賞識，以普通人看待。

信數與蕭何語，何奇之。至南鄭㊀，諸將行道亡者數十人，信

度何等已數言上，上不我用，即亡。何聞信亡，不及以聞，自追之。人有言上曰：「丞相何亡。」上大怒，如失左右手。居一二日，何來謁上，上且怒且喜，罵何曰：「若亡，何也㊁？」何曰：「臣不敢亡也，臣追亡者。」上曰：「若所追者誰何？」何曰：「韓信也。」上復罵曰：「諸將亡者以十數，公無所追；追信，詐也。」何曰：「諸將易得耳。至如信者，國士無雙。王必欲長王漢中，無所事信㊂；必欲爭天下，非信無所與計事者。顧王策安所決耳㊃。」王曰：「吾亦欲東耳，安能鬱鬱久居此乎㊄？」何曰：「王計必欲東，能用信，信即留；不能用，信終亡耳。」王曰：「吾為公以為將。」何曰：「雖為將，信必不留。」王曰：「以為大將。」何曰：「幸甚。」於是王欲召信拜之。何曰：「王素慢無禮，今拜大將如呼小兒耳，此乃信所以去也。王必欲拜之，擇良日，齋戒，設壇場，具禮，乃可耳。」王許之。諸將皆喜，人人各自以為得大將。至拜大將，乃韓信也，一軍皆驚。

【註】　㈠南鄭：陝西、南鄭縣。　㈡你逃跑是為什麼？　㈢用不著韓信。　㈣但看王之計策如何決定罷

了。　㈤鬱鬱：悶悶不樂。

信拜禮畢，上坐。王曰：「丞相數言將軍，將軍何以教寡人計策？」信謝，因問王曰：「今東鄉爭權天下㈠，豈非項王邪？」漢王曰：「然。」曰：「大王自料勇悍仁彊孰與項王？」漢王默然良久㈡，曰：「不如也。」信再拜賀曰：「惟信亦為大王不如也。然臣嘗事之，請言項王之為人也。項王喑噁叱吒㈢，千人皆廢㈣，然不能任屬賢將，此特匹夫之勇耳。項王見人恭敬慈愛，言語嘔嘔㈤，人有疾病，涕泣分食飲，至使人有功當封爵者，印刓敝，忍不能予㈥，此所謂婦人之仁也。項王雖霸天下而臣諸侯，不居關中而都彭城。有背義帝之約，而以親愛王㈦，諸侯不平。諸侯之見項王遷逐義帝置江南，亦皆歸逐其主而自王善地。項王所過無不殘滅者，天下多怨，百姓不親附，特劫於威彊耳㈧。名雖為霸，實失天下心。故曰其彊易弱。今大王誠能反其道：任天下武勇，何所不誅！以天下城邑封功臣，何所不

服！以義兵從思東歸之士，何所不散（九）！且三秦王為秦將，將秦子弟數歲矣，所殺亡不可勝計，又欺其眾降諸侯，至新安，項王詐阬秦降卒二十餘萬，唯獨邯、欣、翳得脫，秦父兄怨此三人，痛入骨髓。今楚彊以威王此三人，秦民莫愛也。大王之入武關，秋豪無所害（一○），除秦苛法，與秦民約法三章耳，秦民無不欲得大王王秦者。於諸侯之約，大王當王關中，關中民咸知之。大王失職入漢中，秦民無不恨者。今大王舉而東，三秦可傳檄而定也（一二）。」於是漢王大喜，自以為得信晚。遂聽信計，部署諸將所擊。

【註】

（一）東鄉：即「東向」。東向而爭天下之權。

（二）很長的時間才說話。

（三）喑：音因（一ㄣ）。噁：音務（ㄨ），憎怒。喑噁叱吒：怒聲大罵。

（四）廢：聞聲喪膽，站立不住而倒於地。

（五）嘔嘔：音歐（ㄡ），言語和善的樣子。

（六）刓敝：把印信玩來弄去，以至於弄壞了，還不捨得封賞有功之人。刓：同「玩」字，玩弄。

（七）以親愛之人為王。

（八）不過是被強大的威力所脅迫，不得不表面服從而已。特：不過是。

（九）東歸之士，都想回家，今以義兵而讓東歸之士得以回家，還有什麼力量不被衝散？

（一○）秋毫：比喻最細微之物也。

（一二）傳檄而定：不用打仗，只用一紙文告就可以平定三秦了。

八月，漢王舉兵東出陳倉〔一〕，定三秦。漢二年，出關〔二〕，收魏、河南，韓、殷王皆降。合齊、趙共擊楚。四月，至彭城，漢兵敗散而還。信復收兵與漢王會滎陽，復擊破楚京、索之閒〔三〕，以故楚兵卒不能西。

【註】〔一〕陳倉：在今陝西寶雞縣東。〔二〕關：函谷關。〔三〕京：在河南滎陽縣東南二十一里。索：滎陽縣，古為大索城。縣北四里有小索城。

漢之敗卻彭城〔一〕，塞王欣、翟王翳亡漢降楚，齊、趙亦反漢與楚和。六月，魏王豹謁歸視親疾，至國，即絕河關〔二〕反漢，與楚約和。漢王使酈生說豹，不下。其八月，以信為左丞相，擊魏。魏王盛兵蒲阪，塞臨晉，信乃益為疑兵〔三〕，陳船欲度臨晉〔四〕，而伏兵從夏陽以木罌瓴渡軍〔五〕，襲安邑〔六〕。魏王豹驚，引兵迎信，信遂虜豹，定魏為河東郡。漢王遣張耳與信俱，引兵東，北擊趙、代。後九月，破代兵，禽夏說閼與〔七〕。信之下魏破代，漢輒使人收其精兵，詣滎陽以距楚。

【註】

一 敗於彭城而退卻。

二 河關：即蒲津關，在山西永濟縣西，陝西朝邑縣東，黃河西岸，亦曰蒲關，一名臨晉關，一名河關。自古以來，為山河要隘。

三 多張旗幟或多作兵員調動之狀，使敵人認識不清其主力攻擊所在。

四 擺動船勢，好像要從臨晉渡河。

五 而事實上，則從今之陝西韓城縣（夏陽）以木罌渡河。

六 偷襲魏之安邑縣（今山西安邑縣）。

七 擒夏說於閼與。夏說：代國之相。

閼與：在山西沁縣西南。

信與張耳以兵數萬，欲東下井陘擊趙一。趙王、成安君陳餘聞漢且襲之也，聚兵井陘口，號稱二十萬。廣武君李左車說成安君曰：「聞漢將韓信涉西河，虜魏王，禽夏說，新喋血二閼與，今乃輔以張耳，議欲下趙，此乘勝而去國遠鬥，其鋒不可當。臣聞千里餽糧，士有飢色；樵蘇後爨三，師不宿飽。今井陘之道，車不得方軌，騎不得成列，行數百里，其勢糧食必在其後。願足下假臣奇兵三萬人，從閒道絕其輜重；足下深溝高壘，堅營勿與戰。彼前不得鬥，退不得還，吾奇兵絕其後，使野無所掠，不至十日，而兩將之頭可致於戲下四。願君留意臣之計。否，必為二子所禽矣。」成安君，儒者也，常稱義兵不用詐謀

奇計，曰：「吾聞兵法十則圍之，倍則戰。今韓信兵號數萬，其實不過數千。能千里而襲我，亦已罷極。今如此避而不擊，後有大者，何以加之！則諸侯謂吾怯，而輕來伐我。」不聽廣武君策，廣武君策不用。

【註】　㊀井陘：山名，在河北井陘縣東北五十里，與獲鹿縣接界，四面高，中央低，故曰井陘，其險為河北河東之關要，縣境諸山錯列，大約與陘山相接連，皆太行之支脈也。　㊁喋血：即蹀血，血戰，足踏於血泊之中。　㊂等著打了柴而後做飯，則軍隊就不能吃飽。樵：打柴。蘇：割草。爨：音篡（ㄘㄨㄢˋ），燒飯。　㊃韓信是冒險，如果趙王聽廣武君之策，由間道斷絕其糧道，堅壁清野不與戰，再以奇兵斷其後路，則韓信難逃失敗之命運，惜乎趙王不用其計。戲下，即麾下，指揮之下。

韓信使人閒視㊀，知其不用，還報，則大喜，乃敢引兵遂下㊁。未至井陘口三十里，止舍。夜半傳發㊂，選輕騎二千人，人持一赤幟，從閒道萆山而望趙軍㊃，誡曰：「趙見我走，必空壁逐我，若疾入趙壁，拔趙幟，立漢赤幟㊄。」令其裨將傳飱㊅，曰：「今日破趙會食！」諸將皆莫信，詳應曰：「諾㊆。」謂軍

吏曰：「趙已先據便地為壁，且彼未見吾大將旗鼓，未肯擊前行，恐吾至阻險而還。」信乃使萬人先行，出，背水陳⑧。趙軍望見而大笑。平旦，信建大將之旗鼓，鼓行出井陘口，趙開壁擊之，大戰良久。於是信、張耳詳弃鼓旗，走水上軍。水上軍開入之，復疾戰。趙果空壁爭漢鼓旗，逐韓信、張耳。韓信、張耳已入水上軍，軍皆殊死戰⑨，不可敗。信所出奇兵二千騎，共候趙空壁逐利，則馳入趙壁，皆拔趙旗，立漢赤幟二千。趙軍已不勝，不能得信等，欲還歸壁，壁皆漢赤幟，而大驚，以為漢皆已得趙王將矣，兵遂亂，遁走，趙將雖斬之，不能禁也。於是漢兵夾擊，大破虜趙軍，斬成安君泜水上⑩，禽趙王歇。

【註】　㈠閒視：偵察敵情。　㈡引兵入井陘狹道，出趙。　㈢傳發：夜半傳令軍中使出發。　㈣從小路前進，以山之叢草為隱蔽，不使趙軍知。華：同「蔽」字，隱蔽也。　㈤你們趕快進入趙之營地，把趙國的旗幟拔掉，把漢家的旗幟豎起。若：你們。　㈥殮：音孫（ムメら），水和飯，小食也。會食：聚餐，飽餐。　㈦詳：即「佯」，假裝。　㈧背水陳：背水而陣，是死地也——韓信欲其軍隊決一死戰，故陷之死地而後生，置之亡地而後存也。泜蔓水，一名阜將，一名洄星，自并州流入井陘界，即

入槐河，長五十餘里。

韓信背水陣之地也。⑨殊死戰⋯以必死之決心而作戰。⑩泜水⋯發源河北、元氏縣西臺山中，東流

信乃令軍中毋殺廣武君，有能生得者購千金。於是有縛廣武
君而致戲下者，信乃解其縛，東鄉坐，西鄉對，師事之。
諸將效首虜⊖，（休）畢賀，因問信曰：「兵法右倍山陵，前
左水澤，今者將軍令臣等反背水陳，曰破趙會食，臣等不服。
然竟以勝，此何術也？」信曰：「此在兵法，顧諸君不察耳。
兵法不曰『陷之死地而後生，置之亡地而後存』？且信非得素
拊循士大夫也⊜，此所謂『驅市人而戰之』，其勢非置之死地，
使人人自為戰；今予之生地，皆走，寧尚可得而用之乎！」諸
將皆服曰：「善。非臣所及也。」

【註】　⊖效⋯呈獻也。又解為計算其數也。　⊜拊循⋯安慰。拊，與「撫」同，恤養。

於是信問廣武君曰：「僕欲北攻燕，東伐齊，何若而有功⊖？」
廣武君辭謝曰：「臣聞敗軍之將，不可以言勇；亡國之大夫，

不可以圖存。今臣敗亡之虜，何足以權大事乎㈡！」信曰：「僕聞之，百里奚居虞而虞亡，在秦而秦霸，非愚於虞而智於秦也，用與不用，聽與不聽也。誠令成安君聽足下計，若信者亦已為禽矣㈢。以不用足下，故信得侍耳。」因固問曰：「僕委心歸計㈣，願足下勿辭。」廣武君曰：「臣聞智者千慮，必有一失；愚者千慮，必有一得。故曰『狂夫之言，聖人擇焉』。顧恐臣計未必足用㈤，願效愚忠。夫成安君有百戰百勝之計，一旦而失之，軍敗鄗下㈥，身死泜上㈦。今將軍涉西河㈧，虜魏王，禽夏說閼與，一舉而下井陘，不終朝破趙二十萬眾，誅成安君。名聞海內，威震天下，農夫莫不輟耕釋未，褕衣甘食㈨，傾耳以待命者㈩。若此，將軍之所長也。然而眾勞卒罷，其實難用。今將軍欲舉倦獘之兵，頓之燕堅城之下，欲戰恐久力不能拔，情見勢屈，曠日糧竭，而弱燕不服，齊必距境以自彊也。燕齊相持而不下，則劉項之權未有所分也。若此者，將軍所短也。臣愚，竊以為亦過矣。故善用兵者不以短擊長，而以長擊短。」韓信曰：「然

則何由？」廣武君對曰：「方今為將軍計，莫如案甲休兵，鎮趙撫其孤，百里之內，牛酒日至，以饗士大夫醳兵⑵，北首燕路，而後遣辯士奉咫尺之書，暴其所長於燕，燕必不敢不聽從。燕已從，使諠言者東告齊⑶，齊必從風而服，雖有智者，亦不知為齊計矣。如是，則天下事皆可圖也。兵固有先聲而後實者，此之謂也。」韓信曰：「善。」從其策，發使使燕，燕從風而靡。乃遣使報漢，因請立張耳為趙王，以鎮撫其國。漢王許之，乃立張耳為趙王。

【註】 ㈠怎樣才可以成功？ ㈡權：量衡，講評。 ㈢禽：即「擒」字。 ㈣委心於你，依從你的計劃。 ㈤顧：但也。 ㈥鄗：河北柏鄉縣北，或曰即高邑縣也。 ㈦泜上：在河北元氏縣。 ㈧西河：指由朝邑縣渡河而言。 ㈨褕衣：即愉衣，美好而心樂的衣服。 ㈩傾耳：側耳而聽。 ⑾醳：即「釋」，疏散。日以牛酒宴士大夫，疏散其軍隊，往北方走向燕國的路上進行。表示先聲奪人之狀。 ⑿諠言：以虛聲嚇人之言論。

楚數使奇兵渡河擊趙，趙王耳、韓信往來救趙，因行定趙城

邑，發兵詣漢。楚方急圍漢王於滎陽，漢王南出，之宛、葉閒⊖，得黥布，走入成皋，楚又復急圍之⊜。六月，漢王出成皋，東渡河，獨與滕公俱，從張耳軍脩武⊜。至，宿傳舍。晨自稱漢使，馳入趙壁。張耳、韓信未起，即其臥內上奪其印符，以麾召諸將，易置之。信、耳起，乃知漢王來，大驚。漢王奪兩人軍，即令張耳備守趙地，拜韓信為相國，收趙兵未發者擊齊。

【註】　⊖　宛：河南南陽。葉：河南葉縣。　⊜　脩武：河南脩武縣。

信引兵東，未渡平原⊖，聞漢王使酈食其已說下齊，韓信欲止。范陽辯士蒯通說信曰：「將軍受詔擊齊，而漢獨發閒使下齊，寧有詔止將軍乎？何以得毋行也！且酈生一士，伏軾掉三寸之舌，下齊七十餘城，將軍將數萬眾，歲餘乃下趙五十餘城，為將數歲，反不如一豎儒之功乎？」於是信然之，從其計，遂渡河。齊已聽酈生，即留縱酒，罷備漢守禦。信因襲齊歷下軍⊜，遂至臨菑⊜。齊王田廣以酈生賣己，乃亨之⊗，而走高密⊗，使

使之楚請救。韓信已定臨菑，遂東追廣至高密西。楚亦使龍且

將，號稱二十萬，救齊。

【註】㊀平原：山東平原縣。㊁歷下：在山東歷城縣治東。歷下城，南對歷山，城在山下，故

名。㊂臨菑：山東臨菑縣。齊都。㊃亨：同「烹」字。㊄高密：山東高密縣。

齊王廣、龍且并軍與信戰，未合。人或說龍且曰：「漢兵遠

鬪窮戰，其鋒不可當。齊、楚自居其地戰，兵易敗散㊀。不如深

壁，令齊王使其信臣招所亡城，亡城聞其王在，楚來救，必反

漢。漢兵二千里客居，齊城皆反之，其勢無所得食，可無戰而

降也。」龍且曰：「吾平生知韓信為人，易與耳。且夫救齊不

戰而降之，吾何功？今戰而勝之，齊之半可得，何為止！」遂

戰，與信夾濰水陳㊁。韓信乃夜令人為萬餘囊，滿盛沙，壅水上

流，引軍半渡，擊龍且，詳㊂不勝，還走。龍且果喜曰：「固知

信怯也。」遂追信渡水。信使人決壅囊，水大至。龍且軍大半

不得渡，即急擊，殺龍且。龍且水東軍散走，齊王廣亡去。信

遂追北至城陽(四)，皆虜楚卒。

【註】

(一)在家鄉作戰，其兵士容易逃散。　(二)濰水：源出山東莒縣西北濰山，伏流箕屋山復見，經縣東北，東流至諸城縣東北，折北流經高密、安丘、濰縣、昌邑，入於海。　(三)詳：即「佯」，假裝。　(四)城陽：在今山東濮縣東南。

漢四年，遂皆降平齊。使人言漢王曰：「齊偽詐多變，反覆之國也，南邊楚，不為假王以鎮之，其勢不定。願為假王便。」當是時，楚方急圍漢王於滎陽，韓信使使者至，發書，漢王大怒，罵曰：「吾困於此，旦暮望若來佐我(一)，乃欲自立為王！」張良、陳平躡漢王足(二)，因附耳語曰(三)：「漢方不利，寧能禁信之王乎？不如因而立，善遇之，使自為守。不然，變生。」漢王亦悟，因復罵曰：「大丈夫定諸侯，郎為真王耳，何以假為！」乃遣張良往立信為齊王，徵其兵擊楚。

【註】

(一)朝朝暮暮，無時不在望。　(二)躡：以足觸漢王示意阻止。　(三)附耳：以口緊對聽者之耳，小聲語，恐有人聽。

楚已亡龍且，項王恐，使盱眙人武涉往說齊王信曰：「天下共苦秦久矣，相與勠力擊秦。秦已破，計功割地，分土而王之，以休士卒。今漢王復興兵而東，侵人之分，奪人之地，已破三秦，引兵出關，收諸侯之兵以東擊楚，其意非盡吞天下者不休，其不知厭足如是甚也。且漢王不可必，身居項王掌握中數矣，項王憐而活之，然得脫，輒倍約，復擊項王〔一〕。其不可親信如此。今足下雖自以與漢王為厚交，為之盡力用兵，終為之所禽矣〔二〕。足下所以得須臾至今者〔三〕，以項王尚存也。當今二王之事，權在足下。足下右投則漢王勝，左投則項王勝。項王今日亡，則次取足下。足下與項王有故，何不反漢與楚連和，參分天下王之？今釋此時〔四〕，而自必於漢以擊楚，且為智者固若此乎！」韓信謝曰：「臣事項王，官不過郎中，位不過執戟〔五〕，言不聽，畫不用，故倍楚而歸漢〔六〕。漢王授我上將軍印，予我數萬眾，解衣衣我，推食食我，言聽計用，故吾得以至於此。夫人深親信我，我倍之不祥，雖死不易〔七〕。幸為信謝項王！」

【註】　㊀有幾次，漢王的生命都在項王的掌握之中，項王可憐他，給他一條活路，但是，他脫身之後，常常背約，再擊項王。　㊁禽：即「擒」。　㊂頃刻存在而至今日。　㊃舍去這個時機。　㊄執戟：侍衛之人。　㊅倍：背也。　㊆雖死不易其志節。由此可見韓信對漢王之忠心，而最後仍不免於被誅，則呂后之殘酷致其死也。

武涉已去，齊人蒯通知天下權在韓信，欲為奇策而感動之，以相人說韓信曰㊀：「僕嘗受相人之術。」韓信曰：「先生相人何如？」對曰：「貴賤在於骨法，憂喜在於容色，成敗在於決斷，以此參之，萬不失一。」韓信曰：「善。先生相寡人何如？」對曰：「願少閒。」信曰：「左右去矣。」通曰：「相君之面，不過封侯，又危不安。相君之背，貴乃不可言。」韓信曰：「何謂也？」蒯通曰：「天下初發難也，俊雄豪桀建號壹呼，天下之士雲合霧集，魚鱗襍遝㊁，熛至風起。當此之時，憂在亡秦而已。今楚漢分爭，使天下無罪之人肝膽塗地，父子暴骸骨於中野，不可勝數。楚人起彭城，轉鬬逐北，至於滎陽，乘利席卷，威震天下。然兵困於京、索之閒，迫西山而不能進

者，三年於此矣。漢王將數十萬之眾，距鞏、雒，阻山河之險，一日數戰，無尺寸之功，折北不救，敗滎陽，傷成皋，遂走宛、葉之閒，此所謂智勇俱困者也。夫銳氣挫於險塞，而糧食竭於內府，百姓罷極怨望，容容無所倚⑶。以臣料之，其勢非天下之賢聖，固不能息天下之禍。當今兩主之命縣於足下⑷。足下為漢則漢勝，與楚則楚勝。臣願披腹心，輸肝膽，效愚計，恐足下不能用也。誠能聽臣之計，莫若兩利而俱存之，參分天下，鼎足而居，其勢莫敢先動。夫以足下之賢聖，有甲兵之眾，據彊齊，從燕、趙，出空虛之地而制其後，因民之欲，西鄉為百姓請命⑸，則天下風走而響應矣，孰敢不聽！割大弱彊，以立諸侯，諸侯已立，天下服聽而歸德於齊。案齊之故，有膠、泗之地，懷諸侯以德，深拱揖讓，則天下之君王相率而朝於齊矣。蓋聞天與弗取，反受其咎⑹；時至不行，反受其殃。願足下孰慮之。」

【註】　⑴以相面之術勸說韓信。　⑵襍遝：襍，即「雜」字。遝：音踏（ㄊㄚˋ），紛多。　⑶容容…

苟且偷生。　㈣縣：即「懸」，決定。　㈤西鄉：即「西向」。　㈥上天給於你，而你不取，反而必定

受其罪過。

韓信曰：「漢王遇我甚厚，載我以其車，衣我以其衣，食我以其食。吾聞之，乘人之車者載人之患，衣人之衣者懷人之憂，食人之食者死人之事，吾豈可以鄉利倍義乎㈠！」蒯生曰：「足下自以為善漢王，欲建萬世之業，臣竊以為誤矣。始常山王、成安君為布衣時，相與為刎頸之交，後爭張黶、陳澤之事，二人相怨。常山王背項王，奉項嬰頭而竄，逃歸於漢王。漢王借兵而東下，殺成安君泜水之南，頭足異處，卒為天下笑。此二人相與㈡，天下至驩也。然而卒相禽者㈢，何也？患生於多欲而人心難測也。今足下欲行忠信以交於漢王，必不能固於二君之相與也㈣，而事多大於張黶、陳澤。故臣以為足下必漢王之不危己㈤，亦誤矣。大夫種、范蠡存亡越，霸句踐，立功成名而身死亡。夫以交友言之，則不如張耳之與成安君者也；以忠信言之，則不過大夫種、范蠡之於句踐也。此二者，足以觀矣。願足下深慮之。且臣聞勇略震主者身危，而功蓋天下者不賞。臣請言大王功略：足下涉西河，虜魏王，禽夏說，引兵下井陘，誅成安君，徇趙，脅燕，定齊，南摧楚人之兵二十萬，東殺龍且，西鄉以報，此所謂功無二於天下，而略不世出者也。今足下戴震主之威，挾不賞之功，歸楚，楚人不信；歸漢，漢人震恐。足下欲持是安歸乎？夫勢在人臣之位而有震主之威，名高天下，竊為足下危之。」韓信謝曰：「先生且休矣，吾將念之。」

野獸已盡而獵狗亨㈥。夫以交友言之，則不如張耳之與成安君者也；以忠信言之，則不過大夫種、范蠡之於句踐也。此二

人者，足以觀矣。願足下深慮之。且臣聞勇略震主者身危，而功蓋天下者不賞。臣請言大王功略：足下涉西河，虜魏王，禽夏說，引兵下井陘，誅成安君，徇趙，脅燕，定齊，南摧楚人之兵二十萬，東殺龍且，西鄉以報〔七〕，此所謂功無二於天下〔八〕，而略不世出者也〔九〕。今足下戴震主之威，挾不賞之功，歸楚，楚人不信；歸漢，漢人震恐：足下欲持是安歸乎？夫勢在人臣之位而有震主之威，名高天下，竊為足下危之。」韓信謝曰：「先生且休矣，吾將念之。」

後數日，蒯通復說曰：「夫聽者事之候也，計者事之機也，聽過計失而能久安者，鮮矣。聽不失一二者，不可亂以言；計不失本末者，不可紛以辭。夫隨廝養之役者，失萬乘之權〔六〕；守儋石之祿者，闕卿相之位〔二〕。故知者決之斷也，疑者事之害也，審豪氂之小計，遺天下之大數〔三〕，智誠知之，決弗敢行者，百事之禍也〔三〕。故曰『猛虎之猶豫，不若蜂蠆之致螫〔四〕；騏驥之跼躅，不如駑馬之安步〔五〕；孟賁之孤疑，不如庸夫之必至也；雖有

舜禹之智，吟而不言，不如瘖聾之指麾也〔六〕』。此言貴能行之。夫功者難成而易敗，時者難得而易失也。時乎時，不再來。願足下詳察之。」韓信猶豫不忍倍漢，又自以為功多，漢終不奪我齊，遂謝蒯通。蒯通說不聽，已詳狂為巫〔七〕。

【註】〔一〕鄉利倍義：即「向利背義」。〔二〕相結交，相贊許。〔三〕禽：即「擒」。〔四〕必然不能比張耳、陳餘彼此交情的堅固。〔五〕必：確定判斷。〔六〕亨：同「烹」字。〔七〕西鄉：即「西向」。〔八〕天下沒有第二個人有你這樣的功勞。〔九〕世上沒有出現過像你這樣高明的智略。〔一〕追隨於僕役的工作者，一輩子就不能得到萬乘之權。〔二〕緊抱著儋石的俸祿者，一輩子就不能取到卿相之位。〔三〕對於毫釐不足道的小算盤，打的很清楚，而對於爭奪天下的大氣數，卻遺棄不顧。〔四〕猛虎而猶豫不動，還不如小蜂蠆能夠螫人。〔五〕千里馬而跼躅不前，還不如駑劣之馬安步而行，速度較快。〔六〕雖有舜禹的智慧，口吃舌結而不能明言，還不如啞吧聾子用手比畫指點，猶能使人明白其心中之意思。〔七〕已：既而，以後。詳狂，即「佯狂」，假裝是有神經病。

漢王之困固陵〔一〕，用張良計，召齊王信，遂將兵會垓下。項羽

已破，高祖襲奪齊王軍。漢五年正月，徙齊王信為楚王，都下邳。

信至國，召所從食漂母，賜千金。及下鄉南昌亭長，賜百錢，

曰：「公，小人也，為德不卒。」召辱己之少年令出胯下者以

為楚中尉。告諸將相曰：「此壯士也。方辱我時，我寧不能殺

之邪？殺之無名，故忍而就於此。」

【註】㊀固陵：在河南淮陽縣西北。

項王亡將鍾離眛家在伊廬㊀，素與信善。項王死後，亡歸信。

漢王怨眛，聞其在楚，詔楚捕眛。信初之國，行縣邑，陳兵出

入。漢六年，人有上書告楚王信反。高帝以陳平計，天子巡狩

會諸侯，南方有雲夢，發使告諸侯會陳：「吾將游雲夢。」實

欲襲信，信弗知。高祖且至楚㊁，信欲發兵反，自度無罪，欲謁

上，恐見禽㊂。人或說信曰：「斬眛謁上，上必喜，無患。」信

見眛計事。眛曰：「漢所以不擊取楚，以眛在公所。若欲捕我

以自媚於漢，吾今日死，公亦隨手亡矣。」乃罵信曰：「公非

二六九〇

長者！」卒自剄。信持其首，謁高祖於陳。上令武士縛信，載後車。信曰：「果若人言，『狡兔死，良狗亨㈣；高鳥盡，良弓藏；敵國破，謀臣亡。』天下已定，我固當亨！」上曰：「人告公反。」遂械繫信。至雒陽，赦信罪，以為淮陰侯。

【註】㈠伊廬：山名，在江蘇灌雲縣東南。亦作伊萊山。㈡且：將也。㈢見禽：即被擒。㈣亨：同「烹」字。

信知漢王畏惡其能，常稱病不朝從。信由此日夜怨望，居常鞅鞅，羞與絳、灌等列。信嘗過樊將軍噲，噲跪拜送迎，言稱臣，曰：「大王乃肯臨臣！」信出門，笑曰：「生乃與噲等為伍！」上常從容與信言諸將能不，各有差。上問曰：「如我能將幾何？」信曰：「陛下不過能將十萬。」上曰：「於君何如？」曰：「臣多多而益善耳。」上笑曰：「多多益善，何為為我禽？」信曰：「陛下不能將兵，而善將將，此乃信之所以為陛下禽也。且陛下所謂天授，非人力也。」

陳豨拜為鉅鹿守，辭於淮陰侯。淮陰侯挈其手，辟左右與之步於庭（一），仰天歎曰：「子可與言乎？欲與子有言也。」豨曰：「唯將軍令之。」淮陰侯曰：「公之所居，天下精兵處也；而公，陛下之信幸臣也。人言公之畔，陛下必不信；再至，陛下乃疑矣；三至，必怒而自將。吾為公從中起，天下可圖也。」陳豨素知其能也，信之，曰：「謹奉教！」漢十年，陳豨果反。上自將而往，信病不從。陰使人至豨所，曰：「弟舉兵，吾從此助公。」信乃謀與家臣夜詐詔赦諸官徒奴，欲發以襲呂后、太子。部署已定，待豨報。其舍人得罪於信，信囚，欲殺之。舍人弟上變，告信欲反狀於呂后。呂后欲召，恐其黨不就，乃與蕭相國謀，詐令人從上所來，言豨已得死，列侯羣臣皆賀。相國紿信曰（二）：「雖疾，彊入賀。」信入，呂后使武士縛信，斬之長樂鍾室。信方斬，曰：「吾悔不用蒯通之計，乃為兒女子所詐，豈非天哉！」遂夷信三族。

高祖已從豨軍來，至，見信死，且喜且憐之，問：「信死亦

何言？」呂后曰：「信言恨不用蒯通計。」高祖曰：「是齊辯士也。」乃詔齊捕蒯通。蒯通至，上曰：「若教淮陰侯反乎㈢？」對曰：「然，臣固教之。豎子不用臣之策，故令自夷於此。如彼豎子用臣之計，陛下安得而夷之乎！」上怒曰：「亨之㈣。」通曰：「嗟乎，冤哉亨也！」上曰：「若教韓信反，何冤？」對曰：「秦之綱絕而維弛，山東大擾，異姓並起，英俊烏集。秦失其鹿，天下共逐之㈤，於是高材疾足者先得焉。蹠之狗吠堯，堯非不仁，狗因吠非其主。當是時，臣唯獨知韓信，非知陛下也。且天下銳精持鋒欲為陛下所為者甚眾，顧力不能耳。又可盡亨之邪？」高帝曰：「置之。」乃釋通之罪。

【註】㈠辟：同「避」字。㈡紿：欺騙。㈢若：汝、你。㈣亨：同「烹」字。㈤逐鹿：以鹿比喻政權。

太史公曰：吾如淮陰㈠，淮陰人為余言，韓信雖為布衣時，其志與眾異。其母死，貧無以葬，然乃行營高敞地㈡，令其旁可置

萬家。余視其母冢，良然。假令韓信學道謙讓③，不伐己功，不矜其能，則庶幾哉，於漢家勳可以比周、召、太公之徒，後世血食矣④，不務出此，而天下已集⑤，乃謀畔逆，夷滅宗族，不亦宜乎

【註】　㈠如：往。　㈡埋葬於高敞之地。　㈢韓信不能謙讓，所以致禍。　㈣血食：世世有人承繼祭祀。　㈤集：安定。

卷九十三　韓信、盧綰列傳第三十三

韓王信者，故韓襄王孽孫也㈠，長八尺五寸。及項梁之立楚後懷王也，燕、齊、趙、魏皆已前王，唯韓無有後，故立韓諸公子橫陽君成為韓王，欲以撫定韓故地。項梁敗死定陶，成犇懷王。沛公引兵擊陽城㈡，使張良以韓司徒降下韓故地，得信，以為韓將，將其兵從沛公入武關。

【註】　㈠孽孫：庶出之孫，非嫡出之孫。　㈡陽城：在河南登封縣東南三十五里。

沛公立為漢王，韓信從入漢中，迺說漢王曰：「項王王諸將近地，而王獨遠居此，此左遷也㈠。士卒皆山東人，跂而望歸㈡，及其鋒東鄉，可以爭天下㈢。」漢王還定三秦，迺許信為韓王，先拜信為韓太尉，將兵略㈣韓地。

【註】　㈠左遷：降其地位也。古時以右為尊，故謂降級為左遷。　㈡抬著腳跟盼望著回到東方的家。跂：音企（ㄑㄧ），舉起腳跟。　㈢趁著士卒們這種歸心似箭的鋒銳之氣打回東方去，就可以爭

奪天下。　四略：同「掠」侵略，奪取也。

項籍之封諸王皆就國，韓王成以不從無功，不遣就國，更以為列侯一。及聞漢遣韓信略韓地，迺令故項籍游吳時吳令鄭昌為韓王以距漢二。漢二年，韓信略定韓十餘城。漢王至河南，韓信急擊韓王昌陽城。昌降，漢王迺立韓信為韓王，常將韓兵從。三年，漢王出滎陽，韓王信、周苛等守滎陽。及楚敗滎陽，信降楚，已而得亡，復歸漢，漢復立以為韓王，竟從擊破項籍，天下定。五年春，遂與剖符為韓王，王潁川三。

【註】　一韓王成被項羽由王降而為侯。　二距：即「拒」字。　三潁川：河南舊許州、陳州、汝州諸地，治陽翟，故韓都，今河南禹縣。

明年春，上以韓信材武，所王北近鞏、洛，南迫宛、葉，東有淮陽，皆天下勁兵處一，迺詔徙韓王信王太原以北，備禦胡，都晉陽二。信上書曰：「國被邊三，匈奴數入，晉陽去塞遠，請治馬邑四。」上許之，信乃徙治馬邑。秋，匈奴冒頓大圍信，信

數使使胡求和解。漢發兵救之，疑信數閒使，有二心，使人責讓信。信恐誅，因與匈奴約共攻漢，反，以馬邑降胡，擊太原。

【註】　㊀河南之鞏縣、洛陽、南陽、葉縣、淮陽，皆天下勁兵之處。　㊁晉陽：山西太原縣。　㊂被邊：言其緊鄰邊疆。　㊃馬邑：今山西朔縣。

七年冬，上自往擊，破信軍銅鞮㊀，斬其將王喜。信亡走匈奴。（與）其將白土人㊁曼丘臣、王黃等立趙苗裔趙利為王，復收信敗散兵，而與信及冒頓謀攻漢。匈奴使左右賢王將萬餘騎與王黃等屯廣武以南㊂，至晉陽，與漢兵戰，漢大破之，追至於離石㊃，復破之。匈奴復聚兵樓煩㊄西北，漢令車騎擊破匈奴。匈奴常敗走，漢乘勝追北，聞冒頓居代（上）谷㊅，高皇帝居晉陽，使人視冒頓，還報曰「可擊」。上遂至平城㊆。上出白登㊇，匈奴騎圍上，上乃使人厚遺閼氏㊈。閼氏乃說冒頓曰：「今得漢地，猶不能居；且兩主不相戹。」居七日，胡騎稍引去。時天大霧，漢使人往來，胡不覺。護軍中尉陳平言上曰：「胡者全

兵⑩，請令彊弩傅兩矢外嚮⑪，徐行出圍。」入平城，漢救兵亦到，胡騎遂解去。漢亦罷兵歸。韓信為匈奴將兵往來擊邊。

【註】㈠銅鞮：在山西沁縣西南。㈡白土：在綏遠境鄂爾多斯右翼中旗南。㈢廣武：在山西代縣西四十五里。㈣離石：山西離石縣。㈤樓煩：山西樓煩縣，在雁門關以北。㈥代谷：在山西代縣西北。㈦平城：在山西大同縣東。㈧白登：在山西大同縣東。距平城七里。㈨閼氏：單于嫡妻號，若中國之所謂「皇后」。⑩全兵：言胡人所用者為短武器。⑪每一弩而加兩矢外向以禦敵。

漢十年，信令王黃等說誤陳豨。十一年春，故韓王信復與胡騎入居參合㈠，距漢。漢使柴將軍擊之，遺信書曰：「陛下寬仁，諸侯雖有畔亡，而復歸，輒復故位號，不誅也。大王所知。今王以敗亡走胡，非有大罪，急自歸！」韓王信報曰：「陛下擢僕起閭巷，南面稱孤，此僕之幸也。滎陽之事，僕不能死，囚於項籍，此一罪也。及寇攻馬邑，僕不能堅守，以城降之，此二罪也。今反為寇將兵，與將軍爭一旦之命，此三罪也。夫種、蠡無一罪，身死亡；今僕有三罪於陛下，而欲求活於世，

此伍子胥所以償於吳也〔三〕。今僕亡匿山谷間，旦暮乞貸蠻夷，僕之思歸，如痿人不忘起〔三〕，盲者不忘視也，勢不可耳。」遂戰。柴將軍屠參合，斬韓王信。

【註】　〔一〕參合：在山西陽高縣東北。　〔二〕償：音奮（ㄈㄣˋ），僵仆。　〔三〕痿：音委（ㄨㄟˇ），痲痺不能行動。筋肉軟弱不能動作。

信之入匈奴，與太子俱；及至頹當城，生子，因名曰頹當〔一〕。韓太子亦生子，命曰嬰。至孝文十四年，頹當及嬰率其眾降漢。漢封頹當為弓高侯〔一〕，嬰為襄城侯〔二〕。吳楚軍時，弓高侯功冠諸將。傳子至孫，孫無子，失侯。嬰孫以不敬失侯。頹當孽孫韓嫣，貴幸〔三〕，名富顯於當世。其弟說，再封，數稱將軍，卒為案道侯。子代，歲餘坐法死。後歲餘，說孫曾拜為龍頟侯，續說後。

【註】　〔一〕弓高：今河北阜城縣西南。　〔二〕襄城：今河南襄城縣。　〔三〕韓嫣：佞幸小人。

盧綰者，豐人也，與高祖同里。盧綰親與高祖太上皇相愛，

及生男，高祖、盧綰同日生，里中持羊酒賀兩家。及高祖、盧綰壯，俱學書，又相愛也。里中嘉兩家親相愛，生子同日，壯又相愛，復賀兩家羊酒。及高祖初起沛，盧綰以客從，入漢中為將軍，常侍中，從東擊項籍，以太尉常從，出入臥內，衣被飲食賞賜，羣臣莫敢望，雖蕭曹等，特以事見禮，至其親幸，莫及盧綰。綰封為長安侯。長安，故咸陽也。

漢五年冬，以破項籍，迺使盧綰別將，與劉賈擊臨江王共尉，破之。七月還，從擊燕王臧荼，臧荼降。高祖已定天下，諸侯非劉氏而王者七人。欲王盧綰，為羣臣觖望〇。及虜臧荼，迺下詔諸將相列侯，擇羣臣有功者以為燕王。羣臣知上欲王盧綰，皆言曰：「太尉長安侯盧綰常從平定天下，功最多，可王燕。」詔許之。漢五年八月，迺立盧綰為燕王。諸侯王得幸莫如燕王。

【註】　〇觖望：觖，音決（ㄐㄩㄝˊ），心懷不滿或怨望。

漢十一年秋，陳豨反代地，高祖如邯鄲擊豨兵，燕王綰亦擊其東北。當是時，陳豨使王黃求救匈奴。燕王綰亦使其臣張勝於匈奴⊖，言豨等軍破。張勝至胡，故燕王臧荼子衍出亡在胡，見張勝曰：「公所以重於燕者，以習胡事也。燕所以久存者，以諸侯數反，兵連不決也。今公為燕欲急滅豨等，豨等已盡，次亦至燕，公等亦且為虜矣。公何不令燕且緩陳豨而與胡和？事寬，得長王燕；即有漢急，可以安國。」張勝以為然，迺私令匈奴助豨等擊燕。燕王綰疑張勝與胡反，上書請族張勝。勝還，具道所以為者。燕王寤，迺詐論它人，脫勝家屬，使得為匈奴間，而陰使范齊之⊜陳豨所，欲令久亡⊜，連兵勿決⑳。

斷的有戰爭，但是不要決定性的作戰。

【註】⊖使張勝為燕王與匈奴之間的聯絡人。⊜之：往也。⊜久亡：長久的打游擊戰。⑳繼續不

漢十二年，東擊黥布，豨常將兵居代，漢使樊噲擊斬豨。其裨將降，言燕王綰使范齊通計謀於豨所。高祖使使召盧綰，綰

稱病。上又使辟陽侯審食其、御史大夫趙堯往迎燕王，因驗問左右。綰愈恐，閉匿，謂其幸臣曰：「非劉氏而王，獨我與長沙耳。往年春，漢族淮陰，夏，誅彭越，皆呂后計。今上病，屬任呂后。呂后婦人，專欲以事誅異姓王者及大功臣。」迺遂稱病不行。其左右皆亡匿。語頗泄，辟陽侯聞之，歸具報上，上益怒。又得匈奴降者，降者言張勝亡在匈奴，為燕使。於是上曰：「盧綰果反矣！」使樊噲擊燕。燕王綰悉將其宮人家屬騎數千居長城下，候伺，幸上病癒，自入謝。四月，高祖崩，盧綰遂將其眾亡入匈奴，匈奴以為東胡盧王。綰為蠻夷所侵奪，常思復歸。居歲餘，死胡中。

高后時，盧綰妻子亡降漢，會高后病，不能見，舍燕邸，為欲置酒見之。高后竟崩，不得見。盧綰妻亦病死。

孝景中六年，盧綰孫他之，以東胡王降，封為亞谷侯㊀。

【註】　㊀亞谷：在河北雄縣東。

陳豨者，宛朐人也〔一〕，不知始所以得從。及高祖七年冬，韓王信反，入匈奴，上至平城還，迺封豨為列侯，以趙相國將監趙、代邊兵，邊兵皆屬焉。

【註】

〔一〕宛朐：故城在今山東荷澤縣西南。

豨常告歸過趙，趙相周昌見豨賓客隨之者千餘乘，邯鄲官舍皆滿。豨所以待賓客布衣交，皆出客下〔一〕。豨還之代，周昌迺求入見。見上，具言豨賓客盛甚，擅兵於外數歲，恐有變。上乃令人覆案豨客居代者財物諸不法事，多連引豨。豨恐，陰令客通使王黃、曼丘臣所。及高祖十年七月，太上皇崩，使人召豨，豨稱病甚。九月，遂與王黃等反，自立為代王，劫略趙、代。

【註】

〔一〕不以富貴自高，而屈己以禮待客人。

上聞，迺赦趙、代吏人為豨所詿誤劫略者，皆赦之。上自往，至邯鄲，喜曰「豨不南據漳水，北守邯鄲，知其無能為也。」

趙相奏斬常山守、尉，曰：「常山二十五城，豨反，亡其二十城。」上問曰：「守、尉反乎？」對曰：「不反。」上曰：「是力不足也。」赦之，復以為常山守、尉。上問周昌曰：「趙亦有壯士可令將者乎？」對曰：「有四人。」四人謁，上謾罵曰：「豎子能為將乎？」四人慙伏。上封之各千戶，以為將。左右諫曰：「從入蜀、漢，伐楚，功未徧行，今此何功而封？」上曰：「非若所知！陳豨反，邯鄲以北皆豨有，吾以羽檄徵天下兵㊀，未有至者，今唯獨邯鄲中兵耳。吾胡愛四千戶封四人，不以慰趙子弟㊁！」皆曰：「善。」於是上曰：「陳豨將誰？」曰：「王黃、曼丘臣，皆故賈人。」上曰：「吾知之矣。」迺各以千金購黃、臣等。

【註】　㊀羽檄：文告命令。　㊁胡愛：何必愛惜這四千戶，不以安慰趙國的青年。

十一年冬，漢兵擊斬陳豨將侯敞、王黃於曲逆下㊀，破豨將張春於聊城㊁，斬首萬餘。太尉勃入定太原、代地。十二月，上自

擊東垣，東垣不下，卒罵上；東垣降，卒罵者斬之，不罵者黥之。更命陳垣為真定。王黃、曼丘臣其麾下受購賞之，皆生得，以故陳豨軍遂敗。

【註】
　㊀曲逆：在河北完縣東南。　㊁聊城：山東聊城縣。

上還至洛陽。上曰：「代居常山北，趙迺從山南有之，遠。」迺立子恆為代王，都中都㊀，代、鴈門皆屬代。

【註】
　㊀中都：山西平遙縣西南。

高祖十二年冬，樊噲軍卒追斬豨於靈丘㊀。

【註】
　㊀靈丘：在今山西靈丘縣東。

太史公曰：韓信、盧綰非素積德累善之世，徼一時權變，以詐力成功，遭漢初定，故得列地，南面稱孤。內見疑彊大，外倚蠻貊以為援，是以日疏自危，事窮智困，卒赴匈奴，豈不哀

哉！陳豨，梁人，其少時數稱慕魏公子；及將軍守邊，招致賓客而下士，名聲過實㈠。周昌疑之，疵瑕頗起，懼禍及身，邪人進說，遂陷無道㈡。於戲悲夫㈢！夫計之生孰成敗於人也深矣㈣！

【註】　㈠陳豨以招賢納士而被周昌所疑，這是因好名而招實禍，並不是有心叛漢。㈡周昌以讒言，使高祖與陳豨之間發生裂隙，害怕被殺，遂起而反叛，此皆邪人進讒陷陳豨於無道，故太史公深為陳豨悲惜。㈢於戲：即「嗚乎」！㈣生孰：即「生熟」，言計劃之粗忽與詳善，關係於人之成敗也甚深。

卷九十四 田儋列傳第三十四

田儋者，狄人也〇，故齊王田氏族也。儋從弟田榮，榮弟田橫，皆豪〇，宗彊〇，能得人。

【註】〇狄：故城在今山東高苑縣西北。〇豪：地方土著領袖。〇宗彊：宗姓強大，在地方有勢力。

陳涉之初起王楚也，使周市略定魏地，北至狄，狄城守。田儋詳〇為縛其奴，從少年之〇廷，欲謁殺奴〇。見狄令，因擊殺令，而召豪吏子弟曰：「諸侯皆反秦自立，齊，古之建國，儋，田氏，當王。」遂自立為齊王，發兵以擊周市。周市軍還去，田儋因率兵東略定齊地〇。

【註】〇詳：即「佯」，假裝。〇之：往。〇古者殺奴婢皆當告官，儋欲殺令，故假裝縛奴而謁見縣令。〇略定：略佔而平定之。

秦將章邯圍魏王咎於臨濟〇，急。魏王請救於齊，齊王田儋將

兵救魏。章邯夜銜枚擊㊁，大破齊、魏軍，殺田儋於臨濟下。儋弟田榮收儋餘兵東走東阿。

【註】㊀臨濟：在河南陳留縣西北五十里。㊁銜枚：古時夜行軍以箸橫銜於人馬之口中，使其不得偶語喧嘩或鳴嘶，以免為敵人所驚覺。這是偷襲敵人時的緊急動作。

齊人聞王田儋死，迺立故齊王建之弟田假為齊王，田角為相，田閒為將，以距諸侯㊀。

田榮之走東阿㊁，章邯追圍之。項梁聞田榮之急，迺引兵擊破章邯軍東阿下。章邯走而西，項梁因追之，而田榮怒齊之立假，迺引兵歸，擊逐齊王假。假亡走楚。齊相角亡走趙；角弟田閒前求救趙，因留不敢歸。田榮乃立田儋子市為齊王，榮相之，田橫為將，平齊地。

【註】㊀距：同「拒」，抗拒諸侯之入侵。㊁東阿：山東東阿縣。

項梁既追章邯，章邯兵益盛，項梁使使告趙、齊，發兵共擊

章邯。田榮曰：「使楚殺田假，趙殺田角、田閒，迺肯出兵。」楚懷王曰：「田假與國之王，窮而歸我，殺之不義。」趙亦不殺田角、田閒以市於齊。齊曰：「蝮螫手則斬手[一]，螫足則斬足。何者？為害於身也。今田假、田角、田閒於楚、趙，非直手足戚也[二]，何故不殺？且秦復得志於天下，則齮齕用事者墳墓矣[三]。」楚、趙不聽，齊亦怒，終不肯出兵。章邯果敗殺項梁，破楚兵，楚兵東走，而章邯渡河圍趙於鉅鹿。項羽往救趙，由此怨田榮。

【註】 一 蝮：音復（ㄈㄨˋ），毒蛇，全體灰褐色，長尺餘，頭大頸細。 二 非直：沒有手足的親切關係。 三 齮齕：齮，音以（ㄧˇ）。齕，音合（ㄏㄜˊ），忌人才能而排擠之。如果秦國再得志於天下，那麼，一切排擠人才的當政之人，都要進入墳墓裏了。

項羽既存趙，降章邯等，西屠咸陽，滅秦而立侯王也，迺徙齊王田市更王膠東，治即墨。齊將田都從共救趙，因入關，故立都為齊王，治臨淄。故齊王建孫田安，項羽方渡河救趙，田

安下濟北數城，引兵降項羽，項羽立田安為濟北王，治博陽。
田榮以負項梁不肯出兵助楚、趙攻秦，故不得王；趙將陳餘亦
失職，不得王：二人俱怨項王。
項王既歸，諸侯各就國，田榮使人將兵助陳餘，令反趙地，
而榮亦發兵以距擊田都，田都亡走楚。田榮留齊王市，無令之
膠東。市之左右曰：「項王彊暴，而王當之膠東，不就國，必
危。」市懼，迺亡就國。田榮怒，追擊殺齊王市於即墨，還攻
殺濟北王安。於是田榮迺自立為齊王，盡并三齊之地。
項王聞之，大怒，迺北伐齊。齊王田榮兵敗，走平原⊖，平原
人殺榮。項王遂燒夷齊城郭，所過者盡屠之，齊人相聚畔之⊜。
榮弟橫，收齊散兵，得數萬人，反擊項羽於城陽⊜。而漢王率諸
侯敗楚，入彭城。項羽聞之，迺釋齊而歸⊗，擊漢於彭城，因連
與漢戰，相距滎陽。以故田橫復得收齊城邑，立田榮子廣為齊
王，而橫相之，專國政，政無巨細皆斷於相。

【註】　⊖平原：山東平原縣。　⊜項羽燒城屠人，故齊人相聚而叛之。　⊜城陽：山東濮縣東南。　⊗醳：

同「釋」字，捨棄不攻。

橫定齊三年，漢王使酈生往說下齊王廣及其相國橫。橫以為然，解其歷下軍。漢王使韓信引兵且東擊齊。齊初使華無傷、田解軍於歷下以距漢，漢使至，迺罷守戰備，縱酒，且遣使與漢平。漢將韓信已平趙、燕，用蒯通計，度平原，襲破齊歷下軍，因入臨淄。齊王廣、相橫怒，以酈生賣己，而亨酈生〔一〕。齊王廣東走高密〔二〕，相橫走博（陽）〔三〕，守相田光走城陽，將軍田既軍於膠東。楚使龍且救齊，齊王與合軍高密。漢將韓信與曹參破殺龍且，虜齊王廣。漢將灌嬰追得齊守相田光。至博（陽），而橫聞齊王死，自立為齊王，還擊嬰，嬰敗橫之軍於嬴下〔四〕。田橫亡走梁，歸彭越。彭越是時居梁地，中立，且為漢，且為楚。韓信已殺龍且，因令曹參進兵破殺田既於膠東，使灌嬰破殺齊將田吸於千乘〔五〕。韓信遂平齊，乞自立為齊假王，漢因而立之。

【注】　〔一〕漢王派酈生赴齊修和，齊許和而罷除守備之軍，乃韓信突然攻齊，故齊怒而烹酈生。　〔二〕高密：山東高密縣。　〔三〕博陽：在山東泰安縣東南。　〔四〕嬴下：在山東萊蕪縣西北四十里北汶水之北。　〔五〕千乘：

後歲餘，漢滅項籍，漢王立為皇帝，以彭越為梁王。田橫懼
誅，而與其徒屬五百餘人入海，居島中。高帝聞之，以田橫
兄弟本定齊，齊人賢者多附焉，今在海中不收，後恐為亂，迺
使使赦田橫罪而召之。田橫因謝曰：「臣亨陛下之使酈生⊖，今
聞其弟酈商為漢將而賢，臣恐懼，不敢奉詔，請為庶人，守海
島中。」使還報，高皇帝迺詔衛尉酈商曰：「齊王田橫即至⊜，
人馬從者敢動搖者致族夷！」迺復使使持節具告以詔商狀，曰：
「田橫來，大者王，小者迺侯耳；不來，且舉兵加誅焉。」田
橫迺與其客二人乘傳詣雒陽⊜。

【註】　⊖亨：即「烹」字。　⊜即：如果。　⊜傳：轉也。沿途在相當距離中有驛站，乘傳車則車馬
　　　　繼續不斷的接力。可以致速也。

未至三十里，至尸鄉廄置⊖，橫謝使者曰：「人臣見天子當洗
沐。」止留。謂其客曰：「橫始與漢王俱南面稱孤，今漢王為

在山東高苑縣北二十五里。

天子，而橫迺為亡虜而北面事之，其恥固已甚矣。且吾亨人之兄，與其弟並肩而事其主，縱彼畏天子之詔，不敢動我，我獨不愧於心乎？且陛下所以欲見我者，不過欲一見吾面貌耳。今陛下在洛陽，今斬吾頭，馳三十里間，形容尚未能敗，猶可觀也。」遂自剄，令客奉其頭，從使者馳奏之高帝。高帝曰：「嗟乎，有以也夫㈡！起自布衣，兄弟三人更王，豈不賢乎哉！」為之流涕，而拜其二客為都尉，發卒二千人，以王者禮葬田橫。

【註】㈠尸鄉：在可南偃師縣境內，將到洛陽之地。㈡有以也夫：真不是偶然的啊！是有原因啊！

既葬，二客穿其冢旁孔，皆自剄，下從之。高帝聞之，迺大驚，以田橫之客皆賢。吾聞其餘尚五百人在海中，使使召之。至則聞田橫死，亦皆自殺。於是迺知田橫兄弟能得士也。

太史公曰：甚矣蒯通之謀，亂齊驕淮陰，其卒亡此兩人㈠！蒯通者，善為長短說㈡，論戰國之權變，為八十一首㈢。通善齊人安期生，安期生嘗干項羽，項羽不能用其筴。已而項羽欲封此

兩人，兩人終不肯受，亡去。田橫之高節，賓客慕義而從橫死，豈非至賢！余因而列焉。不無善畫者，莫能圖，何哉㊃？

是什麼道理呢？

【註】㊀ 蒯通以權詐之術誘惑韓信，致韓信於死。而信又攻齊，亦使高祖和齊之既定政策破壞，因而田家死滅，酈生亦遭烹。㊁長短說：戰國游說之士，掉其三寸不爛之舌，捏造是非，欲令其事長，則長說之；欲令其事短，則短說之，故《戰國策》亦名曰長短書也。㊂首：篇也，八十一首，即言八十一篇也。㊃不無善畫者：並不是沒有善於策畫的人。莫能圖：但是，竟然不能有所成就。何哉？

卷九十五 樊、酈、滕、灌列傳第三十五

舞陽侯㊀樊噲者，沛人也。以屠狗為事㊁，與高祖俱隱㊂。

【註】 ㊀舞陽：河南舞陽縣。 ㊁屠宰狗肉而賣之。 ㊂俱隱：樊噲與高祖俱隱於芒碭山下。

初從高祖起豐㊀，攻下沛㊁。高祖為沛公，以噲為舍人。從攻胡陵㊂、方與㊃，還守豐，擊泗水監豐下，破之。復東定沛，破泗水守薛西㊄。與司馬尸㊅戰碭東㊆，卻敵，斬首十五級，賜爵國大夫㊇。常從，沛公擊章邯軍濮陽，攻城先登，斬首二十三級，賜爵列大夫㊈。復常從，從攻城陽㊉，先登。下戶牖㊀㊀，破李由軍，斬首十六級，賜上閒爵㊀㊁。從攻圍東郡守尉於成武㊀㊂，卻敵，斬首十四級，捕虜十一人，賜爵五大夫。從擊秦軍，出亳南㊀㊃。河閒守軍於杠里㊀㊄，破之。擊破趙賁軍開封北，以卻敵先登，斬侯一人，首六十八級，捕虜二十七人。賜爵卿。從攻破楊熊軍於曲遇㊀㊅。攻宛陵㊀㊆，先登，斬首八級，捕虜四十四

人，賜爵封號賢成君。從攻長社㈥、轘轅㈨，絕河津㈩，東攻秦軍於尸㈢，南攻秦軍於犨㈢。破南陽守齮於陽城東㈢，攻宛城㈢，先登。西至酈㈢，以卻敵，斬首二十四級，捕虜四十人，賜重封。攻武關㈥，至霸上㈦，斬都尉一人，首十級，捕虜百四十六人，降卒二千九百人。

【註】㈠豐：江蘇豐縣。㈡沛：江蘇沛縣。㈢胡陵：在今山東魚台縣東南四十里。㈣方與：在今山東魚台縣北。㈤薛：在今山東滕縣東南四十里。㈥尸：同「尼」。㈦碭：江蘇碭山縣。㈧國大夫：即官大夫，爵第六級。㈨列大夫：即公大夫，爵第七級。㈩城陽：在山東濮縣東南。㈢戶牖：在河南蘭封縣東北二十里。㈢上閒爵：或作上聞爵。㈢成武：山東城武縣。㈣亳南：在今河南商丘縣東南四十里。㈤河間：此所謂河間，決不是河北省之河間，而是在河南江蘇邊區作戰之地。在丘縣東南有杜集，居於南岔北岔二沙河中間。則所謂河間，可能就是指的二沙河之間。所謂「杠里」，「杠」字與「杜」字極似，里，即集，「杠里」可能為「杜集」之誤。總之，在高祖與秦軍初期作戰地區，決不出山東、江蘇、河南邊界之地。㈥曲遇：河南中牟縣有曲遇聚。㈦宛陵：在河南新鄭縣東北三十八里。㈧長社：河南長葛縣。㈨轘轅：在河南偃師縣東南，接登封、鞏縣二縣河南新鄭縣東北三十八里。㈩河津：黃河渡口，古平陰津，在洛陽東北五十里之處。㈢尸：在河南偃師縣西南，稱曰尸界。

鄉。

(三)犨：音抽（ㄔㄡ），故城在今河南魯山縣東南五十五里。

(三)陽城：大概在河南南陽附近之地。(三)宛城：河南南陽。(三)武關：在河南陝西交界之處，在陝西商縣

(三)酈：在河南內鄉縣東北。

東一百八十五里。以上所經各地，正係高祖由河南西南部打入陝西之路線。秦集重兵於北路，南路薄弱，故高祖得以先入關也。

(三七)霸上：在陝西長安縣東。

項羽在戲下(一)，欲攻沛公。沛公從百餘騎因項伯面見項羽，謝無有閉關事(二)。項羽既饗軍士，中酒(三)，亞父謀欲殺沛公，令項莊拔劍舞坐中，欲擊沛公，項伯常〔肩〕〔屏〕蔽之。時獨沛公與張良得入坐，樊噲在營外，聞事急，乃持鐵盾入到營。營衛止噲，噲直撞入，立帳下。項羽目之，問為誰。張良曰：「沛公參乘樊噲。」項羽曰：「壯士。」賜之卮酒彘肩。噲既飲酒，拔劍切肉食，盡之。項羽曰：「能復飲乎？」噲曰：「臣死且不辭，豈特卮酒乎！且沛公先入定咸陽，暴師霸上，以待大王。今日至，聽小人之言，與沛公有隙，臣恐天下解(四)，心疑大王也。」項羽默然。沛公如廁，麾樊噲去(五)。既出，沛公留車騎，獨騎一馬，與樊噲等四人步從，從閒道山下歸走霸上軍，

而使張良謝項羽。項羽亦因遂已㈥，無誅沛公之心矣。是日微樊
噲犇入營譙讓項羽㈦，沛公事幾殆㈧。

【註】㈠戲下：在陝西臨潼縣東。　㈡謝：極力說明沒有閉關之事。　㈢中酒：為酒所中，言酒酣也。
㈣解：解體，離散。　㈤如：往也。麾：以手示意使出。　㈥遂已：滿足了自己的心意。　㈦微：若是
沒有樊噲的話。譙讓：責怪。　㈧沛公幾乎就危險了。

明日，項羽入屠咸陽，立沛公為漢王。漢王賜噲爵為列侯，
號臨武侯㈠。遷為郎中，從入漢中。

【註】㈠臨武：湖南臨武縣。

還定三秦㈠，別擊西丞白水北㈡，雍輕車騎於雍南，破之
㈢。從攻雍、斄城先登㈣。擊章平軍好畤㈤，攻城，先登陷陣，斬縣
令丞各一人，首十一級，虜二十人，遷郎中騎將。從擊秦車騎
壤東㈥，卻敵，遷為將軍。攻趙賁，下郿㈦、槐里㈧、柳中㈨、咸
陽；灌廢丘㈩，最㈩。至櫟陽㈩，賜食邑杜之樊鄉㈩。從攻項籍，

屠煑棗（四）。擊破王武、程處軍於外黃（五）。攻鄒（六）、魯、瑕丘、薛。項羽敗漢王於彭城，盡復取魯、梁地。噲還至滎陽，益食平陰二千戶（七），以將軍守廣武（六）。一歲，項羽引而東。從高祖擊項籍，下陽夏（九），虜楚周將軍卒四千人。圍項籍於陳，大破之。屠胡陵（三）。

【註】

（一）三秦：項羽三分關中，以秦之降將章邯為雍王，王咸陽以西。以司馬欣為塞王，王咸陽以東至河。以董翳為翟王，王咸陽以北之地。 （二）西丞：在甘肅天水縣西南一百二十里。白水：出甘肅之武都，經西縣東南流。此言樊噲擊西縣之丞於白水之北。 （三）又出擊雍王（章邯）的車騎於雍縣之南，破之。 （四）又從攻雍縣（在陝西鳳翔縣南）。櫟城（今陝西武功縣）。櫟：音胎（ㄊㄞ），即后稷所封之地。 （五）又攻擊章平（章邯之子）軍於好畤（在陝西乾縣東十里）。 （六）壤鄉：在陝西武功縣東南二十里。 （七）郿：陝西郿縣。 （八）槐里：故城在陝西興平縣東南十里。 （九）柳中：即細柳，在陝西長安縣西南。 （十）廢丘：即槐里，在陝西興平縣。 （十一）最：以他灌廢丘之功勞為最大。 （十二）櫟陽：在陝西臨潼縣東北七十里。 （十三）杜陵有樊鄉，一名樊川，在長安之正南。 （十四）煑棗：〈功臣表〉有煑棗侯，但不詳其地。 （十五）外黃：故城在今河南杞縣東六十里。 （十六）鄒：今山東鄒平縣。魯：山東曲阜縣。瑕丘：在今山東滋陽縣西三十五里。薛：在山東滕縣東南四十四里。 （十七）平陰：在山東平陰縣東北。 （十八）廣

武：河南廣武縣。　⑲陽夏：河南太康縣。　⑳胡陵：在山東魚台縣東南六十里。

項籍既死，漢王為帝，以噲堅守戰有功，益食八百戶。從高帝攻反㊀燕王臧荼，虜荼，定燕地。楚王韓信反，噲從至陳，取信，定楚。更賜爵列侯，與諸侯剖符，世世勿絕，食舞陽，號為舞陽侯，除前所食。以將軍從高祖攻反韓王信於代㊁。自霍人以往㊂至雲中㊃，與絳侯等共定之，益食千五百戶。因擊陳豨與曼丘臣軍，戰襄國，破柏人㊄，先登，降定清河、常山凡二十七縣㊅，殘東垣㊆，遷為左丞相。破得綦毋卬、尹潘軍於無終、廣昌㊇，破豨別將胡人王黃軍於代南，因擊韓信軍於參合㊈。軍所將卒斬韓信，破豨胡騎橫谷㊉，斬將軍趙既，虜代丞相馮梁、守孫奮、大將王黃、將軍（太卜）太僕解福等十人。與諸將共定代鄉邑七十三。其後燕王盧綰反，噲以相國擊盧綰，破其丞相抵薊南㊊，定燕地，凡縣十八，鄉邑五十一。益食邑千三百戶，定食舞陽五千四百戶。從，斬首百七十六級，虜二百八十八人。別，破軍七，下城五，定郡六，縣五十二，得丞相一人，將軍

十二人，二千石已下至三百石十一人。

【註】　㈠攻反：攻擊反叛的燕王，攻擊反叛的楚王。　㈡以將軍的名義，從高祖攻擊反叛的韓王信。　㈢霍人：在山西繁峙縣南。　㈣雲中：今綏遠托克托縣。　㈤襄國：在河北邢台縣西南。柏人：在河北唐山縣西。　㈥清河：河北清河縣。常山：在今河北正定縣西南。　㈦東垣：在今河北正定縣南。　㈧無終：河北薊縣。廣昌：在今河北淶源縣北。　㈨參合：在今山西陽高縣東北。　㈩橫谷：在察哈爾蔚縣西北。　㈡抵：人名，燕王丞相之名。

噲以呂后女弟呂須為婦，生子伉，故其比諸將最親。

先黥布反時，高祖嘗病甚，惡見人，臥禁中，詔戶者無得入羣臣㈠。羣臣絳、灌等莫敢入。十餘日，噲乃排闥直入㈡，大臣隨之。上獨枕一宦者臥。噲等見上流涕曰：「始陛下與臣等起豐沛，定天下，何其壯也！今天下已定，又何憊也㈢！且陛下病甚，大臣震恐，不見臣等計事，顧獨與一宦者絕乎㈣？且陛下獨不見趙高之事乎？」高帝笑而起。

【註】　㈠不得讓羣臣進來。　㈡闥：音榻（ㄊㄚˋ），宮中的小門。　㈢憊：音倍（ㄅㄟˋ）疲倦，無精

打采的樣子。　㈣顧：卻，但，言大臣等都不得進見，卻獨獨的與一個宦者倒臥嗎？絕：倒臥也。

其後盧綰反，高帝使噲以相國擊燕。是時高帝病甚，人有惡噲黨於呂氏㈠，即上一日宮車晏駕㈡，則噲欲以兵盡誅滅戚氏、趙王如意之屬㈢，高帝聞之大怒，乃使陳平載絳侯代將，而即軍中斬噲。陳平畏呂后，執噲詣長安㈣。至則高祖已崩，呂后釋噲，使復爵邑。

【註】　㈠有人在高祖的跟前說樊噲的壞話，說他是呂后的一黨。　㈡如果（即）皇上一旦死了。　㈢那麼，樊噲就要以武力盡殺戚氏、趙王如意之輩。　㈣詣：赴。

孝惠六年，樊噲卒，謚為武侯。子伉代侯。而伉母呂須亦為臨光侯，高后時用事專權，大臣畏之。伉代侯九歲，高后崩。大臣誅諸呂、呂須婘屬，因誅伉㈠。舞陽侯中絕數月。孝文帝既立，乃復封噲他庶子市人為舞陽侯，復故爵邑。市人立二十九歲卒，謚為荒侯。子他廣代侯。六歲，侯家舍人得罪他廣，怨之，乃上書曰：「荒侯市人病不能為人㈡，令其夫人與其弟亂而

生他廣，他廣實非荒侯子，不當代後。」詔下吏。孝景中六年，他廣奪侯為庶人，國除。

【註】

㈠ 婘屬：即「眷屬」，大臣誅諸呂，呂須是呂后的妹妹，亦係戚屬，故亦被誅，其子伉亦被誅。

㈡ 不能與其夫人行人道之事。

曲周侯酈商者，高陽人㈠陳勝起時，商聚少年東西略人，得數千。沛公略地至陳留，六月餘，商以將卒四千人屬沛公於岐㈡。從攻長社㈢，先登，賜爵封信成君。從沛公攻緱氏㈣，絕河津㈤，破秦軍洛陽東。從攻下宛、穰㈥，定十七縣。別將攻旬關㈦，定漢中。

【註】

㈠ 曲周：河北曲周縣。高陽：在河南杞縣西。

㈡ 岐：此地大概在河南開封附近，而決非陝西之岐也。

㈢ 長社：河南長葛縣。

㈣ 緱氏：在河南偃師縣。

㈤ 河津：黃河渡口。古平陰津，在洛陽東北五十里之處。

㈥ 宛：河南南陽。穰：河南鄧縣。

㈦ 旬關：在陝西洵陽縣東。

項羽滅秦，立沛公為漢王。漢王賜商爵信成君，以將軍為隴西

都尉㊀。別將定北地、上郡㊁。破將軍焉氏㊂，周類軍枸邑㊃，蘇駔軍於泥陽㊄。賜食邑武成六千戶。以隴西都尉從擊項籍軍五月，出鉅野，與鍾離眛戰，疾鬭，受梁相國印，益食邑四千戶。以梁相國將從擊項羽二歲三月，攻胡陵㊅。

【註】　㊀隴西：甘肅隴西縣。如擴大範圍而講，則隴西即指甘肅言也。　㊁北地：治地在甘肅寧縣西北。上郡：治地在陝西綏德縣。　㊂焉氏：地名，在甘肅涇川縣。　㊃枸邑：在陝西枸邑縣。　㊄泥陽：故城在甘肅寧縣東南。　㊅胡陵：在山東魚台縣東南六十里。

項羽既已死，漢王為帝。其秋，燕王臧荼反，商以將軍從擊荼，戰龍脫㊀，先登陷陣，破荼軍易下㊁，卻敵，遷為右丞相，賜爵列侯，與諸侯剖符，世世勿絕，食邑涿五千戶㊂，號曰涿侯。以右丞相別定上谷，因攻代，受趙相國印。以右丞相趙相國別與絳侯等定代、鴈門㊃，得代丞相程縱、守相郭同、將軍已下至六百石十九人。還，以將軍為太上皇衞一歲七月。以右丞相擊陳豨，殘東垣㊄。又以右丞相從高帝擊黥布，攻其前拒㊅，

陷兩陳，得以破布軍，更食曲周五千一百戶，除前所食。凡別破軍三，降定郡六，縣七十三，得丞相、守相，大將各一人，小將二人，二千石已下至六百石十九人。

【註】　㈠龍脫…地名，大概在燕、趙之界。　㈡易…河北易縣。　㈢涿…河北涿縣。　㈣鴈門…山西雁門。　㈤東垣…在河北正定縣南。　㈥前拒…前哨陣地。

商事孝惠、高后時，商病，不治㈠。其子寄，字況，與呂祿善。及高后崩，大臣欲誅諸呂，呂祿為將軍，軍於北軍，太尉勃不得入北軍，於是乃使人劫酈商，令其子況紿呂祿㈡，呂祿信之，故與出游，而太尉勃乃得入據北軍，遂誅諸呂。是歲商卒，諡為景侯。子寄代侯。天下稱酈況賣交也㈢。

【註】　㈠不治…不能辦治公事也。　㈡紿…欺騙。　㈢賣交…出賣朋友。班固曰：「夫賣交者，謂見利而忘義也。若寄父為功臣，而又執刼，雖摧呂祿以安社稷，義在君親，可也。」班氏之批評甚當。

孝景前三年，吳、楚、齊、趙反，上以寄為將軍，圍趙城，

十月不能下。得俞侯㊀欒布自平齊來，乃下趙城，滅趙，王自
殺，除國。孝景中二年，寄欲取平原君為夫人㊁，景帝怒，下寄
吏㊂，有罪，奪侯。景帝乃以商他子堅封為繆侯，續酈氏後。繆
靖侯卒，子康侯遂成立。遂成卒，子懷侯世宗立。世宗卒，子
侯終根立，為太常，坐法，國除。

【註】　㊀俞：音舒，大概在河東之地。　㊁景帝王皇后母臧兒也。　㊂交付於吏，議罪。

汝陰侯㊀，夏侯嬰，沛人也。為沛廄司御㊁，每送使客還，過
沛泗上亭，與高祖語，未嘗不移日也㊂。嬰已而試補縣吏，與高
祖相愛。高祖戲而傷嬰，人有告高祖㊃。高祖時為亭長，重坐傷
人㊄，告故不傷嬰㊅，嬰證之㊆。後獄覆㊇，嬰坐高祖繫歲餘㊈，
掠笞數百㊉，終以是脫高祖㊀。

【註】　㊀汝陰：今安徽阜陽縣。　㊁廄：音救（ㄐㄧㄡˋ），馬房。　㊂移日，日影移動，言其相談投
契，不知不覺，時間已過了很長。　㊃告：告發高祖傷害罪於官府。　㊄高祖當時為亭長，是公務員身
份，以公務員而傷人，其罪加重。所以公務員很害怕犯了傷人之罪。以犯了傷人之罪為苦痛。　㊅高

祖自白，言並不曾傷害嬰。⑦嬰也自證，謂並未受高祖的傷害。⑧以後這個案子判決了，判為「誣告反坐」（覆）。（本來嬰並沒有告高祖，那是別人告的，而法官以為原初就是嬰告呂的，儘管嬰說沒有受傷，而法官不採信。）⑨嬰為了這件事，等於替高祖坐了一年多的監牢。⑩也挨了幾百棍子。⑪因此使高祖脫於罪刑。

高祖之初與徒屬欲攻沛也，嬰時以縣令史為高祖使。上降沛一日，高祖為沛公，賜嬰爵七大夫，以為太僕。從攻胡陵，嬰與蕭何降泗水監平，平以胡陵降，賜嬰爵五大夫。從擊秦軍碭東，攻濟陽①，下戶牖②，破李由軍雍丘下③，以兵車趣攻戰疾④，賜爵執帛。常以太僕奉車從擊章邯軍東阿、濮陽下⑤，以兵車趣攻戰疾，破之，賜爵執珪。復常奉車從擊趙賁軍開封，楊熊軍曲遇。嬰從捕虜六十八人，降卒八百五十人，得印一匱⑥。復常奉車從擊秦軍雒陽東，以兵車趣攻戰疾，賜爵封轉為滕公。因復奉車從攻南陽，戰於藍田、芷陽⑦，以兵車趣攻戰疾，至霸上。項羽至，滅秦，立沛公為漢王。漢王賜嬰爵列侯，號昭平侯，復為太僕；從入蜀、漢。

【註】

㈠濟陽：故城在今河南蘭封縣東北。㈡杞縣。㈣趣攻：急攻、猛攻。趣：讀「促」。㈤東阿：山東東阿縣。濮陽：山東濮陽縣。㈥賈：匣也。㈦藍田：陝西藍田縣。芷陽：在陝西長安縣東。

戶牖：在河南蘭封縣東北二十里。㈢雍丘：今河南

還定三秦，從擊項籍。至彭城，項羽大破漢軍。漢王敗，不利，馳去。見孝惠、魯元，載之。漢王急，馬罷，虜在後㈠，常蹶兩兒㈡欲弃之，嬰常收，竟載之，徐行，面雍樹乃馳㈢。漢王怒，行欲斬嬰者十餘，卒得脫，而致孝惠、魯元於豐。

【註】

㈠馬已經疲乏不堪，而敵人（虜）在後緊追。㈡蹶：以足踶之，以足踏之。㈢面雍樹，乃馳：面：對面。雍：同「擁」字，遮蔽。樹：形容其擋遮的如樹一般。即言高祖於被敵人追得危急之時，常以腳踢兩兒，欲棄之，嬰常拾起來，載在車上。因為馬已經疲困了，只好慢慢的走。馬越是走得慢，高祖越是又急又怒，當他踢那兩個小兒的時候，嬰常當面遮蔽，使高祖踢不到。高祖越發生氣，在半路上，有十幾次就想拔劍把嬰殺了，以洩怒。這樣，才得以逃脫（馳，在此當逃脫講，不是飛奔之馳，因為馬久已疲困了，不能飛奔）。

漢王既至滎陽，收散兵，復振，賜嬰食祈陽㈠。復常奉車從擊

項籍，追至陳㈡，卒定楚，至魯，益食茲氏㈢。

【註】
㈠祈陽：以祈陽為其食邑。　㈡陳：河南淮陽。　㈢茲氏：增加茲氏為其食邑。

漢王立為帝。其秋，燕王臧荼反，嬰以太僕從擊荼。明年，從至陳，取楚王信。更食汝陰㈠，剖符世世勿絕。以太僕從擊代，至武泉、雲中㈡，益食千戶。因從擊韓信軍胡騎晉陽旁㈢，大破之。追北至平城㈣，為胡所圍，七日不得通。高帝使使厚遺閼氏，冒頓開圍一角。高帝出欲馳，嬰固徐行，弩皆持滿外向，卒得脫。益食嬰細陽㈤千戶。復以太僕從擊胡騎句注北㈥，大破之。以太僕擊胡騎平城南，三陷陳，功為多，賜所奪邑五百戶。以太僕擊陳豨、黥布軍，陷陳卻敵㈦，益食千戶，定食汝陰六千九百戶，除前所食。

【註】
㈠汝陰：安徽阜陽縣。　㈡武泉：綏遠武川縣。雲中：綏遠托克托縣。　㈢晉陽：山西太原。　㈣平城：在山西大同縣東。　㈤細陽：安徽太和縣。　㈥句注：在山西代縣西北二十五里，即雁門山。　㈦陷陳：即「陷陣」。攻陷敵人之陣壘。

嬰自上初起沛，常為太僕，竟高祖崩。以太僕事孝惠。孝惠帝及高后德嬰之脫孝惠、魯元於下邑之間也㈠，乃賜嬰縣北第第一，曰「近我」，以尊異之。孝惠帝崩，以太僕事高后。高后崩，代王之來，嬰以太僕與東牟侯入清宮，廢少帝，以天子法駕迎代王代邸，與大臣共立為孝文皇帝，復為太僕。八歲卒，諡為文侯，子夷侯竈立，七年卒。子共侯賜立，三十一年卒，子侯頗尚平陽公主。立十九歲，元鼎二年，坐與父御婢姦罪，自殺，國除。

【註】㈠孝惠帝及高后感激嬰在夏邑之間救命的恩德。那時，高祖要棄掉他們，而嬰救之，得以逃出。

潁陰侯㈠灌嬰者，睢陽販繒者也㈡，高祖之為沛公，略地至雍丘下㈢，章邯敗殺項梁，而沛公還軍於碭，嬰初以中涓㈣從擊破東郡尉於成武㈤及秦軍於扛里㈥，疾鬭，賜爵七大夫。從攻秦軍亳南㈦、開封、曲遇㈧，戰疾力，賜爵執帛，號宣陵君。從攻陽武㈨以西至雒陽，破秦軍尸北㈩。北絕河津㈠，南破南陽守齮陽

城東（三），遂定南陽郡。西入武關，戰於藍田，疾力（三），至霸上，
賜爵執珪，號昌文君（四）。

【註】

（一）潁陰：今河南許昌縣。 （二）睢陽：河南商丘縣南。 （三）雍丘：河南杞縣。 （四）中涓：內侍
也。 （五）成武：山東城武縣。 （六）扛里：大概是「杜集」之誤。在河南商丘縣東南。 （七）亳南：在河南
商丘縣東南。 （八）曲遇：在河南中牟縣。 （九）陽武：河南陽武縣。 （一〇）尸：河南偃師縣之尸鄉。 （一一）河
津：黃河渡口，在河南洛陽縣東北五十里。 （一二）陽城：河南汝南。 （一三）疾力：猛戰、力戰之意。 （一四）昌
文君：乃美號，而非土地。

沛公立為漢王，拜嬰為郎中，從入漢中，十月，拜為中謁者。
從還定三秦，下櫟陽，降塞王（一），還圍章邯於廢丘（二），未拔。從
東出臨晉關（三），擊降殷王，定其他（四）。擊項羽將龍且、魏相項他
軍定陶南，疾戰，破之。賜嬰爵列侯，號昌文侯，食杜平鄉（五）。

【註】

（一）塞王：項羽封秦之降將司馬欣為塞王，王咸陽以東之地。 （二）項羽封秦之降將章邯為雍王，
王咸陽以西之地。廢丘：陝西興平縣，在咸陽以西。 （三）臨晉關：在陝西朝邑縣東，黃河西岸。 （四）殷
王：項羽封趙將司馬卬為殷王，王河內之地。 （五）杜縣之平鄉。杜縣在陝西長安縣東南。

復以中謁者從降下碭，以至彭城。項羽擊，大破漢王。漢王
遁而西，嬰從還，軍於雍丘。王武、魏公申徒反㊀，從擊破之。
攻下黃㊁，西收兵，軍於滎陽。楚騎來眾，漢王乃擇軍中可為
（車）騎將者，皆推故秦騎士重泉人㊂李必、駱甲習騎兵，今為
校尉，可為騎將。灌嬰雖少，然數力戰，
乃拜灌嬰為中大夫，令李必、駱甲為左右校尉，將郎中騎兵擊
楚騎於滎陽東，大破之。受詔別擊楚軍後，絕其餉道，起陽武㊃至
襄邑㊄。擊項羽之將項冠於魯下㊅，破之，所將卒斬右司馬、騎
將各一人。擊破柘公王武㊆，軍於燕西，所將卒斬樓煩將五人，
連尹一人。擊王武別將桓嬰白馬下㊇，破之，所將卒斬都尉一
人。以騎渡河南，送漢王到雒陽，使北迎相國韓信軍於邯鄲。
還至敖倉，嬰遷為御史大夫。

【註】
㊀秦將，降為公，又反叛。　㊁下黃：在河南考城縣東二十四里。　㊂重泉：在陝西蒲城縣東
南四十五里。　㊃陽武：河南陽武縣。　㊄襄邑：在河南睢縣。　㊅魯下：魯山之下，在河南魯山縣。　㊆柘：

音蔗（ㄓㄜˋ），河南柘城縣。 ⑻白馬下：白馬關下，在河北密雲縣西北八十里。

三年，以列侯食邑杜平鄉⑴。以御史大夫受詔將郎中騎兵東屬
相國韓信，擊破齊軍於歷下⑵，所將卒虜車騎將軍華毋傷及將吏
四十六人。降下臨菑，得齊守相田光。追齊相田橫至嬴、博，
破其騎，所將卒斬騎將一人，生得騎將四人。攻下嬴、博⑶，破
齊將軍田吸於千乘⑷，所將卒斬吸。東從韓信攻龍且、留公旋於
高密⑸卒斬龍且，生得右司馬、連尹各一人，樓煩將十人，身生
得亞將周蘭⑹。

【註】 ⑴食邑杜縣之平鄉。 ⑵歷下：歷山之下，在山東歷城縣。 ⑶嬴：在山東萊蕪縣西北四十里，俗
名城子縣。博：在山東泰安縣東南。 ⑷千乘：在山東高苑縣北二十五里。 ⑸高密：山東高密縣。 ⑹身
生得：親身活捉。

齊地已定，韓信自立為齊王，使嬰別將擊楚將公杲於魯北，
破之。轉南，破薛郡長，身虜騎將一人。攻（博）〔傳〕陽⑴，
前至下相⑵以東南僮⑶、取慮、徐⑷。度淮，盡降其城邑，至廣

陵⑤。項羽使項聲、薛公、郯公復定淮北。嬰度淮北，擊破項聲、郯公下邳⑥，斬薛公，下下邳，擊破楚騎於平陽⑦，遂降彭城，虜柱國項佗，降留、薛、沛、酇、蕭、相⑧。攻苦、譙⑨，復得亞將周蘭。與漢王會頤鄉⑩。從擊項籍軍於陳下⑪，破之，所將卒斬樓煩將二人，虜騎將八人。賜益食邑二千五百戶。

【註】　㈠博陽：山東泰安縣。有人以為應當是「傅陽」。傅陽在山東嶧縣。　㈡下相：在今江蘇宿遷縣西七里。　㈢僮：在安徽泗縣東北。　㈣取慮：在江蘇睢寧縣西南。徐：在安徽泗陽。　㈤廣陵：在江蘇江都縣東北。　㈥下邳：江蘇邳縣。　㈦平陽：山東鄒縣。　㈧酇：在河南永城縣西南。蕭：江蘇蕭縣。相：在安徽宿縣西北。　㈨苦：在河南鹿邑縣東十里。譙：安徽亳縣。　㈩頤鄉：在河南鹿邑縣境內。　㈠陳：河南淮陽縣。

項籍敗垓下去也㈠，嬰以御史大夫受詔將車騎別追項籍至東城㈡，破之。所將卒五人共斬項籍，皆賜爵列侯。降左右司馬各一人，卒萬二千人，盡得其軍將吏。下東城、歷陽㈢。渡江，破吳郡長吳下㈣，得吳守，遂定吳、豫章、會稽郡㈤。還定淮北，凡五十

二縣。

【註】　⑴垓下：在今安徽靈壁縣東南。　⑵東城：在今安徽定遠縣東南。　⑶歷陽：安徽和縣。　⑷吳：江蘇吳縣，即蘇州。　⑸會稽：江蘇吳縣。豫章：江西南昌。

漢王立為皇帝，賜益嬰邑三千戶。其秋，以車騎將軍從擊破燕王臧荼。明年，從至陳，取楚王信。還，剖符，世世勿絕，食潁陰⑴二千五百戶，號曰潁陰侯。

以車騎將軍從擊反韓王信於代，至馬邑⑵，受詔別降樓煩⑶以北六縣，斬代左相，破胡騎於武泉北⑷。復從擊韓信胡騎晉陽下，所將卒斬胡白題將一人⑸。受詔并將燕、趙、齊、梁、楚車騎，擊破胡騎於磏石⑹。至平城⑺，為胡所圍，從還軍東垣⑻。

【註】　⑴潁陰：今河南許昌縣。　⑵馬邑：山西朔縣。　⑶樓煩：在雁門關外。　⑷武泉：在綏遠武川縣北。　⑸白題：胡種之名，有所謂「白題國」，蓋指其為白額頭之胡也，即所謂白色人種。　⑹磏石：地名，磏，音沙（ㄕㄚ）。　⑺平城：在山西大同縣東。　⑻東垣：在河北正定縣南。

從擊陳豨，受詔別攻豨丞相侯敞軍曲逆下〔一〕，破之，卒斬敞及
特將五人。降曲逆、盧奴、上曲陽、安國、安平〔二〕。攻下東垣。

【註】　〇曲逆：在河北完縣東南。　〇盧奴：今河北定縣。上曲陽：河北曲陽縣西。安國：河北安國
縣。安平：河北安平縣。

黥布反，以車騎將軍先出，攻布別將於相〔一〕，破之，斬亞將樓
煩將三人。又進擊破布上柱國軍及大司馬軍。又進破布別將肥
誅。嬰身生得左司馬一人，所將卒斬其小將十人，追北至淮上。
益食二千五百戶。布已破，高帝歸，定令嬰食潁陰五千戶，除
前所食邑。凡從得二千石二人，別破軍十六，降城四十六，定
國一，郡二，縣五十二，得將軍二人，柱國、相國各一人，二
千石十人。

【註】　〇相：故城在今安徽宿縣西北。

嬰自破布歸，高帝崩，嬰以列侯事孝惠帝及呂太后。太后崩，

呂祿等以趙王自置為將軍，軍長安，為亂。齊哀王聞之，舉兵西，且入誅不當為王者。上將軍呂祿等聞之，乃遣嬰為大將，將軍往擊之。嬰行至滎陽，乃與絳侯等謀，因屯兵滎陽，風齊王以誅呂氏事〔一〕，齊兵止不前。絳侯等既誅諸呂，齊王罷兵歸，嬰亦罷兵自滎陽歸，與絳侯、陳平共立代王為孝文皇帝。孝文皇帝於是益封嬰三千戶，賜黃金千斤，拜為太尉。

【註】

〔一〕風：暗示。

三歲，絳侯勃免相就國，嬰為丞相，罷太尉官。是歲，匈奴大入北地、上郡〔一〕，令丞相嬰將騎八萬五千往擊匈奴。匈奴去，濟北王反，詔乃罷嬰之兵。後歲餘，嬰以丞相卒，諡曰懿侯。子平侯阿代侯。二十八年卒，子彊代侯。十三年，彊有罪，絕二歲。元光三年，天子封灌嬰孫賢為臨汝侯，續灌氏後，八歲，坐行賕有罪，國除。

【註】

〔一〕北地：統甘肅舊寧夏慶陽二府之地，治地在今甘肅環縣東南。上郡：今陝西省北部及綏遠

鄂爾多斯左翼之地。

太史公曰：吾適豐沛，問其遺老，觀故蕭、曹、樊噲、滕公之家，及其素㊀，異哉所聞！方其鼓刀屠狗賣繪之時，豈自知附驥之尾，垂名漢廷，德流子孫哉？余與他廣通㊁，為言高祖功臣之興時若此云。

【註】　㊀素：生平故事。　㊁他廣：樊噲之孫。通：互相來往交好。

卷九十六 張丞相列傳第三十六

張丞相蒼者，陽武人也〔一〕。好書律曆〔二〕。秦時為御史〔三〕，主柱下方書〔四〕。有罪，亡歸。及沛公略地過陽武，蒼以客從攻南陽。蒼坐法當斬，解衣伏質〔五〕，身長大，肥白如瓠，時王陵見而怪其美士，乃言沛公，赦勿斬。遂從西入武關，至咸陽。沛公立為漢王，入漢中，還定三秦。陳餘擊走常山王張耳，耳歸漢，漢乃以張蒼為常山守。從淮陰侯擊趙，蒼得陳餘。趙地已平，漢王以蒼為代相，備邊寇。已而徙為趙相，相趙王耳。耳卒，相趙王敖。復徙相代王。燕王臧荼反，高祖往擊之，蒼以代相從攻臧荼有功，以六年中封為北平侯，食邑千二百戶。

【註】 〔一〕陽武：河南陽武縣。 〔二〕律曆：帝王之治天下，以律曆為先；儒者之通天人，至律曆而止。律曆以數始，數自曆生，故律曆既正，寒暑以節，歲功以成。律曆二字連用，即作音律與曆數而講。但曆以數始，數自曆生，故律曆既正，寒暑以節，歲功以成。律曆二字連用，即作音律與曆數而講。但曆以數始，分而解之，則律亦可作法律解，其函義尚不止於音律之一端也。 〔三〕御史：官名，周時掌贊書而授法令，秦漢並為親近之職，長官曰御史大夫，掌副丞相。次曰御史中丞，掌秘書，兼司糾察，官署曰御

史府。　㈣柱下史：侍立殿柱之下以擔任文書工作之官，即所謂侍御史也。周之時，老聃曾為柱下史。　㈤伏身

方書：謂將重要事件，書之於方版之上，以備皇帝之詢問與記憶者也。非所謂四方文書也。

於鐵鑕之上以待行斬。質：鑕也，斬人之墊板也。

遷為計相㈠，一月，更以列侯為主計四歲。是時蕭何為相國，

而張蒼乃自秦時為柱下史，明習天下圖書計籍。蒼又善用算律

曆，故令蒼以列侯居相府，領主郡國上計者㈡。黥布反亡，漢立

皇子長為淮南王，而張蒼相之。十四年，遷為御史大夫。

【註】

　㈠計相：主管中央財賦收支之首長。　㈡郡國上計：各郡國每年呈報其錢穀收支於中央。

周昌者，沛人也。其從兄曰周苛，秦時皆為泗水卒史。及高

祖起沛，擊破泗水守監，於是周昌、周苛自卒史從沛公，沛公

以周昌為職志㈠，周苛為客。從入關，破秦。沛公立為漢王，以

周苛為御史大夫，周昌為中尉。

【註】

　㈠職志：即「幟誌」，掌旗幟之官。

漢王四年，楚圍漢王滎陽急，漢王遁出去，而使周苛守滎陽城。楚破滎陽城，欲令周苛將。苛罵曰：「若趣降漢王[一]！不然，今為虜矣！」項羽怒，亨周苛[二]。於是乃拜周昌為御史大夫。常從擊破項籍。以六年中與蕭、曹等俱封：封周昌為汾陰侯；周苛子周成以父死事，封為高景侯。

【註】
[一] 趣：讀「促」，速也。
[二] 亨：同「烹」字。

昌為人彊力，敢直言，自蕭、曹等皆卑下之[一]。昌嘗燕時入奏事[二]，高帝方擁戚姬，昌還走，高帝逐得，騎周昌項，問曰：「我何如主也？」昌仰曰：「陛下即桀紂之主也。」於是上笑之，然尤憚周昌。及帝欲廢太子，而立戚姬子如意為太子，大臣固爭之[三]，莫能得；上以留侯策即止。而周昌廷爭之彊，上問其說，昌為人吃[四]，又盛怒，曰：「臣口不能言，然臣期期知其不可[五]。陛下雖欲廢太子，臣期期不奉詔。」上欣然而笑。既罷，呂后側耳於東箱聽[六]，見周昌，為跪謝曰：「微君，太子幾

廢㈦。」

【註】　㈠卑視蕭何曹參等。　㈡燕時：休息之時，非辦公時間。　㈢固爭：堅決反對。　㈣吃：說話口吃。　㈤期期：即口吃者急欲說而說不出之聲調。　㈥傾偏著耳朵在偷聽。　㈦如果沒有你的堅決反對，

太子幾幾乎就要被廢除了。

是後戚姬子如意為趙王，年十歲，高祖憂即萬歲之後不全也㈠，趙堯年少，為符璽御史㈡。趙人方與公㈢謂御史大夫周昌曰：「君之史趙堯，年雖少，然奇才也，君必異之，是且代君之位㈣。」周昌笑曰：「堯年少，刀筆吏耳，何能至是乎㈤！」居頃之，趙堯侍高祖。高祖獨心不樂，悲歌，羣臣不知上之所以然。趙堯進請問曰：「陛下所為不樂，非為趙王年少而戚夫人與呂后有郤邪㈥？備萬歲之後而趙王不能自全乎㈦？」高祖曰：「然。吾私憂之，不知所出。」堯曰：「陛下獨宜為趙王置貴彊相㈧，及呂后、太子、羣臣素所敬憚乃可。」高祖曰：「然。吾念之欲如是，而羣臣誰可者？」堯曰：「御史大夫周昌，其人堅忍質

直，且自呂后、太子及大臣皆素敬憚之，獨昌可。」高祖曰：「善。」於是乃召周昌，謂曰：「吾欲固煩公，公彊為我相趙王⑼。」周昌泣曰：「臣初起從陛下，陛下獨奈何中道而弃之於諸侯乎⑽？」高祖曰：「吾極知其左遷，然吾私憂趙王，念非公無可者。公不得已彊行⑾！」於是徙御史大夫周昌為趙相。

【註】

⑴高祖發愁如果（即）一旦死了（萬歲之後），趙王的生命難以保全。

⑵符璽御史：掌管符璽之近侍御史。

⑶不知其名，而知其為方與縣的一位老人，故曰方與公。

⑷「你的書記官趙堯，雖然年少，但是有奇才，你一定要優待他，他將來會代替你的職位。」

⑸刀筆吏：古用簡牘，如書寫有錯誤，即以刀削改之，故號曰刀筆吏。周昌笑著說：「趙堯年少，不過是一個區區的書記官而已，怎麼能夠代替我的副丞相之職位？」

⑹郤：同「隙」。有仇恨。

⑺備：提防、提心吊膽的防備。

⑻貴強相：地位高而性格強之輔相。

⑼高祖對周昌說：「無論如何，我一定要勞你的駕，替我勉強輔佐趙王！」

⑽周昌哭著說：「我一起初，就追隨陛下，陛下怎可以在半路之中就把我拋棄於諸侯之國呢？」

⑾高祖說：「我也深切知道，把你派到趙國，對於你可以說是降級（左遷），我十分的抱歉！但是我擔憂趙王的將來，想來想去，除了你，沒有再合適的人可派，真是難為你了，請你勉強的走一趟吧！」

既行，久之，高祖持御史大夫印弄之〇，曰：「誰可以為御史大夫者？」孰視趙堯〇，曰：「無以易堯〇。」遂拜趙堯為御史大夫〇。堯亦前有軍功食邑，及以御史大夫從擊陳豨有功，封為江邑侯。

【註】〇弄：把玩。〇孰視：即「熟視」。注目的細看。〇再沒有比趙堯更合適的人了。〇御史大夫：副丞相。

高祖崩，呂太后使使召趙王，其相周昌令王稱疾不行。使者三反，周昌固〇為不遣趙王。於是高后患之，乃使使召周昌。周昌至，謁高后，高后怒而罵周昌曰：「爾不知我之怨戚氏乎？而不遣趙王，何？」昌既徵，高后使使召趙王，趙王果來。至長安月餘，飲藥而死。周昌因謝病不朝見，三歲而死。

【註】〇固：堅決的。

後五歲，高后聞御史大夫江邑侯趙堯，高祖時定趙王如意之畫〇，

乃抵堯罪㈡，以廣阿侯任敖為御史大夫。

【註】㈠畫：計策。㈡抵罪：以為趙堯是罪禍之根而治之以相當之罪。

任敖者，故沛獄吏。高祖嘗辟吏㈠，吏繫呂后㈡，遇之不謹㈢。任敖素善高祖㈣，怒，擊傷主呂后吏㈤。及高祖初起，敖以客從為御史，守豐二歲。高祖立為漢王，東擊項籍，敖遷為上黨守。陳豨反時，敖堅守，封為廣阿侯，食千八百戶。高后時為御史大夫。三歲免，以平陽侯曹窋為御史大夫。高后崩，高后時為御史臣共誅呂祿等。免，以淮南相張蒼為御史大夫。

【註】㈠辟：即「避」字。㈡繫：拘捕。㈢遇之不謹：待呂后不恭敬。㈣善：友善。㈤主吏：管理呂后之吏。

蒼與絳侯等尊，立代王為孝文皇帝。四年，丞相灌嬰卒，張蒼為丞相。

自漢興至孝文二十餘年，會天下初定，將相公卿皆軍吏。張

蒼為計相時，緒正律曆㊀。以高祖十月始至霸上，因故秦時本以十月為歲首，弗革㊁。推五德之運㊂，以為漢當水德之時尚黑如故㊃。吹律調樂，入之音聲，及以比定律令㊄。若百工，天下作程品㊅。至於為丞相，卒就之，故漢家言律曆者，本之張蒼。蒼本好書，無所不觀，無所不通，而尤善律曆。

【註】㊀緒正律曆：給律曆以有條理有系統（緒）的定正。㊁不加以變革。㊂推衍五德運行的規律。㊃崇尚黑色如故。㊄比定者，排定其次序也。律者，音律也。令者，時令也，四季變化之程式也。㊅音律與時令定好之後，宣示於天下人民，使一切工作（百工者，諸種的工作，尤其是農作），皆能順此程規而進行，所以謂之「天下作程品」。這段話的意思就如同《尚書》所謂：「乃命羲和，欽若昊天，歷象日月星辰，敬授民事，歲三百有六旬有六日，以閏月定四時成歲。允釐百工，庶績咸熙。」所以這裏所謂的「律令」，不是狹義的法律與命令，而是廣義的有關於國計民生社會經濟之音律與時令，古時以養民為本，故聖君明王注意於音律與時令。

張蒼德王陵。王陵者，安國侯也。及蒼貴，常父事王陵。陵死後，蒼為丞相，洗沐，常先朝陵夫人上食，然后敢歸家。

蒼為丞相十餘年，魯人公孫臣上書言漢土德時，其符有黃龍當見。詔下其議張蒼，張蒼以為非是，罷之。其後黃龍見成紀，於是文帝召公孫臣以為博士，草土德之曆制度，更元年。張丞相由此自絀，謝病稱老。蒼任人為中候，大為姦利○，上以讓蒼○，蒼遂病免。蒼為丞相十五歲而免。孝景前五年，蒼卒，謚為文侯。子康侯代，八年卒。子類代為侯，八年，坐臨諸侯喪後就位不敬，國除。

【註】○張蒼保薦某人為中候官，假公濟私，大為姦利。　○文帝責斥張蒼。

初，張蒼父長不滿五尺，及生蒼，蒼長八尺餘，為侯、丞相。蒼子復長。及孫類，長六尺餘，坐法失侯。蒼之免相後，老，口中無齒，食乳，女子為乳母○。妻妾以百數，嘗孕者不復幸。蒼年百有餘歲而卒。

【註】○老人食人乳，活至百餘歲。

申屠丞相嘉者，梁人，以材官蹶張一從高帝擊項籍，遷為隊率二。
從擊黥布軍，為都尉三。孝惠時，為淮陽守。孝文帝元年，舉故
吏士二千石從高皇帝者，悉以為關內侯，食邑二十四人，而申
屠嘉食邑五百戶。張蒼已為丞相，嘉遷為御史大夫。張蒼免相，
孝文帝欲用皇后弟竇廣國為丞相，曰：「恐天下以吾私廣國。」
廣國賢有行。故欲相之，念久之不可，而高帝時大臣又皆多死，
餘見四無可者，乃以御史大夫嘉為丞相，因故邑封為故安侯。

【註】○材官：有材力之武官。蹶張：如淳曰：「材官之多力，能腳踏強弩而張之，故曰『蹶
張』。」顏師古曰：「弩，以手張者，曰擘弩；以足踏者，曰蹶張。」○隊率：領隊之人。三都
尉：官名，漢時，都尉官最多，一為侍從官，如奉車都尉，駙馬都尉，騎都尉。一為職事官，如水衡
都尉，搜粟都尉。一為郡將，如各郡都尉及屬國都尉。四見：即「現」，當時。

嘉為人廉直，門不受私謁一。是時太中大夫鄧通方隆愛幸二，
賞賜累巨萬。文帝嘗燕飲通家，其寵如是。是時丞相入朝，而
通居上傍，有怠慢之禮。丞相奏事畢，因言曰：「陛下愛幸臣，

則富貴之；至於朝廷之禮，不可以不肅！」上曰：「君勿言，吾私之⊜。」罷朝坐府中，嘉為檄召鄧通詣丞相府，不來，且斬通⊜。通恐，入言文帝。文帝曰：「汝第往，吾今使人召若⊜。」通至丞相府，免冠，徒跣，頓首謝⊝。嘉坐自如，故不為禮⊜，責曰：「夫朝廷者，高皇帝之朝廷也。通小臣，戲殿上，大不敬，當斬。吏今行斬之！」通頓首，首盡出血，不解⊝。文帝度丞相已困通，使使者持節召通，而謝丞相曰：「此吾弄臣，君釋之⊝。」鄧通既至，為文帝泣曰：「丞相幾殺臣⊜。」

【註】
⊝ 家中不受私人的進謁與請託。　⊜ 正在受愛幸的巔峰。　⊜ 「你不要公開的講，我私下告訴他一聲好了。」　⊝ 且：即將。　⊜ 「你只管先去，回頭我就派人去叫你。」　⊝ 脫下帽子，赤著腳，叩頭謝罪。　⊜ 申屠嘉大模大樣的坐著，故意不以禮待他。　⊜ 鄧通叩頭如搗蒜一般的磕個不止，頭都出血了，而還不能罷休。　⊝ 文帝猜想丞相已經給鄧通吃的苦頭夠了，就派人去叫鄧通，並且懇求丞相說：「這是我的私人，請你放了他吧！」　⊜ 鄧通回殿，見了文帝大哭著說：「丞相幾乎把我殺了。」

嘉為丞相五歲，孝文帝崩，孝景帝即位。二年，鼂錯為內史⑴，
貴幸用事，諸法令多所請變更，議以謫罰侵削諸侯⑵。而丞相嘉
自絀所言不用⑶，疾錯⑷。錯為內史，門東出，不便，更穿一門
南出。南出者，太上皇廟壖垣⑸。嘉聞之，欲因此以法錯擅穿宗
廟垣為門，奏請誅錯。錯客有語錯，錯恐，夜入宮上謁，自歸
景帝⑹。至朝，丞相奏請誅內史錯。景帝曰：「錯所穿非真廟
垣，乃外壖垣，故他官居其中，且又我使為之，錯無罪⑺。」罷
朝，嘉謂長史曰：「吾悔不先斬錯，乃先請之，為錯所賣。」
至舍，因歐血而死⑻。謚為節侯。子共侯蔑代，三年卒。子侯去
病代，三十一年卒。子侯與代，六歲，坐為九江太守受故官送
有罪，國除。

【註】　⑴內史：在宮中，助皇帝辦理政事，如後世之中書令。　⑵鼂錯建議以罪罰的手段，削減諸侯
的權力與封地，以免造成尾大不掉之勢。　⑶自絀：有自卑的感覺。認為鼂錯的建議被採用，而自己
的建議無效，故有自卑之感。　⑷於是就更加仇視鼂錯。　⑸壖垣：廟外空地之短牆。　⑹自己到景帝
那裏去認罪，請景帝治其罪。事實上，明知景帝不會治他以罪。而等於請景帝為他擋一陣。自歸者，

即自己歸案，自己自首。⑦到了臨朝的時候丞相上奏以鼂錯為私穿廟牆，請誅之以治其罪。景帝果然替鼂錯打圓場，說是鼂錯所穿的不是宗廟的真牆，不過是廟外空垣子的短牆罷了，那空垣子裏本來就住了一些冗散的官員。並且事前都經過我的允許。鼂錯本人實在沒有犯罪。⑧退朝之後，丞相嘉對他的秘書長長說：「我真後悔不把鼂錯先斬後奏。我被他所暗算了。」到了家，就吐血而死。

自申屠嘉死之後，景帝時開封侯陶青、桃侯劉舍為丞相。及今上時，柏至侯許昌、平棘侯薛澤、武彊侯莊青翟、高陵侯趙周等為丞相。皆以列侯繼嗣⑴，娖娖廉謹⑵，為丞相備員而已⑶，無所能發明功名有著於當世者⑷。

【註】⑴自從申屠嘉死了以後，為丞相的，如陶青、劉舍、許昌、薛澤、莊青翟、趙周等，都是以其先人為列侯的家世而為丞相。⑵娖娖：音促（ㄘㄨˋ），拘謹自守，沒膽量，沒魄力。⑶備員：掛個名義，備個員額，並非名符其實也。⑷沒有一點的創作，沒有一點的建樹，以表現於當世。

太史公曰：張蒼文學律曆，為漢名相，而絀賈生、公孫臣等言正朔服色事而不遵，明用秦之顓頊曆，何哉⑴？周昌，木彊人也。任敖以舊德用。申屠嘉可謂剛毅守節矣，然無術學，殆與

蕭、曹、陳平異矣⑤。

【註】　⑤張蒼文學律曆，為漢名相，而排斥（絀）賈生、公孫臣等所建議之改正朔、易服色的事情，執意要用秦朝的顓頊曆，是什麼原故呢？（不明言其為頑固，而事實上即指斥其為頑固。太史公是贊成賈生之建議的）。⑤漢初丞相以蕭、曹、陳平為具有見識，故太史公稱之。

孝武時丞相多甚，不記，莫錄其行起居狀略，且紀征和以來①。

有車丞相，長陵人也。卒而有韋丞相代。韋丞相賢者，魯人也。以讀書術為吏，至大鴻臚。有相工相之，當至丞相。有男四人，使相工相之，至第二子，其名玄成。相工曰：「此子貴，當封。」韋丞相言曰：「我即為丞相②，有長子，是安從得之？」後竟為丞相，病死，而長子有罪論，不得嗣，而立玄成。玄成時佯狂，不肯立，竟立之。有讓國之名，後坐騎至廟，不敬，有詔奪爵一級，為關內侯，失列侯，得食其故國邑。韋丞相卒，有魏丞相代。

【註】　①此車千秋以下，皆褚先生等所記，非太史公之文也。征和：武帝年號，西曆紀元前九二年。

再過四年，武帝便去世了。㊁即：如果。

魏丞相相者，濟陰人也。以文吏至丞相。其人好武，皆令諸吏帶劍，帶劍前奏事。或有不帶劍者，當入奏事，至乃借劍而敢入奏事。其時京兆尹趙君，丞相奏以免罪，使人執魏丞相，欲求脫罪而不聽。復使人脅恐魏丞相，以夫人賊殺侍婢事而私獨奏請驗之，發吏卒至丞相舍，捕奴婢笞擊問之，實不以兵刃殺也。而丞相司直繁君㊀奏京兆尹趙君迫脅丞相，誣以夫人賊殺婢，發吏卒圍捕丞相舍，不道；又得擅屏騎士事，趙京兆坐要斬。又有使掾陳平等劾中尚書，疑以獨擅劫事而坐之，大不敬，長史以下皆坐死，或下蠶室㊁。而魏丞相竟以丞相病死。子嗣，後坐騎至廟，不敬，有詔奪爵一級，為關內侯，失列侯，得食其故國邑。魏丞相卒，以御史大夫邴吉代。

【註】㊀司直：官名，漢置，佐丞相舉奏不法，位在司隸校尉上。㊁蠶室：執行宮刑之獄名，受刑者，畏風須煖，作暗室蓄火如蠶室，因以為名焉。

邴丞相吉者，魯國人也。以讀書好法令至御史大夫。孝宣帝時，以有舊故，封為列侯，而因為丞相。明於事，有大智，後世稱之。以丞相病死，子顯嗣。後坐騎至廟，不敬，有詔奪爵一級，失列侯，得食故國邑。顯為吏至太僕，坐官秏亂〔一〕，身及子男有姦贓，免為庶人。

邴丞相卒，黃丞相代。長安中有善相工田文者，與韋丞相、魏丞相、邴丞相微賤時會於客家，田文言曰：「今此三君者，皆丞相也。」其後三人竟更相代為丞相，何見之明也。

黃丞相霸者，淮陽人也。以讀書為吏，至潁川太守。治潁川，以禮義條教喻告化之。犯法者，風曉令自殺〔二〕。化大行，名聲聞。孝宣帝下制曰：「潁川太守霸，以宣佈詔令治民，道不拾遺，男女異路，獄中無重囚〔三〕。賜爵關內侯，黃金百斤。」徵為京兆尹而至丞相，復以禮義為治。以丞相病死。子嗣，後為列侯。黃丞相卒，以御史大夫于定國代，于丞相已有廷尉傳，在張廷尉語中，于丞相去，御史大夫韋玄成代。

韋丞相玄成者，即前韋丞相子也。代父，後失列侯。其人少
時好讀書，明於詩、論語。為吏至衛尉，徙為太子太傅。御史
大夫薛君免，為御史大夫。于丞相乞骸骨免，而為丞相，因封
故邑為扶陽侯。數年，病死。孝元帝親臨喪，賜賞甚厚。子嗣
後。其治容容隨世俗浮沈㈣，而見謂諂巧㈤。而相工本謂之當為
侯代父，而後失之；復自游宦而起，至丞相。父子俱為丞相，
世間美之，豈不命哉！相工其先知之。韋丞相卒，御史大夫匡
衡代。

【註】　㈠耗：同「穢」，貪汙，贓官。　㈡風：暗示。　㈢重囚：重犯。犯重罪之囚人。　㈣容容：苟
且求容。　㈤見謂諂巧：被稱為諂媚巧言之臣。

丞相匡衡者，東海人也。好讀書，從博士受詩。家貧，衡傭
作以給食飲。才下㈠，數射策不中㈡，至九，乃中丙科。其經以
不中科故明習。補平原文學卒史。數年，郡不尊敬。御史徵之，
以補百石屬薦為郎，而補博士，拜為太子少傅，而事孝元帝。

孝元好詩，而遷為光祿勳，居殿中為師，授教左右，而縣官⑶坐其旁聽，甚善之，日以尊貴。御史大夫鄭弘坐事免，而匡君為御史大夫。歲餘，韋丞相死，匡君代為丞相，封樂安侯。以十年之閒，不出長安城門而至丞相，豈非遇時而命也哉！

太史公曰：深惟士之游宦所以至封侯者，微甚⑷。然多至御史大夫即去者。諸為大夫而丞相次也，其心冀幸丞相物故也⑸。或乃陰私相毀害，欲代之。然守之日久不得，或為之日少而得之⑹，至於封侯，真命也夫！御史大夫鄭君守之數年不得，匡君居之未滿歲，而韋丞相死，即代之矣，豈可以智巧得哉！多有賢聖之才，困厄不得者眾甚也。

【註】　⑴　才下……才智低下，聰明不夠。　⑵　射策：投考，參加考試。古時，考試發策問，使考生對之，以對策之高下而決定取捨。　⑶　縣官：指皇帝而言。　⑷　深惟：深深的推想。微甚：很少有。　⑸　物故：死去。　⑹　有的當了很久的御史大夫而升不到丞相，有的很短的時間就升丞相。

卷九十七　酈生、陸賈列傳第三十七

酈生食其者，陳留高陽人也○。好讀書，家貧落魄○，無以為衣食業，為里監門吏○，然縣中賢豪不敢役，縣中皆謂之狂生。

【註】　○高陽：在河南杞縣西。　○落魄：喪志失意，百無聊賴之狀。　○監門：為里閭守門之人。

及陳勝、項梁等起，諸將徇地○過高陽者數十人，酈生聞其將皆握齪○好苛禮○自用，不能聽大度之言○，酈生乃深自藏匿。後聞沛公將兵略地陳留郊，沛公麾下騎士適酈生里中子也○，沛公時時問邑中賢士豪俊。騎士歸，酈生見謂之曰：「吾聞沛公慢而易人○，多大略○，此真吾所願從游○，莫為我先○。若見沛公，謂曰『臣里中有酈生，年六十餘，長八尺，人皆謂之狂生，生自謂我非狂生』。」騎士曰：「沛公不好儒，諸客冠儒冠來者，沛公輒解其冠，溲溺其中○。與人言，常大罵。未可以儒生說也。」酈生曰：「弟言之○。」騎士從容言如酈生所誡者。

【註】　㈠徇地：帶著軍隊佔領地方。㈡握齱：即「齷齪」（ㄨㄛˋ ㄔㄨㄛˋ）器量狹小，局促瑣碎的樣子。㈢喜歡苛細的禮節。㈣不能接收大氣度的議論。㈤適：恰好是。㈥態度怠慢而輕看人。㈦有人帶著儒者之冠而來者，高祖就把他的帽子脫下，往帽子裏小便。溲溺：小便。㈧這真是我所願結交的朋友。㈨可惜沒有人先替我介紹一下。㈩若：你。㈠有客但，只管去說。

沛公至高陽傳舍，使人召酈生。酈生至，入謁，沛公方倨牀使兩女子洗足㈠，而見酈生。酈生入，則長揖不拜，曰：「足下欲助秦攻諸侯乎？且欲率諸侯破秦也？」沛公罵曰：「豎儒㈡！夫天下同苦秦久矣，故諸侯相率而攻秦，何謂助秦攻諸侯乎？」酈生曰：「必聚徒合義兵誅無道秦，不宜倨見長者㈢。」於是沛公輟洗，起攝衣，延酈生上坐㈣，謝之。酈生因言六國從橫時。沛公喜，賜酈生食，問曰：「計將安出？」酈生曰：「足下起糾合之眾㈤，收散亂之兵㈤，不滿萬人，欲以徑入強秦㈥，此所謂探虎口者也。夫陳留，天下之衝㈦，四通五達之郊也，今其城又多積粟。臣善其令㈧，請得使之，令下足下㈨。即不聽㈩，足

下舉兵攻之，臣為內應。」於是遣酈生行，沛公引兵隨之，遂下陳留。號酈食其為廣野君。

【註】㈠倨牀：躺在牀上。㈡豎儒：傻蛋的讀書人。㈢假定你真是要結合義兵，誅滅無道之秦，你就不應該躺在牀上而接待長者。㈣於是沛公停止洗腳，站起身來，整飭衣服，請酈生上座。㈤糾合之眾：即言其「烏合之眾」，無訓練無節制之軍隊。㈥徑直而打入強秦。㈦衢：四通八達兵家必爭之地。㈧善：友善。㈨使他投降足下。㈩如果不聽。即：如果。

酈生言其弟酈商，使將數千人從沛公西南略地。酈生常為說客，馳使諸侯。

漢三年秋，項羽擊漢，拔榮陽，漢兵遁保鞏、洛。楚人聞淮陰侯破趙，彭越數反梁地，則分兵救之。淮陰方東擊齊，漢王數困榮陽、成皋，計欲捐成皋以東，屯鞏、洛以拒楚。酈生因曰：「臣聞知天之天者，王事可成；不知天之天者，王事不可成㈠。王者以民人為天㈡，而民人以食為天㈢。夫敖倉㈣，天下轉輸久矣，臣聞其下迺有藏粟甚多。楚人拔榮陽，不堅守敖倉，

洒引而東，令適卒⑤分守成皋，此乃天所以資漢也⑥。方今楚易
取而漢反卻，自奪其便⑦，臣竊以為過矣。且兩雄不俱立，楚漢
久相持不決，百姓騷動。海內搖蕩，農夫釋耒，工女下機，天
下之心未有所定也⑧。願足下急復進兵，收取滎陽⑨，據敖倉之
粟⑩，塞成皋之險⑪，杜大行之道⑬，距蜚狐之口⑬，守白馬之津⑭，
以示諸侯效實形制之勢⑮，則天下知所歸矣⑯。方今燕、趙已
定，唯齊未下。今田廣據千里之齊，田閒將二十萬之眾，軍於
歷城⑰，諸田宗彊，負海阻河濟⑱，南近楚，人多變詐，足下雖
遣數十萬師，未可以歲月破也。臣請得奉明詔說齊王，使為漢
而稱東藩。」上曰：「善。」

【註】　㈠天之天者⋯上一個「天」字是名詞，指天道，宇宙之道，大自然之道而言。下一個「天」
字是形容詞，指主要的，基本的，可貴的，至高無上的，主宰一切的因素、條件而言。這段話的意思
就是說⋯能夠瞭解天道所認為最基本的生存條件者，則王業就可以成功；不能瞭解天道所認為最基本
的生存條件者，則王業就不能夠成功。　㈡王者以人民為最基本的生存條件。　㈢人民以食物為最基本
的生存條件者，則王業就不能夠成功。　㈣敖倉⋯在河南滎陽縣西四十五里，石門之東，北臨汴水，南環三皇山，秦始皇時置倉
的生存條件。

於敖山之上，故名之曰敖倉。　⑤適卒：即「謫卒」。因犯罪而服兵役之人。　⑥資漢：幫助漢家。　⑦當

今楚國容易擒取而漢家反而退卻，這就是自棄其有利的時機。　⑧由於戰亂，農夫放棄其耕具，工女

離開其織機，大家都不能安居樂業，從事生產，所以天下人民的心理都在搖蕩不定。　⑨現在應當趕

快進兵，收取滎陽。　⑩佔據敖山的倉庫。　⑪堵塞成皋的險隘。　⑫杜絕太行山的通道。　⑬擋住飛狐

嶺（在河南登封）的山喉。　⑭把守白馬津（在洛陽東五十里）的渡口。　⑮以對各國諸侯表示我們的

強大實力與有利的形勢。　⑯則天下之人就知道什麼是他們歸心之所在了。　⑰歷城：山東歷城縣。　⑱負

海：背後有海，以海為靠山。阻河濟：面前有河濟，以河濟為阻擋。

迺從其畫，復守敖倉，而使酈生說齊王曰：「王知天下之所

歸乎？」王曰：「不知也。」曰：「王知天下之所歸，則齊國

可得而有也；若不知天下之所歸，即齊國未可得保也。」齊王

曰：「天下何所歸？」曰：「歸漢。」曰：「先生何以言之？」齊王

曰：「漢王與項王勠力西面擊秦，約先入咸陽者王之。漢王先

入咸陽，項王負約不與而王之漢中㊀。項王遷殺義帝，漢王聞

之，起蜀漢之兵擊三秦，出關而責義帝之處，收天下之兵，立

諸侯之後。降城即以侯其將，得賂即以分其土，與天下同其利，

豪英賢才皆樂為之用。諸侯之兵四面而至，蜀漢之粟方船而下（二）。項王有倍約之名，殺義帝之負；於人之功無所記，於人之罪無所忘；戰勝而不得其賞，拔城而不得其封，非項氏莫得用事；為人刻印，刓而不能授（三）；攻城得賂，積而不能賞；天下畔之（四），賢才怨之，而莫為之用。故天下之士歸於漢王，可坐而策也（五）。夫漢王發蜀漢，定三秦；涉西河之外，援上黨之兵；下井陘，誅成安君；破北魏，舉三十二城：此蚩尤之兵也，非人之力也，天之福也。今已據敖倉之粟，塞成皋之險，守白馬之津，杜大行之阪，距蜚狐之口，天下後服者先亡矣。王疾先下漢王（六），齊國社稷可得而保也；不下漢王，危亡可立而待也。」田廣以為然，迺聽酈生，罷歷下兵守戰備，與酈生日縱酒。

【註】（一）負約：背叛諾言，違棄誓約。（二）方船：並船而航行也。（三）有功者應得封侯之印，但項王手玩印信，戀惜不舍的，不願給於該封之人。（四）畔：同「叛」字。（五）策：推斷其必然的結果。（六）你趕快歸降於漢王。

淮陰侯聞酈生伏軾下齊七十餘城（一），迺夜度兵平原襲齊（二）。齊王田廣聞漢兵至，以為酈生賣己，迺曰：「汝能止漢軍，我活汝；不然，我將亨汝！」酈生曰：「舉大事不細謹，盛德不辭讓。而公不為若更言（三）！」齊王遂亨酈生（四），引兵東走。

漢十二年，曲周侯酈商以丞相將兵擊黥布有功。高祖舉列侯功臣，思酈食其。酈食其子疥數將兵，功未當侯，上以其父故，封疥為高梁侯。後更食武遂（五），嗣三世。元狩元年中，武遂侯平坐詐詔衡山王取百斤金，當弃市，病死，國除也。

【註】（一）伏軾：軾，車前橫木。伏者，憑也，乘車而憑於橫木也。此言酈生以單車之使，運三寸之舌，使齊王降漢，垂手而得齊國七十餘城。韓信率兵數十萬，而功遠不及酈生，故韓信羞憤交加而攻齊。（二）平原：山東平原縣，距歷城甚近。（三）而…同「爾」。若…你、汝。你老子不為你再多說了。（四）亨…同「烹」字。（五）武遂：在河北武強縣東北。

陸賈者，楚人也。以客從高祖定天下，名為有口辯士，居左右，常使諸侯。

及高祖時，中國初定，尉他平南越⑴，因王之。高祖使陸賈賜尉他印為南越王。陸生至，尉他魋結，箕倨見陸生⑵。陸生因進說他曰：「足下中國人，親戚昆弟墳墓在真定⑶。今足下反天性，弃冠帶，欲以區區之越與天子抗衡⑷為敵國，禍且及身矣⑸。且夫秦失其政，諸侯豪桀並起，唯漢王先入關，據咸陽。項羽倍約，自立為西楚霸王，諸侯皆屬，可謂至彊。然漢王起巴蜀，鞭笞天下，刦略諸侯，遂誅項羽滅之。五年之間，海內平定，此非人力，天之所建也。天子聞君王王南越，不助天下誅暴逆，將相欲移兵而誅王，天子憐百姓新勞苦，故且休之，遣臣授君王印，剖符通使。君王宜郊迎，北面稱臣，迺欲以新造未集之越⑹，屈彊於此⑺。漢誠聞之，掘燒王先人冢，夷滅宗族，使一偏將將十萬眾臨越，則越殺王降漢，如反覆手耳⑻。」

【註】　⑴南越：即南粵，今廣東廣西之地。　⑵魋結：即「椎髻」，言其為髻一撮而結之，其形如錐。箕倨：盤曲兩腳而坐，其形如箕，言其傲慢不敬也。　⑶真定：河北正定縣。　⑷抗衡：抵抗、戰鬥。　⑸且：將。　⑹剛剛造形而實力並不堅結。　⑺屈彊：即「倔強」，頑強不服從。　⑻如同把手掌

一反一覆那樣的容易。

於是尉他迺蹴然[一]起坐，謝陸生曰：「居蠻夷中久，殊失禮義。」因問陸生曰：「我孰與蕭何、曹參、韓信賢？」陸生曰：「王似賢。」復曰：「我孰與皇帝賢？」陸生曰：「皇帝起豐沛，討暴秦，誅彊楚，為天下興利除害，繼五帝三王之業，統理中國。中國之人以億計，地方萬里，居天下之膏腴，人眾車轝[二]，萬物殷富，政由一家，自天地剖泮未始有也[三]。今王眾不過數十萬，皆蠻夷，崎嶇山海閒，譬如漢一郡，王何乃比於漢！」尉他大笑曰：「吾不起中國，故王此。使我居中國，何渠不若漢[四]？」迺大說陸生[五]，留與飲數月。曰：「越中無足與語，至生來，令我日聞所不聞。」賜陸生橐中裝直千金[六]，他送亦千金。陸生卒拜尉他為南越王，令稱臣奉漢約。歸報，高祖大悅，拜賈為太中大夫。

【註】　㊀蹴然：突然而起。　㊁轝：同輿，眾多也。　㊂剖泮：即「剖判」，分開。　㊃渠：同詎，豈也，豈不如漢家？　㊄說：同「悅」。　㊅橐：音拓（ㄊㄨㄛ），有底曰囊，無底曰橐。直：同「值」。

陸生時時前說稱詩書。高帝罵之曰：「迺公居馬上而得之，安事詩書〔一〕！」陸生曰：「居馬上得之，寧可以馬上治之乎〔二〕？且湯武逆取而以順守之，文武並用，長久之術也。昔者吳王夫差、智伯極武而亡〔三〕，秦任刑法不變，卒滅趙氏〔四〕。鄉使秦已幷天下〔五〕，行仁義，法先聖，陛下安得而有之？」高帝不懌而有慚色〔六〕，迺謂陸生曰：「試為我著秦所以失天下，吾所以得之者何，及古成敗之國。」陸生迺粗述存亡之徵，凡著十二篇。每奏一篇，高帝未嘗不稱善，左右呼萬歲，號其書曰「新語」〔七〕。

【註】〔一〕你老子居馬上而得天下，搞那些詩書幹什麼？（迺：你。公：老子。）〔二〕居馬上而得天下，難道也可以馬上而治天下嗎？〔三〕極武：窮兵黷武，極度崇拜武力，極度發揮武力的功能。〔四〕秦之先祖，姓趙。〔五〕鄉使：即「向使」，倘使。〔六〕不懌：不快樂。〔七〕陸賈著《新語》二卷。

孝惠帝時，呂太后用事，欲王諸呂，畏大臣有口者〔一〕，陸生自度不能爭之，迺病免家居。以好畤田地善〔二〕，可以家焉。有五男，迺出所使越得橐中裝賣千金，分其子，子二百金，令為生

產。陸生常安車駟馬，從歌舞鼓琴瑟侍者十人，寶劍直百金，謂其子曰：「與汝約：過汝，汝給吾人馬酒食，極欲，十日而更。所死家，得寶劍車騎侍從者③。一歲中往來過他客，率不過再三過，數見不鮮，無久慁公為也④。」

【註】 ①有口者：有口才，善於議論政治者。 ②地善：土地肥沃。 ③陸賈告訴他的五個兒子說：「和你們約定：我無論到你們那一家，你們給我人馬酒食，滿足我的欲望。十天換一家；死在那一家，我的寶劍車騎侍從，就歸於那一家所得。 ④一年之中，來來往往還有別的客人那裏，我也得去。大概每一年輪流到你們那裏，每家不過兩次、三次，常常見面，也不新鮮，你們不要害怕我會長久打擾你們的。」無久慁公為也，即「勿以公為久慁也」。慁，打擾。不要以為老子會長久打擾你們的。慁，音混（ㄏㄨㄣˋ），打擾。

呂太后時，王諸呂，諸呂擅權，欲劫少主，危劉氏。右丞相陳平患之，力不能爭，恐禍及己，常燕居深念①。陸生往請②，直入坐③，而陳丞相方深念，不時見陸生④。陸生曰：「何念之深也？」陳平曰：「生揣我何念⑤？」陸生曰：「足下位為上

相，食三萬戶侯，可謂極富貴無欲矣。然有憂念，不過患諸呂、少主耳㈥。」陳平曰：「然，為之奈何？」陸生曰：「天下安，注意相；天下危，注意將。將相和調，則士務附；士務附，天下雖有變，即權不分㈦。為社稷計，在兩君掌握耳。臣常欲謂太尉絳侯，絳侯與我戲，易吾言。君何不交驩太尉，深相結㈧？」為陳平畫呂氏數事。陳平用其計，迺以五百金為絳侯壽，厚具樂飲；太尉亦報如之，此兩人深相結，則呂氏謀益衰。陳平迺以奴婢百人，車馬五十乘，錢五百萬，遺陸生為飲食費㈨。陸生以此游漢廷公卿閒，名聲藉甚㈩。

【註】

㈠閒居私念，大大的發愁。　㈡請：訪問，問好。　㈢直入客廳而坐。　㈣陳平正在私房深思，所以沒有立刻接見陸賈。　㈤你測我考慮的是什麼？　㈥陸賈說：「你所考慮的事，不過是擔憂著諸呂和少主罷了。」　㈦即：同「則」字。　㈧我常想和太尉絳侯談一談這個問題，但是，我們兩個開玩笑，我說話，他常常不重視。你為什麼不和太尉加強友誼的關係呢？　㈨遺：餽贈。　㈩名聲藉甚：言其名聲響亮，到處都有人緣。

及誅諸呂，立孝文帝，陸生頗有力焉。孝文帝即位，欲使人之南越。陳丞相等乃言陸生為太中大夫，往使尉他，令尉他去黃屋稱制，令比諸侯，皆如意旨㊀。語在南越語中。陸生竟以壽終。

【註】
㊀ 尉他僭擬皇帝，車輿飾黃屋，詔令稱制。由於陸賈的勸導，而尉他撤銷其僭擬之行為。

平原君朱建者，楚人也。故嘗為淮南王黥布相，有辠去，後復事黥布。布欲反時，問平原君，平原君非之，布不聽而聽梁父侯，遂反。漢已誅布，聞平原君諫不與謀㊀，得不誅，語在黥布語中。

【註】
㊀ 與：參與。不參與其反叛計劃。

平原君為人辯有口，刻廉剛直㊀，家於長安。行不苟合，義不取容㊁。辟陽侯行不正㊂，得幸呂太后。時辟陽侯欲知平原君，平原君不肯見。及平原君母死，陸生素與平原君善，過之。平

原君家貧，未有以發喪，方假貸服具，陸生令平原君發喪。陸生往見辟陽侯，賀曰：「平原君母死，何乃賀我乎？」陸賈曰：「前日君侯欲知平原君，平原君義不知君，以其母故。今其母死，君誠厚送喪，則彼為君死矣。」辟陽侯乃奉百金往稅㈣。列侯貴人以辟陽侯故，往稅凡五百金。

【註】　㈠刻苦廉潔剛強正直。　㈡堅持正義不求他人之容悅。　㈢辟陽侯：即審食其，與呂后私通。　㈣稅：致禮弔喪。以百金作為弔喪之贈禮。

辟陽侯幸呂太后，人或毀辟陽侯於孝惠帝，孝惠帝大怒，下吏，欲誅之。呂太后慙，不可以言。大臣多害辟陽侯行，欲遂誅之。辟陽侯急，因使人欲見平原君。平原君辭曰：「獄急，不敢見君。」迺求見孝惠幸臣閎籍孺㈠，說之曰：「君所以得幸帝，天下莫不聞。今辟陽侯幸太后而下吏，道路皆言君讒，欲殺之。今日辟陽侯誅，旦日太后含怒，亦誅君。何不肉袒為辟

陽侯言於帝？帝聽君出辟陽侯，太后大驩⊜。兩主共幸君，君貴富益倍矣。」於是閎籍孺大恐，從其計，言帝，果出辟陽侯。辟陽侯之囚，欲見平原君，平原君不見辟陽侯，辟陽侯以為倍己⊜，大怒。及其成功出之，迺大驚。

【註】　⊝閎籍孺：佞幸傳云：高祖時有籍孺，孝惠時有閎孺。渾合言之為「閎籍孺」。⊜驩：同「歡」。⊜倍：同「背」。

呂太后崩，大臣誅諸呂，辟陽侯於諸呂至深⊝，而卒不誅。計畫所以全者，皆陸生、平原君之力也。

【註】　⊝辟陽侯與諸呂關係最深。

孝文帝時，淮南厲王殺辟陽侯，以諸呂故。文帝聞其客平原君為計策，使吏捕欲治。聞吏至門，平原君欲自殺。諸子及吏皆曰：「事未可知，何早自殺為？」平原君曰：「我死禍絕，不及而身矣⊝。」遂自剄。孝文帝聞而惜之，曰：「吾無意殺

之。」迺召其子，拜為中大夫。使匈奴，單于無禮，迺罵單于，遂死匈奴中。

【註】

㊀而：同「爾」，你。

初，沛公引兵過陳留，酈生踵軍門上謁曰：「高陽賤民酈食其，竊聞沛公暴露，將兵助楚討不義，敬勞從者，願得望見，口畫天下便事。」使者入通，沛公方洗，問使者曰：「何如人也？」使者對曰：「狀貌類大儒，衣儒衣，冠側注㊀。」沛公曰：「為我謝之，言我方以天下為事，未暇見儒人也。」使者出謝曰：「沛公敬謝先生，方以天下為事，未暇見儒人也。」酈生瞋目案劍叱使者曰㊁：「走！復入言沛公，吾高陽酒徒也，非儒人也。」使者懼而失謁㊂，跪拾謁，還走，復入報曰：「客，天下壯士也，叱臣，臣恐，至失謁。曰『走！復入言，而公高陽酒徒也』。」沛公遽雪足杖矛曰：「延客入！」

【註】

㊀側注：冠名，一名高山冠。㊁瞋目：怒目相視。瞋：音琛（彳ㄣ）。案劍：持劍。㊂謁：

酈生入，揖沛公曰：「足下甚苦，暴衣露冠〔一〕，將兵助楚討不義，足下何不自喜也？臣願以事見，而曰『吾方以天下為事，未暇見儒人也』。夫足下欲興天下之大事而成天下之大功，而以目皮相〔二〕，恐失天下之能士。且吾度足下之智不如吾，勇又不如吾。若欲就天下而不相見，竊為足下失之。」沛公謝曰：「鄉者聞先生之容，今見先生之意矣〔三〕。」酒延而坐之，問所以取天下者。酈生曰：「夫足下欲成大功，不如止陳留。陳留者，天下之據衝也，兵之會地也，積粟數千萬石，城守甚堅。臣素善其令，願為足下說之。不聽臣，臣請為足下殺之，而下陳留。足下將陳留之眾，據陳留之城，而食其積粟，招天下之從兵；從兵已成，足下橫行天下，莫能有害足下者矣。」沛公曰：「敬聞命矣。」

於是酈生迺夜見陳留令，說之曰：「夫秦為無道而天下畔之，今足下與天下從則可以成大功。今獨為亡秦嬰城而堅守〔四〕，臣竊

晉見之名片也。

為足下危之。」陳留令曰：「秦法至重也，不可以妄言，妄言者無類，吾不可以應。先生所以教臣者，非臣之意也，願勿復道。」酈生留宿臥，夜半時斬陳留令首，踰城而下報沛公。沛公引兵攻城，縣㈤令首於長竿以示城上人，曰：「趣下㈥，而令頭已斷矣㈦！今後下者必先斬之！」於是陳留人見令已死，遂相率而下沛公。沛公舍陳留南城門上，因其庫兵，食積粟，留出入三月，從兵以萬數，遂入破秦。

【註】㈠暴：音曝（ㄆㄨˋ），曬也。其受日曬露浸之辛苦。㈡以表面來看人。㈢鄉者：即向者，剛才。㈣嬰城：閉城而固守。㈤縣：同「懸」，高掛。㈥趣下：即「促下」，速速的投降。㈦而：同「爾」字。

太史公曰：世之傳酈生書，多曰漢王已拔三秦，東擊項籍而引軍於鞏洛之閒，酈生被儒衣往說漢王。迺非也。自沛公未入關，與項羽別而至高陽，得酈生兄弟。余讀陸生新語書十二篇，固當世之辯士。至平原君子與余善，是以得具論之。

卷九十八　傅、靳、蒯成列傳第三十八

陽陵侯㈠，傅寬，以魏五大夫騎將從，為舍人，起橫陽㈡。從攻安陽㈢、杠里㈣，擊趙賁軍於開封，及擊楊熊曲遇㈤、陽武㈥，斬首十二級，賜爵卿。從至霸上。沛公立為漢王，漢王賜寬封號共德君。從入漢中，遷為右騎將。從定三秦，賜食邑雕陰㈦。從擊項冠、周蘭、龍且，所將卒斬騎將一人敖下㈨，益食邑。從擊項籍，待懷㈧，賜爵通德侯。

【註】

㈠陽陵：故城在今陝西咸陽縣東。　㈡橫陽：在河南商丘縣附近。　㈢安陽：在山東曹縣東南。杠里：大概係「杠集」之誤，在河南商丘縣東南。　㈤曲遇：河南中牟縣。　㈥陽武：河南陽武縣。

㈦雕陰：在陝西鄜縣北。　㈧懷：今河南沁陽縣。　㈨敖下：敖山之下，在河南滎澤縣西北。

屬淮陰，擊破齊歷下軍，擊田解。屬相國參，殘博㈠，益食邑。因定齊地，剖符世世勿絕，封為陽陵侯，二千六百戶，除前所食。為齊右丞相，備齊。五歲為齊相國。

【註】　㊀殘破博縣。博縣在今山東泰安縣東南。

四月，擊陳豨，屬太尉勃，以相國代丞相噲擊豨。一月，徙為代相國，將屯㊀。二歲，為代丞相，將屯。

【註】　㊀將屯：帶領屯田之兵。

孝惠五年卒，諡為景侯。子頃侯精立，二十四年卒。子共侯則立，十二年卒。子侯偃立，三十一年，坐與淮南王謀反，死，國除。

信武侯靳歙㊀，以中涓從㊁，起宛朐㊂。攻濟陽㊃。破李由軍。擊秦軍亳南、開封東北，斬騎千人將一人，首五十七級，捕虜七十三人，賜爵封號臨平君。又戰藍田北，斬車司馬二人，騎長一人，首二十八級，捕虜五十七人。至霸上。沛公立為漢王，賜歙爵建武侯，遷為騎都尉。

【註】　㊀歙：音翕（ㄒㄧˋ）。㊁中涓：官名，侍奉於宮中者。㊂宛朐：在山東荷澤縣西南。㊃濟陽：山東濟陽縣。

從定三秦。別西擊章平軍於隴西㊀，破之，定隴西㊁六縣，所將卒斬車司馬、侯各四人，騎長十二人。從東擊楚，至彭城。漢軍敗還，保雍丘㊂，去擊反者王武等。略梁地，別將擊邢說軍甾南㊃，破之，身得說都尉二人，司馬、侯十二人，降吏卒四千一百八十人。破楚軍榮陽東。三年，賜食邑四千二百戶。

【註】

㊀章平：秦降將章邯之子。　㊁隴西：甘肅隴西縣。　㊂雍丘：河南杞縣。　㊃甾：在河南考城。

別之河內，擊趙將賁郝軍朝歌㊀，破之，所將卒得騎將二人，車馬二百五十匹。從攻安陽以東㊁，至棘蒲㊂，下七縣。別攻破趙軍，得其將司馬二人，候四人，降吏卒二千四百人。從攻下邯鄲。別下平陽㊃，身斬守相，所將卒斬兵守、郡守各一人，降邯鄲。從攻朝歌、邯鄲，及別擊破趙軍，降邯鄲郡六縣。還軍敖倉，破項籍軍成皋南，擊絕楚饟道，起榮陽至襄邑。破項冠軍魯下㊄。略地東至繒、郯、下邳㊅，南至蘄、竹邑㊆。擊項悍濟陽下。還擊項籍陳下，破之。別定江陵，降江陵柱國、大司馬

以下八人，身得江陵王，生致之雒陽，因定南郡。從至陳，取楚王信，剖符世世勿絕，定食四千六百戶，號信武侯。

【註】

㈠朝歌：河南淇縣。　㈡安陽：河南北部之安陽縣。　㈢棘蒲：河北趙縣。　㈣平陽：在河南臨漳縣西。　㈤魯下：魯城之下，在山東曲阜縣。　㈥繒：在山東嶧縣東八十里。郯：山東郯城縣。下邳：在江蘇邳縣東。　㈦蘄：音其（ㄑㄧˊ），安徽宿縣。竹邑：安徽宿縣北二十里之符離集。

以騎都尉從擊代，攻韓信平城下，還軍東垣。有功，遷為車騎將軍，幷將梁、趙、齊、燕、楚車騎，別擊陳豨丞相敞，破之㈠，因降曲逆。從擊黥布有功，益封定食五千三百戶。凡斬首九十級，虜百三十二人；別破軍十四，降城五十九，定郡、國各一，縣二十三；得王、柱國各一人，二千石以下至五百石三十九人。

【註】

㈠敞：侯敞，陳豨之丞相。

高后五年，歙卒，謚為肅侯。子亭代侯。二十一年，坐事國

人過律㊀，孝文後三年，奪侯，國除。

【註】㊀事：役使。因役使國人超過法律之規定而犯罪。

蒯成侯緤者㊀，沛人也，姓周氏。常為高祖參乘，以舍人從起沛。至霸上，西入蜀、漢，還定三秦，食邑池陽㊂。東絕甬道，從出度平陰㊂，遇淮陰侯兵襄國㊃，軍乍利乍不利，終無離上心，以緤為信武侯，食邑三千三百戶。高祖十二年，以緤為蒯成侯，除前所食邑。

【註】㊀蒯成：在陝西寶雞縣東。緤：音謝（ㄒㄧㄝˋ）。㊁池陽：在陝西涇陽縣西北。㊂平陰：河南孟津縣東。㊃襄國：河北冀縣。

上欲自擊陳豨，蒯成侯泣曰：「始秦攻破天下，未嘗自行。今上常自行，是為無人可使者乎？」上以為「愛我」，賜入殿門不趨，殺人不死㊀。

至孝文五年，緤以壽終，謚為貞侯。子昌代侯，有罪，國除。

至孝景中二年，封緤子居代侯。至元鼎三年，居為太常，有罪，國除。

【註】 ㊀高祖賜緤成侯以特權：入殿門不趨，殺人不死。

太史公曰：陽陵侯傅寬、信武侯靳歙皆高爵，從高祖起山東，攻項籍，誅殺名將，破軍降城以十數，未嘗困辱，此亦天授也。緤成侯周緤操心堅正，身不見疑，上欲有所之，未嘗不垂涕，此有傷心者然，可謂篤厚君子矣。

卷九十九　劉敬、叔孫通列傳第三十九

劉敬㊀者，齊人也。漢五年，戍隴西，過洛陽，高帝在焉。婁敬脫輓輅㊁，衣其羊裘，見齊人虞將軍曰：「臣願見上言便事。」婁敬曰：「臣衣帛，衣帛見；衣褐，衣褐見：終不敢易衣㊃。」於是虞將軍入言上。上召入見，賜食。

虞將軍欲與之鮮衣㊂，婁敬曰：「臣衣帛，衣帛見；衣褐，衣褐

【註】 ㊀敬：本為婁敬，因高祖賜其姓劉，故為劉敬。 ㊁輅：用人力推挽之小車。輓：同「挽」，拉也。脫：卸下。言婁敬卸下其所牽拉之小車。 ㊂鮮衣：鮮美的衣服。 ㊃我原來穿的是帛衣，我以帛衣進見；我原來穿的是褐衣，就以褐衣進見，絕對不敢更換衣服。（由此可見劉敬之本色。帛衣與褐衣，代表著貴賤之分，貴人衣帛，賤人衣褐。）

已而問婁敬，婁敬說曰：「陛下都洛陽，豈欲與周室比隆哉？」上曰：「然。」婁敬曰：「陛下取天下與周室異。周之先自后稷，堯封之邰㊀，積德累善十有餘世。公劉避桀居豳。太王以狄伐故，去豳，杖馬箠居岐㊁，國人爭隨之。及文王為西

伯，斷虞芮之訟，始受命，呂望、伯夷自海濱來歸之。武王伐
紂，不期而會孟津之上八百諸侯，皆曰紂可伐矣，遂滅殷。成
王即位，周公之屬傅相焉，迺營成周洛邑，以此為天下之中也。
諸侯四方納貢職，道里均矣，有德則易以王，無德則易以亡。
凡居此者，欲令周務以德致人，不欲依阻險，令後世驕奢以虐
民也。及周之盛時，天下和洽，四夷鄉風㈢，慕義懷德，附離㈣而
並事天子，不屯一卒，不戰一士，八夷大國之民莫不賓服，效
其貢職。及周之衰也，分而為兩，天下莫朝，周不能制也。非
其德薄也，而形勢弱也。今陛下起豐沛，收卒三千人，以之徑
往而卷㈤蜀漢，定三秦，與項羽戰滎陽，爭成皋之口，大戰七
十，小戰四十，使天下之民肝腦塗地，父子暴骨中野，不可勝
數，哭泣之聲未絕，傷痍者未起，而欲比隆於成康之時，臣竊
以為不侔也。且夫秦地被山帶河，四塞以為固，卒然有急，百
萬之眾可具也。因秦之故，資甚美膏腴之地，此所謂天府者也。
陛下入關而都之，山東雖亂，秦之故地可全而有也。夫與人鬭，

不搤其亢⑹，拊其背⑺，未能全其勝也。今陛下入關而都，案秦之故地，此亦搤天下之亢而拊其背也。」

【註】 ㈠邠：在陝西武功縣西南二十三里。 ㈡持著一條馬鞭子而居於岐山之下。言其空身而赴岐也。 ㈢鄉風：即「向風」。 ㈣附離：即「附麗」，歸附順從。 ㈤卷蜀漢：即「捲蜀漢」。 ㈥亢：即「吭」。咽喉：控揑其喉嚨。 ㈦拊：打擊。

於是上曰：「本言都秦地者婁敬，『婁』者乃『劉』也。」賜姓劉氏，拜為郎中，號為奉春君。

高帝問羣臣，羣臣皆山東人，爭言周王數百年，秦二世即亡，不如都周。上疑未能決。及留侯明言入關便，即日車駕西都關中。

漢七年，韓王信反，高帝自往擊之。至晉陽㈠，聞信與匈奴欲共擊漢，上大怒，使人使匈奴。匈奴匿其壯士肥牛馬，但見老弱及羸畜㈡。使者十輩來㈢，皆言匈奴可擊。上使劉敬復往使匈奴，還報曰：「兩國相擊，此宜夸矜見所長。今臣往，徒見羸瘠㈣老弱，此必欲見短，伏奇兵以爭利。愚以為匈奴不可擊也。」

是時漢兵已踰句注㊄，二十餘萬兵已業行。上怒，罵劉敬曰：「齊虜！以口舌得官，今迺妄言沮吾軍㊅。」械繫敬廣武㊆。遂往，至平城，匈奴果出奇兵圍高帝白登，七日然後得解。高帝至廣武，赦敬，曰：「吾不用公言，以困平城。吾皆已斬前使十輩言可擊者矣。」迺封敬二千戶，為關內侯，號為建信侯。

【註】㊀晉陽：山西太原。㊁嬴：音雷（ㄌㄟ），瘦弱的。㊂十輩：十次。㊃見：音現，表示。㊄句注：在山西代縣西北二十五里，即雁門山。㊅泪我的軍隊之士氣。㊆廣武：縣名，在今山西代縣西四十五里。

高帝罷平城歸，韓王信亡入胡。當是時，冒頓為單于，兵彊，控弦三十萬，數苦北邊。上患之，問劉敬。劉敬曰：「天下初定，士卒罷於兵，未可以武服也。冒頓殺父代立，妻羣母，以力為威，未可以仁義說也。獨可以計久遠子孫為臣耳㊀，然恐陛下不能為。」上曰：「誠可，何為不能！顧為柰何㊁？」劉敬對曰：「陛下誠能以適長公主妻之㊂，厚奉遺之㊃，彼知漢適女送厚，蠻夷必慕以為閼氏㊄，生子必為太子，代單于。何者？貪漢

重幣。陛下以歲時漢所餘彼所鮮數問遺（六）。因使辯士風諭以禮節（七）。冒頓在，固為子婿；死，則外孫為單于。豈嘗聞外孫敢與大父抗禮者哉（八）？兵可無戰以漸臣也。若陛下不能遣長公主，而令宗室及後宮詐稱公主，彼亦知，不肯貴近，無益也。」高帝曰：「善。」欲遣長公主。呂后日夜泣，曰：「妾唯太子、一女，奈何弃之匈奴！」上竟不能遣長公主，而取家人子名為長公主（九），妻單于。使劉敬往結和親約。

【註】（一）唯一的辦法是作長久打算，使其後世子孫為我們中國之臣。（二）如果真是可以的話，為什麼不能辦呢？但是怎麼樣去辦呢？（三）皇后所生之長女，曰「嫡長公主」。（四）送嫁的禮物很厚。（五）閼氏：匈奴稱皇后為閼氏。閼氏讀音為胭脂，婦人之化裝品，亦可解為美如胭脂也。（六）每年定時的以漢家所餘的而為匈奴所缺少的東西，常常餽送於他。（七）利用親善的機會，派遣能言善道之人到匈奴教導他以中國的禮節。（這就是文化同化的方法。）（八）那有外孫敢與其外祖父相抗衡的道理呢？（九）家人子：在宮中沒有名號的宮女之子。有上家人子下家人子之分。

劉敬從匈奴來，因言「匈奴河南白羊、樓煩王（一），去長安近者

七百里，輕騎一日一夜可以至秦中⑵。秦中新破，少民，地肥饒，可益實。夫諸侯初起時，非齊諸田，楚昭、屈、景莫能興。今陛下雖都關中，實少人。北近胡寇，東有六國之族，宗彊，一日有變，陛下亦未得高枕而臥也。臣願陛下徙齊諸田，楚昭、屈、景，燕、趙、韓、魏後，及豪桀名家居關中。無事，可以備胡；諸侯有變，亦足率以東伐。此彊本弱末之術也⑶。」上曰：「善。」迺使劉敬徙所言關中十餘萬口。

【註】 ⑴王先謙曰：「白羊、樓煩，乃匈奴二王名。霍青傳可證。」 ⑵言匈奴如來為寇，一日一夜可以至秦中。（秦中，即關中也。） ⑶徙六國之族十餘萬口於關中。這是強本弱末之術。

叔孫通者，薛人也。秦時以文學徵，待詔博士。數歲，陳勝起山東，使者以聞，二世召博士諸儒生問曰：「楚戍卒攻蘄入陳，於公如何？」博士諸生三十餘人前曰：「人臣無將，將即反，罪死無赦⑴。願陛下急發兵擊之。」二世怒，作色⑵。叔孫通前曰：「諸生言皆非也。夫天下合為一家，毀郡縣城，鑠其

兵㈢，示天下不復用。且明主在其上，法令具於下，使人人奉
職，四方輻輳，安敢有反者㈣！此特羣盜鼠竊狗盜耳，何足置之
齒牙閒㈤。郡守尉今捕論，何足憂㈥。」二世喜曰：「善。」盡
問諸生，諸生或言反，或言盜。於是二世令御史案諸生言反者
下吏，非所宜言。諸言盜者皆罷之㈦。迺賜叔孫通帛二十四，衣
一襲，拜為博士。叔孫通已出宮，反舍，諸生曰：「先生何言
之諛也㈧？」通曰：「公不知也，我幾不脫於虎口㈨！」迺亡去，
之薛，薛已降楚矣。及項梁之薛，叔孫通從之。敗於定陶，從
懷王。懷王為義帝，徙長沙，叔孫通留事項王。漢二年，漢王
從五諸侯入彭城，叔孫通降漢王。漢王敗而西，因竟從漢。

【註】　㈠人臣不准私自帶兵有軍事行動，如果私自有軍事行動，那便是反叛，罪大惡極，殺無赦。　㈡作
色：變色。　㈢銷燬其兵器。鑠：音朔（ㄕㄨㄛ），銷燬也。　㈣輻輳：輳，聚也，如車輻之聚於轂，
言四方皆團聚於二世皇帝領導之下而無反叛也。　㈤現在這幾個小小的戍卒，不過是（特）眾竊狗盜
而已，何足以掛齒？　㈥各地的郡守郡尉們，正在捉拿他們，依法論罪，不值得擔憂。　㈦於是二世就
命令御史審判諸生：凡是以為楚戍卒之行動是造反者，就交付法官，治之以罪，凡是以為楚戍卒之行

動是盜竊者，就罷除不用。　⑻先生說話為什麼那樣的諂媚呢？　⑼叔孫通說：「你們不知道，我幾乎脫離不了虎口！」

叔孫通儒服，漢王憎之；迺變其服，服短衣，楚製，漢王喜。

叔孫通之降漢，從儒生弟子百餘人，然通無所言進，專言諸故羣盜壯士進之。弟子皆竊罵曰：「事先生數歲，幸得從降漢，今不能進臣等，專言大猾，何也⊖？」叔孫通聞之，迺謂曰：「漢王方蒙矢石爭天下，諸生寧能鬬乎⊜？故先言斬將搴旗之士⊜。諸生且待我，我不忘矣⊝。」漢王拜叔孫通為博士，號稷嗣君⊞。

【註】　⊖先生不引進我們，而專一提出那些姦邪狡猾之人，是什麼意思？　⊜漢王正在蒙被矢石以爭天下，你們難道能夠戰鬬嗎？　⊜現在正是作戰的時候，所以我先介紹那些能夠斬敵人之將，拔敵人之旗的勇士。　⊝你們稍微等我一時，我不會忘記你們的。　⊞稷嗣：言其德業，足以繼承齊國稷下之風流也。

漢五年，已幷天下，諸侯共尊漢王為皇帝於定陶⊖。叔孫通就其儀號。高帝悉去秦苛儀法，為簡易。羣臣飲酒爭功，醉或妄

呼，拔劍擊柱，高帝患之。叔孫通知上益厭之也，說上曰：「夫儒者難與進取，可與守成。臣願徵魯諸生，與臣弟子共起朝儀。」高帝曰：「得無難乎？」叔孫通曰：「五帝異樂，三王不同禮。禮者，因時世人情為之節文者也㊁。故夏、殷、周之禮所因損益可知者，謂不相復也。臣願頗采古禮與秦儀雜就之。」上曰：「可試為之，令易知，度吾所能行，為之㊂。」

於是叔孫通使徵魯諸生三十餘人。魯有兩生不肯行，曰：「公所事者且十主，皆面諛以得親貴。今天下初定，死者未葬，傷者未起，又欲起禮樂。禮樂所由起，積德百年而後可興也。吾不忍為公所為。公所為不合古，吾不行。公往矣，無汙我㊃！」叔孫通笑曰：「若真鄙儒也，不知時變㊄。」

遂與所徵三十人西，及上左右為學者與其弟子百餘人為綿蕝㊅野外。習之月餘。叔孫通曰：「上可試觀。」上既觀，使行禮，曰：「吾能為此。」迺令羣臣習肄㊆。

【註】　㊀ 定陶：山東定陶縣。　㊁ 禮是根據於世事人情的需要而制定的規範與條文。　㊂ 推想我所能

行得到的來制定。　㈣你走好了，不要污辱我。　㈤若：汝、你。你真是粗野頑固的書生啊！不知道時勢的變化。　㈥縣蕞：於野外畫地為宮，引繩為縣，立表為蕞，著其位置，以習儀禮。蕞：音ㄗㄨㄟˋ，束茅以表位也。　㈦肄：習也。

會十月漢七年，長樂宮成，諸侯羣臣皆朝十月㈠。儀：先平明㈡，謁者治禮㈢，引以次入殿門，廷中陳車騎步卒衛宮，設兵張旗志㈣。傳言「趨」㈤。殿下郎中俠陛，陛數百人㈥。功臣列侯諸將軍軍吏以次陳西方，東鄉㈦；文官丞相以下陳東方，西鄉㈧。大行設九賓，臚傳㈨。於是皇帝輦出房，百官執職㈩傳警㈪，引諸侯王以下至吏六百石以次奉賀。自諸侯王以下莫不振恐肅敬㈫。至禮畢，復置法酒㈬。諸侍坐殿上皆伏抑首，以尊卑次起上壽。觴九行，謁者言「罷酒」。御史執法舉不如儀者輒引去。竟朝置酒，無敢讙譁失禮者。於是高帝曰：「吾迺今日知為皇帝之貴也㈭。」迺拜叔孫通為太常，賜金五百斤。

【註】　㈠漢時，尚以十月為正月。　㈡在未平明之先。　㈢謁者：即司儀之人。　㈣旗志：即「旗幟」。　㈤傳聲，使入者皆令「趨」，蓋以小步疾行為敬也。　㈥俠：同「挾」，挾其兩旁，每陛皆數百人。　㈦武官，站

在西方，面向東。⑧文官，站在東方，面向西。⑨大行：掌賓客之禮，即大鴻臚是也。大行設置九人以司

臚傳之任。上傳語只下為臚，下告上為句。⑩職：同「幟」，百官執幟。⑪傳聲而唱警。⑫振恐：即「震

恐」也。⑬攞設法酒（象徵性之酒，所以備禮，非以實飲）。⑭得意忘形之言。

諸生酒皆喜曰：「叔孫生誠聖人也，知當世之要務⑴。」

叔孫通因進曰：「諸弟子儒生隨臣久矣，與臣共為儀，願陛

下官之。」高帝悉以為郎。叔孫通出，皆以五百斤金賜諸生。

【註】 ⑴讀此可知叔孫通的一羣弟子，都是現實主義者。老師不引進他們，他們便罵老師，老師給

他們以官職與金錢，便說老師是聖人。

漢九年，高帝徙叔孫通為太子太傅。漢十二年，高祖欲以趙

王如意易太子，叔孫通諫上曰：「昔者晉獻公以驪姬之故廢太

子，立奚齊，晉國亂者數十年，為天下笑。秦以不蚤定扶蘇，

令趙高得以詐立胡亥，自使滅祀，此陛下所親見。今太子仁孝，

天下皆聞之；呂后與陛下攻苦食啖⑴，其可背哉！陛下必欲廢

適而立少⑵，臣願先伏誅，以頸血汙地。」高帝曰：「公罷矣，

吾直戲耳㈣。」叔孫通曰：「太子天下本，本一搖天下振動，柰
何以天下為戲！」高帝曰：「吾聽公言。」及上置酒，見留侯
所招客從太子入見，上迺遂無易太子志矣㈤。

【註】㈠攻苦…夫婦共同向艱苦進攻。食啖…夫婦在窮困時共同吃粗淡之飯。此言夫婦已經長期共
過窮苦患難，不可背棄。㈡其：同「豈」。㈢適：同「嫡」。㈣直：僅僅，只是。我不過是說玩
話而已。㈤高祖於是乎才沒有更換太子的心了。

高帝崩，孝惠即位，迺謂叔孫生曰：「先帝園陵寢廟，羣臣
莫（能）習。」徙為太常，定宗廟儀法。及稍定漢諸儀法，皆叔
孫生為太常所論箸也。

孝惠帝為東朝長樂宮㈠，及閒往㈡，數蹕煩人㈢，迺作複道㈣，
方築武庫南㈤。叔孫生奏事，因請閒曰：「陛下何自築複道高
寢，衣冠月出游高廟？高廟，漢太祖，柰何令後世子孫乘宗廟
道上行哉㈥？」孝惠帝大懼，曰：「急壞之。」叔孫生曰：「人
主無過舉㈦。今已作，百姓皆知之，今壞此，則示有過舉。願陛

下為原廟渭北，衣冠月出游之，益廣多宗廟，大孝之本也。」

上迺詔有司立原廟。原廟起，以複道故⑧。

【註】 ①長樂宮：太后所在之地。惠帝赴長樂宮，所以朝其母也。②閒往：非大朝之時，中間之小謁見。③數蹕：因為皇帝經過，所以常常止人行以清道。煩人：禁止人行就是煩擾人民。④複道：閣道也，於原有道路之上，以木架以通車之道路，謂之複道。⑤武庫：王先謙曰：「黃圖：武庫在未央宮，蕭何造以藏兵器。畢沅彙訂《長安圖志》載故長安城圖，自未央宮而東，越武庫南，過鼎路門，取道高帝廟南，達長樂宮也。」⑥複道行於高空，故曰上行宗廟之道也。⑦人主作事，不當有過。⑧原廟之所以興作，就是由於要彌補作複道之過失。所以說原廟之起，由於複道。

孝惠帝曾春出游離宮，叔孫生曰：「古者有春嘗果，方今櫻桃孰①，可獻，願陛下出，因取櫻桃獻宗廟。」上迺許之。諸果獻由此興②。

【註】 ①孰：同「熟」。②供獻新鮮水果於祖廟，由此時而興。

太史公曰：語曰：「千金之裘，非一狐之腋也①；臺榭之榱②，

非一木之枝也；三代之際，非一士之智也⑶。」信哉！夫高祖起微細，定海內，謀計用兵，可謂盡之矣。然而劉敬脫輓輅一說，建萬世之安，智豈可專邪⑷！叔孫通希世度務，制禮進退，與時變化，卒為漢家儒宗。「大直若詘⑸，道固委蛇⑹」，蓋謂是乎？

【註】 ㊀腋：音挾（ㄧㄝˊ），肩臂內面交接之部分。千金的狐裘，係集織許多的狐腋部分而成，並不是一狐之腋所能成。 ㊁橼：音崔（ㄘㄨㄟ），臺榭所用的椽子。 ㊂三代盛世的政教，不是一個智謀之士所能建立。以上三段，皆言一切成功，必賴於集體努力，團隊精神。 ㊃智謀豈是一人所可以獨有？ ㊄大直若詘：詘，同「屈」。真正的大直，好像是彎彎曲曲似的。從每一小段看，好像是彎曲不直，但從整個的全段而看，則是極其直正的。所以評斷一個人，不能從其小段看，而要從其全段看，不能從其局部論，而要從其整體論。 ㊅道：真理。委蛇：同逶迤，委移。言真理的進行，原來是曲曲折折，委委彎彎的。

卷一百　季布、欒布列傳第四十

季布者，楚人也。為氣任俠，有名於楚。項籍使將兵，數窘漢王〔一〕。及項羽滅，高祖購求布千金〔二〕，敢有舍匿，罪及三族。季布匿濮陽周氏。周氏曰：「漢購將軍急，迹且至臣家〔三〕，將軍能聽臣，臣敢獻計；即不能〔四〕，願先自剄。」季布許之。迺髡鉗季布〔五〕，衣褐衣，置廣柳車中〔六〕，并與其家僮數十人，之魯朱家所賣之。朱家心知是季布，迺買而置之田。誠其子曰：「田事聽此奴，必與同食。」朱家迺乘軺車〔七〕之洛陽，見汝陰侯滕公〔八〕。滕公留朱家飲數日。因謂滕公曰：「季布何大罪，而上求之急也？」滕公曰：「布數為項羽窘上，上怨之，故必欲得之。」朱家曰：「君視季布何如人也？」曰：「賢者也。」朱家曰：「臣各為其主用，季布為項籍用，職耳。項氏臣可盡誅邪？今上始得天下，獨以己之私怨求一人，何示天下之不廣也〔九〕！且以季布之賢而漢求之急如此，此不北走胡即南走越耳。夫忌壯士

以資敵國，此伍子胥所以鞭荊平王之墓也〇。君何不從容為上言邪〇？」汝陰侯滕公心知朱家大俠，意季布匿其所，迺許曰：「諾。」待閒，果言如朱家指〇。上迺赦季布。當是時，諸公皆多〇季布能摧剛為柔，朱家亦以此名聞當世。季布召見，謝，上拜為郎中。

【註】〇常常使漢王困窘，言其將兵常把漢王打得走投無路。〇高祖懸賞千金，捉拿季布。〇馬上就要搜索（跡）到我家。〇即：如果。〇髡鉗：髡，音坤（ㄎㄨㄣ），截去頭髮也。鉗，音前（ㄑㄧㄢˊ），以鐵束頸也。古時的一種刑罰，為髡鉗。〇廣柳車：廣，大也。柳車：柳衣之車，喪車也。把季布置於大喪車之中，以免有人知道。〇輜車：小車，一馬駕行之車。〇滕公：夏侯嬰也。〇今上初得天下，獨獨的為個人的私怨而搜求一人，為什麼對天下人表示自己這樣的度量狹小呢？〇伍子胥鞭打楚平王之屍。〇你何不平心靜氣的把這種道理為漢王講一講呢？〇等待漢王閒暇的時候，滕公果然照著朱家的意思（指），在高祖面前講了一下。〇多：贊揚，稱道。

孝惠時，為中郎將。單于嘗為書嫚呂后，不遜〇，呂后大怒，召諸將議之。上將軍樊噲曰：「臣願得十萬眾，橫行匈奴中。」

諸將皆阿呂后意⑴，曰：「然。」季布曰：「樊噲可斬也！夫高帝將兵四十餘萬眾，困於平城，今噲奈何以十萬眾橫行匈奴中，面欺！且秦以事於胡，陳勝等起。于今創痍未瘳⑶，噲又面諛，欲搖動天下。」是時殿上皆恐，太后罷朝，遂不復議擊匈奴事。

【註】　⑴單于曾經寫信侮辱呂后。　⑵阿：曲意附和。　⑶戰爭所造成的瘡傷，尚未治癒。

季布為河東守，孝文時，人有言其賢者，孝文召，欲以為御史大夫。復有言其勇，使酒難近。至，留邸一月，見罷。季布因進曰：「臣無功竊寵，待罪河東⑴。陛下無故召臣，此人必有以臣欺陛下者；今臣至，無所受事，罷去，此人必有以毀臣者。夫陛下以一人之譽而召臣，一人之毀而去臣，臣恐天下有識聞之有以闚陛下也⑵。」上默然慙⑶，良久曰：「河東吾股肱郡，故特召君耳。」布辭之官⑷。

【註】　⑴待罪：擔任某種工作，時時憂慮不能勝任而獲罪，故曰「待罪」。　⑵以一人之譽而召臣，以一人之毀而去臣，可見毀譽不是取決於多數，而是取決於一二人，這就不是公開的政治，所以

天下有識之士，必以此窺見皇帝之深淺了。 ⑬文帝無話可講，而現愧色。 ⑭之：往也。

楚人曹丘生，辯士，數招權顧金錢⑴。事貴人趙同等⑵，與竇長君善⑶。季布聞之，寄書諫竇長君曰：「吾聞曹丘生非長者，勿與通。」及曹丘生歸，欲得書請季布⑷。竇長君曰：「季將軍不說足下⑸，足下無往。」固請書，遂行。使人先發書，季布果大怒，待曹丘。曹丘至，即揖季布曰：「楚人諺曰『得黃金百（斤），不如得季布一諾⑹』，足下何以得此聲於梁楚閒哉？且僕楚人，足下亦楚人也。僕游揚足下之名於天下，顧不重邪⑺？何足下距僕之深也⑻！」季布迺大說，引入，留數月，為上客，厚送之。季布名所以益聞者，曹丘揚之也⑼。

【註】⑴招權：結託有權有勢的特權階層之人。顧金錢：以非常手段取得金錢，即藉政治優勢取得經濟利益。 ⑵趙同：宦官。 ⑶竇長君：景帝之舅父。 ⑷請：晉見季布請問安好。 ⑸說：同「悅」。 ⑹得到黃金百斤，不如得到季布一言。可見人格有貴於黃金者。 ⑺顧：豈也。 ⑻距：拒絕。 ⑼揚：宣傳。

季布弟季心，氣蓋關中，遇人恭謹，為任俠，方數千里，士

皆爭為之死。嘗殺人，亡之吳，從袁絲匿。長事袁絲㈠，弟畜灌夫、籍福之屬㈡。嘗為中司馬，中尉郅都不敢不加禮㈢。少年多時時竊籍其名㈣以行。當是時，季心以勇，布以諾，著聞關中。

【註】

㈠ 以兄長之禮，事袁絲。　㈡ 以對待弟弟之禮，養灌夫、籍福等。　㈢ 郅都：是一個很暴橫的酷吏，時人都說「寧逢猛虎，勿逢郅都」，可見郅都令人恐怖之狀。但郅都見季心，猶不敢不加禮，可見季心之勇。　㈣ 一般少年常常假借季心的名義以行事。

季布母弟丁公，為楚將。丁公為項羽逐窘高祖彭城西，短兵接，高祖急，顧丁公曰：「兩賢豈相戹哉㈠！」於是丁公引兵而還，漢王遂解去。及項王滅，丁公謁見高祖。高祖以丁公徇軍中㈡，曰：「丁公為項王臣不忠，使項王失天下者，迺丁公也㈢。」遂斬丁公，曰：「使後世為人臣者無效丁公！」

【註】

㈠ 我們兩個賢者，何必互相殘殺呢？　㈡ 高祖以丁公巡行於軍中而數其罪。　㈢ 由於丁公當時不殺高祖，而使項羽失了天下，所以就項羽而言，丁公不是忠臣。

欒布者,梁人也。始梁王彭越為家人時㊀,嘗與布游。窮困,賃傭於齊,為酒人保㊁。數歲,彭越去之巨野中為盜,而布為人所略賣,為奴於燕。為其家主報仇,燕將臧荼舉以為都尉。臧荼後為燕王,以布為將。及臧荼反,漢擊燕,虜布。梁王彭越聞之,迺言上,請贖布以為梁大夫。

【註】 ㊀家人:庶人,無官職之人。 ㊁保:傭工。

使於齊,未還,漢召彭越,責以謀反,夷三族。已而梟彭越頭於雒陽下,詔曰:「有敢收視者,輒捕之。」布從齊還,奏事彭越頭下㊀,祠而哭之。吏捕布以聞。上召布,罵曰:「若與彭越反邪㊁?吾禁人勿收,若獨祠而哭之,與越反明矣。趣亨之㊂。」方提趣湯㊃,布顧曰:「願一言而死。」上曰:「何言?」布曰:「方上之困於彭城,敗滎陽、成皋間,項王所以(遂)不能〔遂〕西,徒以彭王居梁地,與漢合從苦楚也。當是之時,彭王一顧,與楚則漢破,與漢而楚破。且垓下之會,微

彭王，項氏不亡⑤。天下已定，彭王剖符受封，亦欲傳之萬世。今陛下一徵兵於梁，彭王病不行，而陛下疑以為反，反形未見，以苛小案誅滅之⑥，臣恐功臣人人自危也。今彭王已死，臣生不如死，請就亨。」於是上迺釋布罪，拜為都尉。

【註】　⑴報告事情的經過。　⑵若：汝、你。　⑶趣：讀「促」，速速的。亨：同「烹」。即謂趕快把他烹了。　⑷正在把他舉起來要往湯鑊中扔下去煮的時候。　⑸假定不是彭王，項羽就不會亡。　⑹以苛細之過失，交付法辦而誅滅之。

孝文時，為燕相，至將軍。布迺稱曰：「窮困不能辱身下志，非人也⑴；富貴不能快意，非賢也。」於是嘗有德者厚報之，有怨者必以法滅之。吳（軍）〔楚〕反時，以軍功封俞侯，復為燕相。燕齊之間皆為欒布立社，號曰欒公社。

【註】　⑴辱其身而下其志，即是忍耐，窮困之時要能忍耐。

景帝中五年薨。子賁嗣，為太常，犧牲不如令，國除。

太史公曰：以項羽之氣，而季布以勇顯於楚，身屨（典）軍搴旗者數矣㈠，可謂壯士。然至被刑戮，為人奴而不死，何其下也！彼必自負其材，故受辱而不羞，欲有所用其未足也，故終為漢名將。賢者誠重其死。夫婢妾賤人感慨而自殺者，非能勇也，其計畫無復之耳㈡。欒布哭彭越趣湯如歸者㈢，彼誠知所處㈣，不自重其死㈤。雖往古烈士，何以加哉！

【註】　㈠親身困滅敵人的軍隊（屨、困也，）拔去（搴）敵人的旗幟有許多次了。　㈡⋯婢妾賤人有所感慨而自殺者，並不是他們能夠勇敢，乃是除此以外，別無他法罷了。　㈢赴湯鑊而如歸者。　㈣他實在是知道如何自處。　㈤所以不吝惜（重）於一死。

卷一百零一 袁盎、鼂錯列傳第四十一

袁盎⊖者，楚人也，字絲。父故為羣盜⊜，徙處安陵⊜。高后時，盎嘗為呂祿舍人。及孝文帝即位，盎兄噲任盎為中郎⊜。

【註】

⊖盎：音骯去聲（ㄤ）。⊜故：原來、舊日。⊜安陵：在陝西咸陽縣東。⊜任：保任。

絳侯為丞相⊖，朝罷趨出，意得甚。上禮之恭，常自送之。袁盎進曰：「陛下以丞相何如人？」上曰：「社稷臣。」盎曰：「絳侯所謂功臣，非社稷臣。社稷臣主在與在，主亡與亡。方呂后時，諸呂用事，擅相王，劉氏不絕如帶。是時絳侯為太尉，主兵柄，弗能正。呂后崩，大臣相與共畔諸呂，太尉主兵，適會其成功，所謂功臣，非社稷臣。丞相如有驕主色。陛下謙讓，臣主失禮，竊為陛下不取也。」後朝，上益莊，丞相益畏。已而絳侯望袁盎曰：「吾與而兄善，今兒廷毀我⊜！」盎遂不謝。

【註】

⊖周勃封於絳，故絳侯即指周勃也。⊜我與你哥哥彼此交好，現今你這個小娃娃在朝廷之

前，竟然毀壞我。

及絳侯免相之國⊖，國人上書告以為反，徵繫清室⊜，宗室諸
公莫敢為言，唯袁盎明絳侯無罪，絳侯得釋，盎頗有力，絳侯
乃大與盎結交。

【註】　⊖之：往。　⊜繫：拘囚也。清室：即請室，請罪之室，獄也。

淮南厲王朝，殺辟陽侯⊖，居處驕甚。袁盎諫曰：「諸侯大驕
必生患，可適削地。」上弗用。淮南王益橫。及棘蒲侯柴武太
子謀反事覺，治，連淮南王，淮南王徵，上因遷之蜀，轞車傳
送⊜。袁盎時為中郎將，乃諫曰：「陛下素驕淮南王，弗稍禁，
以至此，今又暴摧折之⊜。淮南王為人剛，如有遇霧露行道死，
陛下竟為以天下之大弗能容，有殺弟之名，奈何？」上弗聽，
遂行之。
淮南王至雍，病死，聞⊗，上輟食，哭甚哀。盎入，頓首請
罪。上曰：「以不用公言至此。」盎曰：「上自寬，此往事，

豈可悔哉！且陛下有高世之行者三，此不足以毀名。」上曰：「吾高世行三者何事？」盎曰：「陛下居代時，太后嘗病，三年，陛下不交睫，不解衣，湯藥非陛下口所嘗弗進。夫曾參以布衣猶難之，今陛下親以王者脩之，過曾參孝遠矣。夫諸呂用事，大臣專制，然陛下從代乘六乘傳馳不測之淵，雖賁育之勇不及陛下。陛下至代邸，西向讓天子位者再，南面讓天子位者三。夫許由一讓，而陛下五以天下讓，過許由四矣。且陛下遷淮南王，欲以苦其志，使改過，有司衞不謹，故病死。」於是上乃解，曰：「將奈何？」盎曰：「淮南王有三子，唯在陛下耳。」於是文帝立其三子皆為王，盎由此名重朝廷。

【註】　㊀辟陽侯：即與高后淫亂之審食其也。　㊁轞車：有欄柵之車，專以載囚犯者。　㊂暴摧折：猛然的加以摧折。　㊃聞：新聞傳之於中外。

袁盎常引大體、忼慨㊀。宦者趙同以數幸㊁，常害袁盎，袁盎患之。盎兄子種為常侍騎，持節夾乘，說盎曰：「君與鬭㊂，廷

辱之四，使其毀不用五。」孝文帝出，趙同參乘，袁盎伏車前曰：「臣聞天子所與共六尺輿者，皆天下豪英。今漢雖乏人，陛下獨奈何與刀鋸餘人載六！」於是上笑，下趙同。趙同泣下車。

【註】

一　常談論國家大事，有憤激與感慨之意。　二　數：星曆之術數。　三　你若是要與趙同鬥。　四　最好在皇帝之面前侮辱他。　五　使得他被毀壞而不見用。　六　宦官係受過腐刑的人，故曰「刀鋸餘人」。

文帝從霸陵上，欲西馳下峻阪一。袁盎騎，並車擥轡。上曰：「將軍怯邪？」盎曰：「臣聞千金之子坐不垂堂二，百金之子不騎衡三，聖主不乘危而徼幸。今陛下騁六駬四，馳下峻山五，如有馬驚車敗，陛下縱自輕六，奈高廟、太后何？」上乃止。

【註】

一　乘車而下很陡的坡道。　二　不坐在房簷之下，怕的是瓦礫下來會打傷人。　三　不騎衡：騎，倚也，靠也。衡：同「橫」，橫木欄杆之類，不倚身於欄杆等物，怕的是欄杆易斷，而墜身於樓下也。　四　六駬：六匹駿馬，其馳如飛，故又稱「八飛」。　五　奔馳而下坡度極陡的山。　六　縱：即使，縱然不自重其生命。

上幸上林，皇后、慎夫人從。其在禁中，常同席坐。及坐，郎署長布席㊀，袁盎引卻慎夫人坐㊁。慎夫人怒，不肯坐，上亦怒，起，入禁中。盎因前說曰：「臣聞尊卑有序則上下和。今陛下既已立后，慎夫人乃妾，妾主豈可與同坐哉！適所以失尊卑矣。且陛下幸之，即厚賜之。陛下所以為慎夫人，適所以禍之。陛下獨不見『人彘』乎㊂？」於是上乃說㊃，召語慎夫人。慎夫人賜盎金五十斤。

【註】㊀布席：佈置席位。㊁袁盎把慎夫人的座位，拉在後邊。㊂人彘：呂后性狠毒，忌妒戚夫人之得寵，於是於高祖死後，斷戚夫人手足，挖去其眼睛，燻聾其兩耳，強飲之以使人啞吧之藥，使居於廁中，命之曰「人彘」。㊃說：同「悅」。

然袁盎亦以數直諫㊀，不得久居中㊁，調為隴西都尉。仁愛士卒，士卒皆爭為死。遷為齊相。徙為吳相，辭行，種謂盎曰：「吳王驕日久，國多姦㊂。今苟欲劾治，彼不上書告君，即利劍刺君矣㊃，南方卑濕，君能日飲㊄。毋何㊅，時說王曰毋反而已㊆。

如此幸得脫（八）。」盎用種之計，吳王厚遇盎。

【註】　（一）因為常常直言諫諍。　（二）所以不得長久在朝中任職。　（三）吳王日益驕縱，國多姦邪。　（四）假定你要彈劾他，他不是上書告你，便是以利劍刺殺你。　（五）南方卑濕，你最好天天喝酒。　（六）不要多管閒事。　（七）不過常常勸王不要造反就算了。　（八）能夠這樣，大概可以僥倖而免於難。

盎告歸，道逢丞相申屠嘉，下車拜謁，丞相從車上謝袁盎（一）。袁盎還，愧其吏，乃之丞相舍上謁，求見丞相。丞相良久而見之。盎因跪曰：「願請閒。」丞相曰：「使君所言公事，之曹與長史掾議，吾且奏之（二）；即私邪，吾不受私語（三）。」袁盎即跪說曰：「君為丞相，自度孰與陳平、絳侯（四）？」丞相曰：「吾不如。」袁盎曰：「善，君即自謂不如。夫陳平、絳侯輔翼高帝，定天下，為將相，而誅諸呂，存劉氏；君乃為材官蹶張，遷為隊率，積功至淮陽守，非有奇計攻城野戰之功。且陛下從代來，每朝，郎官上書疏，未嘗不止輦受其言，言不可用置之，言可受採之，未嘗不稱善。何也？則欲以致天下賢士大夫（五）。上日聞

所不聞，明所不知，日益聖智；君今自閉鉗天下之口而日益愚六。
夫以聖主責愚相，君受禍不久矣。」丞相乃再拜曰：「嘉鄙野
人，乃不知，將軍幸教。」引入與坐，為上客。

【註】㈠袁盎在路上遇見丞相申屠嘉，趕快下車表示敬禮，丞相還禮，但是仍在車上，並不下車。㈡假定你所說的是公事，你可以到有關的機關和他們的主管人員談，我替你呈奏於皇帝。㈢如果是私話嗎？對不起，我不接受任何私人的請託。㈣絳侯：周勃也。㈤致：招徠。㈥閉鉗：封鎖天下人之口而不准說話。

盎素不好鼂錯，鼂錯所居坐，盎去；盎坐，錯亦去：兩人未
嘗同堂語㈠。及孝文帝崩，孝景帝即位，鼂錯為御史大夫，使吏
案袁盎受吳王財物，抵罪，詔赦以為庶人㈡。

吳楚反，聞，鼂錯謂丞史曰：「夫袁盎多受吳王金錢，專為
蔽匿，言不反。今果反，欲請治盎宜知計謀。」丞史曰：「事
未發，治之有絕㈢。今兵西鄉，治之何益㈣！且袁盎不宜有謀㈤。」
鼂錯猶與未決。人有告袁盎者，袁盎恐，夜見竇嬰，為言吳所

以反者，願至上前口對狀。竇嬰入言上，上乃召袁盎入見。鼂錯在前，及盎請辟人賜閒⑥，錯去，固恨甚⑦。袁盎具言吳所以反狀，以錯故⑧，獨急斬錯以謝吳，吳兵乃可罷⑨。其語具在吳事中。使袁盎為太常，竇嬰為大將軍。兩人素相與善。逮吳反⑩，諸陵長者長安中賢大夫爭附兩人，車隨者日數百乘。

【註】　㊀袁盎與鼂錯感情不好，鼂錯在辦公室的時候，袁盎就走；袁盎在辦公室的時候，鼂錯就走，兩個人永遠不曾在辦公室說過一句話。　㊁鼂錯當了御史大夫，便派人查辦袁盎，說他貪受了吳王的財物，判之以罪。景帝下命令赦了袁盎的罪，只是罷了他的官。　㊂絕：過甚。言事情沒有發作，而治之以罪，有失於過甚。　㊃現在吳國的軍隊，已經向西進攻，治他以罪，有什麼益處？　㊄並且按理而論，袁盎似乎不至於和吳國有勾結。　㊅辟人：即「避人」。避開別的人。賜閒：賜給他以單獨談話的空隙。　㊆鼂錯見景帝與袁盎單獨談話，恨恨而去。　㊇袁盎對景帝說：吳楚等國所以反叛，完全是由於鼂錯要削奪他們的權勢，他們才起來反叛。現在只有趕快把鼂錯殺了，就可以使吳楚退兵。　㊈現在只有趕快把鼂錯殺了，就可以使吳楚退兵。

㊉逮：及也。

及鼂錯已誅，袁盎以太常使吳。吳王欲使將，不肯。欲殺之，

使一都尉以五百人圍守盎軍中，袁盎自其為吳相時，（嘗）有從史㊀嘗盜愛盎侍兒㊁，盎知之，弗泄，遇之如故。人有告從史，言「君知爾與盎侍者通」，乃亡歸㊂。袁盎驅自追之㊃，遂以侍者賜之㊄，復為從史。及袁盎使吳見守，從史適為守盎校尉司馬㊅，乃悉以其裝齎置二石醇醪㊆，會天寒，士卒飢渴，飲酒醉，西南陬㊇卒皆臥，司馬夜引袁盎起，曰：「君可以去矣，吳王期旦日日斬君。」盎弗信，曰：「公何為者㊈？」司馬曰：「臣故為從史盜君侍兒者㊉。」盎乃驚謝曰：「公幸有親，吾不足以累公㊀㊀。」司馬曰：「君弟去，臣亦且亡，辟吾親，君何患㊀㊁！」乃以刀決張，道從醉卒（直）隧（直）出㊀㊂。司馬與分背㊀㊃。袁盎解節毛懷之㊀㊄，杖，步行七八里㊀㊅，明，見梁騎㊀㊆，騎馳去，遂歸報㊀㊇。

【註】㊀從史：隨從人員，不主文書。㊁偷偷的與袁盎的侍女發生戀愛關係。㊂隨從的侍女發覺袁盎知道其事，就逃跑了。㊃袁盎親自駕車把他追回來。㊄並且以侍女賞給他。㊅吳王所派包圍袁盎的頭目，恰好正是袁盎以前的隨從。㊆裝齎：儲蓄的財物。置：購買。醇醪：醇，音純（ㄔㄨㄣ），濃厚的酒。醪，音勞（ㄌㄠ），濁重的酒。言以其所儲蓄的全部金錢，買了兩石很烈性的酒。㊇陬：

音鄒（ㄗㄡ），隅，角落。　㈨你是幹什麼的人？　㈩我本是與你的侍女私相戀愛的隨從。　⊝袁盎大吃一驚而謝道：「你上有老母，我不可連累你。」　⊜隨從道：「你只管（弟，同第，但也）離去好了，我也馬上逃亡，藏匿我的母親，你何必憂愁呢？」　⊜於是用刀子把帳（張）幕剪開，從醉兵堆（隧，同堆）中跑出。　⊜隨從和他分手，背道而馳。　⊜袁盎把他所佩帶的節（符節）旄，藏在懷中。　⊜一拄著拐杖，步行了七八里。　⊜到了天明，遇見了梁國的馬匹。　⊜遂騎馬回去，報告經過。

吳楚已破，上更以元王子平陸侯禮為楚王，袁盎為楚相。嘗上書有所言，不用。袁盎病免居家，與閭里浮沈，相隨行，鬭雞走狗。雒陽劇孟嘗過袁盎㈠，盎善待之。安陵富人有謂盎曰：「吾聞劇孟博徒㈡；將軍何自通之㈢？」盎曰：「劇孟雖博徒，然母死，客送葬車千餘乘，此亦有過人者㈣。且緩急人所有㈤。夫一旦有急叩門，不以親為解㈥，不以存亡為辭㈥，天下所望者，獨季心㈦、劇孟耳。今公常從數騎，一旦有緩急，寧足恃乎㈧！」罵富人，弗與通。諸公聞之，皆多袁盎㈨。

【註】　㈠劇孟：洛陽人，以俠義顯名於當時。　㈡博徒：賭博之徒。　㈢將軍何必和他相往來？　㈣緩急：患難危急之事。　㈤不以父母為解釋。　㈥不以生死為藉口。　㈦季心：季布之弟，以任俠聞於關

中。⑧現在跟從你的，雖然有幾匹人馬，但是，一日有了危急，難道就可以仗恃嗎？⑨多：贊許。

袁盎雖家居，景帝時時使人問籌策①。梁王欲求為嗣，袁盎進說②，其後語塞③。梁王以此怨盎，曾使人刺盎。刺者至關中，問袁盎④，諸君譽之皆不容口⑤。乃見袁盎曰：「臣受梁王金來刺君⑥，君長者⑦，不忍刺君⑧。然後刺君者十餘曹，備之⑨！」袁盎心不樂，家又多怪，乃之棓生所問占⑩。還，梁刺客後曹輩果遮刺殺盎安陵郭門外⑪。

【註】　①籌策：計策。②袁盎主張不宜立梁王。③以後立梁王的建議就停止了。④打聽袁盎的為人。⑤人人都稱讚袁盎，簡直是說不完的好處。⑥我受梁王的金錢收買來暗殺你。⑦我一打聽你的為人，才知道你是一個大大的忠厚長者。⑧我不忍心暗殺你。⑨但是，以後要來暗殺你的，還有十幾個人，你要小心防備啊！⑩棓生：人名，善於占卜吉凶者。⑪遮：跟蹤而截殺之於安陵城門外。

鼂錯①者，潁川人也②。學申商刑名於軹張恢先所③，與雒陽宋孟及劉禮同師。以文學為太常掌故④。

【註】　①鼂錯：姓鼂，名錯。鼂，音晁（ㄔㄠˊ）。②潁川：今河南禹縣。③申：申不害。商：商

靰。刑名…刑名法術之學說，主張嚴刑峻法以治民，反對仁義道德之論。軹…縣名，在河南濟源縣。

張恢先…人名，習刑名法術之學者。所…處，地方。㈣太常…官名，秦曰奉常，漢改名太常，主管

宗廟禮儀之事。太常有博士弟子之考試，中甲科者，補為郎，中乙科者，補為掌故。掌故者，主故

事，百石之吏也。

錯為人陗直刻深㈠。孝文帝時，天下無治尚書者㈡，獨聞濟南
伏生故秦博士，治尚書，年九十餘，老不可徵㈢，乃詔太常使人
往受之。太常遣錯受尚書伏生所㈣。還，因上便宜事，以書稱說㈤。
詔以為太子舍人、門大夫、家令㈥。以其辯得幸太子，太子家號
曰「智囊」㈦。數上書孝文時，言削諸侯事㈧，及法令可更定
者。書數十上，孝文不聽，然奇其材，遷為中大夫。當是時，
太子善錯計策，袁盎諸大功臣，多不好錯。

【註】㈠陗…同「峭」，嚴峻冷酷。刻深…苛刻陰沉。㈡天下沒有研究《尚書》、通達《尚書》的
人。㈢人已老了，不能應徵到京師來。㈣太常派晁錯到濟南伏生之家，學習《尚書》。㈤便宜事…
有利於當世之事務。上呈文，論析政事，根據《尚書》之理論而演述其見解。㈥太子舍人：秦置，
為太子官屬，漢因之，選良家子弟，更值宿衛。家令…官名，秦置，漢因之，主倉穀飲食。㈦智囊…聰明

智計的袋子。　⑻ 削弱諸侯的土地及權力。

景帝即位，以錯為內史㊀。錯常數請閒言事㊁，輒聽㊂，寵幸傾九卿㊃，法令多所更定。丞相申屠嘉心弗便，力未有以傷。內史府居太上廟壖中，門東出，不便，錯乃穿兩門南出，鑿廟壖垣㊄。丞相嘉聞，大怒，欲因此過為奏請誅錯。錯聞之，即夜請閒，具為上言之。丞相奏事，因言錯擅鑿廟垣為門，請下廷尉誅。上曰：「此非廟垣，乃壖中垣，不致於法。」丞相謝。罷朝，怒謂長史曰：「吾當先斬以聞，乃先請，為兒所賣，固誤㊅。」丞相遂發病死，錯以此愈貴。

【註】　㊀內史……首都長官。　㊁單獨與皇帝談話，商議政事。　㊂常常聽從。　㊃寵愛親幸，壓倒於九卿之上。秦以奉常、郎中令、衞尉、太僕、廷尉、典客、宗正、治粟內史、少府為九卿。漢以奉常為太常，郎中令為光祿勳，典客為大鴻臚，治粟內史為大司農。　㊄壖……同「堧」，音軟，陽平（ㄖㄨㄢˊ），廟外餘地。垣……短牆。　㊅固誤……根本錯誤。

遷為御史大夫，請諸侯之罪過㊀，削其地㊁，收其枝郡㊂。奏

上，上令公卿列侯宗室集議，莫敢難，獨竇嬰爭之，由此與錯有郤㈣。錯所更令三十章，諸侯皆喧嘩疾鼂錯。錯父聞之，從潁川來，謂錯曰：「上初即位，公為政用事，侵削諸侯，別疏人骨肉，人口議㈤多怨公者，何也？」鼂錯曰：「固也㈥。不如此，天子不尊，宗廟不安。」錯父曰：「劉氏安矣，而鼂氏危矣，吾去公歸矣㈦！」遂飲藥死，曰：「吾不忍見禍及吾身。」死十餘日，吳楚七國果反，以誅錯為名。及竇嬰、袁盎進說，上令鼂錯衣朝衣斬東市。

【註】　㈠尋找諸侯的罪過。　㈡剝奪其土地。　㈢收回其附屬的郡邑。　㈣郤：同「隙」，仇怨。　㈤口議：口頭上議論紛紛。　㈥固也：這是必然的結果。　㈦劉家是安全了，而我們鼂家就危險了，我要遠離你而永歸了。

鼂錯已死，謁者僕射鄧公為校尉，擊吳楚軍為將。還，上書言軍事，謁見上。上問曰：「道軍所來㈠，聞鼂錯死，吳楚罷不？」鄧公曰：「吳王為反數十年矣，發怒削地，以誅錯為名，

其意非在錯也。且臣恐天下之士噤口⑵，不敢復言也！」上曰：「何哉？」鄧公曰：「夫鼂錯患諸侯彊大不可制，故請削地以尊京師，萬世之利也。計畫始行，卒受大戮⑶，內杜忠臣之口，外為諸侯報仇，臣竊為陛下不取也。」於是景帝默然良久，曰：「公言善，吾亦恨之⑷。」乃拜鄧公為城陽中尉。

【註】⑴你是從前方（軍事區域）回來。⑵噤口：閉口。⑶卒：同「猝」，忽然。⑷恨：後悔。

鄧公，成固人也⑴，多奇計。建元中，上招賢良，公卿言鄧公，時鄧公免，起家為九卿。一年，復謝病免歸。其子章以脩黃老言，顯於諸公閒。

【註】⑴成固：即城固，陝西城固縣，即漢中也。

太史公曰：袁盎雖不好學，亦善傅會⑴，仁心為質，引義忼慨。遭孝文初立，資適逢世⑵。時以變易⑶，及吳楚一說，說雖行哉⑷，然復不遂⑸。好聲矜賢，竟以名敗。鼂錯為家令時，數

言事不用[三]；後擅權，多所變更[四]。諸侯發難，不急匡救，欲報私讎[五]，反以亡軀。語曰「變古亂常，不死則亡」，豈錯等謂邪！

【註】　㊀傅會：即「附會」，牽強湊合。　㊁適逢其世，得以騁其才資。　㊂隨時局而變化。　㊃殺晁錯之建議雖行。　㊄但是，景帝以後悔恨，覺得殺晁錯用法過當。所以以後也不信袁盎之為人，不用其意見。

卷一百零二 張釋之、馮唐列傳第四十二

張廷尉㊀釋之者，堵陽人也㊁，字季。有兄仲同居。以訾為騎郎㊂，事孝文帝，十歲不得調㊃，無所知名。釋之曰：「久宦減仲之產，不遂㊄。」欲自免歸㊅。中郎將袁盎知其賢，惜其去，乃請徙釋之補謁者㊆。釋之既朝畢，因前言便宜事。文帝曰：「卑之，毋甚高論，令今可施行也㊇。」於是釋之言秦漢之間事，秦所以失而漢所以興者久之。文帝稱善，乃拜釋之為謁者僕射㊈。

【註】 ㊀廷尉：官名，主持刑獄，漢曾改名大理，不久仍用此名。 ㊁堵陽：地名，河南方城縣。 ㊂訾：同貲，納錢或穀，得以為官，曰「貲郎」。 ㊃調：升遷。 ㊄不遂：不得志。 ㊅辭職。 ㊆謁者：官名，辦理賓讚受事，秩比六百石。 ㊇說得淺近一點，不要講很高的論調，只求其今日能夠實行的。 ㊈謁者之首長。

釋之從行，登虎圈。上問上林尉㊀諸禽獸簿㊁，十餘問，尉左

右視，盡不能對。虎圈嗇夫（三）從旁代尉對上所問禽獸簿甚悉，欲以觀
其能口對響應無窮者。文帝曰：「吏不當若是邪（四）？尉無賴（五）！」乃
詔釋之拜嗇夫為上林令。釋之久之前曰：「陛下以絳侯周勃何如
如人也？」上曰：「長者也。」又復問：「東陽侯張相如何如
人也？」上復曰：「長者。」釋之曰：「夫絳侯、東陽侯稱為長
者，此兩人言事曾不能出口（六），豈斆此嗇夫諜諜利口捷給哉（七）！且秦
以任刀筆之吏（八），吏爭以亟疾苛察相高（九），然其斃徒文具耳，無
惻隱之實（一○）。以故不聞其過，陵遲而至於二世（一一），天下土崩。今
陛下以嗇夫口辯而超遷之（三），臣恐天下隨風靡靡，爭為口辯而無
其實。且下之化上，疾於景響（三），舉錯不可不審也（四）。」文帝
曰：「善。」乃止，不拜嗇夫。

【註】　（一）上林有八丞十二尉，尉秩三百石。　（二）有關禽獸名稱、數目，及各種情形。　（三）管理虎圈之
人。　（四）邪：同「耶」字，疑問詞。　（五）沒有才能可恃。　（六）不善於說話，遲鈍好像說不出口似的。　（七）斃：
音效（ㄒㄧㄠ），效法，倣效。諜：同喋，多說話的。捷給：對答迅速，滔滔無窮。　（八）刀筆吏：古
代簡牘，用竹木，以刀代筆，故曰刀筆。書吏之掌案牘者，謂之刀筆吏。　（九）刑獄之吏爭著以急切疾

速苛刻細察為高明。⑩其毛病是徒具空文而沒有惻隱仁慈的真誠。⑪陵遲：一天一天的走下坡。⑫超遷：不以程序而越級升遷。⑬景：即「影」，如影隨形，如響斯應。⑭舉錯：即「舉措」，一切動作處置。

上就車，召釋之參乘⑴，徐行，問釋之秦之敝。具以質言⑵。至宮，上拜釋之為公車令⑶。

【註】⑴乘：陪乘，陪坐於車之右旁。古者乘車之法，導者居左，御者居中，參乘居右。⑵具：即「俱」，完全以實際情形報告。⑶公車令：公車官署之首長。

頃之，太子與梁王共車入朝，不下司馬門⑴，於是釋之追止太子、梁王無得入殿門。遂劾不下公門，不敬，奏之。薄太后聞之，文帝免冠謝曰：「教兒子不謹。」薄太后乃使使承詔赦太子、梁王，然后得入。文帝由是奇釋之，拜為中大夫。

【註】⑴宮衛令：凡出入殿門公車司馬門，乘軺傳者皆下。不如令，罰金四兩。

頃之，至中郎將。從行至霸陵，居北臨廁⑴。是時慎夫人從，

上指示慎夫人新豐道，曰：「此走邯鄲道也（二）。」使慎夫人鼓瑟，上自倚瑟而歌（三），意慘悽悲懷，顧謂羣臣曰：「嗟乎！以北山石為槨，用紵絮斮陳，蘗漆其閒，豈可動哉（四）！」左右皆曰：「善。」釋之前進曰：「使其中有可欲者，雖錮南山猶有郤；使其中無可欲者，雖無石槨，又何慼焉（五）！」文帝稱善。其後拜釋之為廷尉。

頃之，上行出中渭橋（一），有一人從橋下走出，乘輿馬驚（二）。於是使騎捕，屬之廷尉（三）。釋之治問。曰：「縣人來（四），聞蹕（五），匿橋下。久之，以為行已過，即出，見乘輿車騎，即走耳。」

【註】（一）廟：同「側」，邊側也。霸陵北頭，側近霸水，文帝登高遠望。（二）慎夫人、邯鄲人，故文帝指新豐道路對她說：「這條路是走向邯鄲之路」。（三）依著瑟聲的調子而歌。（四）斮陳：即錯陳，交雜舖置，即用麻與縣交雜舖置，然後加上一層漆，這樣，一層麻絮一層漆，棺槨就非常之結實了。（五）假使槨中有引人貪心的東西，即使把整個的南山封閉起來，還是有空隙（郤）的；假使槨中沒有可以引起人們貪心的東西，雖是沒有石槨，又何必戚戚然而擔憂呢？

廷尉奏當，一人犯蹕，當罰金。文帝怒曰：「此人親驚吾馬，吾馬賴柔和（六），令他馬（七），固不敗傷我乎？而廷尉乃當之罰金！」釋之曰：「法者天子所與天下公共也（八）。今法如此而更重之，是法不信於民也。且方其時（九），上使立誅之則已（一〇）。今既下廷尉，廷尉，天下之平也（一一），一傾而天下用法皆為輕重（一二），民安所措其手足（一三）？唯陛下察之。」良久，上曰：「廷尉當是也（一四）。」

【註】 （一）在渭橋中途。 （二）乘輿：天子之乘車。 （三）屬：交付廷尉法辦。 （四）縣人：一般老百姓稱公務人員都是縣人。 （五）蹕：禁止行人以清道。 （六）幸賴我馬溫和。 （七）假如是其他的馬。 （八）法律是天子與天下人民所共同遵守的。 （九）當其時。 （一〇）天子使人立刻殺之也就罷了。 （一一）廷尉執法，是天下的平衡器，在法律之前，人人平等。 （一二）稍一偏差，而天下用法隨意輕重。 （一三）人民還有什麼措手立足之地呢？ （一四）文帝思之很久，說道：「廷尉的判處很對！」

其後有人盜高廟坐前玉環，捕得，文帝怒，下廷尉治。釋之案律盜宗廟服御物者為奏，奏當棄市（一）。上大怒曰：「人之無道，乃盜先帝廟器，吾屬廷尉者，欲致之族（二），而君以法奏之，

非吾所以共承宗廟意也㊂。」釋之免冠頓首謝曰：「法如是足也㊃。且罪等㊄，然以逆順為差㊅。今盜宗廟器而族之㊆，有如萬分之一，假令愚民取長陵一抔土，陛下何以加其法乎㊇？」久之，文帝與太后言之，乃許廷尉當。是時，中尉條侯周亞夫與梁相山都侯王恬開見釋之持議平，乃結為親友。張廷尉由此天下稱之。

【註】　㊀刑人於市，與眾棄之，死刑也。　㊁族：一人有罪，殺其父母妻子。　㊂共：同「恭」字。　㊃依法判死罪是足夠的了。　㊄俱是死罪。　㊅但是要看他犯罪之逆順為差別。　㊆現在他偷盜宗廟而殺其父母妻子。　㊇假定無知的愚民偷盜長陵上的一把土，陛下將以何種法律判之呢？抔：音剖（ㄆㄡˇ），一握也。抔土，一握之土也。

後文帝崩，景帝立，釋之恐㊀，稱病。欲免去，懼大誅至；欲見謝，則未知何如。用王生計，卒見謝，景帝不過也㊁。

【註】　㊀景帝為太子時，乘車不下司馬門，違法，被釋之所劾奏，今為皇帝，釋之恐其挾怨而加之以罪。　㊁景帝不以釋之昔日之劾奏為過而罪之。

王生者，善為黃老言，處士也〔一〕。嘗召居廷中，三公九卿盡會立，王生老人，曰「吾韤解〔二〕」，顧謂張廷尉：「為我結韤！」釋之跪而結之。既已，人或謂王生曰：「獨奈何廷辱張廷尉，使跪結韤？」王生曰：「吾老且賤，自度終無益於張廷尉〔三〕。張廷尉方今天下名臣，吾故聊辱廷尉，使跪結韤，欲以重之。」諸公聞之，賢王生而重張廷尉。

【註】
〔一〕不出仕之人。〔二〕韤：同襪（ㄨㄚˋ），足衣。解：開了。〔三〕自己揣測，自以為。

張廷尉事景帝歲餘，為淮南王相，猶尚以前過也。久之，釋之卒。其子曰張摯，字長公，官至大夫，免。以不能取容當世，故終身不仕〔一〕。

【註】
〔一〕生性正直，不肯降志辱身，取容悅於當世，故至於免官而終身不仕。

馮唐者，其大父趙人。父徙代。漢興徙安陵〔一〕。唐以孝著，為中郎署長〔二〕，事文帝。文帝輦過〔三〕，問唐曰：「父老何自為郎〔四〕？」

家安在？」唐具以實對⑤。文帝曰：「吾居代時，吾尚食監高袪數為我言趙將李齊之賢，戰於鉅鹿下。今吾每飯，意未嘗不在鉅鹿也。父知之乎？」唐對曰：「尚不如廉頗、李牧之為將也。」上曰：「何以？」唐曰：「臣大父在趙時，為官（卒〔率〕將，善李牧。臣父故為代相，善趙將李齊，知其為人也。」上既聞廉頗、李牧為人，良說⑥，而搏髀⑦曰：「嗟乎！吾獨不得廉頗、李牧時為吾將，吾豈憂匈奴哉！」唐曰：「主臣⑧！陛下雖得廉頗、李牧，弗能用也。」上怒，起入禁中。良久，召唐讓⑨曰：「公柰何眾辱我，獨無閒處乎？」唐謝曰：「鄙人不知忌諱。」

【註】 ㈠ 安陵：地名，西漢所置縣，在陝西咸陽縣東。 ㈡ 為郎署之長。 ㈢ 輦：音撚（ㄋㄧㄢˇ），帝王的乘車，稱輦。 ㈣ 老人家這麼大的年紀，為什麼還是個郎官？（何自為郎：即何以為郎。） ㈤ 具：同「俱」，盡也，完全。 ㈥ 良說，即良悅，甚是喜歡。 ㈦ 搏髀：拍股也。髀：音俾（ㄅㄧˇ），膝以上之大骨也。 ㈧ 驚歎之詞。 ㈨ 讓：音壤去聲（ㄖㄤˋ），責備。

當是之時，匈奴新大入朝邢㈠，殺北地㈡都尉印㈢。上以胡寇

為意，乃卒復問唐曰：「公何以知吾不能用廉頗、李牧也？」唐對曰：「臣聞上古王者之遣將也，跪而推轂〔四〕，曰閫以內者，寡人制之；閫以外者，將軍制之〔五〕。軍功爵賞皆決於外，歸而奏之。此非虛言也。臣大父言，李牧為趙將居邊，軍市之租〔六〕皆自用饗士〔七〕，賞賜決於外，不從中擾也〔八〕。委任而責成功〔九〕，故李牧乃得盡其智能，遣選車千三百乘〔一〇〕，彀騎萬三千〔一二〕，百金之士十萬〔一三〕，是以北逐單于，破東胡〔一三〕，滅澹林〔一四〕，西抑彊秦，南支韓、魏〔一五〕。當是之時，趙幾霸〔一六〕。其後會趙王遷立，其母倡也〔一七〕，王遷立，乃用郭開讒〔一八〕，卒誅李牧，令顏聚代之。是以兵破土北〔一九〕，為秦所禽滅〔二〇〕。今臣竊聞魏尚為雲中守，其軍市租盡以饗士卒，〔出〕私養錢〔二一〕，五日一椎牛〔二二〕，饗賓客軍吏舍人〔二三〕，是以匈奴遠避，不近雲中之塞〔二四〕。虜曾一入，尚率車騎擊之，所殺甚眾。夫士卒盡家人子，起田中從軍〔二五〕，安知尺籍伍符〔二六〕終日力戰，斬首捕虜，上功莫府〔二七〕，一言不相應〔二八〕，文吏以法繩之〔二九〕。其賞不行而吏奉法必用〔三〇〕。臣愚，以為陛下法太明，賞太輕，罰太重。

且雲中守魏尚坐上功首虜差六級，陛下下之吏，削其爵，罰作之㈢。由此言之，陛下雖得廉頗、李牧，弗能用也。臣誠愚，觸忌諱，死罪死罪！」文帝說㈢。是日令馮唐持節赦魏尚，復以為雲中守，而拜唐為車騎都尉，主中尉及郡國車士㈢。

【註】㈠匈奴初次大舉侵入朝邪。朝邪：縣名，在甘肅平涼縣西北。匈奴老單于以十四萬騎侵入。㈡北地：郡名，統甘肅舊寧夏、慶陽二府之地，治馬領，故城在環縣東南。㈢都尉姓孫名印。㈣推轂：推其車輪使前進也。轂：音穀（ㄍㄨˇ），車輪中心的圓木。㈤閫：音悃（ㄎㄨㄣˇ），國門也。國門以內，寡人制之；國門以外，將軍制之，此即表示委託以制軍之全權。㈥軍中置有市場，有租稅之收入。㈦宴待軍士。㈧不從中干擾。㈨任之以任務而責求其成功，至於如何達成其任務，則全由將帥當機規劃，天子不加干涉。㈠〇《六韜》書有選車之法。㈢㈠轂騎：張弓而射之騎兵。轂：音構（ㄍㄡˋ），張弓至於極滿。㈢㈢言其戰功之強，待遇之高，價值一百斤的金子。㈢㈢東胡：種族名，烏丸之祖，其別為鮮卑，在匈奴東，故名。今稱通古斯族。㈢㈣澹林：種族名。不知其詳。㈢㈤支：抵當。㈢㈥幾乎稱霸。㈢㈦倡妓，樂戶之女。㈢㈧郭開，趙之寵臣，暗地與秦勾結，受秦國之金，使為反間，終於殺忠良之將李牧，而趙國遂亡。㈢㈨打敗仗而逃。㈢〇禽：同擒。㈢㈠私自俸祿所得之錢。㈢㈢以椎擊牛而殺之。㈢㈢左右親近之人，亦可稱為舍人。㈢㈣雲中郡故城在陝西榆林縣東北三十里。㈢㈤農家子弟，素無

軍事訓練及軍事知識。　㊀記載軍事法令的書籍，曰尺籍。行伍節制的符信與證件，曰伍符。　㊁呈報功勞於元帥之幕府。莫府：即幕府。　㊂一句話不相對照。　㊃辦文書的法官便以軍法治之。　㊄作戰有功不一定能得賞，而一言不對，文吏們便執法必罰。　㊅雲中郡守魏尚作戰有了大功，只因為呈報首級的時候，差了六個人頭，便算犯罪，下之於獄，削除其官爵，加以刑罰。　㊆說：同悅。　㊇車戰之士。

七年，景帝立，以唐為楚相，免。武帝立，求賢良，舉馮唐。唐時年九十餘，不能復為官，乃以唐子馮遂為郎。遂字王孫，亦奇士，與余善。

太史公曰：張季之言長者、守法不阿意；馮公之論將率，有味哉！有味哉！語曰「不知其人，視其友。」二君之所稱誦，可著廊廟。書曰「不偏不黨，王道蕩蕩；不黨不偏，王道便便㊀。」張季、馮公近之矣。

【註】　㊀書經〈洪範〉：「無偏無黨，王道蕩蕩；無黨無偏，王道平平。」平平，很容易瞭解。但此處改為「王道便便」，便不容易瞭解了。我們根據《尚書》原意，以「便便」為「平平」，則此「便」字，可能同於「辨」字，亦可能同於「徧」字，這兩個字的意思，也都是平，所以在〈堯典〉上之「平章百姓」，亦可解為「辨章百姓」；至於普徧之「徧」，則其意義更是「平平」了。

卷一百零三　萬石、張叔列傳第四十三

萬石君㊀名奮，其父趙人也㊁，姓石氏。趙亡，徙居溫㊂。高祖東擊項籍，過河內，時奮年十五，為小吏，侍高祖。高祖與語，愛其恭敬，問曰：「若何有㊃？」對曰：「奮獨有母，不幸失明。家貧。有姊，能鼓琴。」高祖曰：「若能從我乎？」曰：「願盡力。」於是高祖召其姊為美人，以奮為中涓㊄，受書謁，徙其家長安中戚里㊅，以姊為美人故也。其官至孝文時，積功勞至大中大夫㊆。無文學，恭謹無與比。

【註】 ㊀以父及四子皆位至二千石，故稱奮為萬石君。 ㊁河北邯鄲本為趙國都。 ㊂河南溫縣。 ㊃若：汝，你。 ㊄中涓：官名，宮內之侍臣，傳達書謁及命令。 ㊅與帝室有親戚關係者，皆住於此里，故曰戚里。 ㊆大夫中之高級官稱。

文帝時，東陽侯張相如為太子太傅，免。選可為傅者，皆推奮，奮為太子太傅。及孝景即位，以為九卿；迫近，憚之㊀，徙

奮為諸侯相。奮長子建，次子甲，次子乙，次子慶，皆以馴行孝謹（三），官皆至二千石。於是景帝曰：「石君及四子皆二千石，人臣尊寵乃集其門。」號奮為萬石君。

【註】　（一）以奮過於謹嚴，且為前代元老，故憚之。　（二）馴行：遜順的行為。即「遜行」。

孝景帝季年，萬石君以上大夫祿歸老于家，以歲時為朝臣（一）。過宮門闕，萬石君必下車趨，見路馬必式焉（二）。子孫為小吏，來歸謁，萬石君必朝服見之，不名。子孫有過失，不譙讓（三），為便坐（四），對案不食。然后諸子相責，因長老肉袒固謝罪，改之，乃許。子孫勝冠者在側，雖燕居必冠（五），申申如也（六）。僮僕訢訢如也（七），唯謹。上時賜食於家，必稽首俯伏而食之，如在上前。其執喪，哀戚甚悼。子孫遵教，亦如之。萬石君家以孝謹聞乎郡國，雖齊魯諸儒質行，皆自以為不及也。

【註】　（一）過年過節，才去朝見，平時不朝見，此為優過元老之禮。　（二）俯而憑式，表示敬禮。　（三）不責罵。　（四）再三謝罪。　（五）燕居：閒居。　（六）申申：寬舒的樣子。　（七）訢訢：即忻忻，亦即欣欣，和悅的樣子。

建元二年，郎中令㊀王臧以文學獲罪。皇太后以為儒者文多質少，今萬石君家不言而躬行，乃以長子建為郎中令，少子慶為內史㊁。

【註】㊀官名，掌居宮殿門戶。㊁內史：主管京師政治，武帝時改名京兆尹，即首都市長。

建老白首，萬石君尚無恙。建為郎中令，每五日洗沐歸謁親，入子舍，竊問侍者，取親中帬廁牏㊀，身自浣滌，復與侍者，不敢令萬石君知，以為常。建為郎中令，事有可言，屏人恣言，極切；至廷見，如不能言者㊁。是以上乃親尊禮之。

【註】㊀中帬：內褲。同裙。廁牏：廁所的穴洞之旁。牏，音頭（ㄊㄡˊ），穴洞。㊁在天子之前，私下無人，該說的話，就毫無保留的極言直諫；但是，在公開場合大庭廣坐之中，好像是不會說話一樣。為的是尊重天子的威信。

萬石君徙居陵里㊀。內史慶醉歸，入外門不下車。萬石君聞之，不食。慶恐，肉袒請罪，不許。舉宗及兄建肉袒，萬石君

讓曰：「內史貴人，入閭里，里中長老皆走匿，而內史坐車中自如，固當！」乃謝罷慶。慶及諸子弟入里門，趨至家⊜。

【註】

⊖　陵里：在茂陵之里居。茂陵在陝西興平縣東北。　⊜　趨：小步疾走。

萬石君以元朔五年中卒。長子郎中令建哭泣哀思。扶杖乃能行。歲餘，建亦死。諸子孫咸孝，然建最甚，甚於萬石君。建為郎中令，書奏事，事下，建讀之，曰：「誤書！『馬』者與尾當五，今乃四，不足一。上譴死矣！」甚惶恐⊖。其為謹慎，雖他皆如是。

【註】

⊖　建上書把「馬」字少寫了一點，就惶恐的說：「皇上要把我責備死了」，可見其恭謹。

萬石君少子慶為太僕⊖，御出，上問車中幾馬，慶以策數馬畢⊜，舉手曰：「六馬。」慶於諸子中最為簡易矣，然猶如此。為齊相，舉齊國皆慕其家行⊜，不言而齊國大治，為立石相祠。

【註】

⊖　太僕：官名，九卿之一，主管輿馬及牧畜之事。　⊜　策：馬鞭子。　⊜　舉國：全國。

元狩元年，上立太子，選羣臣可為傅者，慶自沛守為太子太傅，七歲遷為御史大夫。

元鼎五年秋，丞相有罪，罷。制詔御史：「萬石君先帝尊之，子孫孝，其以御史大夫慶為丞相，封為牧丘侯。」是時漢方南誅兩越，東擊朝鮮，北逐匈奴，西伐大宛㊀，中國多事。天子巡狩海內，修上古神祠，封禪，興禮樂。公家用少㊁，桑弘羊等致利，王溫舒之屬峻法，兒寬等推文學至九卿，更進用事，事不關決於丞相㊂，丞相醇謹而已。在位九歲，無能有所匡言。嘗欲請治上近臣所忠、九卿減宣罪，不能服，反受其過，贖罪。

【註】㊀大宛：古國名，今俄領之中亞細亞、佛爾阿那州。　㊁國家財政困難。　㊂關決：取決。

元封四年中，關東流民二百萬口，無名數者四十萬㊀，公卿議欲請徙流民於邊以適之㊁。上以為丞相老謹，不能與其議，乃賜丞相告歸，而案御史大夫以下議為請者。丞相慙不任職，乃上書曰：「慶幸得待罪丞相，罷駑無以輔治，城郭倉庫空虛，民

多流亡，罪當伏斧質⊜，上不忍致法。願歸丞相侯印，乞骸骨歸，避賢者路。」天子曰：「倉廩既空，民貧流亡，而君欲請徙之，搖蕩不安，動危之，而辭位，君欲安歸難乎⊗？」以書讓慶，慶甚愧，遂復視事。

【註】 ○無戶口登記者。 ○適：同「實」，謂徙流民於邊地以充實邊防。 ⊜伏：受刑。斧質：即斧鑕，古時戮人，置於鑕上，以斧斫之。 ⊗你想把這種困難歸之於誰呢？

慶文深審謹，然無他大略，為百姓言○。後三歲餘，太初二年中，丞相慶卒，諡為恬侯。慶中子德，慶愛用之，上以德為嗣，代侯。後為太常○，坐法當死，贖免為庶人。慶方為丞相，諸子孫為吏更至二千石者十三人。及慶死後，稍以罪去，孝謹益衰矣。

【註】 ○言論庸俗，沒有高明之見。 ○太常：官名，掌宗廟禮儀。

建陵侯○，衞綰者，代大陵人也○。綰以戲車為郎○，事文帝，功次遷為中郎將，醇謹無他。孝景為太子時，召上左右飲⊗，而

緄稱病不行⑤。文帝且崩時⑥，屬孝景曰⑦：「緄長者，善遇之。」及文帝崩，景帝立，歲餘不嚼呵緄⑧，緄曰以謹力。

【註】㈠建陵：縣名，故城在今江蘇沭陽縣西北建陵山下。㈡大陵：縣名，故城在山西文水縣北十二里。㈢弄車之戲，能左右超乘。㈣太子召請皇帝左右之人飲酒。㈤恐文帝謂豫有二心以事太子。㈥且崩：將死。㈦屬：同囑，囑咐。㈧嚼呵：同譙呵，言不責讓。

景帝幸上林，詔中郎將參乘㈠，還而問曰：「君知所以得參乘乎？」緄曰：「臣從車士幸得以功次遷為中郎將，不自知也。」上問曰：「吾為太子時召君，君不肯來，何也？」對曰：「死罪，實病！」上賜之劍。緄曰：「先帝賜臣劍凡六，劍不敢奉詔。」上曰：「劍，人之所施易㈡，獨至今乎㈢？」緄曰：「具在。」上使取六劍，劍尚盛㈣，未嘗服也。郎官有譴，常蒙其罪，不與他將爭；有功，常讓他將。上以為廉，忠實無他腸㈤，乃拜緄為河閒王太傅。吳楚反，詔緄為將，將河閒兵擊吳楚有功，拜為中尉。三歲，以軍功，孝景前六年中封緄為建陵侯。

動的在劍匣裏盛著。 ⑤忠實沒有二心。

其明年，上廢太子，誅栗卿之屬〔一〕。上以為綰長者，不忍，乃賜綰告歸，而使郅都治捕栗氏〔二〕。既已，上立膠東王為太子〔三〕，召綰，拜為太子太傅。久之，遷為御史大夫。五歲，代桃侯舍為丞相，朝奏事如職所奏〔四〕。然自初官以至丞相，終無可言。天子以為敦厚，可相少主，尊寵之，賞賜甚多。

【註】 〔一〕栗姬之兄弟，栗太子之舅輩。 〔二〕郅都：漢景帝時為濟南太守，後遷中尉，是有名的酷吏。 〔三〕即日後之漢武帝。 〔四〕仍按其御史大夫之本職而奏事。

為丞相三歲，景帝崩，武帝立。建元年中，丞相以景帝疾時諸官囚多坐不辜者，而君不任職，免之。其後綰卒，子信代。坐酎金失侯〔一〕。

【註】 〔一〕酎金：諸侯貢金以助祭，曰「酎金」。酎：音宙（ㄓㄡˋ）。

【註】 〔一〕陪乘。 〔二〕劍是人們互相贈餽交換的物品。 〔三〕難道你的都保存至於今日嗎？ 〔四〕劍還原封未

塞侯㈠直不疑者㈡，南陽人也。為郎，事文帝。其同舍有告歸，誤持同舍郎金去，已而金主覺，妄意不疑㈢，不疑謝有之，買金償。而告歸者來而歸金，而前郎亡金者大慚，以此稱為長者。文帝稱舉，稍遷至太中大夫。朝廷見，人或毀曰：「不疑狀貌甚美，然獨無奈其善盜嫂㈣何也！」不疑聞，曰：「我乃無兄。」然終不自明也。

不疑所盜。　㈣姦私其嫂。

【註】　㈠塞侯…古塞國，陝州桃林縣以西至潼關，皆桃林塞地。　㈡姓直，名不疑。　㈢妄自猜度為

吳楚反時，不疑以二千石將兵擊之。景帝後元年，拜為御史大夫。天子修吳楚時功，乃封不疑為塞侯。武帝建元年中，與丞相綰俱以過免。

不疑學老子言。其所臨，為官如故㈠，唯恐人知其為吏跡也。不好立名稱，稱為長者。不疑卒，子相如代。孫望，坐酎金失侯。

【註】　㈠雖為官而如同往日未為官時一樣。

郎中令周文者，名仁，其先故任城人也㊀。以醫見。景帝為太子時，拜為舍人，積功稍遷，孝文帝時至太中大夫。景帝初即位，拜仁為郎中令。

【註】

㊀ 任城：山東濟寧縣。

仁為人陰重不泄㊀，常衣敝補衣溺袴㊁，期為不絜清㊂，以是得幸。景帝入臥內，於後宮祕戲，仁常在旁㊃。至景帝崩，仁尚為郎中令，終無所言。上時問人，仁曰：「上自察之。」然亦無所毀。以此景帝再自幸其家㊄。家徙陽陵。上所賜甚多，然常讓，不敢受也。諸侯羣臣賂遺，終無所受。

【註】

㊀ 陰柔深沉，不洩露心跡。 ㊁ 常常穿著破衣濕袴。 ㊂ 有意裝作是「不潔清」。（婦女在行經之時，謂之「不潔清」。） ㊃ 景帝在臥房之內，與宮女秘密戲樂，仁常在旁。 ㊄ 景帝一再親幸其家。可以見出仁與景帝的關係不正常。

武帝立，以為先帝臣，重之。仁乃病免，以二千石祿歸老，

子孫咸至大官矣。

御史大夫張叔者，名歐，安丘侯說㈠之庶子也㈡。孝文時以治刑名言㈢事太子。然歐雖治刑名家，其人長者。景帝時尊重，常為九卿。至武帝元朔四年，韓安國免，詔拜歐為御史大夫。自歐為吏，未嘗言案人㈣，專以誠長者處官。官屬以為長者，亦不敢大欺。上具獄事，有可卻，卻之㈤；不可者，不得已，為涕泣面對而封之㈥。其愛人如此。

【註】　㈠張說起於方與縣，從高祖以入漢。㈡姜所生之子，謂之庶子。㈢研究刑法名家的學說。㈣以刑法懲人於罪。㈤往上邊呈報刑獄案子，得能撤銷就撤銷。㈥不能撤銷者，不得已，只好面對被控之當事人，垂涕泣而封書呈報。

老病篤，請免。於是天子亦策罷，以上大夫祿歸老于家。家於陽陵。子孫咸至大官矣。

太史公曰：仲尼有言曰「君子欲訥於言而敏於行㈠」，其萬石、建陵、張叔之謂邪？是以其教不肅而成，不嚴而治。塞侯

微巧㈡，而周文處讇㈢，君子譏之，為其近於佞也。然斯可謂篤行君子矣！

【註】㈠訥：音吶（ㄋㄜˋ），說話遲鈍的樣子。㈡巧用心計。㈢讇：同諂，音產（ㄔㄢˇ），獻媚，佞諛。

卷一百零四　田叔列傳第四十四

田叔者㊀，趙陘城人也㊁。其先，齊田氏苗裔也。叔喜劍，學黃老術於樂巨公㊂所。叔為人刻廉自喜，喜游諸公㊃。趙人舉之趙相趙午，午言之趙王張敖所，趙王以為郎中。數歲，切直廉平，趙王賢之，未及遷。

【註】　㊀田叔：字少卿。　㊁陘城：縣名，屬中山。陘，音刑。　㊂燕人樂毅之後，姓樂，名巨公。　㊃諸公：謂丈人行也。

會陳豨反代，漢七年，高祖往誅之㊀，過趙，趙王張敖自持案進食㊁，禮恭甚，高祖箕踞罵之㊂。是時趙相趙午等數十人皆怒，謂趙王曰：「王事上禮備矣，今遇王如是，臣等請為亂。」趙王齧指出血，曰：「先人失國，微陛下，臣等當蟲出㊃。公等奈何言若是！毋復出口矣！」於是貫高等曰：「王長者，不倍德㊄。」卒私相與謀弒上。會事發覺，漢下詔捕趙王及羣臣反

者。於是趙午等皆自殺，唯貫高就繫。是時漢下詔書：「趙有

敢隨王者皋三族⑹。」唯孟舒、田叔等十餘人赭衣⑺自髡鉗⑻，

稱王家奴，隨趙王敖至長安。貫高事明白，趙王敖得出，廢為

宣平侯，乃進言田叔等十餘人。上盡召見，與語，漢廷臣毋能

出其右者⑼，上說，盡拜為郡守、諸侯相。叔為漢中守十餘年，

會高后崩，諸呂作亂，大臣誅之，立孝文帝。

【註】⑴漢高帝七年，陳豨在代地造反。（此是十年之事，記載矛盾。）⑵持案：捧著木製的飲食盤子。⑶箕踞：古者無椅凳之具，席地而坐，以兩足向後跪於席上為敬。高祖蹲於席上，其形如箕，最是慢待人。⑷假定沒有陛下，你們早已變為蟲子而出現了（言其早已死了）。⑸倍：同背，背棄。⑹皇三族：父族，母族，妻族，三族連帶處死。⑺赭衣：罪囚之衣。赭：音者（ㄓㄜˇ），紅色。⑻髡鉗：截去頭髮以鐵束頸之刑。髡：音坤（ㄎㄨㄣ）。⑼沒有人能比他們幾個強的。古時以右方為上，為強。

孝文帝既立，召田叔問之曰：「公知天下長者乎？」對曰：「臣何足以知之！」上曰：「公，長者也，宜知之。」叔頓首

曰：「故雲中守孟舒，長者也。」是時孟舒坐虜大入塞盜劫，雲中尤甚（一），免。上曰：「先帝置孟舒雲中十餘年矣，虜曾一入，孟舒不能堅守，毋故士卒戰死者數百人（二）。長者固殺人乎？公何以言孟舒為長者也？」叔叩頭對曰：「是乃孟舒所以為長者也。夫貫高等謀反，上下明詔（三），趙有敢隨張王，罪三族。然孟舒自髡鉗，隨張王敖之所在，欲以身死之，豈自知為雲中守哉！漢與楚相距，士卒罷敝。匈奴冒頓新服北夷，來為邊害，孟舒知士卒罷敝，不忍出言，士爭臨城死敵，如子為父，弟為兄，以故死者數百人。孟舒豈故驅戰之哉（四）！是乃孟舒所以為長者也。」於是上曰：「賢哉孟舒！」復召孟舒以為雲中守。

【註】　（一）坐：由於……而被治罪。　（二）毋故：即無故，沒有什麼原因。　（三）上下明詔：天子發下了明白的詔令。　（四）孟舒豈是故意強迫他們作戰？

後數歲，叔坐法失官。梁孝王使人殺故吳相袁盎，景帝召田叔案梁（一），具得其事（二），還報。景帝曰：「梁有之乎？」叔對曰：「死罪！有之。」上曰：「其事安在？」田叔曰：「上毋以梁

事為也。」上曰：「何也？」曰：「今梁王不伏誅，是漢法不行也；如其伏法，而太后食不甘味，臥不安席，此憂在陛下也。」景帝大賢之，以為魯相。

【註】

㊀ 查辦梁孝王的案子。㊁ 具：同「俱」。

魯相初到，民自言相，訟王取其財物百餘人㊀。田叔取其渠率二十人㊁，各笞五十，餘各搏二十㊂，怒之曰：「王非若主邪㊃？何自敢言若主！」魯王聞之大慚，發中府錢㊄，使相償之。相曰：「王自奪之，使相償之，是王為惡而相為善也。相毋與償之。」於是王乃盡償之。

【註】

㊀ 有百餘人控訴王強奪其財物。㊁ 渠率：首先倡事之領導人物。㊂ 搏：音博：打板子。㊃ 若：汝等。㊄ 中府：王藏財物之處。

魯王好獵㊀，相常從入苑中㊁，王輒休相就館舍，相出，常暴坐㊂待王苑外。王數使人請相休，終不休，曰：「我王暴露苑

中，我獨何為就舍！」魯王以故不大出游。

【註】

○魯共王，景帝子，都兗州曲阜縣故魯城中。○苑在曲阜縣南三十里。○暴：讀舖（ㄆㄨˋ），露天而坐。

數年，叔以官卒，魯以百金祠○，少子仁不受也，曰：「不以百金傷先人名○。」

【註】

○魯國以百金贈送田家作為喪祭之費。○不以百金而傷損先人之名譽。

仁以壯健為衞將軍○舍人，數從擊匈奴。衞將軍進言仁，仁為郎中。數歲，為二千石丞相長史○，失官。其後使刺舉三河○。上東巡，仁奏事有辭○，上說○，拜為京輔都尉○。月餘，上遷拜為司直○。數歲，坐太子事○。時左丞相自將兵，令司直田仁主閉守城門，坐縱太子，下吏誅死。仁發兵，長陵令車千秋上變仁，仁族死。陘城今在中山國○。

【註】

○衞青。○長史：官名，丞相府置有此官。○三河：河南、河東、河內。○有辭：有條

理。〔五〕說：同「悅」。〔六〕〈百官表〉云：「右扶風、左馮翊、京兆尹，是為三輔。元鼎四年，置三輔都尉。」〔七〕〈百官表〉云：「武帝元狩五年，初置司直，其職務在於佐助丞相檢舉不法。」〔八〕為戾太子事。〔九〕陘城：縣名，正義謂：「今定州」。

太史公曰：孔子稱曰：「居是國必聞其政」，田叔之謂乎！義不忘賢，明主之美以救過〔一〕。仁與余善，余故弁論之。

【註】〔一〕此指魯王事，魯王奪民財，而田叔設辭以為魯王辯護，使魯王慚愧而自動償還民財，即所謂「明主之美以救過」也。

褚先生曰：臣為郎時，聞之曰田仁故與任安相善。任安，滎陽人也。少孤貧困，為人將車〔一〕之長安〔二〕，留，求事為小吏，未有因緣也，因占著名數。武功〔三〕，扶風西界小邑也，谷口蜀劚道近山〔四〕。安以為武功小邑，無豪，易高也〔五〕，安留，代人為求盜亭父〔六〕。後為亭長〔七〕。邑中人民俱出獵，任安常為人分麋鹿雉兔，部署老小當壯劇易處〔八〕，眾人皆喜，曰：「無傷也，任少卿分別平，有智略。」明日復合會，會者數百人。任少卿曰：「某日日夜會者某。」眾人皆喜，曰：「某日日夜會者某。」眾人皆喜，曰：「無傷也，任少卿

子甲何為不來乎？」諸人皆怪其見之疾也。其後除為三老（九），舉
為親民，出為三百石長，治民。坐上行出游共帳不辦，斥免（一○）。

【註】（一）將車：御車。（二）之：往。（三）藉占卜以謀生活，因而報戶籍住於武功縣。（四）《括地志》
云：「漢武功縣在渭水南，今盩厔縣西界也。駱谷間在雍州之盩厔縣西南二十里，開駱谷道以通梁州
也。」劄道：同「棧道」，在山谷險絕之處，傍山架木，以通道路，曰「棧道」。（五）沒有勢力豪強
之人，容易出人頭地。（六）十里為亭，亭有兩卒，其一為亭父，掌關閉掃除；一為求盜，掌逐捕盜賊。
（七）十里一亭，亭有長。（八）分配老小及壯年擔任艱劇或容易的工作都很得當。（九）十亭一鄉，鄉有三老
一人，掌教化。（一○）共：同「供」，供給。

乃為衛將軍舍人，與田仁會，俱為舍人，居門下，同心相愛。
此二人家貧，無錢用以事將軍家監，家監使養惡齧馬（一）。兩人同
牀臥，仁竊言曰：「不知人哉家監也！」任安曰：「將軍尚不
知人，何乃家監也（二）！」衛將軍從此兩人過平陽主，主家令兩人
與騎奴同席而食（三），此二子拔刀列斷席別座（四）。主家皆怪而惡
之，莫敢呵（五）。

【註】　㊀惡齧馬⋯生性兇惡，好咬好踢的馬。齧⋯音臬（ㄋㄧㄝˋ），以齒咬物。　㊁將軍尚且不知人，豈只是家監呢！　㊂騎奴⋯牽馬的奴僕。　㊃拔出刀子割了一片席，另外去坐。　㊄呵⋯音訶（ㄏㄜ），怒責。

其後有詔募擇衛將軍舍人以為郎，將軍取捨人中富給者，令具鞍㊀馬絳衣玉具劍，欲入奏之。會賢大夫少府㊁趙禹來過衛將軍，將軍呼所舉舍人以示趙禹。趙禹以次問之，十餘人無一人習事有智略者。趙禹曰：「吾聞之，將門之下必有將類。傳曰『不知其君視其所使，不知其子視其所友』。今有詔舉將軍舍人者，欲以觀將軍而能得賢者文武之士也。今徒取富人子上之，人無智略，如木偶人衣之綺繡耳㊂，將奈之何？」於是趙禹悉召衛將軍舍人百餘人，以次問之，得田仁、任安，曰：「獨此兩人可耳，餘無可用者。」衛將軍見此兩人貧，意不平。趙禹去，謂兩人曰：「各自具鞍馬新絳衣㊃。」兩人對曰：「家貧無用具也㊄。」將軍怒曰：「今兩君家自為貧，何為出此言？鞅鞅如有移德於我者，何也㊅？」將軍不得已，上籍以聞㊆。有詔召見衛將軍舍人，此二人前見，詔問能略相推第也㊇。田仁對曰：「提

枹鼓立軍門（九），使士大夫樂死戰鬥，仁不及任安。」任安對曰：「夫決嫌疑，定是非，辯治官，使百姓無怨心，安不及仁也。」武帝大笑曰：「善。」使任安護北軍，使田仁護邊田穀於河上。此兩人立名天下。

【註】　㊀峯：即「鞍」字。㊁少府：官名，主管山海地澤之稅，以給供養，為天子之私府。㊂把木偶人穿上綢子緞子，有什麼用處呢？㊃絳：音匠（ㄐㄧㄤ），深紅色的。㊄家貧，沒有辦法自備鞍馬絳衣。㊅鞅鞅：即快快，牢騷不滿意的樣子。好像要叫我替你們準備鞍馬似的。㊆把他兩個人的名字以書面上奏於天子。㊇叫他們兩人彼此互推對方的能略。㊈枹鼓：枹，擊鼓之棒。音浮（ㄈㄨ）。與枹鼓同。

其後用任安為益州刺史（一），以田仁為丞相長史（二）。

【註】　㊀益州：今四川省。〈地理志〉云：武帝改曰梁州。〈百官表〉云：「元封五年，初置部刺史，主管奉詔條察州，秩六百石，員十三。」㊁長史輔佐丞相處理政務，有兩員，秩千石。

田仁上書言：「天下郡太守多為姦利，三河尤甚，臣請先刺

舉三河。三河太守皆內倚中貴人，與三公有親屬〔一〕，無所畏憚，宜先正三河以警天下姦吏。」是時河南、河內太守皆御史大夫杜父兄子弟也〔二〕，河東太守石丞相子孫也〔三〕。是時石氏九人為二千石，方盛貴。田仁數上書言之。杜大夫及石氏使人謝，謂田少卿曰：「吾非敢有語言也，願少卿無相誣汙也。」仁已刺三河，三河太守皆下吏誅死。仁還奏事，武帝說〔四〕，以仁為能不畏彊禦〔五〕，拜仁為丞相司直，威振天下〔六〕。

其後逢太子有兵事，丞相自將兵，使司直主城門。司直以為太子骨肉之親，父子之閒不甚欲近，去之諸陵過〔一〕。是時武帝在甘泉，使御史大夫暴君〔二〕下責丞相「何為縱太子」，丞相對言「使司直部守城門而開太子」。上書以聞，請捕繫司直。司直下吏〔三〕，誅死。

【註】〔一〕中貴人與三公都是特權人物，三河太守皆依為靠山以圖姦利。〔二〕杜：杜周。〔三〕石慶為丞相。〔四〕說：同「悅」。〔五〕彊禦：豪強有勢力之人。〔六〕司直：專檢舉特權勢力之違法作惡。秩比二千石。

【註】

㊀離開京城而往諸陵。　㊁暴勝之。　㊂交付法官審判。

是時任安為北軍使者護軍，太子立車北軍南門外，召任安，與節令發兵。安拜受節，入，閉門不出。武帝聞之，以為任安為詳邪㊀，不傅事，何也㊁？任安笞辱北軍錢官小吏，小吏上書言之，以為受太子節，言「幸與我其鮮好者㊂。」書上聞，武帝曰：「是老吏也，見兵事起，欲坐觀成敗，見勝者欲合從之，有兩心。安有當死之罪甚眾，吾常活之，今懷詐，有不忠之心。」下安吏，誅死。

【註】

㊀詳邪：即「佯耶」，假裝的嗎？　㊁為什麼受太子之符節而不附從太子兵變的行動呢？（傅⋯同「附」，附和。）　㊂希望能發給我以鮮好的甲兵。鮮：新的。

夫月滿則虧，物盛則衰，天地之常也。知進而不知退，久乘富貴，禍積為祟。故范蠡之去越，辭不受官位，名傳後世，萬歲不忘，豈可及哉！後進者慎戒之。

史記今註　第五冊

主編◆中華文化復興運動推行委員會（國家文化總會）
　　　國立編譯館中華叢書編審委員會

註者◆馬持盈

發行人◆王學哲

總編輯◆方鵬程

執行編輯◆葉幗英　吳素慧

校對◆郭則寬　徐平

美術設計◆吳郁婷

出版發行：臺灣商務印書館股份有限公司

臺北市重慶南路一段三十七號

電話：（02）2371-3712

讀者服務專線：0800056196

郵撥：0000165-1

網路書店：www.cptw.com.tw

E-mail：ecptw@cptw.com.tw

網址：www.cptw.com.tw

局版北市業字第 993 號

初版一刷：1979 年 7 月

二版一刷：2010 年 7 月

定價：新台幣 620 元

史記今註／中華文化復興運動推行委員會（國
　家文化總會），國立編譯館中華叢書編審
　委員會主編；馬持盈 註. --二版. --
臺北市：臺灣商務，2010. 07
　　冊；　公分

　　ISBN 978-957-05-2471-0（第五冊：精裝）

　1. 史記　2. 註釋
610.11　　　　　　　　　　　　　99001276

讀者回函卡

感謝您對本館的支持，為加強對您的服務，請填妥此卡，免付郵資寄回，可隨時收到本館最新出版訊息，及享受各種優惠。

■ 姓名：＿＿＿＿＿＿＿＿＿＿＿＿＿　　性別：□ 男　□ 女

■ 出生日期：＿＿＿＿＿年＿＿＿＿＿月＿＿＿＿＿日

■ 職業：□學生　□公務(含軍警）□家管　□服務　□金融　□製造
　　　　□資訊　□大眾傳播　□自由業　□濃漁牧　□退休　□其他

■ 學歷：□高中以下（含高中）□大專　□研究所（含以上）

■ 地址：＿＿＿＿＿＿＿＿＿＿＿＿＿＿＿＿＿＿＿＿
　　　　＿＿＿＿＿＿＿＿＿＿＿＿＿＿＿＿＿＿＿＿

■ 電話：(H)＿＿＿＿＿＿＿＿＿＿　(O)＿＿＿＿＿＿＿＿＿

■ E-mail：＿＿＿＿＿＿＿＿＿＿＿＿＿＿＿＿＿＿＿

■ 購買書名：＿＿＿＿＿＿＿＿＿＿＿＿＿＿＿＿＿＿

■ 您從何處得知本書？
　　□網路　□DM廣告　□報紙廣告　□報紙專欄　□傳單
　　□書店　□親友介紹　□電視廣播　□雜誌廣告　□其他

■ 您喜歡閱讀哪一類別的書籍？
　　□哲學‧宗教　□藝術‧心靈　□人文‧科普　□商業‧投資
　　□社會‧文化　□親子‧學習　□生活‧休閒　□醫學‧養生
　　□文學‧小說　□歷史‧傳記

■ 您對本書的意見？（A/滿意　B/尚可　C/須改進）
　　內容＿＿＿＿＿編輯＿＿＿＿校對＿＿＿＿翻譯＿＿＿＿
　　封面設計＿＿＿＿價格＿＿＿＿其他＿＿＿＿＿＿＿＿

■ 您的建議：＿＿＿＿＿＿＿＿＿＿＿＿＿＿＿＿＿＿＿

※ 歡迎您隨時至本館網路書店發表書評及留下任何意見

臺灣商務印書館　The Commercial Press, Ltd.

台北市100重慶南路一段三十七號　電話：(02)23115538
讀者服務專線：0800056196　傳真：(02)23710274
郵撥：0000165-1號　E-mail：ecptw@cptw.com.tw
網路書店網址：www.cptw.com.tw　部落格：http://blog.yam.com/ecptw

傳統現代　並翼而翔

Flying with the wings of tradtion and modernity.